Gerda Weiler • Eros ist stärker als Gewalt

Das Yoni-Zeichen – Betrachtung zur Titelgraphik

Das Yoni-Zeichen hat Tropfenform und ist das Symbol für die Vulva, den Ort des Anfangs, der Liebe und der Geburt, Sinnbild für Leben und Dasein. Es wiederholt sich in den Formen von Blatt und Blüte, formt sich im fallenden Wassertropfen, züngelt auf in der Flamme des Feuers. Das Yoni-Zeichen findet sich in prähistorischen Höhlen, es erscheint auf Felswänden von Afrika bis Sibirien. Die Keilschriften haben es zum Schriftzeichen stilisiert. In Lepinski Vir, dort, wo die Donau den Grenzfluß zwischen Rumänien und dem ehemaligen Jugoslawien bildet, ist eine Skulptur aus dem sechsten Jahrtausend v.u.Z. mit eingravierter Vulva gefunden worden: dem heiligen Zeichen weiblicher Kultmacht. Seit die Heilige Hochzeit zur Tempelprostitution entwertet wurde, verkam die Hagio-Graphie* zur Porno-Graphie*: Das Sinnbild für die Heilige wurde zum Erkennungszeichen für die Hure.

Auch der erste Gebrauchsgegenstand der Menschheit, der Faustkeil, hat die Form des Yoni-Tropfens. Unsere Anthropologen werden nicht müde, den Faustkeil als die »erste Waffe *des* Menschen« zu interpretieren, Jagd- und Kriegswerkzeug zugleich: ein Symbol für männliche Tötungsmacht. Im Lauf der Jahrhunderttausende nehmen die Faustkeile feinere Formen an. Sie unterscheiden sich und lassen Schlüsse auf ihre Verwendung zu. Manche sind so zart und zerbrechlich, daß sie als Kultsymbole gedeutet werden, stilisierte Artefakte, Nachbildungen der Vulva.

Wenn der Faustkeil nicht mehr als Tötungswerkzeug betrachtet wird, sondern als Handwerkszeug und als heiliges Symbol der lebenspendenden Vulva zugleich, ahnen wir, daß einst die Liebe ebenso wie die schöpferische Arbeit für Frauen und Männer die Teilhabe am Transzendenten bedeutet hat, wie auch Saat und Ernte kultische Handlungen und die Jahreszeitenfeste Rituale zum Segen des Ackerbaus gewesen sind.

*Begriffserläuterungen im Glossar

Gerda Weiler

Eros
ist stärker als Gewalt

Eine feministische Anthropologie I

ULRIKE HELMER VERLAG

Die Deutsche Bibliothek – CIP-Einheitsaufnahme

Weiler, Gerda:
Eros ist stärker als Gewalt : eine feministische Anthropologie /
Gerda Weiler. – Frankfurt am Main : Helmer.
(Aktuelle Frauenforschung)
1 (1993)
ISBN 3-927164-18-6

Druck: Fuldaer Verlagsanstalt
Satz: Adrian Weiler
Printed in Germany

Für meine Enkelsöhne

Jan-Tobias
Felix Benjamin
und Daniel

denen ich wünsche, daß sie
zu Persönlichkeiten
ohne Allmachtsphantasien heranreifen
und sich für eine Welt
ohne Gewalt und Krieg einsetzen.

Inhalt

Düsterer Dialog unter heiterem Himmel 9
Einleitung 11

I
Lebensweisheit

Die Entwicklung des Lebens 17
Menschliche Eitelkeit: Der Mensch stammt nicht vom Affen ab 18
Das Leben ist weiblich 20
Aggression im Dienst des Lebens 30
Die Evolution macht keinen Entwicklungsschritt rückgängig 36
Die biologische Disposition des Mannes und patriarchale Gesellschaftspraxis 37
Intelligenz – ein Geschenk der Evolution 43
Rationales und magisches Denken 43
Wenn Intelligenz im Dienst von Vorurteilen steht 45
... dann bleibt die Wahrheit auf der Strecke 47
Intelligente Neugier 48
Gibt es weibliche Intelligenz? 51
Intelligenz ist eine Funktion des Lebens 57
Intelligenz in der Tierwelt 65
Die Grenzen menschlicher Intelligenz 69
Intelligenz ist die Weisheit der Materie 75

II
Todeslogik

Schwerpunkte mann-menschlicher Primatenforschung 79
Das Interesse an aggressivem Verhalten 79
Ein vernachlässigtes Forschungsgebiet: die weibliche Gruppensolidarität und die soziale Ordnung 87
Männliche Dominanz – Ein Vor-Urteil diktiert die wissenschaftliche Lehrmeinung 95
Hierarchie-Ideologie und „Alpha-Männchen“-Faszination 105
Männlicher Stammbaum und weibliche Reproduktivität 108
Die traditionellen Ergebnisse der Verhaltensforschung sind korrekturbedürftig 112
Todessehnsucht, Todestrieb, Tötungslust und Tötungsgewalt 119
Tötung unter Artgenossen 120
Aggression und Tötungsgewalt im Arnheim-Zoo 121
Frauenmacht und Tötungsgewalt 123
Der Todestrieb – eine Funktion der männlichen Sexualität 127

Todesangst, Frauenfeindlichkeit und das Patriarchat ... 132
Männerbanden sind eine Brutstätte der Aggression ... 137
Patriarchale Tötungsgewalt versklavt Frauen und Kinder ... 139
Warum führen wir Kriege? Warum leben wir nicht im Paradies? ... 140
Sport und Sexualität – ein Spiel mit dem Tod ... 145
Konkurrenz ist das Geheimnis des Überlebens ... 152
Tod bezwingt Eros – Wie die Herrschaft des männlichen Geistes über den weiblichen Körper gerechtfertigt wird ... 156
Gott, der Herr, legitimiert die Männerherrschaft ... 156
Philosophen begründen die Herrschaft des Geistes über die Materie ... 161
Die Psychologie fordert den Sieg des „männlichen Logos“ über das „Weibliche“ ... 172
Die Pädagogik – Erfüllungsgehilfin des Patriarchats ... 181
Der Geist des Guten und die Projektion des Bösen ... 192

III
Transformation

Über das Tabu, die Herrlichkeit des Herrschers anzuzweifeln ... 201
Sigmund Freud und das Ende mancher Illusion ... 201
Das Weib, lieber Gott, das du mir gegeben hast, ist schuld daran ... 203
Männliche Überlegenheit unter veränderten Vorzeichen ... 207
Negative Anthropologie – oder: Was „der Mensch“ nicht sei ... 209
Positive Anthropologie – oder: Was die Menschen sind ... 211
Menschliche Hybris: Wir sind unabhängig von Instinkten ... 218
Es ist nicht gut, die Männer mit der Wahrheit zu konfrontieren ... 223
Als Mann und Frau geschaffen? ... 231
Ideologie: Der Mensch ist eins, und er ist männlich ... 231
Biologismus: Der Mensch ist zwei – Mann und Frau ... 234
Behaviorismus: Tabula rasa – Der Mensch ist weder männlich noch weiblich ... 239
Biologie: Alle Menschen sind genetisch weiblich ... 245
Frauen und Männer unterscheiden sich durch ihre Sexualität ... 252
Seins-Macht ist überzeugender als Macht-Haberei ... 258
Die Frau ist des Mannes Grenze ... 259
Das Streben nach Wachstum – ein archaisches Relikt ... 265
Ohnmacht und Macht-Habertum der Wissenschaft ... 271
Machtverzicht und männliche Identität – ein unerledigter Konflikt ... 278
Seins-Macht in der Mutter-Tochter-Beziehung ... 291
Anhang ... 307
Danksagung ... 307
Glossar ... 308
Literatur ... 312
Bildnachweis ... 329
Register ... 330

Düsterer Dialog unter heiterem Himmel

Als sie ihren Platz in der Maschine von Paris nach Zürich einnehmen will, bietet er ihr seinen Fensterplatz an. Er habe diesen Platz fest gebucht. Aber er lege keinen Wert darauf, am Fenster zu sitzen; denn er kenne schon jedes Mosaiksteinchen dieser Landschaft zwischen Paris und Zürich.

Sie kommen ins Gespräch. Er zeigt ihr Bilder von seinen Kindern, zwei prächtigen Mädchen und einem Knaben. Seine Familie lebt in den Schweizer Bergen, dort, wo die Welt noch in Ordnung ist. Er fliege an jedem Freitag nach getaner Arbeit nach Zürich. Leider sähe er seine Familie viel zu wenig.

Und warum er nicht in der Schweiz lebe und arbeite? Nun, die Schweizer Gesetze seien engstirnig und kleinlich. Eine Fabrik, wie er sie in Rouen aufgebaut habe, würde in der Schweiz gar nicht genehmigt. Die Franzosen seien da großzügiger. Es käme ihnen darauf an, Kapital ins Land zu bekommen. Ein finanzkräftiger Anleger, der Arbeitsplätze schaffe, sei dort immer willkommen.

Sie will Genaueres wissen; aber er äußert sich nur vage und lächelt verbindlich: „Chemie, wissen Sie, ich bin Chemiker." Sie geht auf seinen Ton ein und versucht eine freundliche Antwort: Nun, die Schweizer seien auch nicht gerade zimperlich mit ihrer chemischen Industrie... Plötzlich ändert sich ihr Gesichtsausdruck; ihre Liebenswürdigkeit reißt mitten im Satz ab: „Das ist ja die reinste Schizophrenie. In Rouen zerstören Sie die Welt, in der wir leben, und in den Schweizer Bergen lebt Ihre Familie in einer Oase, die Sie noch für heil und unberührt halten. Für die Familien der Arbeiter, deren Arbeitsplätze Sie geschaffen haben, gibt es keine Oasen. Vielleicht ist es schon heute nichts als eine Illusion, daß die Welt in den Schweizer Bergen ‚noch in Ordnung' sei, daß dort die Luft noch Luft zum Atmen sei..."

Das Gesicht des vornehmen Herrn an ihrer Seite erstarrt zur undurchdringlichen Maske. Er vertieft sich in ein Schriftstück und schweigt für den Rest des Fluges. Sowie die Erlaubnis zum Abschnallen erteilt wird, ergreift er sein Gepäck und eilt ohne Gruß zum Ausgang.

Einleitung

Der Feminismus müht sich gegenwärtig um eine Antwort auf die Frage, ob das Verhältnis der Geschlechter durch Gleichheit oder Differenz bestimmt sei. Einige soziologische Forscherinnen haben dem Biologismus den Kampf angesagt und argumentieren für die Gleichheit der Geschlechter. Dagegen steht das Postulat „Der Mensch ist zwei!“ Eine Annäherung der Positionen ist kaum in Sicht.

Ein Biologismus, der die freie Entfaltung der Frau einschränkt, signalisiert den Frauen noch immer, wie „man als Frau“ zu funktionieren hat. Selbst frauenfreundliche Männer, die betonen, wie sehr sie sich selbst als pro-feministisch verstehen, wollen in entscheidenden Fragen bestimmen, wohin der Weg der Frau führe, welche Grenzen die Frauen nicht überschreiten dürften und welche Sicht vom Menschen zu gelten habe.

Daß eine Frau Kinder gebären *kann,* ist eine biologische Tatsache. Gesellschaftlicher Zwang und die Reduzierung der Frau auf ihre Gebärfunktion, so als könne sie nichts anderes leisten als Kinder zu gebären, beuten die biologische Begabung der Frau schamlos biologistisch aus: Wenn die Gesellschaft verlangt, daß sie Kinder gebären *muß,* maßt sie sich das Recht an, die freie persönliche Entscheidung der Frau einzuschränken. Das patriarchale Vorurteil, eine kinderlose Frau sei ein wertloser Mensch, sie habe umsonst gelebt und den Sinnn ihres Lebens verfehlt, benutzt die biologische Disposition der Frau, um sie im Interesse der Männergesellschaft zu manipulieren.

Sehr zu Unrecht gerät mit dem Biologismus auch die *Biologie* in Mißkredit. Und gerade Männer sind heute rasch bei der Hand, von Biologismus zu sprechen, wenn Frauen biologische Fakten ansprechen, die für Männer nicht unbedingt vorteilhaft sind. *Biologische Tatsachen* – daß die meisten Fehlgeburten männlich sind, die Säuglingssterblichkeit der Knaben höher liegt als die der Mädchen, daß Mädchen früher reif sind als Knaben, Frauen ein höheres Lebensalter erreichen als Männer, mehr als hundert Krankheiten ausschließlich bei Männern vorkommen und vieles mehr – könnten erst zu Biologismus werden, wenn daraus ausweglose Situationen und gesellschaftliche Zwänge für Männer abgeleitet würden.

Frauen suchen nach ihrer Persönlichkeit unabhängig von männlicher Definitionsmacht. Sie wenden sich gegen das traditionelle Bild der Frau in der Religion, in Philosophie und Psychologie. Biologisch sind Männer den Frauen nicht gleich, und die Bedeutung des Weiblichen für das Leben jenseits biologistischer Zuschreibungen ist neu zu erforschen. Um ein Urbild von Weiblichkeit, Mütterlichkeit und Frausein kollektivpsychologisch zu fassen, müssen wir den gesamten Schutt patriarchaler Denkvorgaben abräumen. Erst dann kann die Frage nach autonomer Weiblichkeit unvoreingenommen gestellt werden.

Forscherinnen, die auf eine Zeit vor dem Patriarchat zurückgreifen, um in den Göttinnencharakteren Urbilder autonomer Weiblichkeit zu finden, stoßen an die Grenze der schriftlich belegten Geschichte. Sie werden mit dem Argument konfrontiert, daß die Existenz von Matriarchaten nicht zu beweisen sei.

In dieser Situation stellt sich die Frage nach der Herkunft der Menschheit. Daher habe ich das Problem gewissermaßen „von hinten" aufgerollt, um zu fragen, was die Evolution „im Sinn" hatte, als sie die Menschen herausgebildet hat. Aber die traditionellen wissenschaftlichen Antworten sind von Männern formuliert. Krasser noch als in der Bibel spricht die evolutionäre Genealogie nur vom Mann. Vom Australopithekus über den Neandertaler und den Cro-Magnon-Menschen bis zum modernen Mann bietet uns die Wissenschaft in Schrift und Bild die Lehre von der Abstammung des Mannes vom Mann.

Die Analyse der Grundbausteine des Lebens führt dagegen zu der Erkenntnis, daß Leben primär weiblich ist, während das Männliche im Dienst der Artenvielfalt sekundär „erdacht" worden ist. Die vergleichende Verhaltensforschung könnte über die Bedeutung des Männlichen im Verlauf der Evolution Erstaunliches beitragen, wäre nicht auch dieses Forschungsgebiet bisher eine Domäne männlicher Wissenschaftler gewesen, die ihr patriarchales Weltbild auf die Tierwelt projiziert haben. Ich habe daher eine kritisch-vergleichende Verhaltensforschung aus Frauensicht entwickelt.

Das Ergebnis meiner Forschungen zeigt, daß es keine Spezies auf der Erde gibt, bei der das Männliche Vorrang hätte. Entsprechende Feldforschungen der Wissenschaftler erweisen sich als männliches Wunschdenken, welche durch die grundlegenden Studien weiblicher Feldforscherinnen widerlegt werden.

Tiermännchen kämpfen um das Vorrecht in der Sexualität, und sie töten den Schwächeren, wenn er nicht rechtzeitig nachgibt und davonläuft. Es gibt auch grausame Vernichtungskriege unter Affen, bei denen eine Population die andere auslöscht. Derartige Kämpfe spielen sich am *Rand der Gruppe* ab. Das männliche Geschlecht verfügt über stärkere aggressive Potentiale, während ihm soziale Fähigkeiten nicht in der gleichen Weise angeboren sind wie dem weiblichen Geschlecht. Daher müssen Tiermännchen lernen, bevor sie in eine Weibchengruppe integriert werden. Geschlechtsreife Männchen haben eine verlängerte Jugend, in der sie soziales Verhalten üben. Es ist also deutlich, daß jegliches Verhalten die Summe von Anlagen und sozialem Lernen ist. Wir können nichts lernen, wozu wir nicht begabt sind, wir können jedoch Begabungen vernachlässigen und völlig veröden lassen.

Die Menschen sind eine Spezies, die am Ende der bisher absehbaren evolutionären Geschichte der Arten steht. Menschenmänner werden von der Evolution nicht gezwungen, eine Prämie auf aggressives Verhalten zu setzen. Es gibt Arten, die keinerlei Kriege kennen und ihre aggressiven Tendenzen in den Dienst des Lebens stellen. Die Evolution macht Angebote. Sie zwingt nicht. Daher können sich Menschenmänner nicht darauf herausreden, daß *Töten im Krieg* eine der Menschenart von der „Natur" bestimmte *Lebensweise* sei. Denn menschliche Kriege fallen aus dem Rahmen der „natürlichen Rivalitätskämpfe", welche die Natur kennt.

Die Kriege der Menschenmänner spielen sich nicht „am Rand der Gruppe" ab. Krieg ist ein zentral mann-menschliches Anliegen, und Kriegsgeschichte wird zur Geschichte der Menschheit an sich. Geschlechtsreife Menschenmänner nutzen ihre verlängerte Jugend, um Militärdienste abzuleisten statt sich an die sozialen Forderungen der Frauengruppe anzupassen. Die soziale Unangepaßtheit der Söhne gilt als Anzeichen von Durchsetzungsfähigkeit und Männlichkeit.

Es ist fast eine Banalität festzustellen, das Patriarchat habe die natürliche Ordnung auf den Kopf gestellt: In natürlichen Systemen werden sozial unangepaßte Männchen in die Randgruppe verdrängt, während die patriarchale Menschheit das Randgruppendasein der sozial unangepaßten aggressiven Männer zur Öffentlichkeit umfunktioniert hat, in der sich das „eigentliche Leben" abspielt.

Bei der patriarchalen Menschheitsentwicklung läßt sich ein Prozeß aufzeigen, in dem technische Intelligenz von sozialer Intelligenz abgespalten worden ist. Nicht nur der „Fortschritt" einer Technik ohne sozialen Sinn, sondern besonders das Interesse an der Waffentechnik hat die Fehlentwicklung eingeleitet, die heute das Überleben der Spezies Mensch gefährdet, und die Frage ist, warum trotz aller ethischen Bemühungen immer wieder versucht wird, Konflikte durch Gewalt zu lösen.

Natürliche Systeme sind durch soziale Intelligenz geordnet worden, während das patriarchale System durch eine Intelligenz gesteuert wird, die für Machtgewinn eingesetzt und in die Entwicklung von Tötungswerkzeugen investiert wird. Abgespalten von sozialen Zusammenhängen gibt die industrielle Gesellschaft gegenwärtig jährlich eine Billion Dollar weltweit für Rüstung aus, womit sie die Illusion patriarchaler Macht aufrechtzuerhalten sucht. Für jegliche Waffentechnik ist die Rückkehr in die Steinzeit wünschenswert; und jegliche weltweite Abrüstung führt in die richtige Richtung.

Menschen sind lernfähig. Männer können lernen, ihre aggressive Potenz in das Leben zu investieren statt in Macht-Haberei und Tötungsgewalt. Und Frauen können sich ihrer Bedeutung für das Leben bewußt werden, um konsequent von Männern soziale Anpassung zu fordern: vom kleinen Sohn, vom geliebten Partner, vom Arbeitskollegen und von männlichen Politikern.

Weibliches Bewußtsein und weibliche Freiheit kann nur auf dem Hintergrund einer stabilen Mutter-Tochter-Beziehung entstehen, einer Beziehung, die zugleich die soziale Ordnung, die öffentliche Meinung und das geltende Recht symbolisiert. Frauen, die zum Bewußtsein erwacht sind, das Patriarchat hinterfragen und durch ein weibliches Bewußtsein herausfordern, werden den Grund legen zu einer veränderten Mutter-Tochter-Beziehung und zu einer veränderten Welt.

Frauen müssen das gesamte traditionelle mann-menschliche Weltbild überwinden, wenn sich Weiblichkeit aus den Fangarmen des „Großen Vaters" befreien soll. Das Gesunden der Welt vom patriarchalen Wahn ist eine Aufgabe, die nur auf allen Gebieten zugleich und in alle Richtungen zugleich geleistet werden kann. Wenn Frauen fordern, daß sozialen Verhaltensweisen die höchste Priorität zukommt, wenn Männer aufhören, eine Prämie auf die Gewalt zu setzen und wenn sie ihr Interesse von aggressiven Umgangformen und hierarchischen Denkmodellen ablenken, kann sich ein Weltbild entfalten, welches das Überleben der Menschheit möglich macht.

Der besseren Verständlichkeit halber wurden zentrale Fachbegriffe im Text kenntlich gemacht und in einem Glossar am Ende des Buches erläutert.

I

Lebensweisheit

Ich beschwöre euch,
daß ihr das Leben nicht stört,
daß ihr ja nicht störet das Leben

Die Entwicklung des Lebens

Im Jahr 1859 erschien Darwins Buch von der Evolution der Arten. Die erste Auflage von 1 700 Büchern war an einem einzigen Tag verkauft. Ein Sturm der Entrüstung bewegte damals die Welt. Wir brauchen uns nur in Erinnerung zu rufen, „mit welchem Abscheu seinerzeit Darwins Theorie aufgenommen wurde, daß wir ‚vom Affen abstammen'." (Carrighar 1974, 59) Die Kirche stellte sich feindlich gegen Darwins Lehre, und bis in dieses Jahrhundert gab es Länder, in denen es verboten war, Darwins Erkenntnisse im Unterricht zu verbreiten.

Vor aller Wahrheitsfindung steht die Voreingenommenheit der Ewiggestrigen und die Eitelkeit der Menschen, die sich für etwas Besonderes halten. Das mann-menschliche Weltbild hebt allein den Mann aus den Naturzusammenhängen heraus. Der Mann steht über der Natur. Er beherrscht die Natur und den eigenen Körper. Wie könnte er ein Teil der Natur sein? Der bevorzugte Status gilt nicht für die Frau. Theologische und philosophische Denker sprechen ihn, den Mann, von seiner Biologie frei, *für ihn* treffen die Gesetze der Evolution nicht zu. Männlicher Geist und die männliche Kulturleistung stellen ihn über seine biologischen Grundlagen. Um so gnadenloser wird die Frau an ihre Biologie gefesselt: Da sie gebären kann, muß sie ihr gesamtes Leben im Gefängnis der Mutterschaft verbringen. Es ist daher selbstverständlich, daß Frauen, die um ihre Befreiung aus der Gefangenschaft im Patriarchat kämpfen, sich gegen den biologistischen Mißbrauch ihres Frauseins wehren. Das patriarchale Weltbild, welches zwischen Tier und Mensch eine unüberbrückbare Kluft sieht und das männliche Menschentum von biologischen Abhängigkeiten befreit wähnt, wird auch für die Frauen reklamiert, wenn sie ihr Frausein *allein* aus dem sozialen Umfeld begreifen.

Es ist gerade das Interesse des *patriarchalen* Mannes, sich über die Natur zu erheben und eine Kluft zwischen Tier und Mensch zu konstruieren. Denn diese Fiktion macht ihn zum Herrscher über die Natur. *Die biologische Basis der männlichen Psyche ist im patriarchalen Bewußtsein verdrängt. Dadurch entsteht der unerklärliche Widerspruch zwischen den ethischen Systemen der menschlichen Kultur und der alltäglichen Gewalt. Nicht durch Vernunft und moralische Einsicht werden die Probleme in unserer Gesellschaft gelöst, sondern durch irrationale Mechanismen.*

Der Anspruch, es sei der Mann von Gott geschaffen, verursacht einen blinden Fleck in unserer Wahrnehmung, so daß wir unfähig sind zu sehen, daß Rivalität und Krieg unter Männern und Gewaltanwendung als Mittel zur Durchsetzung persönlicher Wünsche Verhaltensweisen sind ist, die aus der Urzeit der Evolution stammen. Was nicht bewußt ist, kann nicht verarbeitet werden.

Menschliche Eitelkeit: Der Mensch stammt nicht vom Affen ab

Das Studium der Vergleichenden Verhaltensforschung gibt einen Blick frei auf die soziale Ordnung in nichtmenschlichen Spezies. Seit auch Frauen sich in diese Wissenschaft einmischen, erfahren wir Erstaunliches über die Bedeutung des Weiblichen, und wir erhalten ungewohnte Informationen über männliches Verhalten. Bisher ist der Blick auf unsere Verwandten im Tierreich vom patriarchalen Bewußtsein getrübt. Obwohl die traditionelle Wissenschaft Wert darauf legt festzustellen, wie hoch erhaben das menschliche über das tierische Wesen sei, ist es den Forschern doch wichtig zu betonen, daß – möglichst überall im Tierreich – die Männchen über die Weibchen herrschten. Wissenschaftler fragen nach den „Alpha-Männchen" und nach den Herrschaftsstrukturen in tierischen Populationen, und sie geben sich die Antworten, die sie erwartet haben.

Das Wissen, wie nahe verwandt Menschenaffen und Menschen miteinander sind, ist nicht sehr populär. Das genetische Material der uns am nächsten stehenden Menschenaffen, der Schimpansen und Bonobos, stimmt zu 99% mit dem genetischen Material der Menschen überein (de Waal 1991, 175). „Insbesondere ist der Schaltplan des Schimpansengehirns dem des menschlichen Gehirns bemerkenswert gleich." (Goodall 1971, 238) Das ist Grund genug, die vergleichende Verhaltensforschung ernstzunehmen, die sich für diese Tiere interessiert, um etwas über uns Menschen zu erfahren.

Primatologinnen begründen die Faszination von ihrer Wissenschaft damit, daß die Tiere ihnen einen Spiegel ihres eigenen Wesen vorhalten. Das Primatenverhalten vermittelt uns eine Ahnung davon, wie wir handeln würden, wenn es den menschlich-kulturellen Überbau nicht gäbe. Alle Instinkthandlungen und biologischen Dispositionen, die bei den Menschen ins Unbewußte verdrängt worden sind, liegen bei den Schimpansen offen zutage. Eugène Marais hat in einem Brief kurz vor seinem Tod im Jahr 1936 geschrieben: „Niemand kann auch nur in die Nähe einer echten Vorstellung des Unbewußten im Menschen kommen, der nicht die Primaten* in ihrer natürlichen Umwelt kennt." (zitiert bei Sommer 1989, 46) Aber die wenigsten Menschen wollen von ihrem Unbewußten etwas wissen. Durch religiöse und soziale Ethik, philosophische Werte und pädagogische Maximen, durch sexuelle Reglementierungen, durch Gesetzgebung und ein Geflecht ordnungsstiftender Institutionen haben die

Menschen einen kulturellen Überbau geschaffen, der ihnen ein illusionäres Allmachtsgefühl vermittelt. Alles, was dieses unangemessene Selbstgefühl beeinträchtigen könnte, wird ins Unbewußte verdrängt. Jeder Riß, der sich durch das Gebäude mann-menschlicher Kultur zieht, wird augenblicklich gekittet. Für jede Illusion, die zerstört wird, taucht aus dem Dunst mann-menschlicher Selbsttäuschung eine neue Gloriole um so herrlicher auf.

Die vergleichende Verhaltensforschung bleibt ein Fremdkörper im mann-menschlichen Weltbild. Ihre Ergebnisse werden vom patriarchalen Bewußtsein nicht integriert. Das äußert sich in einem geradezu schizophrenen Medienangebot. Beispielsweise kann der Schulfunk an einem Tag eine Sendung über die Evolution des Menschen aus dem Tierreich senden und am nächsten eine theologische Sendung, die unbeeinflußt von den Erkenntnissen des Vortages das alte Bild von der Überlegenheit des mann-menschlichen Menschen perpetuiert.

Der Mensch betrachtet sich als Ebenbild Gottes und nicht als den jüngeren Bruder des Affen. Wenn die genetische Übereinstimmung zwischen Menschaffen und Menschen „bei zwei beliebigen anderen Lebewesen der Fall gewesen wäre, wären diese als verschwisterte Arten eingestuft worden; aber die Menschen lieben ihre Einzigartigkeit." (Strum 1989, 115) Sie breiten ihre Eigenliebe wie einen Schleier über die Realität.

Die vergleichende Verhaltensforschung hat eine der hitzigsten Debatten in der Biologie heraufbeschworen. „Darwin selbst hat den Grund dazu gelegt, als er zeigte, wie ähnlich der Ausdruck von Emotionen bei Mensch und Tier ist." (Carrighar 1974, 60)

Wir haben unser Unbewußtes mit dem Mantel unserer kulturellen Evolution so schönfärberisch und sorgsam umhüllt. Wer wollte jetzt mit aller Macht darauf bestehen, daß wir dieses Unbewußte wieder ans Tageslicht bringen? Vielleicht wehren sich viele Menschen gegen die Vorstellung ihrer tierischen Abkunft gerade deswegen so vehement, weil das tierische Verhalten unbewußt Verwandtes in ihnen anspricht, Dispositionen sichtbar macht, die genauso die ihren sind. Wir schrecken davor zurück, das mühsam Verdrängte wahrzuhaben.

Ein reizende Anekdote macht die Abwehr deutlich, mit der ein Menschenmann seine Einzigartigkeit verteidigt: Der Sohn kommt aus der Schule nach Hause und erzählt seinem Vater, er habe gelernt, daß der Mensch vom Affen abstamme. Darauf der Vater empört: „Du vielleicht, aber ich nicht!" Der Mann, der jahrtausendelang darauf bestanden hat, daß im Sohn die väterliche Genealogie fortgeschrieben wird, weist die Genealogie, welche die Evolution schreibt, weit von sich.

Das Leben ist weiblich

Der patriarchale Mythos projiziert den „androgynen Menschen" an den Anfang des Lebens: den Hermaphroditen, der – männlich und weiblich zugleich – ein vollendetes Ganzes gewesen sei. Platons Idee, das Schicksal habe den androgynen Menschen in Frau und Mann gespalten, die nun als unvollkommene Hälften auf ewiger Suche nach ihrem verlorenen Teil seien, hat immer wieder dazu angeregt, nach dem „ganzen Menschen" zu streben. Psychologische Bemühungen halten den „androgynen Menschen" für das Ziel menschlicher Reife: Die Integration des „gegengeschlechtlichen psychischen Anteils" führe zur persönlichen Vervollkommnung. Eine Partnerschaft habe ihr Ziel erreicht, wenn man den andern nicht mehr brauche (Dethlefsen 1983, 242).

Immer wieder haben sich Liebespaare nach der „vollkommenen Liebe" gesehnt, und die Epochen des Minnegesangs, der Mystik oder der Romantik haben je auf ihre Weise um die Erfüllung dieses Menschheitstraumes gerungen.

Wir waren zwei Seelen in einem Traum,
Wir waren zwei Vögel in einem Baum.
Nun sind wir verflogen,
fliegt jedes für sich
und sucht nach dem andern:
Du mich und ich dich. (Dauthendey 1893)

Im Gegensatz zur patriarchalen Vorstellung sieht der matriarchale Mythos am Anfang der Welt die parthenogen* gebärende Göttin, die des Mannes nicht bedarf, um schöpferisch zu sein. Dieser Mythos spiegelt das Weltbild der Menschheit am Beginn ihrer Bewußtwerdung: Allein die Frau bringt aller Erfahrung nach das Leben zur Welt.

Der matriarchale Mythos realitätsgerecht: Er spiegelt die Geschichte der Evolution. Am Beginn seiner Entwicklung pflanzt sich das Leben durch Parthenogenese* fort. Eine weibliche Zelle teilt sich in zwei Tochterzellen. Das Urbild des Lebens ist weiblich.

Paradoxerweise waren die Bedingungen für die *Entstehung* des Lebens auf der Erde die gleichen, unter denen alles Leben der *Vernichtung* anheimfallen wird: Die Erde ohne Sauerstoffhülle, unser Globus ohne schützende Ozonschicht, der direkten ultravioletten Strahlung ausgesetzt, bot die Voraussetzung für die Entstehung der ersten Moleküle. Sie formten kettenartige Strukturen. Proteine und Nukleinsäuren verbanden sich zu lebenden Zellen. Zellteilung war der erste und einfachste Mechanismus der Fortpflanzung. Nach vielen Jahrmillionen gelang es einigen dieser Zellen, einen grünen Farbstoff, das Chlorophyll, aufzubauen und eine bessere Nutzung des Sonnenlichtes zu erreichen. Diese Zellen schieden Sauerstoff aus und bildeten den für das organische Leben auf der Erde so wichtigen Sauerstoff. Erst jetzt konnten sich Zellen zu Zellverbänden zusammenballen. In den höheren atmosphärischen Schichten wurde Sauerstoff durch die Sonnenstrahlung in Ozon umgewandelt und bildete den Schutzschild, unter dem organisches Leben möglich wurde. Die Einzelzellen konnten sich nun spezialisieren und Organe ausbilden. Die Evolution des Lebens begann.

Von Anfang an ist das Leben weiblich. Da sich Einzeller alle 20 Minuten teilen können, ist die Generationsfolge sehr kurz, und diese Organismen sind trotz des seltenen Austausches von Erbmaterial sehr erfolgreich (Neefe 1989, 32). Arten, die ohne Zeugung durch männliche Keimzellen auskommen, existieren noch heute. „Die Weibchen von grünen Blattläusen können lebendige vaterlose Nachkommen gebären. Ein im Schoß der Mutter befindlicher Embryo kann seinerseits einen noch kleineren Embryo in seinem Schoß tragen." (Dawkins 1978, 50)

David Crews hat in Texas eine Art Eidechsen beobachtet, die nur Töchter durch Jungfernzeugung zur Welt bringen und dennoch auf das Balzgehabe anderer Weibchen reagieren. Crews hält dies für einen Hinweis darauf, daß die geschlechtliche Zeugung von den Eidechsen aufgegeben worden sei, weil es in der Wüste schwer sei, einen Partner zu finden. Jürgen Neffe knüpft an diese Beobachtung die Frage, ob es vielleicht möglich sei, „daß alle Arten auf Sex, also auf Männer, verzichten können, wenn die sich nicht ‚auszahlen'." (Neffe 1989, 36)

Weil die längere Lebensdauer vielzelliger Spezies die Generationenfolge verzögert, hat sich die Evolution die geschlechtliche Fortpflanzung* „ausgedacht". Der Austausch von Genen wird durch Sexualität multipliziert. Dadurch ist der Nachteil der verlängerten Generationszeiten wieder ausgeglichen worden. Die männliche Keimzelle dient der Variationsbreite. Um dieses Angebot der Evolution voll auszuschöpfen, treten männliche Keimzellen in Fülle auf: als Blütenstaub, der, vom Wind getragen, sich auf entwicklungsfähigen Fruchtknoten niederläßt oder von Insekten auf den Griffeln der Fruchtknoten verteilt wird. Die Pollensäcke, die den Blütenstaub gebildet haben, verwelken, wenn sie sich entleert haben. Sie haben ihren Sinn erfüllt. Wenn die Tannen und Fichten blühen, kehren wir ihren Blütenstaub von den Fensterbrettern und Gartenmöbeln, ohne viel daran zu denken, wie die Natur das männliche Keimgut verschwendet. Sie läßt das Männliche nach der Befruchtung milliardenfach untergehen.

Noch weniger machen wir uns bewußt, daß diese Verschwendung der Natur bei den Tieren dieselbe ist. Auch der Mensch macht davon keine

Ausnahme. 350 Millionen Keimzellen verschleudert der Mann bei einer einzigen Ejakulation. Bei allen Lebewesen – den Menschen eingeschlossen – ist das Männliche zur Befruchtung „erdacht", und es wird für das weitere Leben überflüssig, nachdem die Befruchtung erfolgt ist. Die Weibchen aber – einmal befruchtet – fangen erst richtig an zu leben.

Konsequenterweise fragen Biologen, weshalb die Evolution das männliche Keimgut an einen voll ausgeformten Träger seiner Spezies geheftet habe: „Zu welchem Zweck müssen Männchen, wenn sie schon notwendig sind, voll ausgebildet sein? Es würde doch, wie bei einigen Tiefseeanglerfischen, ein samenlieferndes Anhängsel des Weibchens reichen." (Neffe 1989, 36) Manche dieser Fischweibchen tragen „ihre" Männchen zu Tausenden unter den Flossen und wedeln das Keimgut nach der Eiablage über den Laichplatz.

Die Information „Männlichkeit" hat sich im Lauf der Evolution unmerklich eingeschlichen. Bei einigen Knochenfischen innerhalb der Wirbeltierreihe sind die Geschlechts-Chromosomen zwar funktionell wirksam, aber „sie sind physiologisch noch nicht unterscheidbar und daher auch nicht von den übrigen Chromosomen zu differenzieren." (Wolf und Baitsch 1967, 914) Als sich schließlich das Y-Chromosom bei den Wirbeltieren herausbildet, unterliegt es einer „zunehmenden Degeneration, die eine Verkleinerung" des männlichkeitsbestimmenden Chromosoms bewirkt. Dadurch fallen die „auf diesem Chromosom gelegenen genetischen Informationen aus" (Wolf und Baitsch 1967, 914), und all die Nachteile der männlichen Konstitution, von denen noch die Rede sein wird, sind die Folge.

„Degradiert zu nützlichen Lieferanten von Erbmaterial, zu Überbleibseln einer aus dem Ruder gelaufenen Evolution, biologisch womöglich überflüssig", müssen sich Männer die Frage gefallen lassen: „Ist der Mann ein Fehlgriff der Natur?" (Neffe 1989, 28)

Die Männchen der zahlreichen Lebensformen verhalten sich zu der marginalen Rolle, welche die Natur ihnen zugeschrieben hat, sehr unterschiedlich. Manche sterben nach der Zeugung, andere kompensieren ihre wenig bedeutsame Rolle, indem sie wichtige soziale Leistungen erbringen. Sie passen sich an die Weibchenrolle an. Sie übernehmen Mutterpflichten und geben dadurch ihrem Leben einen Sinn. Andere wieder entwickeln mörderische Aggressionen gegen männliche Artgenossen. Sie töten alles, was männlich ist.

Beim Menschenmann lassen sich alle diese Verhaltensweisen in ihrer ganzen Variationsbreite nachweisen; denn Menschen tragen in ihren Genen *alle* Informationen, welche die Evolution dem Leben je angeboten hat. Es gibt Menschenmänner, die nach der Zeugung den Tod suchen, andere übernehmen Mutterpflichten und stellen ihr Dasein in den Dienst der Nachkommen. Es gibt Männer, die mörderische Aggressionen gegen Artgenossen entwickeln, und manche führen Kriege, um alles zu töten, was männlich ist.

Und schließlich hat sich der Menschenmann noch etwas Besonderes ausgedacht: Er verdrängt die Tatsache, daß er für das Leben relativ belanglos ist, aus seinem Bewußtsein. Statt dessen hat er einen mannmenschlichen kulturellen Überbau geschaffen, in dem die Frau in die marginale Rolle gedrängt wird. Mit geistigen Spitzfindigkeiten „beweisen" kluge Männer, daß die Menschheit männlich ist und daß Adam der erste Mensch gewesen sei, der das Weib hervorgebracht habe. Nach patriarchalem Verständnis hat die Schöpfung nur ein Ziel: den Mann hervorzubringen, welcher der eigentliche Mensch sei.

Das Gesellschaftssystem, das diese Kultur geschaffen hat, ist dem Kollaps nahe. Hat die Evolution die Menschenart hervorgebracht, damit sie nur etwa zwei Millionen Jahre nach ihrem ersten Auftreten schon wieder unterzugehen droht? Gibt es eine Möglichkeit, das Schicksal der zutiefst verdrängten Inhalte zu verfolgen, bewußt zu machen und aufzuarbeiten?

Gemessen an der bisherigen Lebensdauer der Menschheit gibt es Arten, die schon „eine halbe Ewigkeit" überlebt haben. Ein Beispiel dafür sind die Quastenflosser, die seit 400 Millionen Jahren existieren. Inzwischen sind die Saurier über die Bühne des Lebens gegangen und wieder ausgestorben. Welche Eigenschaften haben den Quastenflossern ermöglicht, so ungewöhnlich lange zu überleben? Und welche Eigenschaften treiben den Menschen um, daß er sein Überleben aufs Spiel setzt?

Als Spezies sind die Quastenflosser auch deshalb interessant, weil sie am Beginn einer Evolution stehen, die zu den landerobernden Tieren geführt hat. Die Form ihrer Gliedmaßen und die Art ihrer Fortpflanzung zeigt die Anlagen zu künftiger Entwicklung, die Amphibien, Säugetiere und schließlich die Menschen hervorgebracht hat. Sie bewegen ihre eigenartigen Flossen, die mit ihren Gelenken an die Beine der Amphibien erinnern, in einem regelrechten Kreuzgang wie auf dem Land schreitende Vierfüßler. Deshalb haben Forscher zunächst vermutet, sie würden auf dem Meeresboden herumlaufen. Aber sie schwimmen. Manchmal gleicht die Bewegung ihrer Flossen sanftem Flügelschlag im Wasser (Fricke 1987).

Die Meeresbiologie war zunächst davon ausgegangen, daß es sich bei den Quastenflossern um eine längst ausgestorbene Spezies handele, da nur fossile Objekte des Fisches gefunden worden waren. Diese versteinerten Fische hatten ein Alter von 400 Millionen Jahren. Als vor Grande Comore im indischen Ozean lebende Quastenflosser ins Netz gingen, die sich von ihren fossilen Ahnen im Körperbau nicht unterschieden, wurde deutlich, daß wir es mit einer der überlebensfähigsten Arten zu tun haben, die überhaupt je erforscht worden sind.

Die Fische wurden mit einem eigens für diese Aufgabe konstruierten Tauchboot in Unterwasserhöhlen von 160 bis 400 Metern Meerestiefe beobachtet. Dort halten sie sich tagsüber in Gruppen auf. Sie berühren weder die Höhlenwände, noch tasten sie sich gegenseitig an. Sie scheinen ohne Aggressionen auszukommen. Der Meeresbiologe Hans Fricke stellt fest: „Niemals registrierten die Beobachter im Tauchboot Streitigkeiten.“ (Fricke 1990, 67)

Die Quastenflosser ernähren sich von kleineren Fischen. Wenn sie auf Nahrungssuche sind, ziehen sie mit langsamen Bewegungen durchs Wasser. Sie jagen ihre Beute nicht; ohne typisches Raubfischverhalten fressen sie, was ihnen vors Maul schwimmt. Die Fischmännchen werden nur etwa 1,35 Meter lang, wogegen Weibchen etwa 1,80 Meter erreichen. Die Männchen sind von jungen, subadulten Weibchen nur durch Sektion zu unterscheiden (Fricke u.a. 1991).

Im August 1991 ist in der Straße von Moçambique zum ersten Mal ein trächtiges Weibchen gefangen worden. Das Tier wog 98 kg und war 1,79 Meter lang. 26 kleine Fische, alle zwischen 30 und 32 Zentimetern lang, vollentwickelt und geburtsreif, befanden sich im Leib der Mutter (Heemstra/Greenwood 1992). Wahrscheinlich war das Tier zur Nahrungssuche in flaches Gewässer aufgetaucht, denn trächtige Weibchen werden unter Hunderten von Quastenflossern kaum einmal angetroffen. Wo bringen die Weibchen ihre Jungen zur Welt? Wo ziehen sie sie auf?

Zwar sind in einer Unterwasserhöhle – der „Kinderstube“ der Quastenflosser – kleine Fische entdeckt worden. Aber dort haben die kleinsten Fische doch immerhin eine Länge von 60 bis 90 Zentimetern (Fricke 1987). Tragende Weibchen und neugeborene Fische sind in der „Kinderstube“ nicht angetroffen worden. Inzwischen ist sicher, daß befruchtete Weibchen sich in eine Tiefe von mindestens 698 Metern zurückziehen (Fricke 1992). Die Jungen werden im Schutz der Meerestiefe geboren und aufgezogen. Dort können sie bislang nicht beobachtet werden, weil das Tauchboot, das eigens für die Erforschung der Quastenflosser gebaut worden ist, für derartige Meerestiefen nicht ausgerüstet ist. Es ist wahrscheinlich, daß auch die Paarungen, die bisher nicht beobachtet worden sind, sich in großen Meerestiefen abspielen.

Kampf um die Durchsetzung des „Stärkeren“ kennen diese Tiere nicht. Ihre Überlebensweisheit ist offensichtlich die gelungene Anpassung an ihre Umwelt – eine friedliche, aggressionsarme Population, die ihre Weibchen und Jungen aufs äußerste schützt. Sie lehren uns die Voraussetzungen, unter denen Überleben über einen Zeitraum von 400 Millionen Jahren möglich ist.

Im „Kampf ums Leben" werden die besser angepaßten Individuen bevorzugt, nicht die „Stärkeren". Und immer geht es vor allem um die bestmögliche Anpassung der Weibchen; denn sie tragen das Leben weiter.

Vor über sechzig Millionen Jahren haben sich die ersten Primaten* auf unserer Erde entwickelt: kleine unscheinbare Geschöpfe, vergleichbar etwa den heute noch lebenden Spitzhörnchen. Sie sind auf ihren Gesichtssinn angewiesen, nicht mehr allein auf den Geruchssinn. Ihre Augen sind nach vorn gerichtet, so daß sich die Gesichtsfelder überlappen. Nur so können sie Tiefe wahrnehmen und perspektivisch sehen. Die Primaten* können Farben unterscheiden, weil sie sich in einer bunten, dreidimensionalen Welt geschickt und angepaßt bewegen müssen.

Das Heranwachsen der neuen Generation im Mutterleib bietet dem Überleben einer Art einen zusätzlichen, nicht zu unterschätzenden Schutz. Aber Schwangerschaften und lebend geborene Junge fordern einen Aufwand, der vor allem den Weibchen mehr Leistung abfordert. Deren genetische Ausstattung ist folglich von der Evolution bevorzugt worden, damit Säugetierarten erfolgreich überleben können.

Um die Jahrhundertwende war der Werdegang der Evolution längst bekannt; aber die Priorität des Weiblichen in der Entwicklungsgeschichte des Lebens wurde trotzdem nicht anerkannt. Der Name des nordamerikanischen Biologen Lester Ward, der die marginale Funktion des Befruchters schon im Jahre 1888 in einem Vortrag betont hat, wurde schnell vergessen. Er sagte damals: „Als Ergebnis einer natürlichen Selektion wurde ein Befruchtung genannter Prozeß eingeführt, zuerst durch ein zum Organismus gehöriges Organ (Hermaphroditismus), und dann durch Loslösung dieses Organs und seiner Einrichtung in einem unabhängigen, aber Miniatur-Organismus, der von dem ursprünglichen vollkommen verschieden war. Dieser letztere war zuerst ein Parasit des ursprünglichen Organismus, dann seine Ergänzung und wurde in einem zu diesem Zweck erschaffenen Sack herumgetragen." (Ward 1909, 467, Original 1888)

Die männlichen Bienen entstehen aus unbefruchteten Eiern und besitzen nur einen halben Chromosomensatz ausschließlicher Autosomen. Männlichkeit kann also auch ohne ein Y-Chromosom entstehen; aber immer ist etwas an der männlichen Erbinformation nicht vollständig entwickelt.

Warum nennen wir dieses „andere Geschlecht", das sich die Evolution im Lauf ihrer Geschichte erst spät einfallen ließ, das männliche? Es geht um den Formenreichtum des Lebens, und das Leben ist weiblich. Jede Zelle des weiblichen wie des männlichen Körpers enthält 46 Chromosomen, wie die Forscher Tijo und Levan im Jahr 1956 entdeckt haben. Wer bis dahin zur Schule gegangen ist, hat gelernt, was damals seit 30 Jahren unangefochtene Lehrmeinung gewesen ist: daß der Mensch 48 Chromosomen habe (Wendt/Keutel 1969, 947).

Jede der rund 70 Billionen Körperzellen eines Menschen enthält im Zellkern jeweils 44 Chromosomen, die sich zu 22 Paaren ordnen und als Autosomen bezeichnet werden. Zwei Gonosomen* ergänzen den Chromosomensatz einer Körperzelle auf insgesamt 46 Chromosomen. Das Gonosomen-Paar ist beim Mann aus der Art geraten: Es besitzt nur *ein* weibliches X-Chromosom und ist mit einem verkümmerten, sogenannten Y-Chromosom gepaart. Die Bezeichnungen X- und Y-Chromosom suggerieren die Gleichwertigkeit dieser Kernschleifen. Doch in Wirklichkeit ist das Y-Chromosom nur der Rest eines vollausgebildeten X-Chromosoms, ein Winzling in Form eines kleinen Kommas – unbegreiflich, daß deshalb die ganze Welt aus den Fugen geraten ist!

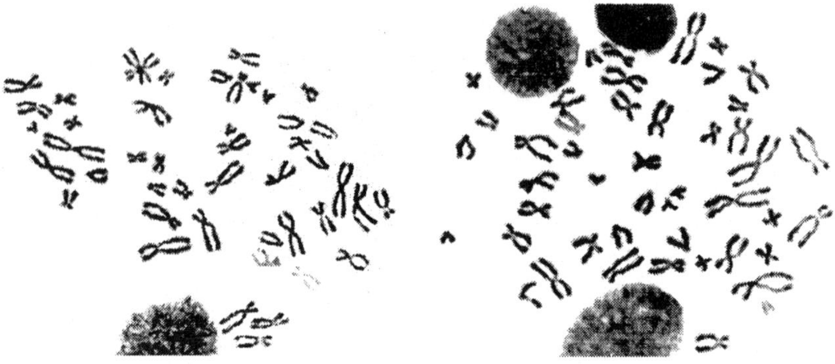

Links der weibliche und rechts der männliche Chromosomensatz

Unter dem Mikroskop wird sichtbar, daß alle sogenannten Autosomen die Gestalt des weiblichen X-Chromosoms haben. „Bei den meisten plazentalen Säugern verhalten sich X-Chromosomen wie Autosomen" (Wolf und Baitsch 1967, 921), das heißt, das weibliche Chromosom, seine Gestalt, Aufgabe und Funktion enthält und transportiert die Information für Leben seit Jahrmillionen evolutionärer Entwicklungsgeschichte. Menschlichkeit – auch die männliche – ist also von der Basis-Information her weiblich strukturiert. Selbst das an die 23. Stelle gerückte Gonosomen*-Paar ist beim Mann zur Hälfte weiblich: Es enthält ein X- und ein

Y-Chromosom. Die paarigen Autosomen, deren eine Hälfte väterliches, die andere mütterliches Erbgut trägt, gleichen sich dem äußeren Anschein nach völlig. Sie sind aber Träger unterschiedlicher Erbinformationen, die auf den Genen angesiedelt sind. Dadurch wird die genetische Vielfalt garantiert. Ausgereifte Keimzellen verfügen über den halben (haploiden) Chromosomensatz mit 22 Autosomen und einem Gonosom, also 23 Chromosomen. Das weibliche Ei trägt immer ein X-Chromosom an 23. Stelle, die männliche Keimzelle entweder ein X- oder ein Y-Chromosom.

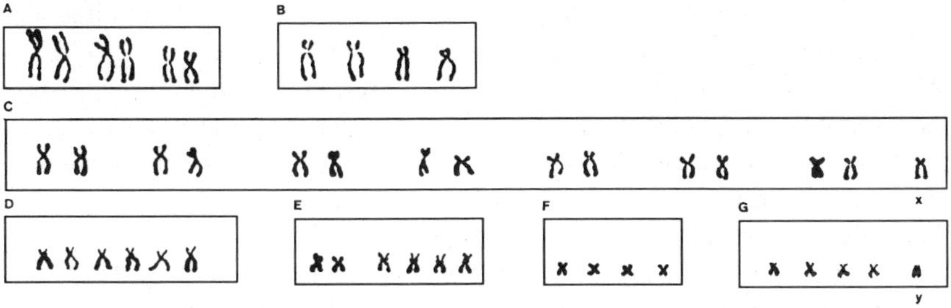

Die hierarchische Ordnung der Chromosomenpaare

Unter dem Elektronenmikroskop wird die Zelle fotografiert, während sie sich teilt, da deren Chromosomen nur während der Teilung einzeln sichtbar sind. Bei etwa 1000-facher Vergrößerung erscheint der angefärbte, ungeordnete Chromosomenbestand einer Zelle als Durcheinander von kleinen Schleifen und kreuzförmigen Bändern. Um das Gewirr übersichtlich zu machen, wird das obere Bild, nachdem es auf Papier kopiert ist, in seine Schleifenteilchen zerschnitten. Die einzelnen Chromosomenpaare werden dann nach ihrer Größe aufgeklebt, wie man Schüler im Turnunterricht aufstellt. Die Autosomen sind nach einer 1960 in Denver/Colorado getroffenen, international gültigen Vereinbarung ihrer Größe nach durchnumeriert. Durch Nebeneinanderstellen der doppelten Chromosomen mit gleicher Ordnungszahl entsteht ein übersichtliches Bild, das Karyogramm. Am Schluß werden die X- und Y-Chromosomen eingeordnet. Morphologisch ähnliche Chromosomenpaare werden zu den Gruppen A bis G zusammengefaßt. Ordnet man das Karyogramm senkrecht an, befinden sich die Geschlechts-Chromosomen *unten.*

Die 46 menschlichen Chromosomen tragen die sogenannten Gene, unser Erbgut, in sich. Gene bestehen strukturell aus langen Ketten der vier Nukleotid-Buchstaben*, welche die Bausteine der DNS* sind. Wissenschaftler der ganzen Welt sind fieberhaft damit beschäftigt, die Gene auf der DNS zu lokalisieren, um Eingriffe ins Erbgut zu ermöglichen und mit dem Versprechen, Erbkrankheiten beim Menschen in Zukunft vermeiden zu können. Heute läßt sich sagen, daß sich die Hoffnungen, die in die Gen-Technologie gesetzt worden sind, nicht erfüllten (Schulze 1993, 111).

Die Gameten – Geschlechtszellen – aller männlichen Organismen sind wesentlich kleiner als die weiblichen. Dies trifft überall in der Natur zu, ob es sich um Tiere oder Pflanzen handelt. Der Größenunterschied ist bei Reptilien und Vögeln besonders ausgeprägt: Eine einzige Eizelle ist groß und nahrhaft genug, um eine sich entwickelnde Frucht mehrere Monate lang zu ernähren. Selbst das menschliche Ei, das mikroskopisch klein ist, übertrifft die männliche Keimzelle an Größe um ein Tausendfaches. Manche Forscher vertreten die Ansicht, das weibliche Geschlecht sei allein wegen der Größe der weiblichen Keimträger von Natur aus gezwungen, mehr in die Nachkommenschaft zu investieren als das männliche. So kann man es sehen, wenn man davon ausgeht, daß die Nachkommenschaft der männlichen Genealogie dient, trotzdem aber die Mühe dafür den Weibchen aufgebürdet wird.

Aber bei vielen Fischen legen die Weibchen ihre Eier ab und machen sich davon. Die Brutpflege überlassen sie den Männchen. Bei Vögeln und einigen Säugetierarten investieren die Männchen erhebliche Energie in den Nachwuchs. Eine künstliche, extra-uterine Aufzucht menschlicher Embryonen – falls sie gelingt – könnte für den Mann ein Bumerang sein: Die Frau, der man in einer sterilen Operation befruchtungsfähige Eier entnommen hat, könnte sich nicht für diese künstlich erzeugte Nachkommenschaft interessieren und Brutpflege und Fürsorge für die Kinder dem Mann überlassen.

Wie erwähnt sind die männlichen Gameten um ein Vielfaches zahlreicher als die weiblichen. Infolgedessen wird die weibliche Keimzelle sorgfältiger behütet – bei Säugetieren im Innern des mütterlichen Körpers. Zwar sind auch weibliche Eier zahlreich genug, so daß die meisten von ihnen untergehen, bevor sie überhaupt befruchtet wurden. Aber die Überlebens-Chancen der einzelnen männlichen Gameten sind extrem gering, ob sie als Blütenstaub kilometerweit durch die Luft dahintreiben oder zu Millionen im weiblichen Leib um ein Ei konkurrieren.

Christa Mulack verweist auf Studien, wonach die menschliche Lebensform grundsätzlich weiblich ist, während „das männliche Geschlecht ‚als Abwandlung des weiblichen Bauplans‘ entsteht. Die angelegten Ovarien entwickeln sich zu Hoden, die Klitoris wird zum Penis.“ (Mulack 1990, 97) Mary Jane Sherfey hatte aufgrund dieser biologischen Gegebenheiten festgestellt: „Embryologisch gesehen ist es durchaus richtig, im Penis eine wuchernde Klitoris, im Skrotum* eine übertrieben große Schamlippe und in der weiblichen Libido die ursprüngliche Libido zu sehen.“ (Sherfey

1974, 85) Der Embryo im Mutterleib ist in den ersten Wochen weiblich. „Die Entwicklung eines männlichen Wesens bedeutet immer eine *Unterdrückung* des primären Hangs zur Weiblichkeit." (Mulack 1990, 98) Man muß „die maskuline Entwicklung als eine Abweichung von der grundsätzlich weiblichen Strukturierung" des Embryo betrachten (Sherfey 1974, 85).

Zudem muß die Mutter ihrem XY-Embryo einen Schub männlicher Hormone zuführen, die sie in den eigenen Nebennierenrinden produziert, damit sich das werdende Leben zum männlichen Fötus umbildet. Es entwickle sich – so der Biologe Hubert Markl – ein männlicher Körper, wenn männliche Gene anwesend sind: *„Fehlen sie* oder können sie vom fötalen Gewebe wegen eines genetischen Defekts nicht ‚erkannt' werden, so entwickelt sich ein weiblicher Körper." (Markl 1983, 28 – Hervorhebung G.W.) Die biologische Wissenschaftssprache suggeriert, daß die Fortpflanzung die Entwicklung männlichen Lebens „im Sinn" hat. Der weibliche Körper wird als etwas Defektes betrachtet, dem etwas *fehlt.* Bei Freud klang dies ähnlich: Es „fehlte" der Penis.

Aber einem Fötus, der 23 intakte Chromosomenpaare besitzt, fehlt gar nichts! Es kommt offensichtlich auf den Blickwinkel an. Selbstverständlich ist das Y-Chromosom dafür verantwortlich, daß sich ein Embryo zum männlichen Fötus entwickeln kann – nämlich mit gewissen genetischen Mängeln wie kürzerer Lebenserwartung und erhöhter Sterblichkeit in allen Lebensaltern sowie zahlreichen Krankheiten behaftet, die nur Männer befallen können. Ein Chromosomensatz, dessen Kernschleifen nicht alle voll ausgebildet sind, kann keinen weiblichen Körper entwickeln. Vom X-Chromosom – der Information für die weibliche Lebensform – hängt das Leben an sich ab.

Ohne X-Chromosom entwickelt sich kein männlicher Fötus, dagegen braucht der weibliche Fötus kein Y-Chromosom, um ein Menschenkind zu werden. Selbst die männlichen Keimzellen, die das X- oder das Y-Chromosom transportieren, bevorzugen das weibliche Chromosom: „Das X- ist um ein Vielfaches langlebiger als das Y-Chromosom." (Mulack 1990, 99) „Männlichkeit steht demnach von Anfang an unter einem stärkeren Zeit- und damit Konkurrenzdruck." (Mulack 1990, 99) David Barash sagt: „Die höhere Sterblichkeit von Kindern männlichen Geschlechts wurde seit jeher durch eine Art allgemeiner Schwäche des Mannes erklärt, die vielleicht daher rührt, daß er das leichter verwundbare Y-Chromosom besitzt." (Barash 1981, 83)

Wir Menschen sind das vorläufig letzte Glied der Evolution, und wir haben alle Informationen, die das Leben je entwickelt hat, in unseren

Organismen gespeichert. Es gibt menschliche Dispositionen, die nicht von den Menschenaffen herrühren, sondern auf ältere Lebensformen zurückgehen. So läßt sich feststellen, daß „im Hinblick auf seine Paarungsweise, die Verhaltensmuster bei der Aufzucht der Nachkommenschaft, seine Sehfähigkeit und in einigen weiteren Punkten der Mensch mehr den Vögeln ähnelt als den Säugetieren." (Gorer 1974, 51) Menschen haben die Möglichkeit, auf soziale Grundmuster der Gegenseitigkeit zurückzugreifen, die bei Vögeln zu höchster Vollkommenheit ausgebildet sind. Vogelmännchen verlassen ihre Population, um einem Weibchen anzuhängen: „Einige Enten, die sich in ihren Überwinterungsgebieten oder beim Vogelflug paaren, begleiten ein neues Weibchen zu seinem Wohngebiet, anstatt zu ihrem eigenen zurückzukehren." (Carrighar 1974, 65) Wohin wir im Tierreich schauen, ist das Weibliche richtunggebend.

Da die Spezies Mensch wenig spezialisiert und daher flexibel genug ist, sich den verschiedensten Umweltbedingungen anzupassen, ist sie einer möglichen ökologischen Sackgasse entgangen. Menschen überleben in allen Klimata der Erde, und sie sind fähig, ein verändertes soziales Milieu zu tolerieren. Diese Fähigkeit ermöglicht die kulturelle Evolution, die Freiheit der Menschen, ihre Umwelt bewußt selbst zu gestalten und mit den solcherart veränderten Bedingungen zu leben. Das aktuelle Krisenbewußtsein der Menschheit beruht auf der Ahnung, daß diese Freiheit nicht unbegrenzt sein kann.

Die Korrektur am mann-menschlichen Menschenbild wird zeigen, daß die Spezies Mensch in der Natur keine Ausnahme macht: Es ist die Menschenfrau, von der das Überleben der Menschheit abhängt. Daher bleibt den Menschen – wenn sie „die Mutation, in der die Spezies Mensch begriffen ist" (Leroi-Gourhan 1980, 319), bestehen wollen –, nur die Weisheit, sich auf weibliche Lebenszusammenhänge zu besinnen. Denn die Priorität des Mannes, wie sie das Patriarchat herangezüchtet hat, ist ein Irrweg.

Aggression im Dienst des Lebens

Heute ist der Begriff „Aggression" fast ausschließlich negativ besetzt: „Wenn Aggression das Schicksal ist, das die Menschheit in ihren Genen mit sich herumträgt, dann sind wir dazu bestimmt, Kriege zu führen, und alle Hoffnung auf Frieden bliebe dürftiger Schein." (Carrighar 1974, 63) Eine solche Begriffsbestimmung wirkt naiv im Hinblick auf die Flut hochphilosophischer Prosa über das Thema. Aggression dient nicht allein dazu, daß Lebewesen sich untereinander bekämpfen. Das Studium von Spezies, die ihre Aggression konstruktiv für das Leben einsetzen, gibt einen Blick frei auf Angebote, welche die Evolution der Menschenart macht, um ihre Probleme anders als durch Gewalt zu lösen.

Aggression ist eine dem Leben innewohnende positive Kraft. Daß ein Säugling ungeduldig das Köpfchen herumwirft, sich auf die mütterliche Nahrungsquelle stürzt, an der er mit lustvollem Stöhnen saugt, ist ohne aggressiven Zugriff auf ein Du gar nicht denkbar. Das lateinische Lexikon weist eine Reihe positiver Bedeutungen für *aggredior* nach: Ich beginne, ich fange an, ich schreite heraus, ich gehe auf jemanden zu. Und erst zum Schluß folgen zwei Übersetzungen mit negativer Bedeutung: Ich gehe (feindlich) auf jemanden zu, ich greife jemanden (den Feind) an. Wir können unsere aggressive Kraft einsetzen, um die Lebensaufgaben anzugreifen und nicht den Feind (Weiler 1989, 271 ff.). Jedes Lebewesen muß sich durchsetzen, damit es überhaupt leben kann. *Das ist aggredi.*

Nach der Zeugung verfolgt das Männliche im Tierreich verschiedene Möglichkeiten, Aggression im Dienst des Lebens einzusetzen. Die Integration der Männchen in die Gruppe geht „um so leichter und vollständiger vonstatten, je bedeutsamer ihre Rolle für die Betreuung der Nachkommen ist.“ (Markl 1976, 22) Wir können beobachten, daß die Männchen überall dort in der Gruppe oder in der Paarbeziehung verbleiben, wo sie sich an der Brutpflege beteiligen.

Es gibt unzählige Arten, bei denen das Männchen seine Stärke, ja die ganze Palette seiner Fähigkeiten für das Leben einsetzt: Fischmännchen tragen die Brut im Maul, Seepferdchenmännchen brüten die Jungen in Bruttaschen aus, die männlichen Kaiserpinguine nehmen den Weibchen das Brutgeschäft ab. Bei fast allen Vogelarten beteiligt sich das Männchen an der Nest- und Brutpflege. Unter diesen Arten gibt es viele lebenslängliche Bindungen eines Paares.

Überall in der Natur, wo Paare lebenslänglich aneinander gebunden sind, spielt die innerartliche Aggression kaum eine Rolle. Bei relativ gleicher Anzahl männlicher und weiblicher Individuen gibt es keine bedrohlichen Auseinandersetzungen um ein Vorrecht in der Sexualität.

Monogamie ist bei bestimmten Arten, besonders bei vielen Vögeln, eine Methode des Überlebens. Unter den Menschenaffen leben die Gibbons streng monogam. Gibbonpaare verteidigen ebenso wie Vögel ihr Revier durch laute Gesänge, durch lang anhaltende Rufe melodischer Tonfolgen. Die wohltönenden Lieder der Gibbonpaare dienen der Abwehr von Artgenossen. Nähert sich ein alleinstehendes Männchen dem monogamen Paar, wird es vom Ehemann energisch vertrieben, nähert sich ein alleinstehendes Weibchen, wird die Ehefrau aggressiv und stellt eine Ordnung wieder her, die arteigen ist und von allen ohne Gewaltanwendung akzeptiert wird. Futterneid innerhalb der Familie ist unbekannt. „Es kommt vor, daß einer etwas besonders Gutes zum Futtern beschafft hat und dann so lange teilt, bis für ihn selbst nichts mehr bleibt." (Preuschoft 1988, 343)

Das Gibbon-Männchen beteiligt sich mit dem gleichen verantwortungsbewußten Einsatz an der Aufzucht der Nachkommenschaft wie das Weibchen. In ihrer Herkunftsfamilie entfalten die Kinder keinerlei sexuelle Aktivität. Daher gibt es auch niemals sexuellen Kontakt zwischen Vätern und Töchtern oder Müttern und Söhnen. Dagegen wählt die Schwester oft ihren Bruder zum lebenslangen Partner. Sie suchen gemeinsam ein neues Habitat für ihre Familie. Heranwachsende, die geschlechtsreif geworden sind, werden vom gleichgeschlechtlichen Elternteil vertrieben. Sie signalisieren durch ihren Gesang, daß sie paarungsbereit sind. Bis sich ein neues Paar gefunden hat, können die Heranwachsenden vielleicht einige Zeit allein umherirren. Sie sind sehr wählerisch und schließen sich keineswegs dem ersten besten Partner an. Im Zoo kann man nicht davon ausgehen, daß zwei beliebig zusammengebrachte Tiere eine Paarbindung eingehen (Preuschoft 1988, 344).

Ein Elternpaar mit höchstens vier Jungen beansprucht ein eigenes Revier. „In einer festen Einehe wird allen Kindern größtmögliche Sicherheit geboten." (Preuschoft 1988, 356) Die Gibbons bringen wenige Nachkommen hervor, denen sie aber die besten Überlebensmöglichkeiten bieten. Das Leben in der Einehe setzt den Aufwand für Partnerwerbung und die kämpferische Auseinandersetzung auf ein Mindestmaß herab. Gibbons kennen keine Kriege der Männer, keinen Kindermord und keine radikale Dezimierung männlicher Artgenossen, wie dies bei promiskuitiv lebenden Arten vorkommt.

Männchen und Weibchen sind in einer Gibbon-Familie völlig gleichberechtigt. Es gibt also auch keinen Anlaß zu aggressivem Verhalten in der Geschlechterbeziehung. Bezeichnenderweise können manche Menschenmänner derart aggressionsfreie Beziehungsformen nicht leicht akzeptieren. In seinem Buch über den Sozialvertrag erwähnt Robert Ardrey, daß „der Gibbon die einzige bekannte Primatenart" sei, „in der das Weibchen in der Dominanz sogar ihrem Männchen nahekommt." Daran kritisiert Elaine Morgan: „Der Ausdruck ‚sogar nahekommt' war offenbar das höchste, wozu er sich überwinden konnte, aber er bezieht diese Information aus den Untersuchungen von C. R. Carpenter, und was Carpenter tatsächlich geschrieben hat, lautet: ‚Daraus darf geschlossen werden, daß bei diesen Primaten*, obwohl die Erwachsenen sehr aggressiv sind, Gleichgewicht in der Dominanz der Geschlechter herrscht'." (Morgan

1972, 209 f.) Die Aggression der Gibbons gilt der Revierbehauptung und dem lebenslänglichen Zusammenhalt des Paares – eine aggressive Tendenz also, die von zerstörerischer Aggression deutlich unterschieden werden muß.

„Gibbons sind vollkommene Geschöpfe in einer stabilen Umgebung." (Preuschoft 1988, 356) Die Monogamie der Gibbons verhindert lebenslang jeden Einbruch von Artgenossen in die Familie, ganz gleichgültig, ob die Partner sich langweilig geworden sind, ob sie sich mögen oder nicht. Gibbons bekommen keinen Besuch, sie unterhalten keine freundschaftlichen Beziehungen zu anderen Paaren. Es gibt kein gemeinsames Lernen in der Gruppe. Paarübergreifende Gruppenbildungen sind aber die Voraussetzung für Lernschritte, die kulturelle Evolution in Gang setzen. Die monogame Ehe nach dem Vorbild der Gibbons scheint – zumindest kulturell – eine Sackgasse zu sein. Man muß davon augehen, daß sich die Gibbons vor etwa zehn Millionen Jahren von der Entwicklungslinie der Menschenaffen abgespalten haben. „Angesichts dieser langen Zeitspanne sind sie erstaunlich einheitlich geblieben." (Preuschoft 1988, 342) Sie sind auch nicht sehr anpassungsfähig an fremde Bedingungen, so daß sie vom Aussterben bedroht sind, falls ihre Umwelt sich ändert.

Bei manchen Affenarten leben Gruppen mehrerer Männchen mit einem einzigen Weibchen. Die Männchen teilen sich die Betreuungsarbeit bei der Aufzucht der Kleinen. Der selektive Vorteil solcher Beziehungsform liegt in dem reichen Gen-Angebot an die Weibchen. Zudem kann die Populationsdichte dieser Gruppen nicht ausufern. Wo nur wenige Weibchen vorkommen, ist die Geburtenziffer auf natürliche Weise begrenzt. Obwohl wir es bei diesen Arten nicht mit den unmittelbaren Verwandten der Menschen zu tun haben, sondern mit Tieraffenpopulationen, gibt es dieses Paarungsverhalten auch bei menschlichen Völkern. Polyandrie ist eine Eheform bei den Eskimos, durch welche Bevölkerungswachstum unterbunden wird, da die Ernährungsgrundlage begrenzt ist. Viele Mädchen sind bei den Eskimos bis vor kurzem unmittelbar nach der Geburt getötet worden, so daß ein erheblicher Männerüberschuß die Folge gewesen ist. Heide Göttner-Abendroth beschreibt die Vorteile der Polyandrie bei tibetischen Volksgruppen diesseits und jenseits des Himalaya: Das knappe Ackerland und die Herden bleiben ungeteilt. „Eine Frau mit mehreren Männern schränkt deren Zeugungspotenz ein, denn sie wird nicht mehr Kinder haben, als wenn sie nur einen Mann hätte, nämlich drei bis vier." (Göttner-Abendroth 1991, 69). Es fragt sich aber, wo bei der Polyandrie die überzähligen Frauen einer Population bleiben. Ein tibetischer Gelehrter, der an der Universität in Bonn lehrt, erklärt, daß seit Menschengedenken in Tibet aus nicht geklärten Ursachen mehr Knaben als Mädchen geboren werden, was die Polyandrie zur Norm macht und darüber hinaus viele Männer zum klösterlichen Leben zwingt. Dadurch wird ein möglichst aggressionsfreier Zugang zu den Frauen ermöglicht, die aber praktisch jedes Jahr schwanger werden und eine große Zahl von Kindern aufzuziehen haben (Nositschka 1992).

Es muß betont werden, daß bei Menschen und bei Tieren meist nur Brüder gemeinsam mit einem weiblichen Wesen leben. Von der Biologie her betrachtet, sind Brüder leichter bereit, gemeinsam mit einem Weibchen zu leben, weil sie die gleichen Gene vererben, so daß keine Rivalität hinsichtlich des „Genpools" aufkommen kann. Wo immer Arten sich auf dieses Paarungsverhalten einstellen, wirken sie der Überpopulation entgegen. Auch diese Beziehungsform fördert einen sinnvollen, lebensbezogenen Umgang mit Aggression. Mörderische Kämpfe und Kriege, welche die Überpopulation wieder ausgleichen, sind unnötig. Sofern aber der Männerüberschuß durch den Mord an weiblichen Neugeborenen und nicht durch eine List der Natur erreicht worden ist, ist die Gewalt gegen das Leben nur auf eine andere Ebene verschoben.

Bei Krallenaffen, einer Art von Kleinprimaten, entlasten Väter und Geschwister die Mutter bei der Kinderbetreuung, wobei mit 53% der aktiven Tageszeit der Vater die Jungen am längsten herumträgt. Die Mutter selbst kümmert sich nur ein Drittel des Tages um ihre Kinder. Eine Art, bei der die Männer ebenso wie die Frauen mit sozialen Aufgaben voll ausgelastet sind, kennt keine Kriege.

Noch heute existierende matriarchale Völker können ein Vorbild für eine das Leben liebende Existenzweise sein. Es sind

„Gesellschaften, in denen die Menschen keine Freude daran zu finden scheinen, die Angehörigen anderer Gesellschaften zu beherrschen, zu verletzen oder zu töten, Gesellschaften, in denen die Menschen nichts anderes wollen, als in Frieden leben und in Frieden gelassen zu werden. Diese Völker sind – was sich von selbst versteht – klein, schwach, technologisch rückständig und leben in unzugänglichen Gebieten; nur so konnten sie das Machtstreben ihrer ungehemmten Nachbarn überleben. Als die bedeutsamste Gemeinsamkeit dieser friedvollen Gesellschaften erscheint mir allerdings, daß sie alle einen enormen Genuß aus konkreten körperlichen Vergnügungen ziehen: Essen, Trinken, Sexualität und Lachen, und daß sie nur sehr geringe Unterschiede zwischen den idealen Verhaltensweisen von Mann und Frau haben, insonderheit, daß es bei ihnen kein Ideal der tapferen, aggressiven Männlichkeit gibt." (Gorer 1974, 56)

Leider ist ein Rückzug auf matriarchale Lebensweise heute selbst den gutwilligsten Männern kaum vorstellbar. Der erforderliche Machtverzicht, die notwendige Erfüllung sozialer Aufgaben gerade auch durch

Männer ist nicht gerade die Lösung, die männliche Friedensforscher heute zur Debatte stellen.

Trotzdem darf die Entwicklung des Mannes nur in eine Richtung führen: in den Dienst am Leben. Männer, die sich das Leben zur Aufgabe stellen, gibt es heute viele. Aber welcher Mann durchschaut, daß Geist und Ethos nur die Maske sind, hinter der patriarchale Männlichkeit ihre unbewußte Triebabhängigkeit versteckt? Robert Ardrey bietet einen naiven Vorschlag zur Überwindung von Gewalt:

„Wenn wir alle übereinkommen, daß wir dem Gewalttätigen nicht mehr zujubeln, daß wir ihm auch nicht mehr unser Mitleid zukommen lassen, während wir das Opfer ignorieren, dann kann etwas sehr Simples eintreten: die Gewalt, auch die verlockendste, könnte aus der Mode kommen." (Ardrey 1971, 377)

Wo indessen Gewalt mit Besitz und Macht verbunden ist, läßt sie sich so „simpel" nicht aus der Welt schaffen. Immer müssen sich die Besitzlosen und Ohnmächtigen mit den Besitzenden und Mächtigen arrangieren. In der Geschlechterbeziehung sind die Gewaltverhältnisse erst dann wirklich überwunden, wenn Besitzstand und soziales Engagement unter Frauen und Männern gleichmäßig verteilt sind. Wenn die Unterdrückung der Frau überwunden werden soll, muß sich der Mann an der Kindererziehung beteiligen, statt unentgeltliche Reproduktionsleistungen der Frau zu erzwingen. Die Pflege alter und kranker Menschen in der Gesellschaft darf nicht mehr vorwiegend den Frauen aufgebürdet werden. Der Besitzstand muß annähernd ausgeglichen sein, so daß Geld nicht mehr als Herrschaftsmittel eingesetzt werden kann. Dieser Hinweis auf die notwendige Umverteilung von Besitz, Macht und Rollen-Ungleichgewicht als Voraussetzung für Gewaltüberwindung fehlt leider in Robert Ardreys Konzept.

Es mag lange Zeit hindurch den Anschein erweckt haben, als würden die Ethnien und Völkerschaften sich dermaßen individuell entwickeln, daß ihre Evolution in verschiedene Richtungen führt. Inzwischen hat aber die weltweite Kommunikation das Bewußtsein dafür gestärkt, daß die Menschheit als Spezies ihr Schicksal gemeinsam zu verantworten hat. Aber solange „unsere Götter und Helden Töter sind – Herren der Heerscharen, Krieger, erfolgreiche Revolutionäre – und wenn Männlichkeit durch die Bereitschaft gezeigt wird, Strafe auszuteilen und zu empfangen, wird die Freude am Töten wohl immer wieder hervorbrechen." (Gorer 1974, 57)

Tröstlicherweise kann die Menschenart auf vielfältige Verhaltensweisen zurückgreifen, darunter auch solche, die echte Alternativen zum Krieg anbieten, die weder Gewalt gegen Artgenossen noch die Beherrschung von Frauen durch das männliche Geschlecht kennen.

Die Evolution macht keinen Entwicklungsschritt rückgängig

Prinzipiell ist keine biologische Struktur, welche die Evolution hervorgebracht hat, jemals wieder vernichtet worden. Arten können aussterben. Aber die Bausteine des Lebens sind wieder zu neuen, komplizierteren Organen zusammengesetzt worden. Die Evolution zerstörte keine Zellstruktur, kein Organ, keine biologische Information, sondern sie arbeitete auf der Basis des bisher Erreichten. Flossen konnten die Funktion von Gliedmaßen oder Flügeln annehmen. Über das Stammhirn legte sich das Säugetiergehirn, und als sich die Großhirnrinde darüberstülpte, setzte sie die basalen Funktionen des Stammhirns und Säugetiergehirns zu keiner Zeit außer Kraft. Daher ist die Welt, die ein Hühnervogel in seinem Kopf mit sich herumträgt, zwar sehr viel ärmer als die von Menschen erlebte, aber beide Sphären sind doch nicht absolut unvergleichbar (Ditfurth 1976, 167).

Ohne die archaischen Teile ihres Gehirns könnten die Menschen nicht leben; denn die Grundfunktionen des menschlichen Lebens werden vom Stammhirn, dem Kleinhirn und dem Zwischenhirn, gesteuert. Hoimar von Ditfurth betont, „daß die Lebensfähigkeit und Funktionstüchtigkeit des Gehirns auf der ununterbrochenen Tätigkeit der älteren Abschnitte beruhen." (Ditfurth 1976, 254) Wir können diese Hirnfunktionen durch die Großhirnrinde nicht regulieren. Wenn das Zwischenhirn eine Unpäßlichkeit im Organsystem registriert, kann die Willensanstrengung über die Großhirnrinde nur wenig bewirken. „Wir können nicht vergnügt, müde oder hungrig werden, wenn wir wollen." (Ditfurth 1976, 267) Den archaischen Hirnteilen kommt die Priorität für die Erhaltung des Lebens zu. Das Kleinhirn besorgt die unbewußte Koordination der Muskelbewegungen und hält das Gleichgewichtsgefühl aufrecht. In der Hirnstruktur wirkt sich „das Prinzip einer ‚Hierarchie von unten nach oben' aus." (Ditfurth 1976, 267) Oder kritischer gesagt: Es gibt in der Biologie keine Hierarchie, sondern der gesamte Organismus als geschlossenes System beeinflußt unsere Hirntätigkeit.

Diese Weisheit ist – wenn wir an Parmenides denken – uralt. Sie stammt aus dem vorpatriarchalen, aus dem matriarchalen Bewußtsein. Der archaische Teil unseres Gehirns, das Stammhirn, hält den Stoffwechsel aufrecht, den Wasserhaushalt, die Körpertemperatur, die Herz- und Darmtätigkeit, den Rhythmus von Wachheit und Müdigkeit – um nur einige Funktionen zu nennen. „Bis auf den heutigen Tag und bis in alle Zukunft erfüllt der untere Hirnstamm die vegetativen Aufgaben im Dienste des Kreislaufs, der Atmung, der hormonellen Regelung und aller anderen Funktionen, die in einem Mehrzellenorganismus der Regelung und Koordination bedürfen." (Ditfurth 1976, 257) Mit unserem Willen können wir die chemischen Funktionen, die sich im Gehirn abspielen, nicht beherrschen. „Zahlreiche Experimente haben gezeigt, wie eng in der Tat die Beziehungen zwischen Gehirn und Bewußtseinsprozessen sind. Jedermann weiß, welch ungeheure Wirkung auf das Bewußtsein von einfachen Molekülen wie Alkohol, Narkotika, Psychopharmaka ausgehen kann." (Mohr 1981, 103) Eine Verletzung der Großhirnrinde muß nicht unbedingt den Tod zur Folge haben. Aber ein Genickschuß, der das Stammhirn beschädigt, tötet einen Menschen sofort.

Die Behauptung, der Geist herrsche über den Körper, stellt die Tatsachen auf den Kopf. Die Materie ist die Basis des Lebens. Allerdings wird die „Materie" im patriarchalen Denken ihrer innewohnenden Intelligenz entkleidet. Sie wird nicht als Quelle des Lebens, als Mater und Matrix erfahren, sondern als tote Substanz, die allenfalls durch den Geist geformt und zum Leben erweckt werden kann.

Die biologische Disposition des Mannes und patriarchale Gesellschaftspraxis

Heute weiß man, daß Erinnerungsfähigkeit nicht auf das Gehirn beschränkt ist. „Wie sollen wir je erfahren, wieviel jede einzelne Zelle unseres Körpers ‚weiß' und ob und wie sie sich damit auseinandersetzt? Wie können wir wissen, ob nicht unser Körper der Austragungsort für Widersprüche ist?" fragt Christa Wolf (Wolf 1992, 28) vom philosophischen Standpunkt aus; und Biologen und systemische Psychologen werden ihr heute bestätigen, *daß die Zelle weiß:* „Organismen ohne Hirngewebe oder Nervensystem haben Erfahrungen. Sie sind empfindungsfähig, reagieren auf ihre Umgebung und handeln danach. Es scheint, daß sogar einzelne Zellen ein bestimmtes System primitiver Erinnerungfähigkeit an vergangene Zustände haben." (Boadella 1991, 41)

Unter „primitiver Erinnerungsfähigkeit" verstehe ich Mechanismen, die archaische Informationen wiederholen oder nachahmen, ohne daß sie bewußt werden. Sie gehören einer Tiefenschicht an, die bewußtseinsferner ist als alle Schichten, welche die tiefenpsychologischen Theorien im Blick haben. Die embryologische Sichtweise geht einen Schritt weiter und zieht vorgeburtliche Vorgänge zur Erklärung psychologischer Phänomene heran. „Heute gibt es bereits eine internationale Organisation für perinatale Psychologie, die interdisziplinär arbeitet." (Boadella 1992, 35)

Die Forschung über den Einfluß embryonaler Prozesse auf erwachsene Menschen ist inzwischen zu einem Zweig der Psychologie geworden. Boadella sagt, daß sie die organischen Grundlagen biete, die Freud für seine Psychoanalyse gesucht habe (Boadella 1992, 36).

Aus den Grundbausteinen des Lebens wird die Struktur der Zelle geformt. Ihr Lebensdrang folgt archaischen Informationen: Sie „will" wachsen, sie „will" sich teilen, sie „will" sich fortpflanzen. Im Körper der Menschen laufen, wie ich angedeutet habe, viele Organfunktionen unbewußt ab. Auch die menschlichen Keimzellen – weibliches Ei und männlicher Keimling – streben im Körper der Frau aufeinander zu und setzen einen Fortpflanzungs- und Wachstumsmechanismus in Gang, der unbewußt bleibt. Aber sie schaffen eine Disposition, die menschliches Verhalten von Grund auf steuert. Wie alle unbewußten Kräfte, wirken auch die „primitiven Erinnerungen" an vorgeburtliche Ereignisse um so nachhaltiger, je bewußtseinsferner sie sind.

Schon 1931 ist die Hypothese aufgestellt worden, daß männlichkeitsbestimmende Keimzellen wegen ihres kleineren Gewichtes und Umfangs ihre Wanderschaft zum Ei schneller zurücklegen als weiblichkeitsbestimmende (Hatzold 1970, 13). Unter dem Mikroskop läßt sich feststellen, daß die kleineren männlichen Keimzellen schneller und beweglicher sind. „Im Verhältnis zu ihrer winzigen Größe bedeutet die Bewältigung einer Wegstrecke von etwa 15 bis 20 Zentimetern von der Scheide bis zu den Eileitern einen ungeheuren Energieaufwand." (Hatzold 1970, 14) Die amerikanischen Gynäkologen Landrum Shettles und Sophia Kleegman haben entdeckt, daß die männlichen Keimzellen einen „Wettlauf" um das weibliche Ei veranstalten (Selekta 1969, 3475). Dabei sind die y-programmierten männlichen Keimzellen, die das Ei zur Entwicklung eines männlichen Fötus anregen, aggressiver und schneller; aber sie sind auch kurzlebiger als die x-programmierten väterlichen Keimzellen, die bei der Verschmelzung mit dem Ei einen weiblichen Fötus bilden. Die Kulturanthropologin Emily Martin hat, wie Freedmann berichtet, ein Experiment begleitet, das die Mobilität der männlichen Keimzellen beobachtet hat. Dabei hat sie festgestellt, daß männliche Keimzellen relativ „schwache Schwimmer" sind. „Treffen sie auf Widerstand, werden sie von einer Seite auf die andere geschleudert." Bei aller Eile der y-programmierten männlichen Keimzellen sind sie nicht zielgerichtet (Freedman 1992, 62); sie sterben ab, wenn sie das Ei nicht möglichst schnell erreichen, und sie sterben erst recht ab, wenn der Eisprung noch nicht stattgefunden hat, so daß sie eine Wartezeit in Kauf nehmen müßten. Das Ei fängt eine männliche Keimzelle aufgrund eines chemischen Mechanismus ein und absorbiert es. Männer sprechen trotz dieser Erkenntnisse noch immer von den männlichen Keimzellen, als handle es sich um „Torpedos", sie reden von der „Energie des männlichen Samens" und vom „Durchstoßen der Eihaut", und sie simulieren ein passives Verhalten des weiblichen Eis bei der Befruchtung: „Die Energie zum Durchstoßen der Haut eines befruchtungsfähigen Eies wird also bei männlichkeitsbestimmenden Samenfäden früher fehlen als bei weiblichkeitsbestimmenden." (Hatzold 1970, 14) Wenn Männer sich klarmachen müssen, daß es vor allem die Chemie der weiblichen Körperflüssigkeit ist, welche die männlichen Keimzellen aktiviert und schließlich eine einzelne auswählt und einfängt, könnte vielleicht ihr patriarchales Selbstwertgefühl ernstlich ins Wanken kommen.

Dem menschlichen Großhirn teilen sich diese Prozesse, die im Innern des weiblichen Körpers ablaufen, nicht mit, und dennoch spielen sich beim „Wettlauf" der männlichen Keimzellen Basisfunktionen ab, die an der Wiege des Lebens gestanden haben. Über das Stammhirn, den archaischsten Teil unseres Gehirns, setzen sie sich – für unser Erleben unbewußt – in kulturelle Verhaltensweisen um. Wie ich zeigen will, spiegelt die *patriarchale Gesellschaft* eine Urform wider, die beim Kampf der *männlichen Keimzelle* um das weibliche Ei angelegt ist.

- Das *Hierarchiemodell* – die archaische Information an die männlichen Keimzellen, wonach nur eine einzige das Ei erreichen kann – dominiert das patriarchale Bewußtsein. Patriarchale Gesellschaften sind hierarchisch aufgebaut. Das Hierarchiemodell bestimmt die Methodologien patriarchaler Wissenschaften. Hierarchische Strukturen regeln das Verhältnis der Geschlechter und der Männer untereinander. Der Eine Gott und seine Weltreligion sind unter dem Einfluß des hierarchischen Denkens entstanden. Großreiche und Großindustrien sind am Hierarchie-Modell orientiert. Alle patriarchalen Institutionen sind hierarchisch aufgebaut.
- Die Keimzellen, die den „Sieger" durch biochemische Prozesse unterstützt haben, sie sind dem *Tod geweiht* und gehen millionenfach unter. Entsprechend gehören *Todesbereitschaft und Todessehnsucht* zum Bild des Männlichen: Im Kampf um den Sieg verachten Männer den eigenen Körper. Für die Masse der Vielen, die dem Helden dienen, wird der Tod verherrlicht: „Dulce et decorum est pro patria mori – Süß und ehrenvoll ist es, für das Vaterland zu sterben." Erhabene Gedanken trösten über den Tod hinweg: „Das Leben ist der Güter höchstes nicht." Sokrates lehrt, daß der Mensch erst im Tod der Wahrheit nahe sei, wenn kein Körper der Erkenntnis mehr entgegenstehe. Die Abenteuerlust bringt den Mann an die Grenze des Todes, und wer das Risiko nicht selbst auf sich nimmt, begeistert sich dafür vorm Fernsehschirm oder bei der Lektüre. Und schließlich: Wissen Männer bei alledem, was sie tun? Mangelt es ihrem Kampfgeist nicht meist an Zielgerichtetheit und Sinn? Werden sie nicht „von einer Seite auf die andere geschleudert, wenn sie auf Widerstand stoßen"?

• Der *Wettlauf* der y-programmierten Zellen um das befruchtungsfähige Ei bildet das Grundmuster für eine *Aggression,* die zu erbitterten Kämpfen um Sieg oder Niederlage führt. Jahrtausende menschlicher Kultur mit ihrer religiösen, philosophischen und sozialen Ethik haben es nicht vermocht, *Gewalt* als Mittel zur Konfliktlösung aus der Welt zu schaffen. Dazu stehen aggressive und konkurrierende Verhaltensweisen im Vordergrund des wissenschaftlichen Interesses. Das Bild des Lebens wird verzerrt, weil Biologie und Verhaltensforschung aggressive Muster bevorzugt erforschen. Tierische Populationen, bei denen es keine Kriege gibt, weil sich das Männchen am Brutgeschäft beteiligt, interessieren die Forschung nur am Rande. Patriarchale Geschichtsbücher sind Kriegsberichterstattung. Der Krieg wird zum Ort der Freiheit: „Im Felde, da ist der Mann noch was wert." Nur ein zutiefst *unbewußter Mechanismus* kann das Scheitern ethischer Forderungen erklären. Denn *bewußt* begreift sich der Mensch als ein Wesen, das Ethos höher wertet als Gewalt.

• Die gesamte biologische Inszenierung dient dem *Wachstum* der Spezies, wobei die männliche Keimzelle vom weiblichen Ei assimiliert wird. Das „Interesse" der männlichen Keimzelle am Leben erlischt mit der Befruchtung. Vergleichbar läßt sich in der Patriarchatskultur ein relatives Desinteresse des Männlichen am Schicksal des gezeugten Lebens ausmachen. *Biologisches* und *kulturelles Wachstum* um seiner selbst willen kennzeichnen den Expansionsdrang der Menschen: Die Grenzen des Bevölkerungswachstums werden ebenso ignoriert wie die Wachstumsgrenzen des technischen Wissens und der Produktion.

Signale aus der Urzeit der Evolution beeinflussen das konkurrierende Verhalten der mann-menschlichen Gesellschaft auf allen Ebenen. Der menschliche Geist hat die genetische Information lediglich überlagert. Der Zusammenhang zwischen der biologischen Disposition der männlichen Keimzelle und dem kulturellen Überbau in den Strukturen der Patriarchatsgesellschaft ist nicht bewußt.

Daran hat sich prinzipiell nichts geändert, obwohl die embryologische Psychologie heute versucht, Erinnerungen an Ereignisse wachzurufen, welche die männliche Keimzelle in ihrem Frühstadium „erlebt" hat. Der Psychologe Ronald D. Laing nimmt an, daß unsere Mythen Erinnerungen an vorgeburtliche Ereignisse bewahrt haben. So diene das Ei, das die männliche Keimzelle auf seinem Weg vom Eileiter befruchtet hat, dem Eindringling gleichsam als Schiff, in dem er bis zur Einnistung in der Gebärmutterschleimhaut befördert werde. Der kleine Keimling werde vom Bewußtsein als Held erlebt, der in seinem Schiffchen planvoll gesteuert einem bestimmten Ziel zutreibe: „In vielen Mythen wird der Held im frühen Lebensalter ausgesetzt, treibt in irgendeinem Behälter einen Fluß hinunter, bis er an einem passenden Ort landet. Laing sieht hier Zusammenhänge zu dieser Phase der Reise durch den Eileiter." (Boadella 1991, 34)

Dieser Vorstoß in zutiefst vorbewußte Dispositionen *greift zu kurz, erstens* deshalb, weil er – wie gewohnt – die Phänomene allein aus männlicher Sicht beschreibt:

- Laing ist am männlichen Helden und seinem Schicksal interessiert. Diesem Interesse entsprechen auch die Zivilisationsmythen um Moses, Sargon oder Ödipus, auf die Laing anspielt. Aus solchen Mythen lassen sich weibliche Befindlichkeit und die weibliche Disposition nur nach gründlicher Analyse herausschälen (vergl. Weiler 1984/1989 und 1985/1991 passim).
- Die Wachstumsprozesse eines Embryo werden kaum als weibliche Grunddisposition des Lebens akzeptiert. Wenn sich in hundert Tagen das fötale Gewebe und die Organe bilden, werden diese Vorgänge eher mit technischen Errungenschaften verglichen: Die Gestaltung und Synchronisierung dieses „Unternehmens ist in seiner zeitlichen Steuerung eine Million mal komplexer als eine Mondlandung" (Boadella 1991, 39).
- Die biologische Disposition des Weiblichen wird in seiner Andersartigkeit kaum wahrgenommen. Bereits beim Zeugungsvorgang kommen – im Unterschied zum Wettlauf- und Konkurrenzverhalten der y-programmierten Keimzellen – die x-programmierten Zellen durch *Langlebigkeit und Anpassungsfähigkeit* zur Befruchtung, dann nämlich, wenn der Eisprung noch nicht erfolgt ist. „Hat der Geschlechtsverkehr lange genug vor dem Eisprung stattgefunden, so sind die langsameren weiblichkeitsbestimmenden Spermien zur Zeit des Eisprungs in den Eileitern angelangt, wo die Befruchtung stattfindet." (Hatzold 1970, 13) Die Keimzellen mit einem X-Chromosom sind überlebensfähiger und können warten, bis das Ei aus dem Follikel austritt. Dieser Disposition der weiblich programmierten Zellen – die eine Alternative zum Wettlauf um das Ei darstellt – entspricht im patriarchalen Weltbild kein „höchster Wert", und daher wird sie vom männlichen Denken entweder ignoriert oder vereinnahmt.
- David Boadella beschreibt, wie der Fötus das Fruchtwasser „tritt" und mit diesen Schwimmbewegungen eine biologische Grundform der Aggression inszeniert: Aggression, die in ihrem Wortsinn Herausschreiten und Fortbewegen meint (Boadella 1991, 40). Solche Aggression in ihrem kreativen Sinn ist eine weibliche Disposition, die Lebensaufgaben

anzugreifen und die Probleme des Lebens zu bewältigen. Das wird nicht beachtet.

Die embryologische Sichtweise der Psychologie *greift zweitens deshalb zu kurz,* weil sie einzelne Phänomene herausgreift und daher nur am Symptom kuriert. So entkräftet Boadellas Erkenntnis, daß jeder Teil in einem biologischen System von jedem anderen beeinflußt wird, zwar die Hierarchie-Ideologie. Aber Hierarchie ist nur ein Symptom im komplexen patriarchalen Denken. Die Phänomene der Todessehnsucht und Tötungslust, das Problem der Gewalt und des Wachstumswahns, die alle in der männlichen Keimzelle bereits programmiert sind, bleiben unangetastet und ungeklärt.

Die patriarchale Wissenschaft nützt die Abkehr vom Hierarchie-Modell für ihre Zwecke aus und benutzt die Systemtheorie als Arbeitshypothese, ohne das Herrschaftssystem der Wissenschaft zu verändern. Ein Beispiel mag dies verdeutlichen: Grundsätzlich entspricht das systemische, nicht-hierarchische Denken der weiblichen Disposition. Es war eine Frau, die entdeckt hat, daß es keine Hierarchie in der Zellfunktion gibt. Ihre Erkenntnisse ermöglichten die Gen-Technologie, die Manipulation mit dem Leben – ein Ergebnis, das sie nicht angestrebt hat. Ich werde darauf noch zurückkommen. Das Beispiel zeigt, daß die Veränderung eines einzelnen Faktors in einer Sackgasse enden kann, falls die komplexe Problematik mann-menschlicher Disposition dabei übersehen wird.

Wenn es richtig ist, daß das einseitig mann-menschliche Weltbild die kulturelle Entsprechung der biologischen Disposition des Männlichen ist, muß das männliche Prinzip in seiner Gesamtheit durchschaut und aufgearbeitet werden.

Solange die Gesellschaftspraxis von der biologischen Disposition des Männlichen unbewußt gesteuert, einseitig überwältigt und kritiklos beherrscht wird, stehen soziale Leistungen im Schatten der Macht. Wenn Durchsetzungs- und Anpassungsfähigkeit bei Frauen und Männern gleichmäßig entwickelt werden, kann ein Selektionsdruck auf die kulturelle Evolution entstehen, der sozialen Verhaltensweisen den Vorzug gibt, Männlichkeit und Weiblichkeit ins Gleichgewicht bringt und das Überleben der Menschheit möglich macht.

Intelligenz – ein Geschenk der Evolution

Wir messen Intelligenz mit Testverfahren, welche die verschiedenen Intelligenzfaktoren gegeneinander abwägen. Ein meßbarer Wert, der Intelligenz-Quotient, erlaubt uns, Frauen und Männer, die herausragende geistige Leistungen erbringen, von solchen zu unterscheiden, die weniger intelligent sind. Die Menschen werden von schwachsinnig bis genial eingestuft. In jüngster Zeit sind derartige psychologische Verfahren ins Kreuzfeuer der Kritik geraten; denn „bei der Reduzierung der Gehirnleistung auf eine Zahl – den Intelligenz-Quotienten – haben die Psychologen etliche Fähigkeiten des Menschen schlicht ignoriert.“ (Schrader 1992, 64) Neuerdings messen wir die Intelligenz von Menschenaffen mit Testverfahren, die technische Intelligenz prüfen, und übersehen dabei, daß uns die Tiere in sozialer Hinsicht wahrscheinlich überlegen sind.

Rationales und magisches Denken

Um die Wende vom 19. zum 20. Jahrhundert hatte die Überheblichkeit des weißen Mannes ihren Gipfel erreicht. Er hielt sich für intelligenter, als Frauen es sind; er fühlte sich anderen Rassen weit überlegen. Sie schienen dem weißen Mann fast so fern wie die Menschenaffen. Lange Zeit war der weiße Mann überzeugt, daß er Afrikanern und sogenannten „Wilden“ vor allem moralisch weit überlegen sei. Diese Haltung hat den Kolonialismus der vergangenen Jahrhunderte legitimiert.

Fragt man Psychologen, was Intelligenz ist, so werden sie ausweichend antworten: Sie setze sich aus verschiedenen Faktoren zusammen, die man mit Intelligenztests messen könne. Für alles Meßbare muß es einen Maßstab geben, und diesen Maßstab liefert der weiße Mann. Intelligenztests prüfen die Fähigkeit, Probleme rational zu lösen.

Viele Völker lösen ihre Probleme durch Magie. Sie feiern Rituale, um die Angst zu lindern, welche beim Übergang von einem Lebensabschnitt in den anderen auftritt. Sie heilen Krankheiten mit magischen Praktiken. Das Gefühl, auf mystische Weise Teil der Erde zu sein, die selbst ein Körper ist, geliebt, geschont und am Leben erhalten werden muß, befähigt magisch denkende Menschen, in ihrer Welt zu überleben.

Wenn Intelligenz durch die Fähigkeit zu überleben gekennzeichnet ist, dürfen wir uns fragen, ob es berechtigt ist, Intelligenz durch rationale, technische Fähigkeiten zu definieren. Rationale Intelligenz läßt sich schulen. Wenn man die erforderlichen Mittel einsetzte, um die meßbare durchschnittliche Intelligenz einer Bevölkerung von 100 IQ auf 120 IQ zu steigern, wäre dies in kürzester Zeit möglich:

„Intelligenztests sind so beschaffen, daß man die Fähigkeit, Tests des üblichen Typs zu lösen, durchaus hochzüchten könnte. Es liegt jedoch auf der Hand, daß man damit die Fähigkeit eines Volkes, Lösungen für seine Probleme zu finden, nicht signifikant würde steigern können." (Liungman 1973, 12)

Alle Menschen der Erde verfügen über die gleiche Hirnsubstanz, die sie flexibel nutzen, um sich ihrer speziellen Umwelt anzupassen. Sogenannte „primitive" Frauen und Männer sind mit dem gleichen Gehirn ausgestattet wie der „weiße Mann". Die Anpassungsfähigkeit an ihre Lebensbedingungen ist voll ausgebildet. Aus der Sicht der Evolution kann Intelligenz nur durch die Fähigkeit definiert werden, das Überleben der Art zu garantieren. Diese Intelligenz könnte bei Eingeborenen im Innern Afrikas höher sein als bei manchem Gelehrten.

Die Kolonisierung hat viele Völker der Kraft beraubt, die sie aus ihren magischen Praktiken geschöpft haben. Das Überlegenheitsgefühl des weißen Mannes ist gänzlich unangebracht, zumal seine Moral gegenüber den kolonialisierten Völkern sich keineswegs als überlegen erwiesen hat.

Der rationale Mann glaubt, Magie weit hinter sich gelassen zu haben. Seine Fähigkeit, aus magischen Praktiken Kraft zu schöpfen, ist verarmt. C.G. Jung attestiert den „Primitiven" „andere Gefühle und eine andere Moral, daß heißt also gewissermaßen ein prälogisches Gemüt." (Jung 1973, 156)

Wenn ein „Eingeborener" sagt: „Ich bin ein Papagei!", so wird unterstellt, er habe dies wörtlich gemeint. Wenn ein spielendes Kind sagt: „Ich bin eine Lokomotive!", dann lächeln wir über seine Naivität. Sagt John F. Kennedy: „Ich bin ein Berliner!", suchen wir den tiefen Sinn hinter seinen Worten zu ergründen.

„Alle drei drücken mit ihrem ‚ich bin' eine irrationale Wirklichkeit aus, eine mythische Überlieferung, einen Wunsch nach magischer Verwandlung – und alle drei wissen doch sehr genau, daß sie real kein Papagei, keine Lokomotive und kein Berliner sein könnten." (Maler-Sieber 1978, 209)

Wir sollten das Selbstbild des modernen Mannes etwas kritischer betrachten – verfällt doch gerade er, der glaubt, das magische Weltbild längst überwunden zu haben, magischen Bildern. „Dies Bildnis ist bezaubernd schön!" singt Pamino in Mozarts Zauberflöte: eine Metapher für die „Liebe" des modernen Mannes, der sich eher das Bild einer Geliebten vorgaukelt, als die Frau ernst zu nehmen, die er zu lieben vorgibt. Männer küssen das Bild der abwesenden Geliebten. Es ist bekannt, daß Männer, die keine Geliebte haben, zu Ersatzhandlungen neigen: Es soll vorkommen, daß sie die Ansagerin auf dem Fernsehschirm küssen.

Natürlich handeln auch Frauen aufgrund archaisch-magischen Denkens, wenn sie das Bild des Liebsten küssen oder das Bild ihres treulosen

Geliebten zerreißen. Ihr Verhalten wird ohnehin als wenig rational eingestuft. Nur sollten sich Männer nicht der Täuschung hingeben, daß sie rationaler handeln als Frauen oder fremde Völker.

Der Traum derer, die rationale Intelligenz über alles schätzen, ist es, künstliche Computergehirne zu entwickeln, die mittels technischer Intelligenz das Leben erleichtern sollen. Stanley Rosenschein hat im kalifornischen Palo Alto einen computergesteuerten Roboter geschaffen, der in der Lage sein soll, ein Butterbrot zu streichen. Aber er besitzt vorläufig nur eine Spritztülle, um Butter *aufzuspritzen.* Dazu meint der Wissenschaftler: „Butter auf Toast zu streichen, erfordert eine Menge Schmalz im Elektronengehirn." Die höchste Schwierigkeit bestünde darin, daß sich die „Kunsthand" auf die unebene Fläche des Brotes ebenso einstellen müsse wie auf die Festigkeit der Butter (Martins 1992, 140). Schaut man indessen das Foto an, kommt Sorge auf, daß der Roboter bei der Suche nach dem Toastbrot den gedeckten Frühstückstisch leerfegen könnte.

Vielleicht ist das Forschen nach „künstlicher Intelligenz" selbst dem magischen mehr als dem rationalen Denken verhaftetet.

Wenn Intelligenz im Dienst von Vorurteilen steht ...

Intelligenz wird im mann-menschlichen Wissenschaftsverständnis umso höher eingeschätzt, je mehr sie sich von analogen Bildvorstellungen freimacht und das Unvorstellbare für die absolute Wahrheit hält.

Der Wiedergeburtsgedanke des matriarchalen Glaubens hatte sich auf Bilder der Natur gestützt: Gingen doch die Gestirne unter und wurden neu geboren; die Jahreszeiten kehrten regelmäßig wieder. Der Kosmos spiegelte in Analogien lebendige menschliche Erfahrung: Werden und Vergehen, Kommen und Gehen, Geburt und Tod. Zum Transzendenten haben wir nur durch Analogien und Bilder Zugang. Unsere Intelligenz gestattet uns keinen Blick auf das Un-Sichtbare, in die Un-Endlichkeit der Schöpfung. Wir sind blind für das All, das uns umgibt.

Beweisbar sei weder Gott noch die Unsterblichkeit der Seele, argumentiert Eugen Fink (Fink 1957, 2). Auch Göttin und Wiedergeburt sind nicht „beweisbar"; sie spiegeln eine spirituelle Wahrheit. Wenn die Transzendenz weiblicher Lebenserfahrung verdrängt wird, verliert das Menschenbild die Hälfte seiner *Wirklichkeit:* Wir verdrängen die Hälfte dessen, was auf uns *wirkt.*

Patriarchale Mythendichter versagen, wenn sie versuchen, schöpferische Kraft allein dem Mann zuzuschreiben. Gegenüber den Vor-Bildern der Natur sind alle patriarchalen Mythenbilder pervers: die Geburt der Athene aus dem Kopf des Zeus, die Erschaffung der Menschen aus einem Klumpen Erde oder die Idee, Eva sei aus der Rippe Adams geformt.

Welche Analogien oder Bilder hätte Sokrates heranziehen sollen, um glaubhaft zu machen, daß er im Tode zu großen Gedanken befreit sein würde? Die Vorstellung eines geistigen Lebens nach dem Tode widersetzt sich den Bildern, welche uns die Natur anbietet. Die Flucht ins Un-Anschauliche scheint der Ausweg zu sein, damit Männer sich vom Körper, von der Frau und der Natur unabhängig fühlen können. Und die männliche Intelligenz hat jahrtausendelang einen außerordentlichen Aufwand betrieben, um ein abstraktes, unanschauliches Erklärungsmuster für das Wesen des Transzendenten zu bieten. Nicht mehr die Göttin gebar am Anfang der Zeiten den Himmel, die Erde und alle Dinge, sondern eine gigantische kosmische Intelligenz schuf die Welt. Am Anfang war das Wort. Befreit vom Weiblichen, sollte der Mensch nicht mehr Erlösung finden *durch die Liebe* und *durch den Tod hindurch,* sondern *von der Liebe* und *vom Tod.*

Dieses Weltbild dient allein dem Freiheitswahn männlich-patriarchalen Geistes. Das Bemühen, das uns von Sexualität und Tod befreien soll, ist zutiefst un-menschlich. Es marginalisiert Frauen und entfremdet die Männer von der Materie, deren Teil sie sind.

Bewußt oder unbewußt folgen alle patriarchalen Wissenschaftler dem „Forschungsauftrag“, den bevorzugten Platz *des Mannes* im Kosmos zu bestimmen. Der Widerstand gegen ein gesamt-menschliches Weltbild, das Frauenerfahrung einbezieht, weibliche Potenz und Spiritualität sichtbar macht, ist heute so virulent wie vor zweitausend Jahren.

Ein Aufsatz mit dem Titel *Die Schöpfungsmythen der Menschheit* vom Januar 1991 in *bild der wissenschaft* ist beispielhaft für diesen Trend. Ein derartiger Text sollte etwas über die matriarchalen Ursprungsmythen der Menschheit vermitteln. Doch der Artikel berichtet nur über eine einzige schöpferische Göttin. Er erzählt von

> „Pabothkwe, einer der wenigen Schöpfergöttinnen. In den Berichten der Shawnee-Indianer stieg sie einst aus der großen dunklen Leere hinab und schuf die Erde und das Leben auf dem Rücken einer Schildkröte.“

Im übrigen weiß der Autor nur von Göttern zu berichten, von Ptah, dem Gott aus dem altägyptischen Memphis, der die Welt durch das Wort erschuf. Keine Rede ist von Isis, Nut, Neith oder Hathor, von der griechischen Eurynome, von Metis, Ma'at oder von Hepat, der schöpferischen Himmelsgöttin der Hurriter, die in der Bibel zur Eva wird. Es gibt die Abbildung einer Holzschale aus dem Kongo, die eine Urmutter darstellt, welche in ihrem Schoß die Erde trägt. Aber zu dem Bild weiß der Autor nichts zu sagen (Nakott 1991, 76 ff.). Mythenunkundige LeserInnen werden von dem sich wissenschaftlich gerierenden Artikel im traditionellen mann-menschlichen Weltbild bestätigt, sie werden glauben, die indianische Pabothkwe sei tatsächlich *eine der wenigen Schöpfergöttinnen,* zumal der Autor den Anspruch erhebt, *die* Schöpfungsmythen der Menschheit vorzustellen.

... dann bleibt die Wahrheit auf der Strecke

Der Philosoph Eugen Fink meint: „Wo der Beweis zum ausschließlichen Vehikel des Denkens proklamiert wird, hat die Philosophie aufgehört." (Fink 1957, 2). Aber darf die Philosophie im luftleeren Raum argumentieren, darf sie Erkenntnisse der Biologie ignorieren, als existierten sie nicht? Die antiken Philosophen nahmen den Beweis – besonders die naturwissenschaftliche Beweisführung – noch sehr wichtig. Aber sie setzten ihre Intelligenz gegen die Natur ein, um zu beweisen, was bewiesen werden sollte: die Allmacht des Männlichen. Sie studierten nicht nur Philosophie, sondern zugleich Naturwissenschaften, sie waren Priester und Ärzte, Lehrer und Erzieher in einer Person. Der Philosoph bestätigte die Lehren des Priesters, und er deutete die Naturerscheinungen im Sinne seiner religiösen und philosophischen Spekulationen. Da die Altväter der Kultur in Personalunion alle Wissenschaften vertraten – wer hätte ihre „Erkenntnisse" hinterfragen sollen?

Ein Beispiel für einen solchen philosophisch-naturwissenschaftlichen Zirkelschluß ist die Lehre vom Skarabäus: Der Skarabäus war ein heiliger Käfer, Symbol des Sonnengottes Atum, eines Gottes, der nach altägyptischem Mythos an jedem Morgen von der Himmelsgöttin neu geboren wurde. Am Abend verschluckte die Göttin ihn wieder. Die Atumpriester verwarfen diese Thealogie der Göttin. Nach ihrer Lehre sollte Atum aus sich selbst erstanden sein und die Welt durch Selbstbefriedigung erschaffen haben (Weiler 1985/1991, 55 ff.). Analog mußte der Skarabäus, das Symboltier des Gottes, aus sich selbst entstehen und sich durch „Selbstbefriedigung" fortpflanzen.

Um dieses Vor-Urteil zu bestätigen, durfte man die Natur nicht allzu genau beobachten. Bei oberflächlicher Draufsicht ergab sich der „Beweis" fast von selbst: Die Skarabäen fertigen aus Schafsmist geschickt Kugeln, die sie an Körpergröße übertreffen. Damit verschwinden sie unter der Erde. Nach einiger Zeit krabbeln kleine Skarabäen an den gleichen Stellen im Sande herum. Es war bewiesen, was zu beweisen war: Die Selbstzeugung Atums wiederholt sich in der Natur. Der Skarabäus war eine männliche Spezies, bei der Weibchen nicht vorkamen.

Ein Wissenschaftler, der schon im voraus weiß, was bewiesen werden soll, darf seine Intelligenz nicht vom Ziel ablenken lassen, noch darf er seine Zeit an geduldiges Beobachten verschwenden. Wir haben gesehen, daß dieses Forschungsverhalten modernen Wissenschaftlern durchaus nicht fremd ist.

Noch um die Wende vom ersten zum zweiten Jahrhundert unserer Zeitrechnung erklärt Plutarch das Fortpflanzungsverhalten des Skarabäus im Sinne der alten ägyptischen Priester. Für Plutarch, den Priester und Wissenschaftler, steht im vorhinein fest, daß Skarabäen eine Gattung repräsentieren, die keine Weibchen kennt: Beim Geschlecht der Mistkäfer gäbe es „nur Männchen, die ihren Samen in eine aus Kot geformte Kugel legen. Die wälzen sie dann, von rückwärts stoßend, einher, gerade so, wie auch die Sonne dem Scheine nach den Himmel in entgegengesetzter Richtung treibt, während sie selbst vom Untergang zum Aufgang fortrückt." Selbst für den komplizierten Lauf der Sonne nimmt Plutarch das Verhalten des Skarabäus in Anspruch.

Intelligente Neugier

Meine Phantasie geht gewiß nicht fehl, wenn ich mir schon im alten Ägypten und im klassischen Griechenland Frauen vorstellen kann, welche die Natur vorurteilsfrei und geduldig beobachtet haben. Vielleicht haben Frauen die Männer belächelt wegen der absurden Idee, eine Käferart könne nur aus Männchen bestehen. Denn sollten Frauen nicht wissen, daß zur Schöpfung neuen Lebens Männchen *und Weibchen* nötig sind? Vielleicht haben sie einfach den Wunsch gehabt, genau zu beobachten, den Skarabäus als Lebewesen ernst zu nehmen und ihn selbst von seinem Geheimnis erzählen zu lassen.

Wenn es richtig ist, daß Frauen eher Freundschaft mit den Geschöpfen empfinden, deren Lebensweise sie erforschen, wenn sich herausstellen sollte, daß sie sich von den Geschöpfen etwas erzählen lassen und geduldig hinschauen, dann könnte sich meine Geschichte im Altertum so abgespielt haben:

Eine Frau tritt am frühen Morgen aus ihrer Hütte. Sie öffnet den Pferch und entläßt die Schafe aus ihrem Nachtquartier. Und während die Hunde die Herde zusammenhalten, möchte sie gern zum Strand laufen, um zu baden. Da begegnet ihr der Skarabäus.

Der Käfer hat die Menschenfrau zuerst entdeckt. Er fliegt auf und umkreist sie mit wütendem Gebrumm. Sie bleibt wie gebannt stehen. Sein Brummen ist so laut, daß sie fürchtet, es sei ein Wespennest in der Nähe. Dann nimmt sie den Skarabäus wahr, der in seinem wilden, empörten Flug, im aufgeregten Schwirren seiner Flügel kaum auszumachen ist. Im ersten Schreck weicht sie einen Schritt zurück und sagt begütigend: „Ich tu dir ja nichts!" – Es scheint, als habe der Käfer die Frau verstanden. Er landet beruhigt im Sand und wendet sich den kleinen Bohnen aus Schafsmist zu, die von der Herde zurückgelassen worden sind.

Vorsichtig, ohne das Tierchen noch einmal zu stören, setzt sich die Frau auf einen Stein und beobachtet den Käfer. Aus dem Schafskot, der jetzt am frühen Morgen noch nicht von der sengenden Sonne ausgedörrt ist, formt er eine Kugel. Mit seinen Vorderbeinen rafft er eine der weichen kleinen Bohnen an sich, befördert sie unter sich und bäckt eine zweite Bohne der ersten an. Dabei bewegt er sich ständig hin und her, greift mit den Hinterfüßen nach und preßt weitere Brocken Schafsmist zusammen. Das Tierchen arbeitet mit einer ungeheuren Geschwindigkeit, bis sein Werk die Größe eines kleinen Apfels hat. Der Käfer rollt die fertige Kugel davon, indem er sie mit den Hinterfüßen nach rückwärts befördert.

Er sucht umher, bis er den richtigen Platz gefunden hat. „Wovon mag seine Entscheidung abhängen?" überlegt die Frau. Der Skarabäus gräbt ein Loch, gerade halb so groß wie die Kugel, die er geschickt in die Vertiefung befördert. Danach verschwindet der Käfer im tie-

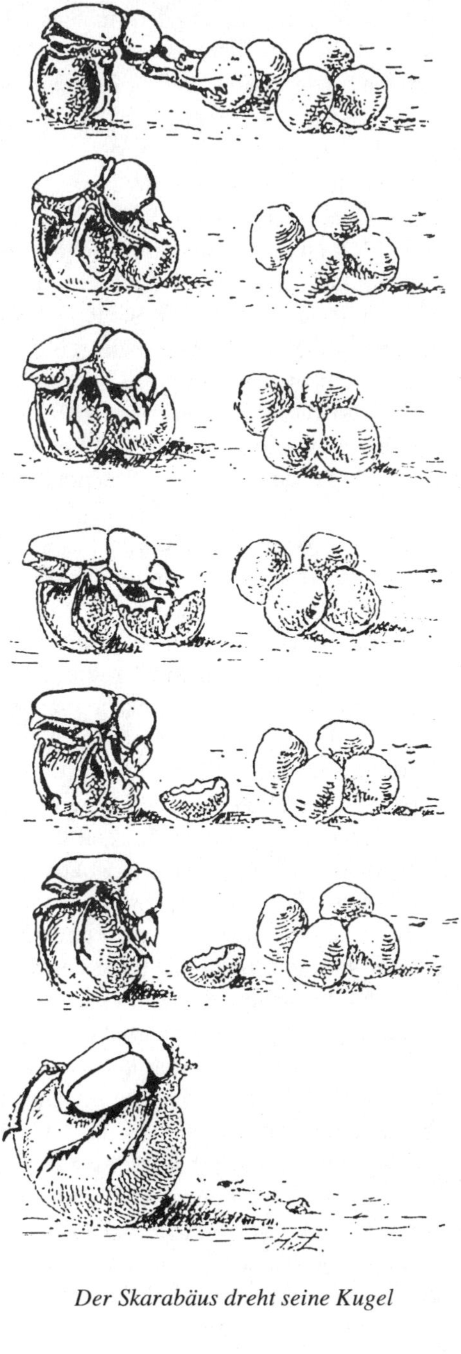

Der Skarabäus dreht seine Kugel

fen Sand. Zentimeter um Zentimeter ruckt die Kugel tiefer in den Grund, bis sie völlig verschwunden ist. Für Augenblicke bewegt sich noch das Erdreich an der Stelle, wo die Kugel verschwunden ist, so, als würde der Boden leise atmen. Dann noch ein Zittern, ein Zucken – und es ist, als sei der Käfer niemals hiergewesen.

Die Frau starrt noch eine Weile auf das winzige Fleckchen Erde, in dem der Skarabäus verschwunden ist. Dann kennzeichnet sie die Stelle mit einem kleinen Stöckchen und geht ihrer Arbeit nach. Der Gedanke an das Tierchen läßt sie nicht los. Unvermutet ist es ihr zum Freund geworden.

Eines Tages läßt es ihr keine Ruhe mehr. Sie gräbt an der Stelle, die sie mit dem Stöckchen gekennzeichnet hat; der Unterarm der Frau verschwindet in seiner ganzen Länge in dem Loch, das sie gebuddelt hat, ehe sie endlich auf die Mistkäferkugel trifft. Sie staunt, wie tief der Skarabäus seine Kugel in die Erde gebracht hat. Die riecht kein bißchen mehr nach Schafsdung. Zudem hat der Käfer der Kugel eine Haube aufgesetzt, die wie eine kleine Pyramide ausschaut. Darin liegt sorgsam eingebettet ein Ei. Es war also ein Weibchen und kein Skarabäusmännchen, das seine Kugel in der Erde vergrub. Behutsam füllt die Frau das Erdloch wieder auf und läßt die Brutstätte in Frieden.

Obwohl ihr Gewissen sie warnt, die Brutstätte des Käfers erneut zu stören – die Neugier ist größer und auch das lebhafte Interesse, was aus dem abgelegten Ei geworden sein mag. Eines Tages gräbt die Frau erneut an der gleichen Stelle. Da entdeckt sie, daß eine Larve aus dem Ei geschlüpft ist. Sie ernährt sich von der Mistkugel. Wie weise doch die Mütter im Tierreich für ihre Jungen sorgen, geht es der Frau durch den Kopf. Als die Kugel aufgefressen ist, schlüpft aus der Larve ein junger Skarabäus: Kreislauf ewigen Lebens. Das ist ein Gedanke, welcher der Frau vertraut ist.

Sie erzählte von ihrer Entdeckung, ihren Freundinnen und ihren Freunden. Die Frauen sagten, sie hätten es doch längst gewußt, daß es bei den Skarabäen Weibchen gibt, wie bei anderen Käfern auch. Aber die Männer wurden wütend und bedrohten die Frau. Sie taste heilige Wissenschaft an mit ihrem dummen Gerede, und sie machten ihr Angst. Da schwieg die Frau, und ihr Wissen ging verloren. Und so geschah es, daß Plutarch noch Jahrhunderte später seine Ideologie vom Skarabäus, dessen Art nur aus Männchen bestehe, als „Wissenschaft" ausgeben konnte.

Zu irgendeinem Zeitpunkt muß die Biologie diesen Fehler eingesehen haben. Aber die Korrektur am „heiligen Weltbild" geschah lautlos, hinter vorgehaltener Hand. So lauthals wie einst behauptet worden war, die Skarabäen wären nur männliche Tiere, so stillschweigend wurde zur

Kenntnis genommen, daß Skarabäenweibchen Eier legen wie andere Insekten auch. Als man sich zu dem neuen Wissen schließlich öffentlich bekennen durfte, lag Plutarchs Denken in weiter Vergangenheit. Niemand erinnerte sich an seine „Wissenschaft“. Das fatale Eingeständnis eines heiligen Irrtums war glücklich umgangen worden.

Gibt es weibliche Intelligenz?

Evelyn Fox Keller hat in ihrem wichtigen Buch *Liebe, Macht und Erkenntnis* gezeigt, daß die naturwissenschaftliche Forschung seit mehr als zwei Jahrtausenden von dem Interesse geleitet wird, hierarchische Strukturen in biologischen Systemen zu entdecken und die Natur in Meßbarkeit und Zahlenwerte zu zwängen. „Naturgesetze sind (zumindest im Prinzip) Sakramente, denen die Materie für immer unterworfen ist.“ (Keller 1986, 140)

Wir müssen die patriarchalen Forschungsansätze überwinden, die von einem mann-menschlichen Weltbild ausgehen, von vorgefaßten Meinungen, die durch die Wissenschaft bestätigt werden sollen. Wir brauchen eine Forschung, die von wissenschaftlicher Neugier getrieben ist und die Vielfalt der Natur vorurteilsfrei und geduldig erforscht.

Evelyn Fox Keller hat in einem Experiment nachgewiesen, daß die Tatsachen nicht immer dem Hierarchie-Modell gehorchen. Wenn Schleimpilze bei Trockenheit in Gefahr sind auszutrocknen, richten sie sich in dieser Not- und Anpassungssituation nicht – wie von der Forschung unterstellt – nach einem „Schrittmacher“, sondern jedes einzelne Individuum drängt in die Richtung, die von der Situation begünstigt ist. Aus einem *gemeinsamen Antrieb* aller klumpen sich die Individuen zusammen, um miteinander möglichst eine feuchte Umgebung zu erreichen. Diese Beobachtung widerspricht der gängigen wissenschaftlichen Lehrmeinung. Es ist daher zwangsläufig, daß sie ignoriert wird. Obwohl die Forscherin ihre Arbeit veröffentlicht hat, gingen Biologen weiterhin von dem hierarchischen Schrittmachermodell aus. Evelyn Fox Keller folgert aus ihrer Arbeit und aus der Reaktion der etablierten Wissenschaft,

> „daß die Geschichte der Schrittmacher ein besonders einfaches Beispiel für die Neigung zu solchen Erklärungsmodellen ist, die einen einzelnen zentralen Machthaber postulieren. Ich behaupte außerdem, daß solche Erklärungen einleuchtender und in ihrer Konzeption einfacher erscheinen als globale oder auf Wechselwirkung beruhende Modelle und daß wir danach fragen müssen, warum das so ist.“ (Keller 1986, 165)

Evely Fox Keller prangert in ihrem Buch die patriarchale Forschung an, die auch heute noch die Strukturen formuliert, nach denen zu forschen ist, bevor sie mit der Arbeit beginnt. Für die Ergebnisse ist von vornherein der Rahmen festgelegt: Hierarchische und mathematische Ordnungen sind vorgegeben.

Im Eid der Doktoranden an der Naturwissenschaftlich-Mathematischen Fakultät der Freiburger Universität muß sich der Wissenschaftler verpflichten, „der wissenschaftlichen Wahrheit stets treu zu bleiben und niemals der Versuchung zu erliegen, diese Wahrheit zu unterdrücken oder zu verfälschen, sei es unter wirtschaftlichem, sei es unter politischem Druck." Der Wissenschaftler soll die „Würde, die ihm die Fakultät verleihen wird, vor jedem Makel bewahren und unbeirrt vor äußeren Rücksichten nur die Wahrheit suchen und bekennen." (Mohr 1973, 9) Sollte es neben den *äußeren* Rücksichten, neben wirtschaftlichem oder politischem Druck, *innere* Motivationen geben, die es dem Wissenschaftler schwer machen, die Wahrheit ins Auge zu fassen, falls die Fakten das patriarchale Weltbild zerbröckeln lassen?

Claudia Honegger legt die frühen Versuche seit der Zeit der Aufklärung offen, als die geisteswissenschaftliche Menschenkunde durch biologisches Wissen, vorwiegend durch Anatomie, ergänzt worden ist. Sie zitiert Autoren, die das aufkommende Selbstbewußtsein der Frauen fürchten und warnen, die menschliche Kultur würde „herabsinken, je höher die Achtung vor den sogenannten Damen steige" (Honegger 1991, 53). Claudia Honegger erwähnt Wissenschaftler, die schon früh die Gleichheit oder einen Vorzug des weiblichen Geschlechts betonen; aber die Namen dieser Männer sind uns alle nicht mehr bekannt, weil ihre Forschungsergebnisse von den zeitgenössischen Wissenschaften totgeschwiegen worden sind. Honegger zitiert aus der Dissertation von Jakob Fidelis Ackermann, einer vergleichenden Anatomie der Geschlechter aus dem Jahr 1788. Ackermann hat erstmals gezeigt, daß Frauen sich nicht nur hinsichtlich der Geschlechtsteile von Männern unterscheiden, sondern auch, „daß das weibliche Hirn, verglichen mit dem ganzen übrigen Körper schwerer sey als das männliche" (zitiert bei Honegger 1991, 177). Von nun an ist in der Hirnforschung eher das absolute, nicht das relative Hirngewicht des Mannes erwähnt worden.

Nach wie vor werden Entdeckungen, die nicht ins patriarchale Denkschema passen, ignoriert, besonders, wenn sie von Frauen gemacht worden sind (Keller 1986, 160-191). Damit fallen sie der Vergessenheit anheim. Sollte sich je erweisen, daß sie wichtig sind, wird die Urheberin nicht genannt.

Ein Beispiel dafür ist die Biologin Barbara McClintock. Ihre bahnbrechenden Arbeiten über Genetik werden von den Naturwissenschaftlern nicht beachtet. Niemand redet davon, daß sie bereits „Mitte der dreißiger Jahre in der Geschichte der Genetik einen unverrückbaren Markstein gesetzt" hatte (Keller 1986, 168). Sie war vorurteilsfrei an die Beobachtung der Natur herangegangen, hatte sich von den Erscheinungen überzeugen lassen, statt einem vorgefaßten Konzept zu folgen. Sie widersprach der herrschenden Ansicht, daß in der lebendigen Zelle die DNS* der zentrale Akteur sei, der alles beherrsche. Die genetische Organisation müsse komplexer sein und in viel umfassenderer Weise ineinandergreifen (Keller 1986, 182), als es das hierarchische Modell voraussetzt. Sie entdeckte, „daß genetische Elemente in scheinbar koordinierter Weise von einer Stelle auf den Chromosomen zu einer anderen springen können." Das führte „zur Entdeckung der genetischen Transposition." (Keller 1986, 169) Barbara McClintock überwand mit ihren geduldigen Beobachtungen das Vorurteil, die genetische Organisation sei hierarchischen Gesetzen unterworfen.

Evelyn Fox Keller, die Barbara McClintocks Geschichte aufgeschrieben hat, überzeugt durch die Feststellung, daß Frauen die Natur als Gegenüber betrachten, das uns etwas zu erzählen hat. Sie zwingen der Natur keine Aussage auf, sondern sie fragen und beobachten geduldig. Darum kommen sie zu anderen Ergebnissen als Männer. Und das ist ihr Fehler, wenn sie in der Männerwissenschaft anerkannt werden wollen.

Daß Barbara McClintock mit ihrer Forschung die bedenkliche Gen-Technologie möglich gemacht hat, ist die Kehrseite ihrer Leistung. Nur können wir sie dafür nicht anklagen. Wir werden alle in patriarchale Denkstrukturen hineingeworfen. Wir werden mit ihnen groß, wir werden zum männlichen Denken erzogen. Carolyn Merchant, Lise Meitner, Marie Curie waren „tief mit ihren Begabungen ins Patriarchat verstrickt; wir können uns nicht einfach unschuldig hinstellen und eine ‚weibliche Wissenschaft' fordern." (Stopczyk, in: TAZ vom 9. März 1989) Wir können aber auch nicht, wenn wir uns dieser Verstrickungen bewußt werden, alle zugleich aus dem Patriarchatsbetrieb aussteigen.

Die Engländerin Rosalind Franklin hat in den fünfziger Jahren Erhebliches zur Erforschung der Doppelhelix, der Struktur der DNS, beigetragen. Sie war eine erfahrene Kristallographin. Maurice Wilkins, in dessen Labor sie arbeitete, „war in der Technik der Röntgenstrahlendiffraktion ein Anfänger." (Watson 1980, 27) Er brauchte fachmännische Unterstützung und sah in Rosalind seine Assistentin, die den Gang seiner Forschungen beschleunigen würde. Aber für Rosalind war die Forschung an der DNS „ihre eigene Aufgabe" (Watson 1980, 28). Sie „dachte nicht daran, sich als Maurice' Assistentin zu betrachten." (Watson 1980, 28) Statt sie als ebenbürtige Kollegin zu respektieren, überlegte der Wissenschaftler, „daß eine Frauenrechtlerin am besten im Labor irgendeines anderen aufgehoben wäre." (Watson 1980, 30) Auf einen Vortrag Rosalind Franklins im November 1951 mußte sich der US-Amerikaner James Watson monatelang vorbereiten, da er keine Ahnung von den Methoden der Beugung von Röntgenstrahlen hatte, mit denen Rosalind Strukturen von größerer Schwierigkeit aufzuklären versuchte. Schließlich hatte er sich „genügend kristallographische Kenntnisse angeeignet, um einem großen Teil ihrer Vorlesungen folgen zu können", und er hatte sich klargemacht, worauf er „seine Aufmerksamkeit zentrieren mußte." (Watson 1980, 64) Trotzdem war er nicht sehr konzentriert: „Einen Augenblick überlegte ich, wie sie wohl aussehen würde, wenn sie ihre Brille abnähme und irgend etwas Neues mit ihrem Haar versuchte." (Watson 1980, 65) Als er seinem Kollegen, Francis Crick, über die Vorlesung berichten sollte, äußerte er sich vage und hatte wichtige Details vergessen (Watson 1980, 70).

Da Rosalind nicht mit Maurice Wilkins kooperieren wollte, hat dieser mit einem Assistenten „in aller Ruhe einen Teil von Rosys röntgenographischen Arbeiten kopiert. So bedurfte es keiner langen Zeitspanne, um seine eigenen Forschungen ganz in Schwung zu bringen." (Watson 1980, 134) Der entscheidende Durchbruch – der ohne die röntgenographischen Arbeiten Rosalind Franklins nicht möglich gewesen wäre – gelang dann James Watson im Frühjahr 1953. Ihm wurde 1962 für die Entdeckung, daß die DNS in einer Doppelspirale angeordnet ist, mit den beiden Engländern Francis Crick und Maurice Wilkins gemeinsam der Nobelpreis für Medizin zugesprochen. Rosalind Franklin war 1958 mit siebenunddreißig Jahren gestorben.

Im Nachwort zu seinem Buch über die dramatische Entdeckung der Doppel-Helix würdigt James Watson die wissenschaftlichen Leistungen der Forscherin. Über seine Einstellung zu ihr als Frau gesteht er:

> „Einige Jahre zu spät wurde uns bewußt, was für Kämpfe eine intelligente Frau zu bestehen hat, um von den Wissenschaftlern anerkannt zu werden, die in Frauen oft nur eine Ablenkung vom ernsthaften Denken sehen." (Watson 1980, 175)

Dieses Zugeständnis genügt nicht. Es fehlt die Einsicht, wie schäbig sich die Wissenschaftler benommen haben, wie selbstverständlich sie die Fähigkeiten einer Frau für ihre Zwecke vereinnahmen wollten und auch vereinnahmt haben. Unter den vier ForscherInnen war Rosalind Franklin diejenige, die sich während all der Jahre vom ernsthaften Denken nicht hat ablenken lassen, während die Männer sich selbst ständig ablenkten, so daß ihre Arbeit eher wie ein Kleine-Buben-Spiel beim Basteln von Modellen anmutet, was Rosalind Franklin – zum großen Ärger Watsons – immer wieder kritisiert hat.

Hinzu kommt, daß Frauendenken widerwillig oder gar nicht rezipiert wird. Nicht nur Männer ignorieren das Denken von Frauen, auch viele Frauen vernachlässigen weibliche Forschung. Sie fürchten um ihr Ansehen in der

Gesellschaft oder um die Liebe ihrer Männer, wenn sie sich mit Lektüre befassen, die das „heilige Weltbild“ des Patriarchats in Frage stellt. Ein Beispiel dafür sind die Bücher von Hedwig Dohm, die von den Frauen ihrer Zeit nicht gerade verschlungen worden sind.

Hedwig Dohm hat bereits vor mehr als hundert Jahren den Männern einen Spiegel vorgehalten. Sie beklagt, „bis zu welchem Grade Gewohnheit und Vorurteil Vernunft und Menschenliebe zu beherrschen im Stande“ (Dohm 1982/1874, 40) seien. Sie wendet sich gegen das Argument, Frauen seien willensstark nur in Fällen lebhafter Gemütsbeteiligung. „Sollte das nicht annähernd von allen Menschen gelten?“ fragt sie. „Müßten wir nicht blödsinnig sein, wollten wir unsere ganze Willenskraft an die Erreichung eines Zieles setzen, das wir nicht inbrünstig wünschten?" Weshalb sollten die Frauen wegen ihrer emotionalen Beteiligung bei der Willensbildung den öffentlichen Belangen ferngehalten werden, da doch die Männer nicht anders motiviert sind? „Als Napoleon bei der Niederwerfung Europas einen fast übermenschlichen Willen entfaltete, da war es nicht eine abstrakte Verstandeskraft, die ihn auf die Schlachtfelder jagte, sondern glühende, verzehrende Herrschsucht.“ (Dohm 1982/1874, 69) Vielleicht ist es verständlich, daß diese scharfsinnige Analyse des männlichen Machttriebes von patriarchalen Zeitgenossen lieber totgeschwiegen worden ist.

Hedwig Dohm wurde am 20. September 1831 geboren. Ihr 1874 erschienenes Buch E*manzipation* war bereits ein Jahr alt, als Carl Gustav Jung am 26. Juli 1875 das Licht der Welt erblickte. Bis dahin hatte sie zahlreiche zeitkritische Romane, Novellen und politische Artikel verfaßt. Trotz eines schweren Leidens, dem sie am 1. Juli 1919 erlag, schrieb Hedwig Dohm noch eine Woche vor ihrem Tod einen Artikel, in dem sie für die Rechte der Frau eintrat.

Kein bedeutender Wissenschaftler des ausgehenden 19. Jahrhunderts hat Hedwig Dohms Arbeiten gelesen. Es ist geflissentlich übersehen worden, mit welcher Politik Frauen an jeglicher Bildung gehindert wurden. Hedwig Dohm hat dieses Dilemma bewußt gemacht: Sie weist in ihrem Buch einen Gelehrten zurück, der erklärt, ihm sei kein Fall bekannt, in dem eine Frau am Studieren gehindert worden sei. Er behauptet, Frauen seien zum Studium wegen ihrer minderwertigen Veranlagung ungeeignet. Hedwig Dohm fragt ihn, was aus ihm wohl geworden wäre, wenn man ihn nach der Ausbildung auf einer Mädchenschule „an den Nähtisch gesetzt oder hinters Plättbrett gestellt oder in die Küche geschoben“ (Dohm 1982/1874, 41) hätte. Ob der angegriffene Wissenschaftler Hedwigs Dohms Verweis je zur Kenntnis genommen hat?

Geisteswissenschaftler hätten aus den Arbeiten von Hedwig Dohm lernen können, daß beide – Männer *und* Frauen – geistige Fähigkeiten haben, daß *beide Geschlechter* in ihrem Verhalten von Gefühlen und Trieben geleitet und durch biologische Prägungen gesteuert werden. Aber ihre Ignoranz macht Männer ebenso blind wie unbewußt. Bis in unser Jahrhundert hinein wiederholen sie alle die Vorurteile gegen Frauen, die Hedwig Dohm bereits kritisiert hat: Sie unterschlagen die kulturelle Leistung der Frau; sie entwerten ihre biologische Funktion. Sie erklären Mutterschaft zum alleinigen Lebenszweck der Frau. Sie berauben die Gesellschaft der Vielfalt weiblicher Fähigkeiten, weil sie Frauen biologistisch auf eine einseitige Rolle reduzieren.

Als intelligente Leistung wird nur das erachtet, was Männer denken. Wenn Frauen im patriarchalen Wissenschaftsbetrieb arbeiten wollen, müssen sie sich männlichen Denknormen anpassen. Die wissenschaftliche Herangehensweise von Frauen bleibt der Menschheit vorenthalten. Die Bücher von Frauen werden unter patriarchalen Machtverhältnissen vom Buchmarkt verdrängt. Die Bücher von Hedwig Dohm erfuhren erst 1982 ihre zweite Auflage, als sich Frauen nicht mehr abschrecken ließen, ihre Geschichte aufzuarbeiten und bewußt zu machen. Hedwig Dohms Arbeiten sollten heute an Schulen und an Universitäten Gegenstand des Unterrichts sein. Es ist ein Politikum, dafür zu sorgen, daß ihre epochemachenden Gedanken jeder Frau und jedem Mann bekannt werden.

Mathematik gilt allgemein als Wissenschaft, für die Mädchen und Frauen selten begabt seien. Und wenn sie es dennoch sind, gelten sie als unweiblich. Dabei ist die Mathematik eher das Korsett, das sich eine irritierte Männlichkeit für ihren Halt geschaffen hat.

Einst gab es Kulturen, denen die Geometrie heilig war. Sakrale Bauten spiegelten den kosmischen Raum, sie öffneten sich für den Lichteinfall an den Äquinoktien und zur Sommer- und Wintersonnenwende (vergl. Weiler 1985/1991, 9 ff.). In der Cheopspyramide läßt ein Lichtschacht von der „Kammer der Königin" zum Polarstern die Beobachtung der Zirkumpolarsterne zu (Tompkins 1973, passim, Weiler 1985/1991, 95).

Für Frauen ist Mathematik im weitesten Sinne „das Wissen um Beziehungen" (Griscom 1989, 156). Unter diesem Vorzeichen können sie ihre mathematische Begabung entfalten, während Mathematik als nüchtern-abstrakte Wissenschaft junge Frauen in Schule und Universität eher hemmt und sie vom Studium abschreckt.

Unmittelbar nach der Öffnung der Universitäten für das weibliche Geschlecht schrieben sich Frauen in Mathematik ein, so zum Beispiel die 1882 geborene Emmy Noether, die sich 1922 habilitierte (EMMA, 2/92), oder die Mathematikerin Mileva Einstein-Marić, die mit großer Wahrscheinlichkeit die geistige Mutter der Relativitätstheorie gewesen ist. Mileva war ihrem Mann, dessen Natur äußerst labil war, eine ständige Stütze, Hilfe und Beraterin. In Albert Einsteins Briefen an seine Frau tauchen immer wieder Sätze auf wie: „Ich wäre unglaublich stolz, wenn wir beide unsere Arbeit über die Relativität zu einem siegreichen Abschluß bringen würden." Obwohl sich Albert von ihr scheiden ließ und in die USA emigrierte, hat er seiner Frau doch im Jahr 1921 den Erlös aus dem Nobelpreis zukommen lassen, den er für die Entwicklung der Relativitätstheorie erhalten hatte – eine Geste, die nicht nur für Desanka Trbuhović-Gjurić, die Biographin Milevas, sondern auch nach Meinung der Weltpresse ein Zeichen für die wesentliche Beteiligung Mileva Einsteins an Albert Einsteins geistigem Produkt ist (Trbuhović-Gjurić 1985, passim).

Von ihrem Ansatz her entspricht die Relativitätstheorie eher der weiblichen Neigung, mit Mathematik Beziehung herzustellen. Aber Mileva war dem patriarchalen Zeitgeist noch zu sehr verpflichtet, als daß sie ihre Intelligenz als eigenständigen Wert hätte betrachten können. Sie stellte ihre Begabung in den Dienst ihres Mannes – auch dann noch, als dieser sie längst verlassen hatte.

„Weibliche Wissenschaft", die eher soziale als technische Intelligenz zur Erkenntnis nutzt, wird ein neues Paradigma, eine ganz und gar veränderte Weltanschauung durchsetzen; doch das wird ein langwieriger Prozeß sein.

Intelligenz ist eine Funktion des Lebens

Die allgemeine Vorstellung, Intelligenz würde vom Gehirn als der obersten hierarchischen Instanz der Menschen erzeugt, ist falsch. Sie ist ein willkürliches Konstrukt, das dem Modell eines Schrittmachers oder zentralen Akteurs in biologischen Systemen ähnelt. Viele Wissenschaftler sind verliebt in dieses Modell; es kommt ihrem Hierarchie-Denken entgegen. Wenn sie zudem gewisse Intelligenzfaktoren als alleiniges Privileg des Mannes betrachten, dann ist ihre Welt in Ordnung. Aber dieses einseitig am patriarchalen Wissenschaftsverständnis gewonnene Hierarchie-Modell ist zur Erklärung biologischer Phänomene nicht haltbar. Andreas Engel gesteht: „Mit dem bloßen Blick ins Gehirn enthüllen wir nicht ohne weiteres das Wesen des Bewußtseins." (Engel 1992, 25)

Aber eine Erkenntnis, die den ganzen Körper ganzheitlich an den Bewußtseinsprozessen beteiligt sehen könnte, scheitert am Materie-Begriff. Nur die tote Substanz wird vom patriarchalen Bewußtsein als „Materie" erkannt.

So kann es nicht ausbleiben, daß eine vom Lebendigen abgespaltene, technische Forschung den Computer „vom Recheninstrument zum Modell mit menschlichem Verstand" (Engel 1992, 23) entwickeln will. Sie will

„Wahrnehmen, Lernen und Denken in mechanistischen Modellen rekonstruieren und diese Fähigkeiten auf ihre materielle Grundlage zurückführen: auf Vorgänge im menschlichen Gehirn, euphorische Stimmen vermelden bereits, hiermit sei der menschliche Geist endlich dingfest und sichtbar gemacht." (Engel 1992, 22)

Marvin Minsky, Professor für künstliche Intelligenz, „stellt sich einen in das menschliche Gehirn verpflanzten Neuro-Chip vor, der Menschen zu den Gedächtnisleistungen eines Computers befähigen soll." (Martins 1992, 134) Sein Schüler Hans Moravec will den menschlichen Geist ganz von seiner sterblichen Hülle befreien. An einen Super-Computer angeschlossen, lädt der zum Transfer bereite Mensch seinen Geist in die Maschine. „Am Ende stirbt der Körper, die ‚Sülze' wird von einem Absaugapparat geschluckt. Der Geist ist jetzt an den glänzenden neuen Körper angeschlossen." Solche Super-Roboter sollen die Menschheit in etwa 50 Jahren überflüssig machen. Sie wird dann „möglicherweise in einem Krieg mit superintelligenten Robotern vernichtet" (Martins 1992, 136), meint Moravec – eine Vision, die der heute 65jährige Minsky schon vor 35 Jahren gehabt hat. Erschreckend an dieser „Forschung" ist der Abstand, den der Wissenschaftler zur Realität des Lebens hat. Seine Horrorvisionen zielen auf den Tod.

Auch für künstliche Intelligenz gilt: „Kognitive Systeme – wie etwa das menschliche Gehirn – bedürfen keiner Steuerungszentrale, es braucht keinen lenkenden ‚Homunculus' in der Maschine. Die Strukturen der Vernunft sind nicht programmiert; sie organisieren sich selbst." (Engel 1992, 24) Interessant hierbei ist, daß sich auch die Pioniere der Erforschung künstlicher Computer-Intelligenz vom Hierarchiemodell abwenden, ohne daß sie sich auf den Körper als Ort der Weisheit und der innewohnenden Ordnung besinnen. Sie benutzen systemische Strukturmodelle für eine extrem männliche Wissenschaftsentwicklung: für die Arbeit an künstlichen Computergehirnen. Die Abkehr vom patriarchalen Hierarchie-Denken als Modell für wissenschaftliche Methodologie ist noch längst keine Garantie dafür, daß nun frauenzentrierte Modelle, die an weiblichen Lebenszusammenhängen gewonnen werden, für die Wissenschaft richtungweisend werden.

Gerade in den USA, die vor unübersehbaren sozialen Aufgaben stehen, ist es eine ethische Frage, ob es überhaupt erlaubt sein kann, Forschungsgelder in die Entwicklung eines Roboters zu investieren, der zum Beispiel Butterbrote streicht oder andere Kleine-Buben-Spielereien betreibt. Ein Computer kann technische Funktionen in einer Geschwindigkeit lösen, vor der ein menschliches Gehirn versagt. Aber er kann immer nur hergeben, was ihm eingegeben worden ist. Wenn der Computer mit seinen

Routine-Aufgaben gefüttert worden ist, möge er eingesetzt werden, um die Menschen von Routinearbeiten zu entlasten. Die Entwicklung der Computer spaltet die technische Intelligenz, die als Routinearbeit an Maschinen delegiert werden kann, von intuitiv-kreativer Intelligenz, die von lebendigen Systemen geleistet wird.

Das *Lebendige* als System zu betrachten, in dem alle Organe zusammenwirken, stellt die Wissenschaft vor neue Aufgaben. Materie als lebendige Kraft, als Mater und Matrix, ist bisher in erschreckender Weise vernachlässigt worden. Intelligenz ist nicht auf die Funktion des Gehirns beschränkt. Sie wird sich nicht außerhalb lebendiger Systeme realisieren lassen. Sie ist eine Funktion des Lebens.

Noch Aristoteles, dessen patriarchales Bewußtsein ausgeprägt war, glaubte, der Geist sitze im Herzen. Er betrachtete das Gehirn nur als „eine Art von Kühlapparat für das Blut; denn es mäßige die Wärme und das Aufwallen des Herzens." (Weischedel 1973, 63)

Intelligenz schwebt nicht im luftleeren Raum; sie ist an lebendige Materie gebunden. Heute wissen wir, daß selbst der abstrakte Gedanke der materiellen Basis bedarf, damit er gedacht werden kann. Hoimar von Ditfurth kritisiert, „daß wir die Materie jahrhundertelang in groteskem Maß unterschätzt haben." (Ditfurth 1976, 13) Denken ist eine Funktion der lebendigen Zellen im Gehirn.

In der Großhirnrinde leiten unzählige Neuronenverbindungen zwischen den Nervenzellen Sinneseindrücke weiter. Etwa zehn Milliarden Neuronen enthält das menschliche Gehirn. Wollte man einen Computer dieser Größe bauen, so würden die erforderlichen Schaltkreise im Betrieb die Energie von zwanzig Backöfen verschlingen.

Intelligenz ist nicht an Bewußtsein gebunden. „Wir dürfen nicht vergessen, daß die Wurzeln unseres Bewußtseins älter sein müssen als alle Gehirne, und daß das Gehirn das Werkzeug des Denkens ist und nicht seine Ursache." (Ditfurth 1976, 15) Die intelligenten Prozesse, die unbewußt ablaufen, übersteigen an Vielfalt und Reichtum alles, was sich Menschen auszudenken vermögen, so sehr, daß wir nur bescheiden die dem Leben immanente Intelligenz bewundern können. Die spontane Reaktion auf veränderte Bedingungen leistet schon die einzelne Zelle. Alle Lebewesen sind biochemische Gebilde. Daher laufen auch alle unsere Sinneseindrükke über biochemische Prozesse ab (Haber 1975, 36 f.). Unsere Gedanken und Eindrücke – so unkörperlich sie uns erscheinen mögen – „werden von körperlichen Prozessen getragen, die sich im Innern unseres Gehirns abspielen." (Ditfurth 1976, 236) Wir können an der Tatsache nicht vorbeidiskutieren, „daß das Gehirn die körperliche, materielle Grundlage unserer psychischen Erlebnisse und Tätigkeiten ist." (Ditfurth 1976, 208) Der Geist erweist sich als Funktion des Körperlichen. Wie Bewußtsein entsteht, ist immer noch ein Phänomen, das von der Forschung nicht erklärt werden kann.

Ebenso wie in der Großhirnrinde Sinneseindrücke durch Neuronenverbindungen zwischen den Nervenzellen weitergeleitet werden, laufen alle lebendigen Prozesse ab. Jede Information von Nervenzelle zu Nervenzelle, auch die bewußtseinsfernste, wird über Neuronenverbindungen geleitet. Intelligenz ist nicht an die Menschen gebunden; sie ist keine ausschließliche Funktion des Gehirns, schon gar nicht des Großhirns. Wir haben das Stammhirn mit primitiven Lebewesen und das sogenannte Säugetiergehirn mit wenig entwickelten Säugern gemeinsam. Und wenn sie auch von der Großhirnrinde überwuchert sind, so sind es doch die archaischen Gehirnteile, die alle unbewußten Lebensvorgänge bei Tieren und Menschen steuern.

„Der Beitrag der erlernten Fähigkeiten und der individuellen Intelligenz des Affen dürfte nur einen Bruchteil der angeborenen Fähigkeiten und Intelligenz eines Affen ausmachen. Müßte ein Schimpanse sämtliche Sinneswahrnehmungen, die er zum Leben in seiner komplexen Welt benötigt, bewußt wahrnehmen und verarbeiten, um sein Verhalten bis in die Bewegung des oberen Daumengliedes seiner Greifhand bewußt zu steuern, dann würde er, falls er nicht schon vorher vom Baum gefallen wäre, auf dem Weg zur nächsten Banane verhungern. Die für ‚intelligentes' Verhalten notwendige Fähigkeit, sich auf ganz spezifische Vorgänge oder Probleme zu konzentrieren, die bewußt zu entscheiden sind, setzt voraus, daß die Routineaufgaben automatisch erledigt werden." (Herbig 1984, 189)

Zur Erledigung dieser sogenannten „Routineaufgaben" ist mehr Intelligenz erforderlich, als ein Mensch einem Computer einzugeben vermag. Sowenig wie ein Tier kann ein Mensch *bewußt* die geläufigsten Bewegungen ausführen. Intelligenz, die dem Leben innewohnt, ist den genetischen Mustern eingeprägt, welche die Muskeln beim Zustandekommen von Bewegungen, zum Beispiel beim Gehen oder beim Sprechen zusammenspielen lassen. Sie müssen gleichzeitig oder nacheinander mit oder ohne Rhythmus kontrahiert oder entspannt werden:

„Jeder Muskel ist bereit, auf die Befehle ‚stop', ‚go' und ‚stand by' augenblicklich zu gehorchen, auch wenn diese nur Zehntelsekunden voneinander entfernt sind. Diese unglaubliche Geschwindigkeit biologischer Systeme könnte ohne automatisch funktionierende, leitende Mechanismen nicht erzielt werden. Wir besitzen im Gehirn einen von äußeren Reizen unabhängigen, genetisch eingebetteten Schrittmacher, der sechs Zyklen pro Sekunde schafft." (Jonas 1982, 216)

Obwohl die Eheleute Jonas zeigen, daß intelligente Lebensprozesse nicht von der zentralen Steuerung des Großhirns abhängig sind, sind sie dennoch in patriarchalen Denkmustern befangen, die einen „Befehlshaber" suggerieren, der die biologischen Vorgänge in Szene setzt. Der „Schrittmacher", der

Befehle wie „stop and go!“ erteilt, ist ein Phantasieprodukt, das dem Leben übergestülpt wird, bevor die Wissenschaft beginnt, die Phänomene des Lebens zu erforschen. Herzschlag, Atem und alle die vielfältigen Funktionen, die das Leben in Gang halten, sind die Folge einer *dem gesamten Organismus eigentümlichen Intelligenz.* Wenn das Gehirn versagt, sterben Menschen noch nicht. Sie können jahrelang im Koma liegen.

Wir sind fähig, mit der Gehirnrinde, dem sogenannten Neokortex, zu denken und bis zu einem gewissen Grad Bewußtsein zu entwickeln, wobei wir wichtige Funktionen ins Unbewußte abdrängen. Heute wissen wir, daß dieses überschätzte Bewußtsein nur die Spitze eines Eisberges ist, der aus dem Meer des Unbewußten herausragt. Alle „automatischen“ Vorgänge im Körper können nur ablaufen, weil es eine innewohnende Intelligenz gibt, die Blutkreislauf, Atmung, Verdauung, das Zusammenspiel der Hormone und vieles andere ordnet. Wenn wir laufen, uns setzen und wieder aufstehen oder nach einem Gegenstand greifen wollen, haben wir den Eindruck, das Bewußtsein gäbe den Befehl zur Handlung. Aber auch Tiere, die keine Großhirnrinde und kaum „Bewußtsein“ haben, bewegen sich. Das unendlich verzweigte Spiel der Muskeln, das unsere Kräfte richtig dosiert und das Gleichgewicht aufrechterhält, bleibt unbewußt. Um den ältesten Teil, das Stammhirn, herum entwickelte sich im Laufe der Evolution das, was wir heute das limbische System oder Säugetiergehirn nennen.

„Erst in der letzten Phase unserer Artentwicklung, das heißt, in der Phase der Primaten, begann die Neurinde oder Neokortex, das Hirn des Verstandes, des Wertens und Urteilens, die ersteren zu bedecken und am Ende zu umschließen. Aber – und das ist wichtig – der Neokortex setzt uns zwar instand, logisch zu denken, abzuwägen und zu urteilen, er beseitigt aber nicht die Funktionen des älteren Paläokortex oder, wie wir meist sagen, des Limbischen Systems, das sogar einen noch tiefer reichenden Einfluß bewahrt hat.“ (Jonas 1980, 83)

Weder Priester noch Könige, weder Richter noch Politiker können sich auf ihren Verstand verlassen. Unter Belastung urteilen sie gefühlsmäßig. Irrationale politische Entscheidungen terrorisieren die Menschheit, und es wäre nötig, dies zu durchschauen und aufzuarbeiten.

Empathie – die Fähigkeit, die Gefühle anderer, ihre Gedanken und Motive zu verstehen – ist älter als die Sprache. Im Limbischen System werden Gefühle und Stimmungslagen verarbeitet; dort sind die überkommenen Reaktionsbereitschaften gespeichert.

„Durch seine Verbindung zum Neuhirn oder Neokortex trägt es ein Gefühlselement in die intellektuell aufgenommenen Sinneseindrücke. Funktionell stellt der Kortex nur ein dünnes Furnier dar, das schon bei mäßigem Streß nachgibt und das weitere dem primitiveren Limbischen System überläßt. Aus diesem Grunde überspielen in Streßsituationen emotionale Reaktionen das nur-vernünftige Denken.“ (Fester/Jonas 1980, 132)

Wir wissen, daß jede Nervenzelle eine bestimmte Schwelle hat, die je nach der inneren Einstellung gesenkt oder erhöht wird. Droht Gefahr oder erweckt ein Außenreiz erhöhte Aufmerksamkeit, dann senkt sich die Schwelle, und der Wahrnehmungshorizont erweitert sich. Befinden wir uns dagegen in der gewohnten Umgebung, die weder Neues noch Aufregendes zu bieten hat, senkt sich die Wahrnehmungsschwelle automatisch ab. Dieses Schwellenspiel, das eine verborgene Intelligenz von einer Zellgruppe zur anderen führt, sorgt weise dafür, daß wir durch unsere Kommunikation mit der Welt nicht überfordert werden.

Wie unfähig die Menschen sind, mit Hilfe ihres Geistes komplizierte Systeme zu steuern, beweist ein Experiment, das mit zwölf für intelligent befundenen Studenten gemacht worden ist. Sie wurden vor die Aufgabe gestellt, die Lebensbedingungen in einem fiktiven Entwicklungsland, Tana-Land genannt, zu verbessern.

„Alle Konditionen des Landes waren bekanntgegeben und durften beliebig variiert werden. Die Vorschläge der Probanden wurden in den Computer eingegeben und danach das Schicksal des Tana-Landes simuliert. Es zeigte sich, daß die Probanden fast ausnahmslos das ursprünglich stabile Gefüge zerstörten und dadurch häufig katastrophale Zustände schufen."

Der Versuch ergab, daß die Versuchspersonen in linearen Ursache-Wirkungsketten dachten und die Vernetzung der Ursachen und damit die Nebenwirkungen ihrer Maßnahmen ungenügend und verspätet zur Kenntnis nahmen." (Mohr 1981, 41) Das Experiment zeigt, daß lineare Problemlösungen zur Katastrophe führen können.

Das Leben spielt sich in vielfältig vernetzten Prozessen ab und wird nur durch komplexe Erkenntnis erfahrbar. Wenn sich auch nicht behaupten läßt, daß komplexes Denken ‚weiblich' sei, so haftet ihm doch „mangelnde Eindeutigkeit" an. Verschiedene Sinne funktionieren gleichzeitig; es entsteht der „Eindruck der Verwirrung" (Stopczyk 1986, 12), und diese Denkweise wird meist mit dem Weiblichen verbunden. Die männliche Logik geht linear vor, so daß immer „eine bestimmte Form des Hintereinander" (Stopczyk 1986, 13) gewahrt bleibt. Annegret Stopczyk sagt:

„Wieso allerdings diese Linearität mehr Erkenntnisgewinnung ermögliche als die komplexe Form, ist mir persönlich schleierhaft. Aus der Sichtweise komplexer Erkenntnisvorlieben kommt sie eher als primitive Form ins Blickfeld, komplizierte Zusammenhänge schematisch zu vereinfachen, ohne daß etwas erklärt werden kann." (Stopczyk 1986, 13)

Lernprozesse, die über Jahrmillionen *ohne jegliche Befehlszentrale* vermittelt worden sind, haben die Evolution vorangetrieben und die Artenvielfalt geschaffen. Selbst die Amöbe, die kein Gehirn und kein Nervensystem besitzt, kann lernen:

„In den zwanziger Jahren hat man folgendes Experiment gemacht: In einem verdunkelten Raum behinderte ein starker Lichtstrahl die Bewegungsfähigkeit von Amöben. Unter den hirnlosen Schülern gab es einen, der es nie lernte. Immer wieder versuchte er, den Lichtstrahl zu überqueren. Dann gabe es einen anderen, der ‚begriff'; bereits nach fünf fruchtlosen Versuchen gab er auf und bewegte sich nicht mehr in diese Richtung. Organismen ohne Gehirn und ohne Nervensystem können also nicht nur lernen; auch ihre Begabung ist sehr unterschiedlich." (Ardrey, 1971, 14 f.)

Wären diese primitivsten Lebewesen nicht unterschiedlich, hätten sich keine höheren Formen entwickeln können. Denn alle Evolution hängt von der Vielfalt ab. *Intelligenz wohnt dem Leben inne.* Es ist ebenso unsinnig, vom intelligenten Leben zu reden, wie von einem weißen Schimmel. Die Entstehung und Vererbung von Formen bleibt dabei ein großes Rätsel. Rupert Sheldrake nimmt eine Formkraft an, die eine bislang unbekannte und noch unerforschte Kraft voraussetzt: das morphogenetische Feld (Sheldrake 1981). Unbelebte Moleküle wie zum Beispiel Kristalle werden durch das morphogenetische Feld strukturiert. Es prägt als formende Kraft die Gene lebendiger Systeme. Sheldrake argumentiert, ohne eine formgebende Information könnte bei der Teilung einer befruchteten Eizelle nichts als ein Zellhaufen von gleichförmigen neuen Zellen entstehen. Für die Herausbildung der Organe, des Skeletts, von Kopf und Gliedern setzt Sheldrake die Wirkung des morphogenetischen Feldes voraus. Die Gene „lernen" bestimmte Formelemente und vermitteln deren strukturierende Information. Lernschritte, durch welche sich die biologischen Systeme weiterentwickeln, werden nach diesem Denkmodell sofort weitergegeben und breiten sich mit äußerster Geschwindigkeit über den gesamten Globus aus. Sie sind die Ursache der Evolution. Biologen verschleiern mit dem Terminus „genetische Information", daß in der Zelle intelligente Prozesse wirken, welche die Fähigkeiten des menschlichen Großhirns weit in den Schatten stellen.

Neuerdings erklärt Christiane Nüsslein-Volhard, Direktorin am Max-Planck-Institut für Entwicklungsbiologie in Tübingen, wie die Verschiedenheit der Zellen und Gewebe entsteht: „Regulatorproteine" sorgen dafür, daß „jeweils nur ein bestimmter Teil der Gene aktiv ist." Aber durch welche Information die Gene „wissen", welche Teilinformation sie im Einzelfall aktivieren müssen, wie sie entscheiden, wohin der Kopf gehört oder wie zum Beispiel der Magen-Darmtrakt verlaufen muß, bleibt im dunkeln. „Der Informationsgehalt des Eis entsteht während der Eibildung." Dabei werden – so die Wissenschaftlerin – Stoffe produziert und in das Ei eingelagert, die für die Gestaltbildung entscheidend sind (Nüsslein-Volhard 1992, 90 ff.). Sie umschreibt damit die Tatsache, daß die Natur über eine Intelligenz verfügt, welche der menschliche Geist nicht zu fassen vermag. Wenn Christiane Nüsslein-Volhard von *gestaltbildenden Prozessen* und von *Feldern* spricht, in denen molekulare *Vormuster* entstehen, die sich zu *komplexen Mustern* entfalten, kommt sie Rupert Sheldrake sehr nahe, der im morphogenetischen Feld die Ursache für jegliche Gestaltbildung im individuellen und im evolutionären Prozeß sieht.

Der Einwand, daß sich das „morphogenetische Feld" als solches nicht fassen ließe, widerspricht nicht der Annahme seiner Existenz und Wirksamkeit. Die Naturwissenschaften können die Kräfte, denen alles Sein unterworfen ist – oder denen es sich verdankt – zwar beschreiben. Wir können Elektrizität herstellen und mit Magnetismus arbeiten. Die Schwerkraft können wir untersuchen – erzeugen können wir sie nicht. Von keiner der Kräfte, die uns von allen Seiten umgeben, wissen wir, was sie im Grunde *ist*. Das Wesen aller Kräfte, in die wir eingebunden sind, bleibt uns fremd.

Auch komplizierte Verhaltensmuster, für die „Instinkte" verantwortlich gemacht sein sollen, werden nach Sheldrake durch das morphogenetische Kraftfeld vermittelt.

„Man weiß nur sehr wenig darüber, wie erworbene Verhaltensmuster erhalten bleiben, aber immerhin genug, um mit Sicherheit die simple Erklärung, die auf bestimmte im Nervengewebe speziell angelegte physikalische oder chemische Spuren ausweicht, ausscheiden zu können." (Sheldrake 1981, 167)

Die Entstehung der Arten beweist die intelligenten Funktionen des Lebens – gerade in ihrer unbewußten Organisation. Ökologische Nischen werden besetzt, andere, nicht mehr lebensfördernde aufgegeben. Jedes neue Lebewesen einer einzelnen Art entwickelt sich aufgrund der Lernprozesse, die diese in Millionen von Jahren durchgemacht hat, und gibt die Informationen weiter von Generation zu Generation.

Intelligenz ist kein Abstraktum, keine frei schwebende Energie, losgelöst vom Leib. Unser Gehirn, auf das wir mit Recht stolz sind, ist ein kompliziertes System: Die Großhirnrinde – der wesentliche Teil des menschlichen Hirns – hat sich bei ihrem Wachstum in Falten gelegt und alles überwuchert. Signale, die wir über Augen und Ohren wahrnehmen, werden über Zellverknüpfungen weitergegeben und spiegeln im Innern die Bilder der Außenwelt. 15 Milliarden Nervenzellen sind durch Fasern miteinander vernetzt; und jede Nervenzelle hat 10 000 Kontaktstellen. Wer vermag sich das vorzustellen? Der menschliche Geist hat für seine materielle Voraussetzung, die leibhaftige Basis seiner Existenz, bis heute noch keine ausreichende Erklärung gefunden. Die weltweite Gehirnforschung steht noch ganz am Anfang.

Intelligenz in der Tierwelt

Um Intelligenz als *das* Kriterium herauszuarbeiten, durch das sich der Mensch vom Tier unterscheide, stellen wir Tieren Testaufgaben, die von Kunstformen menschlicher Intelligenz abgeleitet werden. Beispielsweise fordern wir von Schimpansen, daß sie Chips nach Farben und Formen sortieren, und wir lassen sie am Computer arbeiten.

„Wissenschaftler, die dazu neigen, Tieren ausgerechnet jene Dinge beibringen zu wollen, welche diese am allerwenigsten können, würden sich auf Grund ihres niedrigen Intelligenzquotienten unwohl fühlen, wenn sie die geistigen Fähigkeiten der Paviane anhand der Fülle ihrer sozialen Fragen und nicht mit Plastik-Chips von unterschiedlicher Farbe und Form untersuchen wollten." (George B. Schaller im Vorwort zu Strum 1990, 17)

Obwohl wir heute schon in der Grundschule lernen, daß alles Leben auf der Erde eines ist und daß die Menschheit sich durch evolutionäre Prozesse aus dem Tierreich entfaltet hat, ist das Selbstbild des Mannes nach wie vor an das Bewußtsein seiner Einmaligkeit gebunden. Zu stark sind bis in unser Jahrhundert Vorstellungen wirksam, welche das Verhalten von Tieren gegen die Intelligenz des Menschen scharf abgegrenzt haben. Fühlt sich der weiße Mann schon anderen Rassen gegenüber überlegen, so hält er erst recht an dem Vorurteil fest, Tiere verfügten über keine oder geringfügige Intelligenz.

Die Grenzlinie zwischen Mensch und Tier ist bisher recht klar verlaufen: Der Mensch habe Kultur, weil er Werkzeuge herstelle, lernfähig sei, denken und sprechen könne. Das Tier habe dies alles nicht: Tiere seien unfähig, intelligent zu handeln, sie stellten keine Werkzeuge her, könnten keine logischen Folgerungen aus ihrem Handeln ziehen, sie seien unfähig zu lernen, könnten nicht sprechen – kurz: Tiere hätten keine Kultur.

„Vielleicht die größte und wahrscheinlich die gefährlichste Illusion, die wir uns über uns selbst machen, ist die seit Urzeiten genährte Überzeugung, daß wir uns durch den Besitz von Vernunft von allen anderen Lebewesen grundsätzlich und radikal unterscheiden." (Ditfurth 1976, 263)

Ein Streifzug durch die vergleichende Verhaltensforschung widerlegt diese Vorurteile. Jane van Lawick-Goodall hat Schimpansen beobachtet, die mit kleinen Stöcken nahrhafte Termiten aus deren Bau stochern. Die Affen benutzen nicht nur herumliegende Zweige, sie stellen selbst die Werkzeuge für ihren Gebrauch her. Die Forscherin schreibt, daß die Tiere

„mehrmals kleine belaubte Zweige abpflückten und sie für ihre Zwecke zurichteten, indem sie die Blätter abstreiften. Mit dieser Beobachtung war zum erstenmal bewiesen, daß ein Tier in freier Wildbahn einen Gegenstand nicht nur als Werkzeug gebrauchte, sondern daß es einen Gegenstand für seine Zwecke herrichtete, was den ersten Anfängen der Werkzeugherstellung entspricht." (Goodall 1971, 36)

Reinlichkeit hält man bei Menschenkindern für ein Zeichen sich entwickelnder Intelligenz. Doch wie viele andere Tiere sind die Schimpansen von Geburt an keine Nestbeschmutzer und zeigen sich darin den Menschen vergleichbar, wenn nicht überlegen. Sie halten „ihr Nachtlager immer peinlich sauber.“ Jane Goodall hat beobachtet, „wie akkurat sie immer über ihren Nestrand defäkieren und urinieren, und sei es mitten in der Nacht.“ (Goodall 1971, 31)

Die Intelligenz des Weibchens ist ausschlaggebend für die Paarungswünsche von Schimpansenmännern. Jane Goodall berichtet von der alten Flo, die mit ihrer Knollennase und ihren zerrupften Ohren nach menschlichen Maßstäben ungeheuer häßlich sei. Was hingegen ihren Sex-Appeal anbetreffe, so sei sie damit mehr als reichlich ausgestattet. Weniger intelligente, junge wie alte Weibchen werden während ihrer Brunst fast gar nicht beachtet, und es gibt andererseits junge intelligente Weibchen, denen die Männchen genauso wild nachstellen wie der alten Flo (Goodall 1971, 70). Weder Jugend noch „Schönheit“ machen ein Weibchen für einen Schimpansenmann sexuell attraktiv, sondern vor allem deren Intelligenz.

Damit kommt eine Eigenschaft, welche die Evolution vorantreibt, für die Population zur Entfaltung. Ganz anders handelt der Menschenmann. Die hervorragend begabte Frau ist nicht seine bevorzugte Partnerin, weil sein Überlegenheitsgefühl durch intelligente Frauen beeinträchtigt wird. Ohne Zweifel ist dieses mann-menschliche Paarungsverhalten der Zukunft der Menschheit abträglich.

Auch die Fähigkeit zu List und Täuschung wird oft als ein Kriterium für Intelligenz angeführt. Doch ist diese Begabung kein Privilegium menschlicher Intelligenz. Die intelligente Fähigkeit der Täuschung beobachten wir überall in der Pflanzen- und Tierwelt. Eine Spinne überlistet ihre Beute, die oft aus Insekten besteht, die größer sind als die Spinne selbst. Durch raffinierte Täuschung fängt sie ihre Nahrung in dem kunstvollen Netz; die Menschen fangen ihre Beute im Netzwerk raffinierter Ideen – zwei sehr verschiedene Wege der Evolution, die beide im Dienst des Überlebens stehen. Was der Geist für die Menschen bedeutet, ist für die Spinne das Netz. Beide Arten der Täuschung sind auf ihre Weise Funktionen der Intelligenz, die dem Leben innewohnt.

Jane van Lawick-Goodall hat beobachtet, wie Schimpansen andere täuschen und überlisten: Sie berichtet, wie ein junger Schimpanse eine verlockende Frucht erblickt hat. Um seinen älteren Begleiter nicht darauf aufmerksam zu machen, läuft er beiseite, wartet, bis das ältere Männchen das Feld geräumt hat und im Wald verschwunden ist. Erst dann klettert das Tier auf den Baum, um sich seinen Wunsch zu erfüllen (Goodall 1971, 84).

Das Schimpansenmännchen hat seinen Konkurrenten auf geradezu listige Weise abgelenkt – ein wahrhaft menschliches Verhalten!

Durch die vergleichende Verhaltensforschung wankt auch die Überzeugung, daß soziales Handeln spezifisch menschlich sei. Tiere bilden Gruppen, deren Individuen einander helfen und unterstützen. Tiere kennen Mutterliebe; sie verteidigen ihre Jungen mit dem Einsatz ihres Lebens. Manche Tierpaare sind sich lebenslang treu, was von Menschenpaaren ethisch gefordert wird, aber in der Praxis kaum jemals vorkommt.

Menschenaffen lernen in den Laboratorien der USA und Europas die Taubstummensprache. Sie übernehmen selbst die Grammatik der Menschensprache, um sich zu verständigen. Sie erkennen sich im Spiegel. Eine Schimpansin, Lucy genannt, erkennt ihr Spiegelbild und signalisiert: Das hier bin ich, Lucy!

Haben die Wissenschaftler bisher vorausgesetzt, daß allein der Mensch ein Bewußtsein vom Tod habe, so mußte auch dieses Vorurteil 1963 revidiert werden: Afrikanische wie indische Elefanten bedecken nicht nur ihre toten GefährtInnen, sondern auch artfremde Tiere und sogar verstorbene Menschen mit Zweigen, die sie eigens für dieses Bestattungsritual pflücken. Sie trennen ein verwaistes Kalb behutsam von seiner verstorbenen Mutter und integrieren es in die Herde, bevor sie die tote Elefantenkuh unter Zweigen begraben. Eindeutig haben die Tiere den Tod erkannt (Ardrey 1971, 28 ff.).

Intelligenz als Fähigkeit, sich an neue Situationen anzupassen, besitzen auch die Tiere. Versteht man unter Intelligenz die Fähigkeit einer Art, sich der Umwelt sinnvoll anzupassen, den „Wirt“, von dem sie lebt, nicht zu zerstören – müssen wir dann nicht gerade der Menschheit Intelligenz absprechen?

Wir nehmen an, daß sich Menschen von Primaten (Tier- und Menschenaffen) durch die Langstreckenverbindungen der Neuronen, über welche Menschenaffen vielleicht nicht verfügen, unterscheiden. Unter dem Mikroskop ist jedoch kein Unterschied feststellbar. Je gründlicher die Verhaltensforschung Tiere beobachtet, um so schwerer fällt es, grundsätzliche Unterschiede zwischen menschlichem und tierischem Verhalten wirklich genau gegeneinander abzugrenzen. Die Übergänge sind fließend, und es ist fast unmöglich geworden, anthropologisch oder philosophisch eindeutig abzugrenzen, was den Menschen vom Tier unterscheide. Intelligenz ist – wie wir gesehen haben – kein Unterscheidungsmerkmal der Menschen gegenüber den Tieren.

Die allgemein anerkannte Definition des Menschen, daß er allein ein Geschöpf sei, das sich frei in der Welt bewegen könne, nach einem festgelegten und wohldurchdachten Plan Werkzeuge herstelle, logisch denken könne, sich seines Ichs bewußt sein und lernen könne, ist erschüttert. Brauchen wir nun eine neue Definition des Menschen, oder müssen wir die Schimpansen und andere Menschenaffen als Menschen anerkennen?

Gruppenintelligenz kommt bei vielen Insekten – wie Ameisen oder Bienen – vor. Menschen haben durch Sprache und Schrift eine spezifisch menschliche Gruppenintelligenz sehr viel später in ihrer Evolutionsgeschichte entwickelt. Der evolutionäre Vorteil der Sprache besteht darin, daß bestimmte Muster im Gehirn anderer ausgelöst werden können. Durch die Kommunikation und Übertragung menschlicher Gedanken auf andere Gehirne, die von diesen weiterentwickelt werden, schließen sich viele Gehirne zu einem Riesengehirn – dem Menschheitsgehirn – zusammen. Durch das Erzählen von Geschichten, durch Ausflüge in die Vergangenheit wird das menschliche Zeitbewußtsein erweitert. Aber Sprache und Schrift sind nicht die einzigen Mittel, um Erfahrungen weiterzugeben. Nicht nur Menschen wissen um ihre Vergangenheit. Auch Tiere erinnern sich. Und die Geschichte der Evolution ist ohne Erinnerung an die vielfältigen Formen des Lebens nicht möglich. Die Menschen sind in der Lage, in die Zukunft vorauszuplanen. Aber auch Tiere planen. Sie bauen Nester für Junge, die erst noch geboren werden sollen, sie legen Vorräte für den Winter an, der erst noch kommen wird. Auch Tiere vermögen sich vorzustellen, was sie nicht vor Augen haben. Wir wissen das aus Traumexperimenten mit Tieren. Die Augen der Versuchstiere bewegen sich im Schlaf genauso lebhaft wie die Augen der Menschen, wenn sie aktiv träumen.

Wenn wir den Gedanken Rupert Sheldrakes folgen, ist es sehr fraglich, ob „bestimmte Gedanken und Muster" erst durch Sprache und Schrift im Gehirn anderer ausgelöst werden können. Die Vorstellung, Kommunikation sei allein über das Bewußtsein, durch Sprache und Schrift, möglich, könnte sich eines Tages als ein Konstrukt patriarchaler Draufsicht herausstellen, die auf die Betrachtung des Bewußtseins eingeengt ist. Kommunikation durch Bewußtsein erklärt noch nicht einmal alle Phänomene der kulturellen Evolution. Die biologische Evolution, die Jahrmillionen hindurch bestimmte Muster weitergegeben und weiterentwickelt hat, läßt sich kaum genialer erklären als durch Intelligenz, die dem Leben innewohnt. Sheldrake spricht vom „Gedächtnis der Natur", von „morphogenetischen Feldern", Kraftfeldern, die einmal geprägte Muster vervielfältigen (Sheldrake 1990, passim).

Wir können lernen. Auf der Stufe des Zwischenhirns sind Veränderungen, die erworben werden, bleibend. Sie gehen in die genetische Information ein und werden vererbt: „Was einmal gelernt ist, gilt als unwiderruflich für die ganze Lebenszeit." (Ditfurth 1976, 219) Anders verhält es sich mit den Lernvorgängen der Großhirnrinde:

> „Die konkrete, mit besonderen mikroskopischen Techniken sichtbar zu machende ‚Verdrahtung' bestimmter Nervenzell-Zentren im Gehirn ändert sich unter dem Einfluß bestimmter Erfahrungen. Training und andere gezielte Einflüsse führen zur Entstehung neuer Synapsen, zu neuen Querverbindungen zwischen verschiedenen Nervenzellen in den Hirnarealen, die die Einflüsse zu verarbeiten haben." (Ditfurth 1976, 219)

Sheldrake argumentiert, daß Virtuosität, erlernte Sprachen, eben auch Leistungen, die wir mit Hilfe der Großhirnrinde erworben haben, nicht verloren gehen. Er beweist, daß alles, was einmal von einer Population erlernt worden ist, von Verwandten der gleichen Population in den entferntesten Ländern *schneller* gelernt wird und zieht dafür die Ergebnisse verschiedener Experimente heran (Sheldrake 1981, passim). Es sind Preise ausgesetzt worden für Wissenschaftler, die Sheldrakes Annahmen eindeutig widerlegen können. Seine Annahmen passen nicht ins traditionelle Weltbild. Sie setzen eine Intelligenz voraus, die Jahrmillionen vor den Menschen die Evolution in Gang gesetzt hat.

Beruht die Annahme einer menschlichen Überlegenheit am Ende auf Vorurteilen, welche die Wissenschaft Schritt für Schritt abbauen muß? Tiere entfalten eine erstaunliche Intelligenz, wenn es ihrer Selbsterhaltung, der Brutpflege und der Erhaltung der Art dient. Aber der Mensch – und in Sonderheit der Menschen-Mann – unterscheidet sich von den meisten Tieren dadurch, daß er seine Intelligenz in unangemessener Weise dafür einsetzt, Macht zu entfalten. Der Mensch ist nicht das einzige Lebewesen, das intelligent ist; aber er ist leider fast das einzige Wesen, das Intelligenz zu Zwecken einsetzt, die Lebensformen ein für allemal zerstören. Zwar kommen lebensfeindliche Verhaltensweisen auch bei den Primatenmännern vor, doch kann der Menschenmann für sich in Anspruch nehmen, daß seine Zerstörung weltweite Ausmaße angenommen hat. Er entwickelt durch seine Intelligenz ein überdimensionales Potential der Tötungsmacht, die er gegen die eigene Art einsetzt.

Die Grenzen menschlicher Intelligenz

Das Bewußtsein, der sogenannte Geist, ist ein Instrument der fragilen Menschennatur, sich den harten Bedingungen inmitten einer für den Lebenskampf besser ausgerüsteten Tierwelt anzupassen. Die Menschen hatten keine Klauen und keine scharfen Eckzähne. Sie waren weder Flüchter mit schneller Fortbewegung, noch konnten sie sich auf Bäume retten. Gegenüber ihren natürlichen Raubfeinden waren sie durch körperliche Unterlegenheit unverhältnismäßig benachteiligt. Es ist daher einleuchtend, daß die Evolution für die Spezies Menschheit eine Prämie auf den Geist ausgesetzt hat: Die Menschen entwickelten Geist; sie wurden sich ihrer Intelligenz bewußt, um stärkere und größere Lebewesen zu täuschen und zu überlisten.

Menschliche Intelligenz ist genetisch angepaßt an die Aufgabe, *auf dieser Erde* zu überleben – nicht mehr und nicht weniger. Ich möchte dazu eine persönliche Erfahrung beitragen: Als ich noch Schülerin war, fotografierte ich eines Vollmondabends mit weiter Blende den riesigen, am Horizont aufgehenden Mond zwischen dunklen Bäumen – für mein Auge ein bezauberndes Bild. Wie enttäuscht aber war ich, als ich das fertige Foto sah: Als winziges Scheibchen zeigte sich der Mond auf dem Bild. Ich konnte das nicht begreifen, nahm das Foto mit in die Schule und bat meinen Physiklehrer, mir zu sagen, was ich falsch gemacht hätte. Der schüttelte nur den Kopf. Das Phänomen war für ihn völlig neu. Er war sehr interessiert, so daß er meinen Versuch nachvollzog; aber auch sein Foto enttäuschte mit einem unscheinbaren, kleinen Mond am Nachthimmel. Aufmerksam geworden, stellten wir noch andere Phänome fest: Vom Funkturm in Berlin nahmen wir die Autos unten auf der Straße wie Spielzeuge wahr; aber Autos, die uns auf der Straße entgegenkamen, erschienen uns aus der gleichen Entfernung wesentlich größer. Der berühmte Biologe Huberto Maturana analysiert „die Größenkonstanz als einen neuronalen Prozeß, der unabhängig von den Merkmalen der Umwelt" (Maturana 1982, 82) stattfände. Er sagt: „Wir erzeugen buchstäblich die Welt, in der wir leben, indem wir sie leben." (Maturana 1982, 269) Damit ist aber noch immer nicht erklärt, *warum* unser Gehirn die Dinge horizontal größer erscheinen läßt als vertikal.

Erst die Psychologie liefert eine einleuchtende Erklärung: Wir können heute erklären, daß unser Gehirn diese Täuschung als Überlebensstrategie in unser Wahrnehmungssystem eingebaut hat: Den aufrecht gehenden frühen Menschen begegneten die Gefahren aus horizontaler Richtung. Das menschliche Gehirn baute die optische Täuschung als Schutzmechanismus ein. Daher ist perspektivisches Sehen in horizontaler Richtung ist nicht dasselbe wie in vertikaler Richtung: Das menschliche Gehirn verändert die Perspektive aller Gegenstände, die ihm horizontal entgegentreten, so daß sie vergrößert erscheinen, während sie im vertikalen Blickwinkel stark verkleinert werden. Die „Wirklichkeit" der Dinge und Organismen unserer Umwelt ist relativ. Wir nehmen sie nicht „nicht kraft ihrer objektiven Existenz wahr, sondern allein als Folge ihrer subjektiven Bedeutung." (Ditfurth 1976, 220)

Die Wirklichkeit – das, was auf uns *wirkt* – ist nicht die Realität. Die Großhirnrinde vermittelt uns kein Bild von der Welt, wie sie ist. „Meine Wirklichkeit ist die Gesamtheit aller Reize, Einflüsse und Faktoren, die aus der Außenwelt auf mich wirken." (Ditfurth 1976, 172) Mit objektiver Welterfahrung hat unsere „Wirk-lichkeit" wenig zu tun. „Das Vorurteil von der rationalen Natur unseres Welterlebens sitzt tief. ...Unser Gehirn ist von der Evolution nicht dazu entwickelt worden, uns die Welt erkennen zu lassen, sondern allein zu dem Zweck, uns in dieser Welt das Überleben zu ermöglichen." (Ditfurth 1976, 293)

Vom Beginn des Lebens an hat die Natur die Lebewesen einerseits in ihre Umwelt eingebettet, sie aber andererseits gegen sie abgeschirmt. Zu ihrem Schutz hat schon „die erste lebende Zelle ihren Kontakt mit der Außenwelt aus Gründen der Selbsterhaltung auf das unbedingt notwendige Minimum reduziert." (Ditfurth 1976,173) Um ein individuelles Lebewesen zu werden, mußte sich ein Zellverband aus seinem Umfeld ablösen. Das bedeutete auch, den Kontakt mit ihm zu reduzieren. Zugleich mußte ein ausreichender Kontakt mit der Umwelt gesichert sein, damit der junge Zellverband sich anpassen konnte. „Die Maxime ‚So wenig Außenwelt wie möglich, nur so viel, wie unbedingt notwendig', hat der Entwicklung ihren Stempel aufgeprägt." (Ditfurth 1976, 40)

Menschliche Intelligenz ist auf das Naheliegende ausgerichtet. Unsere geistigen Fähigkeiten haben den Sinn, die Menschen an ihre Lebensbedingungen anzupassen und ihnen das Überleben auf dieser Erde zu ermöglichen. *Der Geist kann sich von seiner Aufgabe, das irdische Leben zu meistern, nicht abkoppeln.* Innerhalb des sogenannten Energiespektrums, das von Wellen mit 1000 Kilometer Länge bis zu kurzen Wellen von weniger als 0,01 Nanometer reicht, steht uns Menschen nur die kleine Oktave* zwischen 400 und 800 Nanometer – das heißt zwischen 400 und 800 millionstel Millimeter – zur Verfügung, um Licht und Farben wahrzunehmen. Den weiten Bereich der übrigen elektro-magnetischen Wellen können wir uns zwar über Geräte und Hilfsmittel erschließen, aber vorstellen können wir ihn uns nicht.

Wir mögen Analogien herstellen, Dinge zerlegen und manchmal auch wieder zusammensetzen, Kräfte der Natur erkennen und für uns nutzen; aber wir können nichts erfinden, wozu unsere Umwelt nicht das Grundmaterial bietet. Unsere Phantasie vermag sich einen goldenen Vogel vorzustellen, den es nicht gibt. Aber Vogel und Gold sind Grundmuster dieser Welt, die unsere Phantasie nicht beliebig überschreiten kann.

Wir können uns weder das unendlich Kleine noch das unendlich Große wirklich anschaulich machen. Zu meiner Schulzeit wurden wir angeleitet, uns mit Hilfe von Analogien ein Atommodell vorzustellen: Wenn der Kern eines Wasserstoffatoms die Größe einer Erbse habe, würde das ihm zugeordnete Elektron in einer Entfernung von 200 Kilometer seine Kreise ziehen. Inzwischen ist dieses Modell durch die Quantenmechanik abgelöst worden. So läßt sich ein Phänomen theoretisch definieren, aber nicht wirklich *verstehen* und niemals *be-greifen*. Wir können noch nicht einmal ahnen, ob die Erklärung, die uns angeboten wird, auch nur den mindesten Realitätswert hat. Denn wir wollen die Natur verstehen, indem wir ihr Modelle überstülpen, die unseren Gehirnen entsprungen sind; aber wir haben die Natur nicht gefragt, ob sie in diesen Modellen zu Hause ist. Die grundlegenden Dogmen der Wissenschaft, die von der Überzeugung ausgingen, daß „die Natur erstens objektivierbar und zweitens wißbar sei" (Keller 1986, 150), sind durch die Revolution, die Relativitätstheorie und Quantenmechanik eingeleitet haben, erschüttert worden (Keller 1986, 149).

Wir sind weder in der Lage, einen festen Gegenstand, der aus Milliarden von Molekülen besteht, in seinem atomaren Aufbau tatsächlich wahrzunehmen, noch können wir Galaxien mit ihren Sonnensystemen begreifen. Wir versuchen, sie uns anschaulich zu machen als Makro-Struktur der Materie, die dem Mikro-Aufbau eines Atom-Modells entspricht. Wenn unsere Phantasie die Materie im interstellaren Raum analog dem Atom verdichtet, könnte sie nichts als ein Ball sein, mit dem wir uns die Götterkinder im Himmel spielend vorstellen. Wir haben so viele Modelle für den Kosmos, und keines läßt sich beweisen:

„Die Naturwissenschaftler extrapolieren von dem sich ausdehnenden Universum in die Vergangenheit und in die Zukunft – und kommen zu recht unterschiedlichen Ergebnissen. Sie reichen von einem Weltall der ewigen Expansion und unendlichen Ausdünnung der Materie über einen ewig sich gleichen Kosmos bis zum pulsierenden All, bei dem einst alle Materie wieder in sich zusammenstürzen wird, um in einem neuen Urknall wieder auseinanderzufliegen." (Knapp 1992, 57 f.)

Der Begriff des Unendlichen läßt sich mathematisch definieren. Aber vorstellen können wir uns Unendlichkeit nicht. Menschliche Intelligenz kann sich von ihrer Bestimmung nicht lösen, die darauf abzielt, in Raum und Zeit erdgebunden zu überleben. Das kleinste Ding, das wir wahrnehmen können, ist ein Staubteilchen von einem dreißigstel Millimeter, das unser Auge reizt. Sichtbar ist es nicht mehr für uns. Die größte Entfernung, die wir überblicken können, ist durch die Erdkrümmung begrenzt und reicht über 30 Kilometer. Das entspricht einer Tagereise, die wir zu Fuß unternehmen können. Wenn wir uns von der Erde erheben, erweitert sich unser Horizont mit der erreichten Höhe. Aber ein sinnliches Körpergefühl für die größeren Entfernungen, die wir überblicken, haben wir nicht. Wir sehen Sonne, Mond und Sterne am Himmel, als seien sie auf eine Hohlkugel projiziert. Wir nehmen sie wahr, als seien alle gleich weit von uns entfernt. Wir können uns eine große Zahl von Galaxien errechnen, aber vorstellen können wir uns das nicht. Endlosigkeit mündet in die Un-Zahl. Es entspricht der Erfahrung mit unserer Umwelt, daß wir uns vorstellen, der Weltraum müsse ein Ende haben. Was sich hinter dem Ende verbirgt, fragen wir vergeblich. Wir können uns den Weltenraum gekrümmt vorstellen. Und was ist hinter der Krümmung? Ist es eine Lösung zu vermuten, daß es vielleicht „mehrere Kosmen" gäbe, „die sich wie unabhängige Blasen ausdehnen, jede mit ihrem eigenen, unüberschreitbaren Horizont" (Knapp 1992, 59)

Woher wollen die Kosmologen die Gewißheit nehmen, „daß der von ihnen überschaubare, endliche Ausschnitt eines fast schon unendlichen Weltalles wirklich charakteristisch für den Rest der Welt ist?" (Dehnen, 1992, 61) Unser Gehirn ist für das Leben auf unserem Globus ausgerüstet; es ist „ein Universalrechner fürs Überleben. Und wie dieser Universalrechner gebaut ist, dürfte alles andere als egal sein: Die Evolution konstruiert die Lebewesen so effizient und zugleich so ökonomisch wie möglich." (Mechsner 1992, 112) Für die menschliche Großhirnrinde gilt das Gesetz aus der Urzeit alles Lebendigen: So wenig Umwelt wie möglich und nur soviel Umwelt wie unbedingt nötig! „Die Organisation des Hirns ist darauf abgestellt, allein die für das Individuum biologisch bedeutsamen Eigenschaften der Umwelt zu erfassen." Wenn jeder Reiz auf uns wirken würde, dann wäre die Welt für uns „nichts als ein chaotisches Trommelfeuer von Reizen." (Ditfurth 1976, 94)

Unsere Neugier verführt zu Fragen, welche die menschliche Intelligenz nicht beantworten kann. Wir fragen nach dem Urgund des menschlichen Daseins, nach der Rolle, die wir auf der Erde spielen sollen, wir forschen im Weltall und wollen unseren Platz im unendlichen Kosmos bestimmen. Frauen und Männer unterscheiden sich nicht hinsichtlich ihrer Unfähigkeit, die letzten Fragen zu beantworten. Die Welt der Gelehrten halten Männer besetzt; aber alle Antworten, die sie je versucht haben, waren Projektionen und Analogien von Zeit und Raum, Anfang und Ende, Schöpfung und Zerfall, die unserer irdischen Erfahrung entsprechen. Darüber sollte uns weder die Tatsache hinwegtäuschen, daß wir das unendlich Kleine im Mikroskop so weit auflösen können, daß es sichtbar wird, noch jene, daß wir mit gigantischen Teleskopen ferne Objekte des Weltraums ins Bild bekommen können. Beides hat Grenzen.

Würde die Welt unserer Erfahrung mit der objektiven Realität übereinstimmen, brauchten wir keine Weltdeutung, weder Religion noch Philosophie noch die Naturwissenschaft, um den Geheimnissen der Natur – eben jenem unendlichen Bereich, der nicht offen zutage liegt – auf die Spur zu kommen. Wenn ein Philosoph die Eine Wahrheit gefunden hat, sollte es sich um die gleiche Wahrheit handeln, die der Naturwissenschaftler entdeckt. Wenn beide verschiedene Seiten ein und derselben Wahrheit sehen, könnten sie ihre Plätze tauschen, um zu lernen, die Welt mit den Augen des anderen zu betrachten, und sie werden die Wahrheit umfassender und ganzheitlicher begreifen. „Eine einseitig anthropologisch-geisteswissenschaftliche Wesensbestimmung ist erfahrungsgemäß immer in Gefahr, jene Eigenschaften zu übersehen, die Ausdruck und Folge unserer biologischen Geschichte sind." (Ditfurth 1976, 265) Leider wehrt sich die philosophische Anthropologie und Weltdeutung noch immer gegen die Erkenntnisse der Biologie und lehnt den Austausch mit ihr meist ab:

„Ich habe mich schon immer gewundert, wie wenige der modernen Philosophen sich mit diesen Fragen befassen. Vielen Philosophen sind heute die Naturwissenschaften erstaunlich gleichgültig. Die Atomphysik befaßt sich mit dem Woher und Wohin des Weltalls, seinem Aufbau und seiner Entwicklung. Das astronomische Weltbild liefert den Rahmen, in dem wir die Entwicklung des intelligenten Lebens sehen müssen. Die moderne Wissenschaft hält also sicher einen spannenden Stoff für die Philosophen bereit – und die wollen ihn nicht." (Mezger 1992, 66)

... die wollen ihn nicht! Denn jede Wissenschaft erhebt ihren eigenen Anspruch auf Weltdeutung. Mit dem Zuwachs an Wissen sollte erreicht werden, daß wir die Welt und uns selbst besser verstehen. Aber das Gegenteil ist der Fall. Für jedes Gebiet ist eine eigene Terminologie entwickelt worden, hochtrabende Begriffe, mit denen sich allenfalls Fachleute einer Fakultät unter sich verständigen können – und auch das geschieht selten genug.

Einem modernen „Turmbau zu Babel" vergleichbar, haben die Gelehrten Gedankengebäude errichtet und sorgen selbst dafür, daß sie einander nicht mehr verstehen. Die intelligenten Männer der Welt kommunizieren nicht miteinander, wenn es um letzte Fragen geht: um die Entstehung des Lebens, um die Probleme von Anfang und Ende des Kosmos. Wir haben ein geradezu groteskes Intelligenzverständnis, das die Fähigkeit, unbeantwortbare Fragen zu stellen und sich über deren unterschiedliche Beantwortung noch nicht einmal mehr verständigen zu können, für ein Kriterium hält, mit dem die Höhe der Intelligenz bestimmt werden soll. Es scheint, als sei die Menschheit mit der Höherentwicklung des Geistes an einem Gipfel angelangt, hinter dem sich ein Abgrund auftut, der Absturz ins Leere, ins Nichts.

Intelligenz ist die Weisheit der Materie

Von Platon stammt der Gedanke, Licht sei der präexistente Archetyp von Gott. Nun bin ich persönlich überzeugt, daß es eine intelligente Kraft gibt, welche den Kosmos durchflutet und vor der wir nur ehrfürchtig sein können. Aber auch diese transpersonale Intelligenz ist eine Funktion der Materie. Ebenso wie Licht sowohl die Eigenschaften von Partikeln wie die von Wellen hat, ist Intelligenz beides gleicherweise: Materie und Energie. Es ist die kosmische Materie, deren Energiepotential die kosmische Intelligenz ist. Alle Intelligenz wird aus dem Urquell, aus der Matrix, der Materie, dem Großen Mütterlichen, gespeist. Die Matrix ist der Ursprungsort, aus dem die Intelligenz geboren wird und als Energie wirkt. *Licht ist das matriarchale Urbild des Lebens.*

Wir sind – das ist wahr – „noch immer damit beschäftigt, zum Bewußtsein zu erwachen." (Ditfurth 1976, 272) Wir sind noch immer dabei, Menschen *zu werden,* und auch unsere intelligenten Fähigkeiten werden sich ändern. „Die Möglichkeit, daß unser Großhirn den Endpunkt der bisherigen Geschichte bilden könnte, ist von so astronomischer Unwahrscheinlichkeit, daß wir auch die von uns selbst erreichte Ebene getrost als nur vorläufig, als Übergangsstufe ansehen können." (Ditfurth 1976, 51)

Aber der eindimensionale Weg des patriarchalen Bewußtseins ist ein Rückschritt für die Menschheit, weil der Vielfalt keine Chance gibt. Mit dem Einfall indo-arischer Völker in die vorderasiatischen und europäischen Kulturgebiete im fünften Jahrtausend v.u.Z. sind blühende Kulturen einem barbarischen Machtwillen unterworfen worden. An den Kurgangräbern lassen sich die Einwanderungswellen der Indo-Arier archäologisch nachweisen (Gimbutas 1989, 34). Prunkvolle Bestattungen für fürstliche Männer und vernachlässigte Frauengräber sind Merkmale des „patriarchalen Fortschritts". Ich erwähne ein Phänomen, das weltweit zu beobachten ist: Mit dem Vordringen des Patriarchats von Osten nach Westen und von Norden nach Süden wird allmählich die Kunst der Buntkeramik zugunsten der Waffenschmieden vernachlässigt. Eine einheitliche, eintönige Keramik erfüllt ohne wesentliche kulturelle Anstrengung die Bedürfnisse einer Gesellschaft, die mit ihren Töpfen, Schalen und Tellern die Massen abfertigt. Diese Entwicklung geht einher mit dem Beginn der Sklaverei (Lerner 1991, 196 ff.). Sie läßt sich in den einzelnen Gebieten archäologisch nachweisen. In Israel ist die Buntkeramik-Kultur vernachlässigt worden, seit König David seine Leute in die Erzlager geschickt hat, um nach Eisen zu schürfen.

Ich versuche, mir vorzustellen, wohin sich die menschliche Intelligenz entwickelt haben würde, wenn sich die technische Intelligenz des Menschen-Mannes nicht von der dem Leben innewohnenden Intelligenz abgespalten hätte, wenn die Menschen sich für soziale Probleme und nicht für Waffen, Kriege und Macht eingesetzt hätten. Eine Welt, die ihre Widersprüche durch gegenseitige Anpassung und nicht durch gewaltsame Durchsetzung lösen würde, sähe anders aus. Es wäre eine Alternative, wenn die Menschen die Lebensaufgaben angreifen würden und nicht den Feind.

Die Ägypter und – wie erwähnt – die Griechen der Antike glaubten noch unter dem Einfluß des Aristoteles, daß die Menschen mit dem Herzen denken. Archaische Völker hielten die Gebärmutter für den Sitz aller Weisheit. Sie wußten, daß Intelligenz die innewohnende Weisheit der Materie ist. Das Sanskrit-Wort für Weisheit ist die konsonantische Wurzel „M.t". Aus dieser Sprachwurzel leiten die alten Weisheitsgöttinnen ihre Namen her: Ma'at, Mut und Metis und selbstverständlich Mater, Mutter, Materie und den Begriff „Matrix", der Gebärmutter bedeutet, aber auch Urquell, Ursprung und den Anfang allen Seins. Unsere Spache bewahrt eine Erinnerung an diese Weisheit, wenn wir sagen, wir gingen mit einem Gedanken schwanger. Die moderne Physik bestätigt, daß Licht zugleich Materie und Welle, Teilchen und Energie ist. Damit bestätigt die Physik nicht nur, was archaische Völker längst gewußt haben, sie hat die Eine Wahrheit wiederentdeckt, und es handelt sich um die gleiche Wahrheit, von der auch die matriarchale Weltdeutung ausgegangen ist: Intelligenz ist zugleich das Lebens selbst. Sie ist die Weisheit der Materie.

Intelligenz darf nicht überheblich machen. Sie ist kein Instrument, um männliche Herrschaft und Macht durchzusetzen; mit ihrer Hilfe sollen wir weder Waffen konstruieren noch unsere Umwelt vergiften. Intelligenz ist ein Geschenk der Evolution an die Menschen, das wir geduldig und bescheiden handhaben sollen, um uns mit anderen Intelligenzen unserer Umwelt zu verständigen. Intelligenz ist uns geschenkt, nicht, um diese Erde zu zerstören, sondern um schonend mit ihr umzugehen, damit wir auch künftig auf ihr leben können.

II

Todeslogik

Süß und ehrenvoll ist es,
für das Vaterland zu sterben

Schwerpunkte mann-menschlicher Primatenforschung

Über das Verhalten der Primaten, der Affen und Menschenaffen, gab es vor dem Zweiten Weltkrieg nicht mehr als ein paar unzureichende Feldforschungen. Man hielt es für ausreichend, wenn eine Tierart etwa ein halbes Jahr beobachtet worden war. Fast alles, was auf diese Art und Weise von Primaten bekannt war, hatte „eher anekdotischen Charakter" (Strum 1989, 113).

Das Interesse an aggressivem Verhalten

Robert Ardrey, der zahlreiche Bücher über Tiere und Menschen geschrieben hat, sieht im aggressiven Verhalten einen wichtigen Evolutionsgewinn. Er schätzt die Schimpansen irrigerweise als besonders friedlich ein. Deshalb hält er sie für einen „Fehlschlag der Evolution". Für den angeblich „aggressiven" Pavian begeistert sich Ardrey in einer bilderreichen Sprache: Der Pavian sei „der geborene Tyrann, der geborene Verbrecher, der geborene Anwärter auf die Schlinge des Henkers" (...) „Er hat räuberische Neigungen und genießt nichts mehr, als die neugeborenen Jungen der zarten Gazelle zu töten und zu fressen." Ardrey hält die Aggression der Paviane für einen „überragenden Erfolg der Evolution" (zitiert bei Montagu 1974, 27). Er stützt sich dabei auf Beobachtungen an einer einzelnen Pavianhorde, die vorübergehend tatsächlich das Jagen auf Gazellen gelernt und Geschmack am Verzehr von Fleisch gefunden hatte.

Robert Ardrey betont genüßlich, der Mantelpavianmann sei doppelt so groß wie das Weibchen und hielte eine ganze Herde davon in verängstigter Unterwerfung. Er nähme stets das beste Futter für sich in Anspruch (zitiert bei Morgan 1972, 214 f.). Diese mann-menschliche Projektion, die einen vergleichbaren Umgang des Menschenmannes mit der Menschenfrau rechtfertigen soll, ist sexistische Wissenschaft. Die Mantelpaviane wären längst ausgestorben, wenn die Weibchen, von denen das Überleben der Art abhängt, ständig unter Streß stünden und durch das Verhalten der Männchen permanent verängstigt würden. Das gierige männliche Freßverhalten ließe unterernährte Affenmütter zurück, die keinen gesunden Nachwuchs hervorbringen könnten.

Ardrey bemerkt, die Aggressivität des Pavian-Paschas stehe unter den Primaten lediglich der des Menschen nach. Offensichtlich identifiziert sich der Autor mit den angeblich aggressivsten Primaten, den Pavianen, um Menschenfrauen in verängstigter Unterwerfung zu halten, als seien sie Pavianweibchen.

Wie einseitig Ardreys Darstellungen von männlicher Draufsicht geprägt sind, muß selbst Volker Sommer zugeben, obwohl dieser Primatologe ebenfalls ein lebhaftes Interesse am aggressiven Tierverhalten zeigt. Sommer bestätigt, daß Paviane tolerant promiskuitiv leben. Pavianmännchen seien gegenüber den Weibchen außerordentlich zurückhaltend. Weibchen wehren „Annäherungsversuche von Bewerbern, die nicht in ihrer Gunst stehen, durch eine schlichte und wirkungsvolle Geste ab: Sie setzen sich hin." (Sommer 1989, 150) Und kein Männchen würde es wagen, ein Weibchen, das zur Paarung nicht bereit ist, zu vergewaltigen; ein solches Männchen würde von anderen Gruppenmitgliedern angegriffen und verdrängt.

Die wissenschaftliche Lehrmeinung geht von verschiedenen Modellen für die Herrschaft des Männchens – dem Haremshalter oder Pascha – aus, die angeblich dem Tiermännchen vor allem eines sichern: die absolute Herrschaft über die weibliche Sexualität. Aber alle Beobachtungsergebnisse beweisen das Gegenteil: Es ist immer das Weibchen, das über seine Sexualität bestimmt. Junge Affenmännchen lernen schon früh, Rücksicht auf die Wünsche der Weibchen zu nehmen.

Jane Goodall schildert eine dramatische Szene: Der junge Pax will seine gerade entwickelte Sexualität ausprobieren und ein brünstiges Weibchen besteigen, doch die Dame lehnt den Jüngling ab. Pax macht ein fürchterliches Geschrei, trommelt auf den Boden und brüllt vor Wut. Da Jane Goodall einen derartigen Vorfall noch niemals beobachtet hat, führt sie das Verhalten des jungen Männchens darauf zurück, daß es mit vier Jahren seine Mutter verloren hat, die ihm womöglich rechtzeitig soziale Anpassung beigebracht hätte. So gerät er in Konflikte. Goblin, ein älteres Männchen, sträubt sein Haar und fixiert den Krakeeler. Da nähert sich Prof, der ältere Bruder von Pax, und zieht den Kleinen vom Schauplatz des Geschehens weg (Goodall 1985, 46).

Der Primatologe Frans de Waal lästert, Mantelpaviane seien „ein Schreckgespenst für Feministinnen", weil „die Männchen zweimal so groß sind wie die Weibchen und gewaltige Eckzähne" besitzen (de Waal 1991, 34). Doch weder die Körpergröße noch die Eckzähne der Mantelpavianmännchen schrecken Feministinnen; *ein Schreckgespenst für Feministinnen sind jene Männer, welche das angeblich aggressive Verhalten der Mantelpaviane in den Vordergrund ihres Interesses rücken. Denn sie fördern aggressive Tendenzen in der mann-menschlichen Gesellschaft.*

Um die Verhaltensweisen jener Affenarten, die als besonders aggressiv angesehen werden, kreist „der größte Teil der populärwissenschaftlichen Diskussionen über das Erbe der Menschheit." (Morgan 1972, 212) Feministische Forscherinnen kritisieren, daß sich Primatologen weniger für die Menschenaffen, dagegen am intensivsten für besonders aggressive *Tieraffen-Arten* interessieren, wobei die Faszination durch die Tötungsgewalt das forschende Interesse leitet. Elaine Morgan hat gezählt, daß in Robert Ardreys Buch über den Gesellschaftsvertrag (Ardrey 1971) achtunddreißig Zeilen des Registers auf Paviane und Makaken verweisen, wogegen ihm nur vier Zeilen für Menschenaffen ausreichen (Morgan 1972, 212).

In seinem Buch *Das Herrentier* konzentriert sich Lionel Tiger in einem Kapitel über die Primaten völlig auf die aggressiven Affenarten: „An Menschenaffen verschwendet er überhaupt keine Zeile." (Morgan 1972, 213) Elaine Morgan erklärt diese Kuriosität damit, daß Menschenaffen in ihrem Verhalten „für alle Sensationslüsternen mit ihrer Vorliebe für Blut und Knallerei" (Morgan 1972, 213) enttäuschend seien. Bei den zitierten Verfassern tönt mehr männliche Potenzprotzerei an als nüchterne Beobachtung. Die ersten Untersuchungen über Primaten sind „eine Extrapolation einer aggressiven, von mächtigen Männern beherrschten männlichen Gesellschaft" auf das Primatenverhalten (Strum 1989, 30).

Volker Sommer hat beobachtet, daß gewisse Primaten, die in Pascha-Ehen leben, vor allem Languren, Blutbrustpaviane und einige Meerkatzen, die überzähligen männlichen Tiere in Junggesellenbanden aussondern (Sommer 1989, 140). Es gäbe nur einen „Haremshalter", der die Weibchengruppe mit ihren Jungen „beherrsche". Die Junggesellenbande bedrohe den „Haremshalter" unentwegt, sei es, daß die an der Zeugung gehinderten Männchen einige Weibchen, die sich am Rande der Gruppe aufhalten, in einem unbeobachteten Augenblick begatten, sei es, daß sie den „Alpha-Mann" direkt angreifen. Sowie es irgend gelinge, töteten sie den Pascha und machten einen der Ihren zum neuen Herrn des Harems.

Solange die Junggesellen gegen den Haremshalter kämpfen, halten sie solidarisch zusammen. Sowie jedoch der Kampf entschieden ist und das stärkste Männchen der Junggesellengruppe in den Weibchen-Clan aufgenommen worden ist, werden die übrigen Junggesellen dessen erbitterte Feinde. Volker Sommer schildert, wie ein siegreicher Languren-Pascha einer Mutter mit ihrem Säugling nachstellt und das Baby schließlich tötet.

Die meisten ForscherInnen geben den Tieren, die sie beobachten, Namen. Volker Sommer hat – um sich einen Überblick zu verschaffen – die Tiere mit Zahlen belegt, die Mütter mit den Zahlen Eins bis Zwölf, denen er die Jungen in der Reihenfolge der Geburt zuordnet. Das dritte Kind der Mutter „Nr. sechs" heißt bei Sommer Sechsdrei. Die „ältere Sechsdrei" ist die ältere Schwester des verfolgten „Sechsvier" im nachfolgenden

Text. Ich muß zugeben, daß mich diese Zahlenakrobatik eher verwirrt, als daß sie mir einen Überblick über die Affenherde verschaffte:

„Den ganzen Tag über halten die Mütter Sechs und Vier gebührend Abstand vom Haremshalter. Das hat gute Gründe. Denn bald soll den kleinen Sechsvier jenes Schicksal ereilen, dem zuvor schon Elfdrei, Einsvier und Zwölfeins zum Opfer fielen, und dem auch die kleine Vierfünf nicht entkommen wird. Die Mutter flüchtet in einen Wolfsmilchhorst, der wegen seiner stachelbewehrten vertikalen Sprossen wie eine Burg wirkt. Drohend wirft der Langurenmann seinen Kopf in den Nacken und entblößt die langen messerscharfen Eckzähne. Mit der Innenseite des oberen Eckzahns schabt er über die untere Eckzahnkante – ein lautes Zähneknirschen. Die Mutter bekommt es mit der Angst zu tun, verläßt ihr Versteck und versucht, über eine Mauer zu fliehen. Wie ein Wimpel flattert der schwarze Schwanz des Babys an ihrem Bauch. Der erregte Haremsmann setzt ihr nach. Da sich ihm die ältere Sechsdrei in den Weg wirft, können Mutter und Brüderchen knapp entkommen. Aber das Männchen nimmt die Verfolgung erneut auf und holt das panisch fliehende Weibchen mit großen Sätzen ein. Das Männchen springt dem Weibchen schließlich auf den Rücken, reißt es zu Boden und schlägt in der nächsten Sekunde seine Zähne in das quiekende schwarze Bündel am Bauch der Mutter. Sechs Gruppengenossinnen stürzen sich in heller Aufregung auf den Angreifer. Ein Berg von neun Affen wälzt sich auf dem Boden. Im Gewühl entkommt die Mutter, ihr blutendes Kind an die Brust gepreßt. Die Verteidigerinnen zerren und schlagen weiter auf das Männchen ein, bis es sich mit einem mächtigen Satz befreit. Doch die Hilfe kam zu spät. Ein Eckzahn des Männchens hat den Oberschenkel des Babys aufgerissen, die Sitzhöcker in der Mitte gespalten und den Schwanz von der Wurzel bis fast zur Spitze aufgeschlitzt. Am nächsten Morgen überläßt die Mutter das sterbende Geschöpf seinem Schicksal. Ein paar Tage lang tropft aufgestaute Milch aus ihren Brustwarzen. Dann und wann tunkt das Weibchen einen Finger in die Tropfen und leckt sie ab. Kurze Zeit später schrumpfen die Brüste, so daß sie beinahe wieder unter dem Fell verschwinden. Noch nicht einmal ein Monat wird verstreichen, bis sich das Weibchen mit dem Töter seines Kindes paart." (Sommer 1989, 266)

Diese Darstellung von Volker Sommer verrät Sensationslüsternheit. Auffallend ist auch seine geschlechtsspezifische Sprache: Die Weibchen sind in *heller Aufregung,* als sie sich gegen den Angriff zur Wehr setzen, das Männchen „befreit sich mit einem *mächtigen* Satz". Statt über das Schicksal der Babys erschüttert zu sein, unterstellt Sommer, daß dieses aggressive Verhalten des „Paschas" der Selektion diene, indem die Nachkommen des Stärkeren überleben (Sommer 1989, 271).

Das patriarchale Forschungsinteresse gilt der Tötungsgewalt, und es möchte Hierarchiemodelle entdecken. Der neue Haremshalter findet Weibchen vor, die Babys säugen und deshalb zur Paarung mit ihm nicht bereit sind.

„Wenn jedoch ihre Kinder einmal tot sind und sie selbst einige Wochen später wieder empfängnisbereit, dann präsentieren sie sich dem dominanten Männchen und erlauben die Begattung in einem Koitus, der ein paar Sekunden dauert und die Dürftigkeit der Beziehung zwischen zwei einander bekriegenden Geschlechtern bezeichnet." (Thompson 1985, 74)

William Thompson betrachtet die Ereignisse mit kritischer Distanz; aber er stellt den Forschungsansatz an sich nicht in Frage. Volker Sommer übersieht geflissentlich, daß der neue Haremshalter seinen Vorgänger nicht ohne die Hilfe seiner Junggesellenbande besiegen konnte. *Allein* ist er weder stark noch überlegen genug, um den „Pascha“ zu besiegen. Mit solcher Allmacht stattet ihn erst die Forscherphantasie aus. Zudem wird der „Pascha“-Mann sehr bald, nach durchschnittlich 26 Monaten, die Weibchengruppe wieder einem anderen siegreichen Männchen überlassen müssen. Wenn jedoch das Intervall des Männchen-Wechsels kürzer ist, vielleicht weniger als ein Jahr beträgt, kann – falls das Töten der Babys die Norm und nicht die Ausnahme ist – keine Mutter ihr Baby aus der letzten Begattungsperiode aufziehen. *Die Pascha-Männer töten vorteilhaft veranlagte Artgenossen, wenn sie die Babys des Vorgängers vernichten. Geschlechterkampf, Gewalt, Kampf um die Ausübung männlicher Sexualität um jeden Preis sind hier programmiert. Dieses Verhalten dient nicht der Arterhaltung. Eine derartige Interpretation verschleiert eine Variante männlich-sexueller Prägung, die sich negativ auf die Population auswirkt: Der Tötungsimpuls – der seinen Ort in der männlichen Rivalität während der Brunst hat – wird auf Weibchen und die Nachkommenschaft ausgedehnt.*

Die Verhaltensforscher sind blind für das männliche Desinteresse gegenüber dem Leben, wie es sich in der beobachteten „Pascha“-Lebensform einiger Primaten herausgebildet hat. Der sexuelle Egoismus des Männchens evoziert die Gewalt gegen Weibchen und Babys. Es ist bestürzend, daß ein Affenweibchen durch das Töten ihres Babys dazu gezwungen wird, sich „freiwillig“ dem Mörder darzubieten.

Marilyn French vermutet, daß ein derartiges Primatenverhalten eine „streßbedingte Fehlanpassung“ sei (French 1985, 39). Vom Standpunkt der Evolution, die der Artenvielfalt bedarf, dient der Wechsel der Männchen meiner Ansicht nach dem Vorteil, daß die Weibchen in den Genuß unterschiedlichen Erbgutes kommen. Das Männchen aber, das siegt, weil es sich mit anderen Männern zusammenrottet, bereitet ein Verhalten vor, das Männer genauso in der Geschichte menschlicher Kriege zeigen. Vielleicht ist die patriarchale Verhaltensforschung deshalb so sehr an den Kriegen der Affenmänner interessiert.

Das forschende Interesse starrt gebannt auf Aggression, sucht dominante Männchen zu entdecken, die Macht hätten über die Weibchen und andere Männchen. Populärwissenschaftliche Werke übertreiben das Gewaltpotential, das bei manchen Tierarten beobachtet wird, in unzulässiger Weise. Forscher schildern sichtlich lustvoll die Gewalt, welche angeblich die „Pascha"-Macht eines Männchens durchsetzen und erhalten. Paviane können allein durch das lustvolle Interesse an ihrer angeblich aggressiven Mentalität zu einem unangemessenen Vorbild werden, obwohl sie den Menschen genetisch relativ fernstehen. Die Menschenaffen haben sich schon vor mehr als dreißig Millionen Jahren von Tieraffenpopulationen wie den Pavianen abgezweigt.

Erst in einer 1986 veröffentlichten Studie kann Jane Goodall regelrechte Kriege an den Territoriumsgrenzen beschreiben, bei denen die erwachsenen Schimpansenmännchen in der Wildnis nach mörderischen Kämpfen ihren Bestand reduzieren oder unter Umständen einen benachbarten Trupp ausrotten. Sie macht Angaben über die Größe des Territoriums, die Anzahl der erwachsenen Männchen und der Weibchen mit ihren Jungtieren, die in einem Trupp leben (Goodall 1986, passim). Inzwischen konnte sie ihren MitarbeiterInnenstab erweitern und ihre Beobachtungen ausweiten.

Aber bereits 1985 faßte Jane Goodall für die Zeitschrift *bild der wissenschaft* die Beobachtungen zusammen, die sie am Gombe-Strom über den Krieg der Schimpansen gemacht hatte: Sie berichtete, daß in einem Territorium von mehr als 14 Quadratkilometern ein Trupp von 14 erwachsenen Männchen mit 38 Weibchen und Jungtieren lebte, bevor sich die Tiere später in zwei feindliche Gruppen trennten. Das Zahlenverhältnis entspricht dem der Geschlechter, das in Zoologischen Gärten künstlich hergestellt wird, um Auseinandersetzungen vorzubeugen. Ob soziale Konflikte, Bindungen und Abneigungen dazu geführt haben, daß sich die Population am Gombe-Strom aufgeteilt hat, ist nicht beobachtet worden. Die Schimpansenmänner der einen Gruppe haben einige Jahre später die männlichen Artgenossen der abgespaltenen Gruppe ausgerottet, deren Territorium besetzt und sich deren Weibchen angeeignet.

Wenig Hoffnung für die Zukunft der Spezies Mensch erweckt die Tatsache, daß eine wissenschaftliche Zeitschrift die Schilderung des fürchterlichen Bandenkrieges der Schimpansen von Jane Goodall erfragt, obwohl die Forscherin großartige Berichte über das alltägliche Verhalten der Schimpansen veröffentlicht hat. Unter dem reißerischen Titel *Erstmals beobachtet – Bandenkrieg unter Schimpansen* kann sich die Zeitschrift rühmen, die erste zu sein, die über die Sensation berichtet. Sind es wieder einmal die „alten Männer", die Ewiggestrigen, die das Interesse leiten und den Krieg zum bevorzugten Forschungsinhalt machen?

Jane Goodall kontrastiert – ohne im Interview ausdrücklich dazu aufgefordert worden zu sein – das aggressive Verhalten der Männchen mit Beispielen sozialer Fürsorge: Das alte, durch eine überstandene Kinderlähmung behinderte Weibchen Madam Bee wurde von seiner Tochter,

Little Bee, mit Nahrung versorgt. Little Bee kletterte auf einen Baum, um nach wenigen Minuten mit Futter beladen wieder herunterzusteigen. „Sie ging zu ihrer Mutter, legte das Futter neben sie und setzte sich dann in ihre Nähe. Beide begannen zu essen." (Goodall 1985, 46)

Jane Goodall schließt ihren Bericht mit einer hoffnungsvollen Überlegung: „Wenn wir Menschen, so wie die Schimpansen, einen angeborenen Hang zu aggressivem Verhalten in uns tragen sollten, so reicht doch unsere Veranlagung zu liebevollem und mitfühlendem Verhalten genauso weit in unsere Stammesgeschichte zurück." (Goodall 1985, 46) Das ist sicher richtig. Doch war der „Krieg der Schimpansen", den sie schilderte, das Verhalten der *Männer,* während ein *junges Weibchen* seine behinderte Mutter liebevoll füttert. Jane Goodall unterscheidet nicht zwischen der Aggressivität der Männchen und dem sozialen Verhalten der Weibchen. Wie die Verhaltensforschung zeigt, gehört mitfühlendes Verhalten eher zu den Grundzügen des weiblichen Charakters. Männchen, die in der Gruppe leben wollen, müssen von den Weibchen lernen.

In einem Interview des Westdeutschen Rundfunks schildern Jane Goodall und ihre MitarbeiterInnen die brutalen Zusammenstöße zwischen Schimpansenmännern verschiedener Territorien (Vogel 1989, 117 f.) genauer: Schimpansenmänner trampeln ihre Opfer zu Tode, ziehen ihnen die Haut ab und trinken ihr Blut. Besonders männliche Einzeltiere, die sich der Territoriumsgrenze nähern, werden Opfer solcher unbarmherzigen Überfälle. Wenn sie schwer verletzt entkommen können, verkriechen sich die sterbenden Tiere, mit Wunden übersät, im Dickicht. Diese Vorgänge sind während der kurzen halb-, höchstens einjährigen Forschungsexpeditionen nicht beobachtet worden, so daß die Wissenschaft im allgemeinen über diese Vorgänge schlecht unterrichtet gewesen ist.

Schimpansenmännchen können ihren Gesichtskreis nur erweitern, wenn sie die Männchen einer benachbarten Gruppe ausrotten. Das wiederum können sie nur wagen, wenn die benachbarte Population über weniger oder schwächere Männchen verfügt als die eigene. Jane Goodall beobachtete, daß „die Männchen der Hauptgruppe wiederholt in das Territorium der kleineren Gruppe einfielen und es schafften, sie durch Tötung von mindestens drei ihrer erwachsenen Männchen zu übernehmen." (zitiert bei de Waal 1991, 74) Die anderen Männchen verschwanden zur gleichen Zeit und sind wahrscheinlich ebenfalls getötet worden.

Schimpansenmänner können ihr Gebiet normalerweise nicht verlassen; de Waal sieht das Problem nüchtern: „Angesichts ihrer extremen Territorialität können Schimpansenmännchen fast als Gefangene ihrer eigenen Gruppe gelten, sie können ihr heimatliches Wohngebiet nicht verlassen, ohne in große Schwierigkeiten zu geraten." (de Waal 1991, 76) Schimpansenmännchen sind nicht „fast" Gefangene ihres Territoriums; sie sind *unerbittlich* an ihr Habitat gebunden. Ihre einzige Möglichkeit, jemals mit einem fremden Weibchen zu kopulieren, wird beim Besuch eines Nachbar-Weibchens im eigenen Gebiet geboten. Die Chance, einen fremden Baum zu erklettern oder von fremden Früchten zu kosten, hat ein Männchen in seinem Leben nicht, es sei denn, es eroberte fremdes Land durch Krieg.

Das einseitige Interesse der Forschung an aggressiven Verhaltensweisen der Tiere führt zu verzerrten Erkenntnissen über das Primatenverhalten. Es wird nicht beachtet, daß sich der Krieg der Männer am Rand der Territorien abspielt. Im sozialen Gefüge der Familiengruppen spielt Aggression eine lebenerhaltende Rolle. Sie kann dort im Konfliktfall noch grausam genug sein. Aber innerhalb der Müttergruppen ist die soziale Lernfähigkeit der Männchen und nicht ihr Imponiergehabe und ihre Tötungsgewalt gefragt.

Die Menschenart steht am Ende der langen Evolutionsgeschichte, und viele unterschiedliche Verhaltensweisen sind ihren Genen eingeschrieben. Menschen müssen sich nicht wie die Schimpansen verhalten. Aber das betonte Interesse an aggressiven Verhaltensweisen der uns verwandten Artgenossen fördert die Aggression des Mannes in der menschlichen Gesellschaft. Aggressives Verhalten wird idealisiert. Solche Wertungen stimulieren menschliche Aggression in ungünstiger Weise und setzen eine Prämie auf konkurrierende bis hin zu kriegerischen Aggressionsformen. Die kulturelle Evolution wird in eine die Menschenart gefährdende Richtung getrieben.

Wir Menschen, die wir durch kulturelle Bemühungen unserer Weiterentwicklung eine positive Richtung geben könnten, verfügen über Dispositionen aus der Entwicklungsgschichte der Arten, die den konstruktiven Umgang mit Aggression nahelegen. Vor allem gehört es zur Überlebensstrategie der Arten, daß Männchen lernen, sich der sozialen Ordnung der Weibchengruppe anzupassen. Das Studium dieser Verhaltensweisen wird von Menschenmännern leider vernachlässigt. Zwar lassen sich in der uns bekannten Menschheitsgeschichte Beispiele von hilfreichen, liebevollen und mitfühlenden Männern reichlich finden. Männer sind heute in helfenden, pflegenden und beratenden Berufen tätig. Sie umsorgen als Väter ihre Babys aufs liebevollste. Und das ist Anlaß zur Hoffnung.

Dennoch ist Vorsicht bei jeder Verhaltensweise geboten, die wir gern als „gut" fördern möchten. Bei jeder Eigenschaft muß ihre Kehrseite mitbedacht werden: Auch die sozialen Berufe können Männer – selbstverständlich auch Frauen – dazu verleiten, Macht über Schwächere auszuüben.

Ein vernachlässigtes Forschungsgebiet: die weibliche Gruppensolidarität und die soziale Ordnung

Ein Wissenschaftler, der schon im voraus weiß, daß er Dominanzverhalten, Hierarchien und aggressive Durchetzung bei männlichen Tieren beweisen soll, darf seine Energie weder vom Ziel ablenken lassen, noch darf er seine Zeit an geduldiges Beobachten verschwenden. Wie erwähnt, schienen bis in die sechziger Jahre dieses Jahrhunderts halb- bis einjährige Feldforschungen auszureichen, um zu beweisen, was zu beweisen war: männliche Dominanz im Tierreich.

Nur vereinzelt ist diese Art der Forschung von Primatologen als unzureichend erkannt worden. So etwa bedauert der Verhaltensforscher Wolfgang Wickler 1970, wie wenig wir von den Primaten wissen (Wickler 1970, 103). Im Zeitraffertempo läßt sich die Sozialstruktur einer Population nicht beurteilen. Wie die Jungen aufwachsen, auf welche Weise sie sich von der Mutter lösen oder mit ihr verbunden bleiben, gegen welche Artgenossen sich Aggressionen entwickeln und weshalb – all diese Fragen lassen sich nur in langer, geduldiger Beobachtungszeit beantworten. Wer wollte beurteilen, ob zwei erwachsene Tiere, die ständig beieinander anzutreffen sind, Freunde oder Geschwister sind, wenn er sie nicht von klein auf beobachtet hat?

Inzwischen ist eingesehen geworden, „wie vielseitig die Daten sein müssen, die in mühsamer, langfristiger Feldarbeit zu erheben sind" (Vogel 1989, 93), um Aussagen über die sozialen Verhaltensweisen der Tiere machen zu können.

Vor allem krankte die Primatenforschung in der ersten Hälfte unseres Jahrhunderts daran, daß nur die erwachsenen Männchen beobachtet worden waren. Welche Beziehung junge Männchen zu ihren Müttern hatten, wie lange sie in der mütterlichen Gruppe verblieben, welche Rolle die Weibchen spielten, schien uninteressant. „Vielleicht waren aber gerade diese Tiere komplexer, interessanter und wichtiger, als sie den Eindruck erweckten?" (Strum 1989, 31) Das einseitige Interesse an den erwachsenen Männchen führte zu einer verzerrten Sicht des Primatenverhaltens:

> „Aller Augen waren auf die Männchen gerichtet. Die Weibchen und die Kleinen rangelten um einen Platz in der Nähe des dominanten Männchens und wetteiferten um das Recht, dieses zu pflegen. So zu handeln, brachte ihnen Vorteile, da die Männchen sowohl auf die Gefahr von außen als auch auf Streit innerhalb der Gruppe achteten. Sie waren Aufpasser und Beschützer zugleich." (Strum 1989, 118)

Das hätten Menschenmänner gern: daß sich Frauen und Kinder um das Recht streiten, sie zu verwöhnen – und so sehen sie die Tierwelt!

Trotzdem werfen einige Details ein Licht auf das soziale Gefüge der Gruppe. Langjährige Beobachtungen korrigieren die kurzzeitigen Feldforschungen: „Da Weibchen nur in Gruppen vorkommen“ (Wickler/Seibt 1977, 90), entsteht immer dann eine Weibchengruppe mit einem einzelnen Männchen, wenn die Weibchen zur Fortpflanzung nur ein einzelnes Männchen zulassen. Die Behauptung, ein einzelnes „dominantes“ Männchen beherrsche einen ganzen Harem unterwürfiger Weibchen, wird als Projektion männlichen Wunschdenkens auf tierische Populationen entlarvt. Ein „Harem“ entsteht nicht durch Männchenherrlichkeit und Männchenmacht. Es sind die Weibchen, die miteinander leben und sich nicht trennen.

In vielen Affenpopulationen lassen die Weibchen bei Nahrungsknappheit nur ein einziges Männchen zu: „In Jahren, die nur spärlich Nahrung bieten, ziehen Gruppen von Pavianweibchen mit nur einem Männchen umher, aber sie vereinen sich zu großen Horden von unterschiedlicher Größe, wenn viel Nahrung vorhanden ist.“ (Carrighar 1974, 65) Das bedeutet, daß es die Weibchen sind, die in Zeiten von Nahrungsknappheit den „Haremshalter“ bestimmen, der für ihre Befruchtung genügt. Im Mittelpunkt ihres Interesses stehen die Jungen und deren Ernährung, die durch viele Männchen, die in Notzeiten zuviel Nahrung beanspruchen, geschmälert werden würde.

Allgemein wird von der herkömmlichen Forschung übersehen, daß die Weibchen über Generationen hinweg zusammenhaltende Gemeinschaften bilden. Jedes Weibchen in der Gruppe kennt die sozialen Regeln. Der Friede wird von einem „ranghöchsten“ Weibchen überwacht, und dies ist das älteste Weibchen, das die meisten lebenden Nachkommen und die größte Erfahrung hat. Der jeweilige sogenannte „Haremshalter“ ist ein Fremdling in der Weibchengruppe. Er wird niemals zu ihrem *Beherrscher*. Ein „Pascha“-Mann, der die Eroberung der Weibchengruppe gegen die übrigen Männchen durchgesetzt hat – selbst, wenn er die Babys seines Vorgängers getötet hat –, muß sich schließlich der sozialen Ordnung der Weibchen anpassen.

Jane Goodall hat meist kleinere Gruppen von vier bis acht Tieren beobachtet, die gemeinsam umherzogen: „Sie kamen in größeren Horden und in kleinen Gruppen, einzeln oder paarweise.“ (Goodall 1971, 28) Es kamen Männchen, die sich von weitem durch ihre pant-hoots* bemerkbar machten, die unter großem Gejohle und mit viel Aufhebens und Imponiergehabe zum Futterplatz trabten. „Wenn sich indessen Gruppen aus Weibchen und Jungtieren, unter denen sich kein Männchen befand, einer Horde von fressenden Schimpansen zugesellte, gab es für gewöhnlich keinerlei Aufregung.“ (Goodall 1971, 29)

Durch das promiskuitive Geschlechtsleben bedingt, können die Schimpansen keine Ahnung haben, wer der Vater eines Babys ist (Goodall 1971, 156). Daher ist es folgerichtig, daß sich die Familien aus der Mutter und ihren Kinder zusammensetzen. „Der Vater spielt, abgesehen von dem Beitrag, den er bei der Zeugung leistet, keine Rolle in der Familie." (Goodall 1971, 156) Die Männchen ziehen viel in reinen Männchengruppen umher, „und sie neigen mehr dazu, sich untereinander zu lausen, als Weibchen oder Jungtieren das Fell zu pflegen." (Goodall 1971, 157)

In der Wildnis wie in der Gefangenschaft regeln ältere Weibchen die soziale Ordnung der Gruppe. Als es im holländischen Arnheim-Zoo zu einem Kampf zwischen dem jungen Nikkie mit dem älteren Yeroen kommt, schlichtete Mama, das älteste Weibchen der Gruppe, den Streit. *Sie* ist die echte Diplomatin: „Sie ging zuerst zu Nikkie und steckte ihm einen Finger in den Mund... während sie dies tat, nickte sie Yeroen ungeduldig mit dem Kopf zu und hielt ihm ihre andere Hand hin. Yeroen ging hinüber und gab Mama einen langen Kuß auf den Mund." Die Versöhnung war wiederhergestellt. „Tatsächlich hatte Mama dem Chaos ein Ende gemacht, indem sie buchstäblich die herrschende Koalition wiederherstellte." (de Waal 1991, 28) Die Gruppenordnung ist auf das Gleichgewicht der Kräfte begründet, nicht auf Herrschen und Unterwerfen. Das gibt auch de Waal zu: „Die gesamte Gruppe profitierte davon, daß Mama derart den Frieden aufrechterhielt. Solche Vermittlertätigkeiten dienen der Gruppenstabilität." (de Waal 1991, 32)

Volker Sommer hebt die sexuelle Rivalität unter den Schimpansenmännchen hervor und setzt voraus, daß Koalitionen entscheidend seien, um den Zugang zu fruchtbaren Weibchen zu erlisten (Sommer 1989, 191). Dieses Vor-Urteil wird schon durch die Beobachtungen im Arnheim-Zoo widerlegt, auf die Sommer seine Ansicht stützt. Yeroen hat starken Rückhalt bei den Weibchen: „Als seine Position durch eine Koalition zwischen Luit und Nikkie bedroht wurde, erhielt er massive weibliche Protektion." (de Waal 1991, 55) Über ihre Sexualität bestimmen die Weibchen selbst. Das bestätigen erst recht die langjährigen Beobachtungen Jane Goodalls an wilden Schimpansinnen: Flo ist das „ranghöchste" Weibchen in der Gruppe, die Jane Goodall beobachtet hat. Während ihres Östrus* „wurde Flo stets von einer großen Schar von Männchen begleitet." (Goodall 1971, 74) Großzügig gewährt dieses begehrteste Weibchen im Trupp allen Männchen, die Interesse an ihr bekunden, die Kopulation. Jane Goodall hat beobachtet, wie sich „nacheinander sämtliche erwachsenen Männchen mit Flo paarten." (Goodall 1971, 74) Sie erwähnt sieben erwachsene Männchen namentlich (Goodall 1971, 74 und 76). Die

Leidenschaft ihrer Liebhaber schien unerschöpflich. „Die wenigen noch nicht ausgewachsenen Männchen der Gruppe jedoch hatten keine Chance. Normalerweise kommen auch die Heranwachsenden einmal an die Reihe, wenn sie sich gedulden, bis die sexuelle Erregung der ausgewachsenen Männchen abgeklungen ist.“ (Goodall 1971, 74)

Figan, der älteste Sohn von Flo, hatte sich während der „rosigen Zeit“ seiner Mutter von ihr ferngehalten. Er kehrte erst zu seiner Familie zurück, als ihr Östrus* beendet war (Goodall 1971, 77). Sollte dieses Verhalten eine angeborene Disposition spiegeln? Will die Natur den Inzest zwischen Mutter und Sohn unter allen Umständen verhindern?

Eines der Männchen, das Jane Goodall „Rodolf“ benannt hat, ist Flos ständiger Begleiter. Er schläft immer in einem Nest, das dem Ihren am nächsten ist, er tröstet und beruhigt sie, steht ihr bei und legt oft zärtlich einen Arm um sie. „Dennoch protestiert er in keiner Weise, wenn andere Männchen sich mit Flo paaren.“ (Goodall 1971, 75) Jane Goodall schildert Rodolf als sehr starkes Männchen. Aber die Herrschaft über die Sexualität der allseits begehrten Flo beansprucht er nicht. Koalitionen mit anderen Männchen verschaffen keinem Männchen Zugang zu einem Weibchen. Es ist immer das Weibchen selbst, das über seine Sexualität bestimmt.

Oft bemühen sich Forscher noch nicht einmal, das realitätsferne Bild vom „Haremshalter mit seinen unterwürfigen Weibchen“ durch Beobachtungsmaterial zu bestätigen. Die Vorstellung sitzt derart fest in männlichen Forscherköpfen, daß sie der Verifikation nicht zu bedürfen scheint. Bei John Hurrell Crook „beherrscht ein einzelnes Männchen seinen Harem mit den dazugehörigen Jungen.“ (Crook 1974, 180 f.) Die überzähligen Männchen „ziehen in Gruppen von nicht reproduktiven und gewöhnlich überalterten Männchen getrennt von den reproduktiven“ durch die Wildnis (Crook 1974, 180 f.). Wo sind die *jungen* Männchen, die durch den „Haremshalter“ von der Fortpflanzung ausgeschlossen werden? Entweder sind sie in der Gruppe verblieben, und es gibt keinen „Haremshalter“, sondern eine promiskuitive Lebensweise, oder die jungen Männchen werden getötet. Wie erklären sich dann die Gruppen „überalterter Männchen“? Wissenschaftler argumentieren – wie sich zeigt – nicht immer logisch. Die Haremsgruppe ist eher männlicher Forscherwunschtraum als biologische Tatsache.

Im Arnheim-Zoo beobachtet de Waal: „Die mächtigste weibliche Koalition in Arnheim ist die zwischen ‚Mama‘ und ihrer Freundin.“ Dieser Freundin ist kurioserweise der Name „Gorilla“ gegeben worden. Die beiden Weibchen haben sich schon lange gekannt. Sie haben „seit 1959 gemeinsam im Zoo von Leipzig gelebt“ (de Waal 1991, 55) und sind gemeinsam nach Arnheim gekommen. Mama hat sich niemals gegen ihre Freundin „Gorilla“ gewandt (de Waal 1991, 56). Gegenseitige Statusbekundungen unter Weibchen seien selten, stellt der Primatologe fest. Es sei nutzlos, ihnen Positionen auf vertikaler Skala zuzuschreiben. „Dasselbe gilt auch für wildlebende Schimpansenweibchen.“ (de Waal 1991, 58) Ist es nicht ebenso nutzlos, den Männchen Positionen auf vertikaler Ebene zuschreiben zu wollen? Sie müssen ihre Beziehungen immer wieder ins Gleichgewicht bringen, und Mama wacht darüber. Weibchen leben in einer horizontalen Welt sozialer Verbindungen. Ihre Koalitionen sind an besondere Individuen gebunden, deren Sicherheit ihr einziges Bestreben ist. Die Beobachtungen der zehn Weibchen des Arnheim-Zoos nehmen bei de Waal einen wesentlich kleineren Raum ein als die Beobachtungen der drei Männchen in der Gruppe. Daher wird auch nur nebenher erwähnt, daß einige Weibchen, wie etwa Mama, tatsächlich eine „beträchtliche Macht in der Gruppe“ ausüben. Sie streben aber nie Macht an auf Kosten ihrer Verwandten oder besten Freundinnen, sondern sie wirken auf den Ausgleich der Spannungen hin. Für eine am patriarchalen Hierarchie-Modell orientierte Wissenschaft verblaßt die weibliche Daseinsmacht gegenüber der Faszination durch das männliche Imponiergehabe.

Wenn die beobachtenden Forscher die Linse ihres Objektivs ein wenig genauer einstellten, würde sich wahrscheinlich Mama als die eigentliche Führerin der Gruppe herausstellen: Mama hat die Stellung der Alten Weisen in der Gruppe. „Sogar die erwachsenen Männchen, physisch vollkommen dominant, benehmen sich in ihrer Gegenwart manchmal wie Kinder“ (de Waal 1991, 45) – ein Verhalten, das bei Menschenmännern gegenüber selbstbewußten Frauen recht häufig ist.

Wie bei Menschen ist es auch bei den Schimpansen oft das Weibchen, das darauf besteht, daß Frieden und Ausgewogenheit hergestellt werden. Nikkie hat Hennie geschlagen, als er an ihr vorbeijagte. Zunächst scheint Hennie den Vorfall zu ignorieren, dann aber

> „erhebt sie sich langsam und geht direkt zu einer Gruppe, die auch Nikkie und das älteste Weibchen, Mama, einschließt. Hennie nähert sich Nikkie und begrüßt ihn mit weichen keuchenden Grunzern. Dann streckt sie ihren Arm aus und reicht ihm den Handrücken zum Kuß.“ (de Waal 1991, 45)

Nikkie kann die zärtliche Geste nicht zurückweisen. Hat er eben noch auf aggressive Weise burschenhafte Überlegenheit demonstrieren wollen, so ist durch die Zärtlichkeit das Gleichgewicht wieder hergestellt. „Mama legt eine Hand auf Hennies Rücken und tätschelt sie freundlich.“ (de Waal 1991, 45) Es ist offensichtlich, daß Nikkie angesichts der Autorität der Weisen Alten den Frieden wiederherstellen muß. „Mama und Hennie haben eine ganz besondere Beziehung zueinander. Hennie war erst zwei Jahre alt, als sie nach Arnheim kam, wo sie von Mama mehr oder weniger adoptiert wurde." (de Waal 1991, 45)

„Im Verlauf einer imposanten Verfolgungsjagd attackierte das dominante Männchen ein Weibchen." (de Waal 1991, 13) Ein kreischendes Chaos brach aus, als die anderen Schimpansenweibchen zur Verteidigung ihrer Geschlechtsgenossin hinzukamen. Das Männchen mußte seine Attacke einstellen – also war es doch nicht dominant –, und es „trat eine ungewöhnliche Stille ein; niemand bewegte sich, es war, als ob die Affen auf etwas warteten." (de Waal 1991, 13) Daraufhin näherte sich das Männchen dem angegriffenen Weibchen, streckte ihm die Hand entgegen, umarmte und küßte es. „Die Gruppe brach in Gejohle aus, während ein Männchen die großen metallenen Zylinder in der Ecke der Halle bearbeitete." (de Waal 1991, 13) Es sind die Weibchen, die ein Männchen, das sich unqualifiziert benimmt, zur Ordnung rufen, und die ganze Gruppe weiß, daß diese Ordnung im ausgewogenen Miteinander besteht. Kein Männchen darf ungestraft ein Weibchen angreifen.

Es ist das leitende Interesse der Primatologie, bei den uns nahestehenden Menschenaffen diejenigen Geschlechterbeziehungen zu entdecken, die als „Normalfall" unter Menschen zu gelten haben. Die Bedeutung der vergleichenden Verhaltensforschung für die Anthropologie verleitet die Forschung – an der sich auch Frauen beteiligen, die in den männlichen Wissenschaftsbetrieb involviert sind –, erst recht zu sexistischer Draufsicht. Dabei werden wesentliche Zusammenhänge übersehen und andere falsch interpretiert, so daß es es oft zu erheblichen Fehleinschätzungen und Selbsttäuschungen kommt.

Bei den Schimpansen, die uns Menschen – nach den noch wenig erforschten Bonobos – am nächsten verwandt sind, steht im Zentrum des sozialen Gefüges die intensive und dauerhafte Weibchen-Gruppe. Darin unterscheiden sich Menschenaffen nicht von den Tieraffen, wie Sherley Strum an den Pavianen zeigt (Strum 1989, passim). Wenn Mütter als Freundinnen zusammenhalten, bieten sie Schutz gegen Angriffe der Männchen. Sondert sich ein Weibchen von der Kerngruppe ab, kann ihm das schlecht bekommen. Besonders eine vereinzelte Mutter, die sich mit ihrem Baby in die Randzone des Territoriums begibt, läuft Gefahr, daß fremde Männchen ihr Baby töten und auffressen oder daß sie selbst lebensgefährlich verletzt wird.

Allgemein verlassen junge Weibchen die Familie nicht, solange die leibliche Mutter lebt. Jedoch ist es „heranwachsenden und jungen erwachsenen Weibchen gestattet, sich über Territoriumsgrenzen hinweg zu bewegen, insbesondere, wenn sie sich in einem sexuell attraktiven Zustand befinden.“ (de Waal 1991, 74) Wer „gestattet“ es den Weibchen? Objektiv betrachtet: Schimpansenweibchen können sich in der Wildnis frei bewegen, um ihre Geschlechtspartner zu suchen und auszuwählen. Sie gehen, wohin sie wollen. Die Männchen der eigenen Population haben keine Macht über sie. Es gibt keine Herrschaft von Männchen über Weibchen; Männchen „besitzen“ die Weibchen nicht, wie viele Forscher unterstellen. Die Männchen der fremden Population freuen sich über jeden Damenbesuch. Und die Evolution hat den Vorteil durch das reichlichere Angebot der Gene, von dem die Weibchen bei ihren Besuchen im fremden Territorium Gebrauch machen. Ob allerdings ein fremdes Weibchen ein Aufenthaltsrecht im benachbarten Territorium erhält, entscheiden die Weibchen, die das Habitat innehaben. Wenn es die Nahrungsgrundlage nur knapp deckt, bekämpfen sie ihre Geschlechtsgenossinnen.

Bei den Affen in freier Wildnis sind die Rollen eindeutig verteilt: Das Weibchen setzt sich für seine Jungen ein, es streitet um knappe Nahrung und verteidigt sein Territorium gegen ungebetene Fresser. Das Männchen kämpft um sein Überleben und um Weibchen. Wenn es erwachsen ist, wird es eindeutig herrschsüchtig. Es weicht den stärkeren Männchen vorsichtig aus, aber es ist aggressiv im Umgang mit schwächeren Männchen. Es versucht auch, wenig selbstbewußte Weibchen zu unterwerfen. Jane Goodall hat dieses Verhalten bei den promiskuitiv lebenden Schimpansen beschrieben:

> „Während beim ausgewachsenen Männchen die Fähigkeit zunimmt, weibliche Tiere zu unterwerfen, ja sogar zu terrorisieren, muß es in seinem Verhalten erwachsenen Männchen gegenüber Vorsicht walten lassen, um keine Aggressionen zu provozieren.“ (Goodall 1971, 146)

Die aggressive Rivalität von Menschenaffenmännchen läßt sich mit dem Verhalten von Menschenmännern vergleichen. Der Mann rächt sich für die Unterdrückung, die ihm durch sein eigenes Geschlecht angetan wird, am weiblichen Geschlecht und an schwächeren Männern. Das promiskuitive Geschlechtsverhalten bei den Schimpansen, den der Menschenart am nächsten stehenden Menschenaffen, gleicht vielleicht noch am ehesten dem Geschlechtsverhalten der meisten Menschen. Daß aber der Menschenmann noch heute wie der Schimpanse dazu neigt, weibliche Menschen „zu unterwerfen, ja sogar zu terrorisieren“, und in seinem Verhalten gegenüber Vorgesetzten „Vorsicht walten zu lassen, um keine Aggression zu provozieren“, spricht nicht gerade für seine Unabhängigkeit vom äffischen Instinkt.

Schimpansenweibchen leben eng verbunden mit ihren Jungen. Die männlichen Jungen bleiben bis zu einem Alter von etwa zehn Jahren bei ihrer Mutter. Sie halten sich in gebührendem Abstand von den drei oder vier älteren Männchen. Solange der Sohn im Schutz der Mutter bleibt, wagen sich die erwachsenen Männchen nicht an ihn heran, und tun sie es doch, haben sie mit der Wut der Mutter zu rechnen. Frans de Waal hat eine Mutter beobachtet, die einem erwachsenen Männchen die Hoden abzubeißen versuchte, weil es ihren Sohn angegriffen hatte (de Waal 1991, 80). Würden die Mütter ihre Söhne nicht schützen, so würden diese getötet, bevor sie überhaupt richtig erwachsen und kräftig sind. Als ungeschützte Jungaffen hätten sie bei dem erbarmungslosen Kampf, welche nur eine kleine Männergruppe übrig läßt, nicht die geringste Überlebens-Chance. Seine Mutterbindung ist für den männlichen Jugendlichen überlebensnotwendig. Sollte in der Mutterbindung des Menschenmannes eine Ahnung an diesen Lebensschutz nachklingen?

Von der männlichen Forschung, die am promiskuitiven und aggressiven Verhalten der Schimpansenmännchen interessiert ist, wurde die Bedeutung der Mutter-Tochter-Beziehung vernachlässigt. Die Töchter pflegen oft eine lebenslange unzertrennliche Beziehung zu ihrer Mutter. Sie bilden die Kerngruppe. Oft leben Enkelinnen und Urenkelinnen im gleichen Familienverband. In der Wildnis gehören zu einem Trupp oft mehrere Familien, wobei das älteste Weibchen, das naturgemäß meist auch die größte Familie hat, entscheidenden Einfluß auf das Sozialverhalten des Trupps hat. An seinen Interessen muß sich die Schimpansenpopulation orientieren, wenn sie überleben will. Würde von dieser Fragestellung ausgehend beobachtet, warum Männchen ihre Nahrung teilen, warum sie die Kleinen respektieren und warum sie Frieden geben, wenn ein Weibchen es will, lieferten uns die Forscher das Bild einer matriarchalen, an weiblichen Lebenszusammenhängen orientierten Gesellschaft. Aber mit dem gebannten Blick auf männliche Alpha-Herrlichkeit lassen sich derartige Einsichten nicht gewinnen. Offensichtlich geht von den Weibchen ein stabilisierender Impuls aus. Die Männchen müssen sich um ihre Gunst bemühen, wenn sie in der Sexualität erfolgreich sein wollen. Und deshalb müssen sie auch die Kinder der begehrten Weibchen freundlich behandeln. Sie sind sehr bemüht, sich Weibchen gegenüber zuvorkommend zu verhalten, ihnen und ihren Kindern Nahrung abzugeben.

Schimpansen leben unter matriarchalen Gesellschaftsbedingungen – wenn wir unter einem Matriarchat die gleichberechtigte Beziehung zwischen Frauen und Männern verstehen. Für ein „Matriarchat“ führt de Waal dagegen die Rhesusaffen an, bei denen die Weibchen außerordentlich aggressiv sind. Ohne es ausdrücklich zu betonen, suggeriert er als „Matriarchat“ ein soziales Gefüge, bei dem die Weibchen aggressiv und kampflustig sind und andere unterwerfen. Rhesusaffen sind keine Menschenaffen. Die Tieraffen verblieben auf einer gesonderten Entwicklungslinie, als sich die ersten Menschenaffenarten, Gibbon, Orang-Utan und Gorilla – in dieser Reihenfolge – abgezweigt haben. Schimpansen- und Menschenart haben noch viel länger auf einem gemeinsamen Ast am Baum der Evolution gesessen. Das soll nicht bedeuten, daß Dispositionen, die wir bei Rhesusäffinnen finden, nicht auch bei weiblichen Menschen wiederkehren könnten. Doch kennen wir keine menschliche Population, in der die Frauen sich derart aggressiv wie die Rhesusäffinnen verhalten.

Von der stabilen Beziehung zwischen Mutter und Tochter hängt das Überleben der Art ab – auch das Überleben der Menschenart. Die Mutter-Tochter-Beziehung in der Tierwelt ist von den Forschern auf eine „Mutter-Kleinkind-Bindung" heruntergespielt worden, in der Geburt und Stillzeit als wichtigste Faktoren betrachtet werden. Die soziale gruppenstabilisierende Funktion der Mutter-Tochter-Gruppen wird geflissentlich übersehen. Bei den Menschen wird gerade die Mutter-Tochter-Beziehung durch patriarchale Eingriffe nachhaltig gestört.

Männliche Dominanz – Ein Vor-Urteil diktiert die wissenschaftliche Lehrmeinung

Beobachtungen an wildlebenden Schimpansen zeigen, daß auch innerhalb der Männchengruppe die soziale Ordnung auf das Gleichgewicht der Kräfte zielt. Frans de Waal allerdings meint, Männerkoalitionen seien

> „ein Mittel, um einen hohen Status zu erreichen und aufrechtzuerhalten. Es ist wenig Raum für Sympathie oder Antipathie bei einer solchen opportunistischen Strategie. Erwachsene Schimpansenmänner scheinen in einer hierarchischen Welt mit auswechselbaren Koalitionspartnern und einem einzigen beständigen Ziel zu leben: Macht." (de Waal 1991, 56)

Dagegen ist aber offensichtlich, daß es in der Wildnis weniger um hohen Status, um Hierarchie und Macht geht als um das nackte Überleben. Mehrere starke Männchen einer Gruppe müssen sich gegenseitig dulden; denn ein reduzierter Bestand von Männchen würde die Beute eines benachbarten Stammes. Jane Goodall hat beobachtet, wie Mike, das „ranghöchste älteste Männchen", von jüngeren Männchen in Frage gestellt wird. Aber es gibt noch zwei „Oldtimer", die ebenfalls Respekt erheischen. Wenn die beiden Jüngeren sich gegenüber Mike als überlegen erweisen würden, hätte zwar „das alte Männchen die ‚Führungsposition' verloren. Aber auch die Sieger würden diese Position nicht innehaben. Es würde die Lage eintreten, daß kein einzelnes Männchen in allen Situationen die Führung innehätte" (Goodall 1971, 220); dafür würden die beiden „Oldtimer" sorgen. Die *Ausgewogenheit der Kräfte und die Abwesenheit von hierarchischer Macht* bestimmen die soziale Ordnung der Gruppe, wenn wir die Beobachtungen unvoreingenommen interpretieren. Angesichts solcher Balance-Rituale sind Termini wie „ranghöchstes Männchen", „Dominanz", „Führungsposition" unangemessen. Lassen sich die BeobachterInnen von dem Imponiergehabe der Männchen so sehr beeindrukken, daß es zu diesen Fehleinschätzungen kommt? Frans de Waal muß zugeben, daß das Recht des Stärkeren bei den Schimpansen nicht gilt: „Ihr Netzwerk von Koalitionen begrenzt die Rechte des Stärksten." (de Waal 1991, 54)

Im Widerspruch zu seiner eigenen Erkenntnis unterstellt Frans de Waal, Yeroen, das älteste Schimpansenmännchen in der Gruppe, habe die Arnheim-Kolonie drei Jahre lang „beherrscht". Der kollektiven Denknorm verhaftet, betrachtet er die Beziehungen der Tiere immer wieder mit dem Blick auf angebliche Dominanz, Herrschaft, Hierarchie und Männchen-Macht.

Trotzdem muß de Waal zugeben, daß die beiden jüngeren erwachsenen Männchen, Nikkie und Luit, Yeroen in Schach halten. Allzu übermütig kann er nicht werden. Unter den drei Männchen der Arnheim-Kolonie herrscht beständige Rivalität. Jahrelang kooperiert Yeroen, das älteste Männchen, mit Nikkie, einem der jüngeren. Luit, das zweite junge Männchen, ist ein kräftiges Tier, und es hatte „vor keinem der beiden herrschenden Männchen, einzeln genommen, Angst." (de Waal 1991, 27) Die beiden anderen hielten gegen dieses stärkste Schimpansenmännchen zusammen und boten ihm ein Gleichgewicht, so daß er keine Führungsposition erreichen konnte. „Nikkie war Yeroen physisch überlegen, jedoch gleichzeitig stark von ihm abhängig", um die Balance gegen Luit aufrechtzuerhalten.

Yeroen seinerseits spielt die beiden jüngeren Männchen, Nikkie und Luit, gegeneinander aus: „Yeroen konnte auf Luits Hilfe zählen, wenn es darum ging, Nikkie von sexuell attraktiven Weibchen zu verjagen, und auf Nikkies Hilfe, um Luit zu vertreiben." (de Waal 1991, 57) Frans de Waal meint, das älteste und längst schwächste Männchen der Männergruppe habe sich auf diese Weise die meisten sexuellen Kontakte gesichert. Ob er von den Weibchen bevorzugt wird, ist einfach kein Forschungsgegenstand, obwohl nicht zu übersehen ist, daß Yeroen von den Weibchen gewählt wird. Er beherrscht die Weibchen nicht, sondern wirbt um sie.

Dandy, das jüngste der vier erwachsenen Männchen, verhält sich unauffällig und zurückhaltend. Es fordert keinen der älteren Geschlechtsgenossen heraus und sichert sich auf diese Weise ein relativ ruhiges Dasein.

In Volker Sommers Buch *Die Affen* wird die Beobachtung der Weibchen vernachlässigt. Mit männlicher Draufsicht spricht Sommer vom „Gorilla-Patriarchen, der unangefochten über seinen Harem residiert." (Sommer 1989, 146) Von den lebenslangen, geduldigen Beobachtungen der Gorillas, mit denen Dian Fossey das Bild vom „Gorilla-Patriarchen" korrigiert, erwähnt Volker Sommer in seinem Buch kein einziges Wort. Er berücksichtigt keine Studie über Flachlandgorillas; er erwähnt „das amerikanische Ehepaar Kay und George Schaller" (Sommer 1989, 47), das im Jahr 1959 die scheuen Berggorillas beobachtet hatte und „nur Gutes von ihnen berichtet." (Sommer 1989, 47) Das Ehepaar Schaller hatte „in 458 Beobachtungsstunden eine zuverlässige Freilandstudie an Berggorillas" durchgeführt (Fossey 1989, 20) – eine Studie, die über das Freßverhalten, den Tagesablauf mit seinen Ruhezeiten und einige Fellpflegebeobachtungen kaum hinausgeht. Eine gründliche Beobachtung des Sozialverhaltens der Gorillas fehlt in George B. Schallers Studie. Sommer zitiert aus dem Buch der Gorillaforscherin Dian Fossey eine Passage, die von einer ersten vertrauten Berührung mit einem der Tiere erzählt, von ihrem Glück, von den Gorillas angenommen worden zu sein (Sommer 1989, 50). Er teilt kurz ihre Ermordung mit (Sommer 1989, 54). Die Beobachtung eines Täuschungsmanövers, das Jane Goodall von einem Schimpansen berichtet (Goodall 1971, 84), schreibt er einer Studie Dian Fosseys an Gorillas zu – ohne Literaturhinweis, versteht sich (Sommer 1989, 323 f.).

Dian Fossey ist nicht ausgezogen, um patriarchale Lehrmeinungen richtigzustellen. Es gibt in ihrem Buch kein einziges kritisches Wort über männliche Wissenschaft. Sie betrachtet die außerordentlich kurzzeitige Freilandstudie Schallers, die – wie erwähnt – nur nach Stunden zählt, bereits als „zuverlässig". Sie erwähnt nur George Schaller und übergeht die Forschungsarbeit von Kay Schaller. Auch ohne ein Bewußtsein für die männliche Draufsicht in der Forschung zu dokumentieren, führen allein die schlichten, sachlichen Berichte Dian Fosseys über das Leben der Gorillas die Meinung über den „Haremshalter" ad absurdum.

Ein Gorillamann ist erheblich größer als ein Weibchen. Er wiegt mehr als das Doppelte. Dian Fossey sagt vom „Silberrücken", wie der erwachsene männliche Gorilla genannt wird: „Weitere Geschlechtsmerkmale waren, außer der gewaltigen Größe und dem Silberfell, sein Scheitelkamm und die Eckzähne, Merkmale, die man nie bei weiblichen Gorillas findet." (Fossey 1989, 97) Mit dem Größenunterschied zwischen den Geschlechtern „beweisen" Wissenschaftler allgemein bei den in Frage kommenden Tierarten männliche Dominanz, ohne ihr Vorurteil durch gründliche Verhaltensstudien überprüft zu haben.

Sommer behauptet, daß Gorillas in „Harems oder Ein-Männchen-Gruppen“ (Sommer 1989, 140) lebten. Doch selbst für den eindrucksvollsten Gorillamann in ihrem Beobachtungsgebiet, den Dian Fossey „Beethoven“ genannt hat, trifft diese Behauptung nicht zu. „Beethoven duldete die beiden anderen ausgewachsenen Männer, Bartok und Brahms, weil er sie anscheinend als Wachhunde für den Schutz der Weibchen und Jungen seiner Gruppe gut gebrauchen konnte.“ (Fossey 1989, 94) Offensichtlich widerspricht es der Erwartung der Wissenschaftlerin, daß der „Haremshalter“ weitere erwachsene Männchen duldet. Sie sucht es zu erklären: Der große Patriarch braucht Hilfe. Und damit ist unversehens etwas abgebröckelt vom Bild des alles beherrschenden Supermännchens.

Beethoven, der starke Silberrücken, ist auch auf die Hilfe seines heranwachsenden Sohnes Ikarus angewiesen (Fossey 1989, 112). Einmal, als beide vom Kampf verletzt sind, die Wunden des Jüngeren aber schneller heilen, hätte Ikarus die Tage der Rekonvaleszenz seines Vaters nutzen können, um Beethoven die Führung der Gruppe abzunehmen. Er tut es nicht (Fossey 1989, 112). Anscheinend ist sein Verlangen nach Dominanz gering.

Wenn man Volker Sommer glauben soll, versammelt ein Gorilla-Männchen „nach und nach Weibchen verschiedener Herkunft um sich.“ (Sommer 1989, 146) Ikarus aber geht auf die Werbung seiner Halbschwester Pantsy ein. Dian Fossey beobachtet das „ausdauernde und gezielte Vorgehen“, wenn sich das junge Weibchen neben dem jungen Mann niederließ und ihm Kopf und Rücken streichelte.

„Ikarus reagierte, indem er hinüberlangte und ihr mit interessiertem Gesichtsausdruck sanft über den Arm strich. Schließlich setzte er sich auf und blickte ihr mit gefurchter Stirn und einem schwer zu beschreibenden Lächeln in die Augen. Bebend zog er sie an sich und bedeckte ihren Körper mit einer engen Umarmung.“ (Fossey 1989, 124)

Eindeutig beobachtet Dian Fossey, daß es das Weibchen ist, das den Partner wählt. Beethoven, der Ikarus früher aus Pantsys Nähe vertrieben hat, um selbst mit ihr zu kopulieren (Fossey 1989, 109), hat „das Interesse an ihr aufgegeben.“ (Fossey 1989, 124) Vom Standpunkt des jungen Weibchens betrachtet: Beethoven muß das junge Weibchen respektieren, das sich mit Ikarus zu paaren wünscht. Demgegenüber beharrt Volker Sommer auf der irrigen Annahme, der „Haremshalter“ toleriere „bestenfalls seine heranwachsenden Söhne, die sich jedoch nicht fortpflanzen“ dürften (Sommer 1989 b, 136).

Ikarus kopuliert im Lauf der Zeit mit mehreren jungen Weibchen der eigenen Gruppe, und sein Vater Beethoven toleriert den Sohn. Als Quince zur Geschlechtsreife kommt, wird sie von Ikarus und Ziz, einem weiteren jungen Männchen der Gruppe, begattet. Vielleicht sähen die Forscher lieber, wenn ein Männchen „nach und nach Weibchen verschiedener Herkunft um sich sammelte“ – schon wegen der Inzuchtgefahr –; aber die Liebe der Gorillas geht andere Wege als die Primatologen erwarten. Beethoven hat seine Gruppe gebildet, bevor Dian Fossey ihre Forschungen aufgenommen hat. Sie trifft ihn in Begleitung von vier erwachsenen Weibchen an. Daß er sie „nach und nach um sich gesammelt“ habe, wäre reine Spekulation.

Als Beethoven den Östrus* bei einem seiner Weibchen, Liza, nicht beachtet, wandert sie kurzerhand in eine andere Gruppe ab, in die sie voll integriert wird (Fossey 1989, 140 f.). Ihr Verhalten beweist die Selbständigkeit der Weibchen. Sie bilden, wenn sie bei den erwählten Männchen bleiben, von ihrem Partner unabhängige Familienverbände. So erweist sich Effi mit ihren Kindern als „eine eng verbundene Familie innerhalb der Gruppe.“ (Fossey 1989, 197) Sommer unterstellt, paarungswillige Weibchen seien dem Willen des Haremshalters bedingungslos ausgeliefert:

„Durch imponierendes Brusttrommeln unterstreichen Gorillamännchen den Alleinanspruch auf ihren Harem. Paarungswilligen Weibchen bleibt keine Wahl, und sie brauchen somit keine aufreizenden Brunstschwellungen. Solches Liebeswerben wäre vergebliche Liebesmüh‘.“ (Sommer 1989, 156)

Junge Weibchen wandern zwischen verschiedenen Silberrücken hin und her, bevor sie sich für einen entscheiden und dann lebenslang bei ihm bleiben (Fossey 1989, 237). Sie bevorzugen alleinstehende Männchen, weil sie dann die Aussicht haben, das älteste und ranghöchste Weibchen einer neuen Gruppe zu werden. „Für gewöhnlich schließen sich bis dahin kinderlose Weibchen an einzelne Silberrücken an, weil sich die Rangfolge weiblicher Tiere aus der Reihenfolge ihres Anschlusses an den Silberrücken ergibt.“ (Fossey 1989, 100)

Dian Fossey berichtet kommentarlos, wie zwei Weibchen nach einem Geplänkel Beethovens mit zwei einsamen Männchen – wahrscheinlich sind sie Vater und Sohn – dessen Gruppe verlassen und sich den beiden Männern anschließen. Man könnte die Auseinandersetzung als Sache unter Männern betrachten und behaupten, die beiden Männchen hätten sich ihre Weibchen erkämpft. Um die Sache so darzustellen, ist Beethovens Gruppe viel zu mächtig. Hätten es die beiden einsamen Männer auf einen regelrechten Kampf ankommen lassen, wären sie sicher vertrieben worden. Die Weibchen haben gewählt, weil es – wie erwähnt – für sie interessant ist, aus der großen Gruppe auszuwandern und sich einsamen Männern anzuschließen, bei denen sie eine viel bessere soziale Stellung haben werden als in ihrer Herkunftsgruppe. Die Weibchen haben – entgegen Volker Sommers Vorurteil – durchaus die Wahl.

Trotz seiner beeindruckenden Größe, trotz der großen Gruppe, die sich um ihn geschart hat, verhält sich Beethoven nicht wie ein allgewaltiger Herrscher mit Alleinanspruch auf seinen „Harem". Er beeindruckt durch seine Rücksichtnahme, manchmal durch Unbeholfenheit und Hilfsbedürftigkeit, oft durch seine bärenhafte Tapsigkeit und immer wieder durch seine Gutmütigkeit. Er ist das Muster eines „sanften Riesen", wie Dian Fossey sie so sehr liebt.

Als das junge Weibchen Quince krank wurde, verlangsamte Beethoven „die Geschwindigkeit der Fortbewegung und der Futtersuche, so daß sie mitkam" (Fossey 1989, 142), eine Rücksichtnahme, die auch bei Rafiki, einem anderen „Haremshalter" beobachtet wurde, der die Reisegeschwindigkeit dem Vermögen seines schwachen Weibchens anpaßte. In der Nacht ihres Todes schlief er in ihrer Nähe (Fossey 1989, 197). Die Forscherin sagt, daß sich die Gruppe nach Geburten langsamer als sonst voranbewegt und längere Ruhepausen einlegt (Fossey 1989, 230).

Wie ein gutmütiger Vater, der seiner Rolle gegenüber den Kleinen etwas unsicher ist, spielt Beethoven mit seinen Kindern: Der kleine Puck, sechs Monate alt, krabbelt lustig über den Bauch seiner Mutter Effi. „Sanft hob Beethoven den quirligen Puck am Genick hoch und ließ ihn über sich baumeln, bevor er ihm lässig das Fell pflegte. Puck verschwand in seiner Riesenhand, die schließlich das Baby mit seinen aufgerissenen Augen wieder auf Effis Bauch setzte." (Fossey 1989, 98)

„Pablo war Erziehungsversuchen unzugänglich und stiftete andere Jugendliche zu ungestümem Spiel in unmittelbarer Nähe Beethovens an." Er trommelte und hämmerte mit seinen kleinen Händen und Füßen gegen die silbrige Massigkeit und scheute sich nicht, den alten Mann aus dem Schlaf zu stören (Fossey 1989, 122). Wie Dian Fossey bemerkt, straft die außerordentliche Sanftheit des ausgewachsenen Mannes gegenüber den Kleinen alle Gerüchte über den angsteinflößenden Gorillamann Lügen (Fossey 1989, 98).

Gleich Menschenmännern sind auch Gorillamänner eher unbeholfen, wenn es darum geht, alltägliche Aufgaben zu erledigen: An einem verregneten Tag hatte sich Beethoven zur Mittagsruhe nur ein schlampiges Lager errichtet, das ihn kaum gegen den durchdringenden Regen schützte. Nach etwa einer halben Stunde begann er, das sorgfältig gebaute Nest von Effi, das sie mit ihren beiden Jüngsten, Poppy und Tuck, teilte, abschätzend zu betrachten.

Beethoven „erhob sich abrupt, schritt hinüber zu Effi und blickte vorwurfsvoll auf sie hinunter. Effi veränderte ihre Lage und gab vor, ihn nicht zu sehen. Leicht angewidert begab sich Beethoven ungefähr sechs Meter weiter zu Pantsy, stand auch hier in starrer furchteinflößender Haltung fast über der jungen Mutter und ließ keinen Zweifel an seiner Absicht.“

Nun hatte Dian Fossey als brave Gefolgsfrau patriarchaler Wissenschaftler erwartet, daß Pantsy angeschichts von Beethovens Drohhaltung unterwürfig aus ihrem Nest schlüpfen würde. Statt dessen gab Pantsy deutlich zu verstehen, daß Beethoven sie nicht einschüchtern konnte:

„Sie schaute ihn an und grunzte barsch. Beethoven zog sich prompt so würdevoll wie möglich zurück und patschte schwerfällig wieder zu Effis Nest, stand neben ihr und sah bekümmert aus. Sanft legte er seine Hand auf ihre Schulter und stieß sie leicht an, aber Effi umschlang Poppy nur noch fester. Auch die ebenfalls anwesende Tuck preßte sich noch enger an ihre Mutter. Beethoven, der inzwischen völlig durchnäßt war, quetschte seinen massigen Körper irgendwie in das überfüllte Nest gegen Effis Rückseite. Ein großer Teil vom Körper des erwachsenen Mannes hing über den Rand, und er sah nicht gerade behaglich aus.“

Aber es blieb ihm nichts anderes übrig, als den Kompromiß anzunehmen, den Effis Duldsamkeit ihm gewährte (Fossey 1989, 140). Wie Menschenmänner verstehen es anscheinend auch Gorillamänner, ihre Unselbständigkeit zu ihrem Vorteil zu wenden und sich bei ihren Frauen als zusätzliches Kind einzuschleichen.

Ein Verband, der mehrere Familien zusammenfaßt, scheint eher die Ausnahme zu sein. Beethoven ist ein ziemlich alter Silberrücken. Während langer Zeit mag er das Vertrauen mehrerer Weibchen gewonnen haben, um sie zu überzeugen, daß sie in seiner Gruppe sicher leben.

Fossey berichtet von einem einsamen Paar, das einige Monate miteinander umherzieht (Fossey 1989, 240 f.) Ein anderes Paar, das mit seinen erwachsenen Söhnen umherzieht, hat vielleicht das Unglück gehabt, keine Töchter zu haben, oder diese sind als junge Weibchen abgewandert. Als die Mutter stirbt, verliert die Gruppe ihren Zusammenhalt: „Streitigkeiten innerhalb der Gruppe häuften sich.“ (Fossey 1989, 197) Zwischen den Zeilen teilt uns dieser Bericht mit, daß es das Weibchen gewesen ist, welches die Streitigkeiten geschlichtet hat. Sie hat das soziale Gleichgewicht hergestellt. Wenn nur ein einziges Weibchen in einer Gruppe ist und dieses stirbt, kann das soziale Gefüge leicht zusammenbrechen. Besser sichern mehrere Weibchen die soziale Ordnung in einer Gruppe, so daß die Tochter die Führung übernehmen kann, wenn die Mutter stirbt.

Als ein „Haremshalter“ stirbt, urteilt Dian Fossey: „Natürlich bedeutete sein Tod das Ende der Gruppe als eigenständiger Sozialeinheit, denn keine Gorillagruppe kann ohne Silberrücken bestehen.“ (Fossey 1989, 202) Wenn der „Harem“ Gegenstand der Forschung ist, zerfällt die Gruppe selbstverständlich durch den Tod des Silberrückens. Wie sollte es anders sein? Der „Haremshalter“ ist tot. Der Forschungsansatz bedingt das

Forschungsergebnis. Stehen die Weibchen im Mittelpunkt der Forschung, wird offenkundig, daß die weiblichen Familienverbände vom Tod eines Silberrückens unberührt bleiben. Die Weibchen suchen neue Partner; das ist alles. Manchmal verlassen sie dann auch ihre Kinder, wenn diese sich dem Erwachsenenalter nähern oder wenn sie an andere Familienmitglieder Anschluß haben.

Dian Fossey hat selbst beobachtet, daß auch ein Weibchen die Führung übernehmen kann. Nach dem Tod eines Silberrückens führt Old Goat, ein älteres Weibchen, eine Gruppe und hält sie zusammen. Mit diesem Forschungsergebnis muß die Harems-Ideologie endgültig aufgegeben werden. Old Goat bestimmt Richtung und Geschwindigkeit der Wanderungen ihrer Gruppe. „Sie schlichtet Streitigkeiten und droht mit Brusttrommeln und anderen einschüchternden Gesten", wenn sich die Forscherin allzu nahe an die Tiere heranwagt (Fossey 1989, 232). Die Gruppe hat noch vier junge Weibchen, die kurz vor der Geschlechtsreife stehen. Das älteste Männchen der Gruppe ist „Onkel Bert", den Dian Fossey nach ihrem Lieblingsonkel in Amerika benannt hat – zur Ehre des Gorilla und sehr zum Ärger des Onkels in Amerika. Onkel Bert ist fünf Jahre jünger als Old Goat. Zwar ist er geschlechtsreif; aber er tollt noch mit den jüngeren Kindern herum. Er hat weder genügend Erfahrung, noch ist sein Verantwortungsbewußtsein ausreichend entwickelt, um die Gruppe zu führen. „Onkel Bert" schwängert einige Weibchen der Gruppe; aber er ist auch ungeschickt und unerfahren in ihrer Behandlung. Als er Anstalten macht, ein junges Weibchen zu verprügeln, muß er sich von Maisi, einem älteren Weibchen, Zurechtweisungen durch Grunzen und Scheinbisse gefallen lassen. Die Ältere schützt ihre Freundin gegen den jungen Silberrücken, der sich noch in der Phase sozialen Lernens befindet (Fossey 1989, 236).

Maisi erteilt ihm eine empfindliche Lektion, als sie aus der Gruppe abwandert. Sie wechselt einige Zeit zwischen verschiedenen Gruppen hin und her, bis sie sich dem einsamen Samson anschließt, bei dem sie auch bleibt. Onkel Bert könnte eines Tages als einsamer Randgruppen-Silberrücken sein Leben fristen müssen, wenn er weiterhin sozial lernunfähig bleibt.

Bei einer Auseinandersetzung mit einer Junggesellengruppe ist er nervös und zeigt seine Unerfahrenheit. Er hat Glück, mit nur leichteren Verletzungen aus dem Kampf hervorzugehen (Fossey 1989, 232 f.), während Old Goat mit grimmigem Gesichtsausdruck die Weiber und Jungen der Gruppe aus der Kampfzone wegführt, um sie vor unbeabsichtigten Verletzungen der wütenden Gegner zu bewahren (Fossey 1989, 248).

Und Onkel Bert lernt: Nach dem Abwandern einer Mutter aus seiner Gruppe fühlt sich die dreijährige Simba unglücklich und allein. Onkel Bert geht völlig auf die Hilflosigkeit des Kindes ein: „Fast wie eine Mutter pflegte er ihr Fell, ruhte und schlief mit ihr und schützte sie kompromißlos gegen andere Junggorillas." (Fossey 1989, 241)

Dian Fossey überschreibt das Kapitel über Old Goat und Onkel Bert mit den Worten *Anpassung an einen neuen Silberrücken-Anführer.* Aber *sie berichtet von der Anpassung Onkel Berts* an die Aufgabe, die ihm zuwächst. Old Goat ist der „ruhende Pol" (Fossey 1989, 259), dem die Gruppe ihren Zusammenhalt verdankt. Onkel Bert hat acht Jahre gebraucht, um vom pubertären, unerfahrenen Silberrücken zu „einem achtunggebietenden Gruppenführer" zu werden (Fossey 1989, 269) Inzwischen hat Old Goat einen weiteren jungen Mann der Gruppe, Digit, ermutigt und zu einem verantwortungsbewußten Männchen erzogen. Onkel Bert duldet die Kopulation Digits mit einigen Weibchen der Gruppe und vertraut auf Digits Unterstützung bei Auseinandersetzungen mit fremden Männchen. Schließlich wirbt Onkel Bert sogar „Beetsme", ein fremdes Männchen, für die Gruppe an, „das erste und bisher einzige bekannte männliche Tier, das von einer festgefügten Gorillagruppe aufgenommen wurde." (Fossey 1989, 262)

Die Gruppen finden sich auf sehr unterschiedliche Weise zusammen. Beethovens Trupp ist ein Familien-Clan. Ikarus, der älteste Sohn Beethovens, erbt die Gruppe von seinem Vater. Diese Tiere sind dermaßen familiengebunden, daß sie Bonne Année, ein kleines gefangenes Tierchen, nahezu töten, als Dian Fossey es dieser Gruppe angliedern möchte, um es wieder in Freiheit zu setzen (Fossey 1989, 297 ff.). Die Gruppe um Onkel Bert umfaßt Tiere sehr verschiedener Herkunft. Sie hat die kleine Bonne Année sofort aufgenommen und liebevoll integriert. Mißbildungen wie Schielen und zusammengewachsene Zehen- oder Fingerglieder als Folge der Inzucht kommen in der Gruppe von Beethoven und seinem Sohn Ikarus gehäuft vor.

Die Auseinandersetzungen zwischen erfahrenen erwachsenen Männern gleichen eher einem beeindruckenden Imponiergehabe mit Heulgesängen und Brusttrommeln. Die Kontrahenten stolzieren parallel nebeneinander her, starren sich schließlich an und suchen das Weite (Fossey 1989, 100). Von blutigen Kämpfen unerfahrener Männer zeugt manches „Schlachtfeld" (Fossey 1989, 258). Auch Schädelverletzungen, abgebrochene Eckzähne und verletzte Hände an aufgefundenen Skeletten zeugen von heftigen Kämpfen. Aber selten wird beobachtet, daß ein Männchen gewaltsam ein Weibchen an sich bringt. Weibchen wie Männchen verlassen den Trupp, wenn sie dort keine Fortpflanzungsmöglichkeiten haben. Männchen ziehen dann oft einsam herum, bis ihnen ein junges Weibchen zuläuft.

Dian Fossey hat nur einen einzigen Fall von „Weiberraub" beobachtet: Bei einer Auseinandersetzung zwischen Beethoven und dem unerfahrenen Onkel Bert flieht Bravado aus Beethovens Trupp, in dem sie zuvor unglücklich und wenig angepaßt zehn Monate gelebt hatte, wieder in ihre alte Gruppe zu Onkel Bert. Beethoven ergreift die junge Bravado am Nackenfell und führt sie gewaltsam zurück. Sie bekommt ein Baby von Beethoven, hält sich aber weiterhin am Rand der Gruppe auf. Ihr Kind wird von einem fremden Männchen getötet. Schließlich verläßt Bravado zusammen mit Piper, einem anderen jungen Weibchen, Beethovens Gruppe. Die beiden schließen sich zwei Silberrücken an, die einsam in den Bergen herumgeirrt waren (Fossey 1989, 100 ff.). Die gewaltsame Entführung hat nicht zum endgültigen Besitz des Weibchens geführt, das in Beethovens Familien-Trupp immer eine Außenseiterin geblieben ist.

Schließlich wandert ein reifer, unbekannter Silberrücken in das Beobachtungsgebiet ein. Dian Fossey nennt ihn Nunkie. Dieser erfahrene Mann sammelt wirklich „nach und nach Weibchen verschiedener Herkunft" um sich. Sein Verhalten könnte fast in Volker Sommers Lehrbuch zu passen. Aber die ersten beiden Weibchen Nunkies, Papoose und Petula, probieren den Zugewanderten erst einmal aus. Sie verlassen ihn und wandern mit einem anderen einsamen Mann herum, bevor sie zurückkehren und sich endgültig für Nunkie entschließen. Dian Fossey nimmt an, daß Nunkie „wahrscheinlich mehr Erfahrung als Gruppenführer besaß und den Weibchen größere Geborgenheit und Sicherheit bieten konnte." (Fossey 1989, 306)

Volker Sommers „Harem", bei dem die Weibchen „keine Wahl" hätten, ist ein Produkt seiner männlichen Phantasie. Wahrscheinlich haben Menschen, die in den Urwald eindringen, Angst vor der Körpergröße, vor dem Brusttrommeln und der beachtlichen Stimmentfaltung des Gorillamannes. Gorillaweibchen fürchten sich nicht vor den Männchen. Sie akzeptieren einen Gorillamann, wenn er sozial angepaßt ist. Und sie bleiben bei ihm, wenn er sie beschützt. Und tatsächlich ist der Gorilla-Mann einer der wenigen Tiermänner, die ihre Jungen mit dem Einsatz ihres Lebens ebenso verteidigen wie die Mütter. Deshalb ist es auch unmöglich, ein Gorilla-Kind für einen Zoo zu fangen, es sei denn, man rottet zuvor die ganze Gruppe aus.

Hierarchie-Ideologie und „Alpha-Männchen"-Faszination

Evelyn Fox Keller hat darauf hingewiesen, daß Forschungsergebnisse, die der Hierarchie-Ideologie zuwiderliefen, von den etablierten Wissenschaften übergangen und totgeschwiegen worden sind. Als sei das traditionell-patriarchale Bild der Welt niemals in Frage gestellt worden, setzte die Diskussion wieder auf dem gewohnten Kenntnisstand ein: Von der hierarchisch organisierten menschlichen Gesellschaft, die – so wie sie ist – ein Produkt geschichtlicher Prozesse darstellt, wurde die Vorstellung von einer leitenden Instanz auf alle Vorgänge in der Natur projiziert. Die wissenschaftliche Lehrmeinung sorgte dafür, daß immer *der Eine* die Szene beherrscht: vom „Schrittmacher" und der „zentralen Befehlsstelle" als Erklärung für mikrobiologische Vorgänge bis zum „Alpha-Männchen", das angeblich die Tierpopulation terrorisiert. Ohne Hierarchie scheint Leben nicht möglich zu sein.

Inzwischen ist das Hierarchiemodell auf vielen Wissenschaftsgebieten überwunden und durch ein neues Paradigma ersetzt worden. Die Erkenntnis, daß alle Teile eines Systems miteinander verbunden sind und sich gegenseitig beeinflussen, führte zur Entwicklung der Systemtheorie: Einflüsse der Organfunktionen auf den Geist, eine Rückkopplung vom Körper auf Gehirnfunktionen werden heute zum Beispiel in der Psychologie als selbstverständlich vorausgesetzt (Boadella 1992, 10). In der Physik ist das kausal-lineare Denken von der Quantenrevolution überwunden worden. Hat das Hierarchiemodell die Forschungen in der Biologie bislang eingeengt, so erlaubt die Systemtheorie neue Einsichten, die zu kreativen Ergebnissen führen können.

Wo es indessen gilt, die Beziehung der Geschlechter anders als unter hierarchischen Gesichtspunkten zu betrachten, wird dieses neue Paradigma blockiert. Ähnlich wie Sigmund Freud eine Revolution in Gang gesetzt hat, ohne die Situation der Frauen einzubeziehen, scheint es einen kollektiven Widerstand gegen die Annahme zu geben, auch die Geschlechter könnten – im Sinne der Systemtheorie – für das soziale Gefüge wechselwirkend verantwortlich sein. Dieser Widerstand blockiert neue Sichtweisen in der vergleichenden Verhaltensforschung. Einer vorurteilsfreien Erforschung der Tierwelt steht das Modell einer Herrschaftsbeziehung zwischen Mann und Frau im Weg. Solange das patriarchale Bewußtsein die menschliche Gesellschaft dominiert, ist Wissenschaft sexistisch, das heißt, sie behauptet die hierarchische Überlegenheit des Männlichen über das Weibliche.

Im Jahr 1979 zeigte das Fernsehen einen Film von Heinz Sielmann über Zebras. Der meisterhaften Kameraführung war es gelungen, die Geburt eines Zebra-Fohlens in allen Einzelheiten zu filmen. Doch kaum war das

Junge auf der Welt, als Löwinnen die Zebraherde angriffen. Das neugeborene Tierchen wurde die Beute eines der Raubtiere. Während die Kamera auf die Mutterstute drehte und ihren Kopf in Großaufnahme zeigte, während ich mich noch mit dem Schmerz der Zebra-Mutter auseinandersetzte, sagte Siel-Mann: „Das macht dem Hengst gar nichts aus, er hat viele Stuten, *seine* Nachkommenschaft ist gesichert." Die sexistisch-männliche Draufsicht macht die Fortpflanzung von Stammhalter zu Stammhalter zum wichtigsten Ziel der Natur. Hat der *Wissenschaftler* verdrängt, daß alle Arten durch Weibchen erhalten werden? Als *Mann* verschwendet er keinen Gedanken daran zu fragen, ob der Verlust des Fohlens *der Stute* etwas ausmache.

Im Arnheim-Zoo wird das Verhalten der Schimpansen vor allem unter dem Gesichtspunkt beobachtet, welches von den drei Männchen an der Spitze der Hierarchie stünde. Frans de Waal berichtet, gegen Ende 1976 sei Luit „das sogenannte Alpha-Männchen geworden, das heißt, das ranghöchste Männchen, von Nikkie unterstützt." (de Waal 1991, 55) Wenn er von Nikkie unterstützt wird, kann seine Alpha-Position so unumschränkt nicht sein! Welche Beobachtungen berechtigen zu der Feststellung, Luit sei zum „Alpha-Männchen" geworden? Luit hat das Fell gesträubt und Nikkie eingeschüchtert. Nikkie hatte sich geduckt. So wirkte Luit erheblich größer als der ängstlich gewordene Nikkie. „Yeroen zeigte sich weniger respektvoll, und wenn Luit sich ihm mit gesträubtem Fell und in dominanter Haltung näherte, setzte er sich imponierend in Szene." (de Waal 1991, 64) Von einem Alpha-Männchen kann also keine Rede sein. Das Imponiergehabe ist bei bei allen Männchen stark ausgeprägt. Luit ist nicht der von allen anerkannte Führer der Gruppe. Die meisten Weibchen bevorzugen weiter den alten Yeroen. Welche Rolle die Weibchen für die Gruppendynamik spielen, wird bei der Analyse wieder einmal nicht berücksichtigt.

Die Kriterien, nach denen ein Männchen als dominant, beherrschend oder als Alpha-Männchen eingestuft wird, bleiben sehr vage:

> „Gewöhnlich betrachten Primatologen einen einzelnen Affen als dominant, wenn seine GruppengefährtInnen den Weg freigeben, sobald er sich nähert. Dieses einfache Kriterium trifft bei Schimpansen nicht zu. Man kann große erwachsene Männchen sehen, die Kindern und Weibchen aus dem Weg gehen, zumindest, wenn Nahrung in der Nähe ist. Es ist nicht üblich, sich Nahrung gegenseitig wegzunehmen; sogar hochrangige Individuen beanspruchen nicht alles für sich selbst. Sowohl im Freiland als auch in Gefangenschaft erlauben sie anderen, Stücke abzureißen, oder sie geben ihrem Betteln nach, indem sie einen Teil ihrer Nahrung fallen lassen." (de Waal 1991, 83)

Mit anderen Worten: Den Alpha-Mann gibt es gar nicht. Er müßte sich gegen die rangniederen Schimpansenmänner abheben. Aber auch die scheint es nicht zu geben:

„Rangniedere können sich sehr aufregen und einen Wutanfall bekommen, wenn ihre Bitten ignoriert werden. Um derartige Szenen zu vermeiden, gehen Nahrungsbesitzer – welchen Status sie auch einnehmen mögen – weg, wenn ein/e besonders gefräßige/r Gruppengefährte/in sich nähert." (de Waal 1991, 84).

„Rangniedere" wären gezwungen, ihre Aggressionen zu zügeln, statt einen Wutkoller zu bekommen. Das Aus-dem-Weg-Gehen steht im Widerspruch zu den Eigenschaften, die einem „Alpha-Männchen" gewöhnlich zugeschrieben werden. Die Regeln, die mann-menschliche Forschung in einer Affensozietät bestätigt finden möchte, erweisen sich als graue Theorie. Das traditionelle Bild der Rangordnung, das de Waal mühsam beschwört, bestätigt sich nicht.

Schließlich wandelte Nikkie sich „von Luits Unterstützer zu seinem Hauptrivalen. Beide warben täglich durch Berührung um den gefallenen Führer Yeroen." (de Waal 1991, 55) Warum sollten die jungen Männchen um Yeroen werben, wenn er tatsächlich „gefallen" gewesen wäre? Es geht um die Ausgewogenheit zwischen den Dreien; und Luit, der sich am meisten aufspielt und dadurch im Augenblick das Gleichgewicht am meisten stört, wird zwangsläufig zurückgewiesen: „Luit verlor diesen Wettkampf, der fast ein Jahr lang andauerte, wegen Yeroens Präferenz für Nikkie."

Trotz Nikkies Spitzenstellung schuf sich Yeroen „eine Schlüsselrolle, die sich in sexuellen Privilegien auszahlte. Durch geschicktes Ausspielen der beiden jungen Männchen genoß er die höchste Anzahl sexueller Kontakte in der Kolonie." (de Waal 1991, 57) Daß Yeroen seine sexuellen Kontakte der Vorliebe der Weibchen verdankt und nicht seiner „Alpha-Position", ist überdeutlich. Der Versuch, unter den drei Männern ein Alpha-Männchen auszumachen, scheitert an den Beobachtungs-Fakten.

Um dem Dilemma bei der Suche nach einem Alpha-Männchen auszuweichen, unterscheidet Frans de Waal zwischen „formalem Rang" und „Macht" (de Waal 1991, 57); aber auch das greift nicht. Die beständige Rivalität zwischen den Männchen schafft weder Rang noch Macht. Die folgende Feststellung ist eher neutral: „Allgemein gesprochen können Männchen, die in dem einen Jahr Rivalen sind, im nächsten Verbündete sein und umgekehrt." (de Waal 1991, 56)

Der Primatologe Volker Sommer verzerrt die Geschehnisse in der Arnheim-Kolonie, die Frans de Waal zuerst 1982 in seinem Buch *Chimpanzee Politics* geschildert hat, und rückt die patriarchale Sichtweise wieder zurecht: „Da Koalitionen darüber entscheiden, wer Alpha-Männchen ist und damit den bevorzugten Zugang zu fruchtbaren Weibchen hat, versuchen Rivalen, einander sozial zu isolieren und Bündnispartner abspenstig zu machen." (Sommer 1989, 191) Die sexistische Draufsicht ist vollkommen: Es gibt ein dominantes Alpha-Männchen, das nach männlicher Forschermentalität auch das sexuelle Vorrecht genießt. Aber gerade diese Beobachtung hat Frans de Waal in Arnheim *nicht* gemacht. Die Koalitionen *verhindern* geradezu, daß ein Männchen zuviel Macht gewinnt; sie haben die Funktion, das Gleichgewicht in der Gruppe zu erhalten.

Männlicher Stammbaum und weibliche Reproduktivität

Die Frau sei des Mannes Eigentum, wie der Baum Eigentum des Gärtners sei; denn sie gäbe ihm Kinder, nicht umgekehrt. Eine Frau allein könne dem Manne zu diesem Zweck nicht genügen. Sie könne nicht sein Weib sein, wenn sie ihre monatliche Krankheit hat; wenn sie aufhöre, Kinder zu gebären, sei sie für ihn nutzlos geworden. „Der Mann, den die Natur weder durch Alter noch durch irgendeine dieser Unbequemlichkeiten behelligt, sollte deshalb mehrere Frauen haben." (de Las Casas 1823, zitiert bei Ward 1909, 459 f.)

Mehr als eineinhalb Jahrhunderte sind vergangen, seit de Las Casas die willkürlich definierte „Natur der Frau" als Vorwand für den patriarchalen Pascha-Anspruch benutzt hat. Inzwischen kann das androzentrische Weltbild nicht mehr naiv vorausgesetzt, sondern es muß begründet werden. Im Tierreich werden Beispiele gesucht, welche die Abhängigkeit des Weiblichen beweisen sollen: David Barash setzt voraus, daß der Homo sapiens „mit anderen Säugetierarten die Neigung gemeinsam habe, in Sozialsystemen dem männlichen Geschlecht das Regiment zu übertragen." (Barash 1980, 8)

Durch einen derart verstellten Blick auf tierische Populationen kann die vergleichende Verhaltensforschung dazu mißbraucht werden, die Unterdrückung der Menschenfrau als naturgegeben zu behaupten. Sie wird nicht allein auf ihre biologische Funktion beschränkt, sondern zugleich auf ihre „naturgewollte Minderwertigkeit" gegenüber dem männlichen Geschlecht. Wie bei den Tieren, so lägen auch die Fähigkeiten der Menschenfrau allein in der Mutterschaft. Das Bild von ranghohen Männchen und unterwürfigen Weibchen paßt genau zum Weltbild des patriarchalen Mannes, und seine Wissenschaft wird nach diesem Vorurteil modelliert. Da in der modernen menschlichen Gesellschaft eine strikte „Trennung zwischen männlichem und weiblichem Rollenverhalten, eine Trennung zwischen politischer Macht des Mannes und weiblicher Häuslichkeit" bewahrt werden sollte, hielt die Wissenschaft am Bild männlicher Vorherrschaft in der Tierwelt mit aller Hartnäckigkeit fest (Strum 1989, 119).

Allmählich stellt sich heraus, daß die Meinung, die wir vom tierischen Sozialverhalten haben, auf einem Vorurteil beruht. Mangelhaftes, einseitig am sexistischen Weltbild orientiertes Beobachtungsverhalten hat ein verzerrtes Bild tierischen Verhaltens „dokumentiert". Die Rolle der Weibchen in Primatenpopulationen umfaßt viel mehr als nur das Austragen und Säugen von Babys.

„Matriarchinnen waren nicht nur die Beschützinndn ihrer Kinder, indem sie brutale Kerle innerhalb der Gruppe und Gefahren von außerhalb abwehrten, sie waren auch die Ordnungshüterinnen, die Frieden und Ordnung innerhalb und zwischen den Familien aufrechterhielten. Sie standen im Mittelpunkt des Familieninteresses und übten direkt und indirekt großen Einfluß aus." (Strum 1989, 122)

Anders gesagt: Das gesamte soziale Gefüge wird von den Weibchen reguliert. Sie schützen ihre heranwachsenden Söhne vor dem Übergriff erwachsener Männchen; sie lehren ihre Töchter, die komplizierten sozialen Verknüpfungen zu durchschauen und zu regulieren.

Selbst den Kindermord durch Affenmänner deutet die patriarchale Forschung als konstruktives Verhalten. Auch Frauen in der Wissenschaft sind gezwungen, ihre Beobachtungen auf das vorherrschende Interesse einzustellen: Sarah Hrdy Blaffer betrachtet den Babymord als vorteilhaft – für das männliche Geschlecht (Hrdy 1974, 19–58). Der Mann sei darauf programmiert, nur die eigenen Gene zur Fortpflanzung kommen zu lassen, wenn er nur kurzfristig einen Harem übernimmt. „Im Sinne der Maximierung seines Reproduktionserfolges sollte jedes Männchen diese kurze Zeit so intensiv wie möglich nützen." (Vogel 1989, 94) Es ginge, behauptet Vogel „in allen Fällen von Kindestötung für den Täter nachweislich um die Steigerung seines eigenen Reproduktionserfolges." (Vogel 1989, 96) Vogel setzt voraus, daß es bei der Fortpflanzung um den *Nachwuchs des Männchens* ginge, das Weibchen um sich sammelt, um seine männlichen Gene zu maximieren. Das ist sehr menschlich – und vor allem einseitig von mann-menschlichen Wünschen aus – gedacht. Nur patriarchale Wissenschaft kann von der Konkurrenz der Männer um die „knappe Reproduktionsressource Frau" sprechen (Vogel 1989, 113). Diese Sichtweise funktionalisiert die Frau, macht sie zur Ware, zum käuflichen Ding, stellt sie in den Dienst der Fortpflanzung des Mannes, als ginge es nicht um die Erhaltung der Art, um Frauen *und* Männer.

Die innewohnende Ordnung der Biologie scheint jedoch vorwiegend an der Produktivität der Weibchen interessiert zu sein; denn die Erhaltung der Art hängt von der Gesundheit des weiblichen Geschlechts ab. Deshalb gibt es Primatenpopulationen, die nur ein Männchen zulassen, dessen Keimgut ausreicht, um viele Weibchen zu befruchten. Daß dieses Männchen nach der Zeugung von anderen Männchen getötet wird, schädigt die Spezies nicht. Aus biologischer Sicht kehrt sich das Bild um: Die Männchen gelten nun „als in weiblichem Interesse herangezüchtete und dressierte Reproduktionsassistenten.“ (Sommer 1989, 157)

Den Tötungsimpuls des Männchens gegenüber einer Nachkommenschaft, die er selbst nicht gezeugt hat, auf die Ebene genealogischer Ziele hin zu interpretieren, halte ich für reichlich weit hergeholt. Das Männchen will vor allem die Periode des Triebverzichts verkürzen. Nach jahrelanger Abstinenz drängt das Männchen zu sexuellen Aktivitäten. Das ist alles. Und Mütter mit Säuglingen an der Brust haben keinen Östrus*. Daher tötet das Männchen die Säuglinge.

Ich halte die Gendurchsetzungtheorie für eine ebenso fatale wie unzulässige Projektion des mann-menschlichen sexuellen Egoismus auf die Forschungsergebnisse. Es handelt sich um sexistische Wissenschaft. Das sieht auch Thompson so, wenn er sagt:

„Das Gen wird allmählich von den Soziobiologen als eine Art Geschäftsmann dargestellt, der sich seinen Weg durch ein durch Wettbewerb bestimmtes Marktsystem boxt, und all die alten Vorstellungen des Sozialdarwinismus scheinen wieder belebt.“ (Thompson 1985, 77)

Haben Affenmänner die ganze Evolutionsgeschichte im Kopf – oder im Instinkt? Jane Goodall hat mehrmals beobachtet, daß auch Weibchen Babys töten. Ranghohe Weibchen töten die Babys von rangniederen Weibchen und fressen sie auf. Es ginge ihnen dabei allein darum – so unterstellt die Forscherin –, das Fleisch der Babys zu fressen (Goodall 1977, 259 ff.). Ob dabei nicht vielmehr die Sorge um Nahrung für die eigenen Jungen eine Rolle spielt, wird nicht gefragt. Vielleicht gefährden allzuviele Junge das Gleichgewicht zwischen der Populationsdichte und dem Habitat. Sollte das Verhalten der Affenmännchen generationsübergreifend planen, während die Weibchen nur das Naheliegende im Sinn haben? Ist bei derartigen „Nachweisen“ nicht die Draufsicht mannmenschlicher Forschungsinteressen am Werk? Dem männlichen Verhalten wird Einsicht in einen Sinnzusammenhang unterstellt, dem weiblichen das alltägliche Interesse an der Nahrung. Diese Unterscheidung erinnert fatal an die patriarchale Ideologie von männlichem Geist und weiblichem Körper.

Artgenossen werden aggressiv gegeneinander, wenn die Nahrung nicht ausreicht. Bei den Schimpansen erhalten die Affenweibchen das Gleichgewicht zwischen dem Nahrungsangebot des Habitats und der Population aufrecht. Sie verbünden sich und vertreiben fremde trächtige Weibchen oder junge weibliche Neuankömmlinge aus dem Futtergebiet; denn sie müßten sonst die Nahrungsquellen mit ihnen und ihren Jungen teilen. „Wir haben indes nie erlebt, daß sie sich auf diese Weise zusammenrotteten, um ein fremdes Männchen, das noch nicht ausgewachsen war, zu vertreiben", berichtet Jane Goodall.

„Stört es die alten Weibchen am Ende, wenn ‚ihre' erwachsenen Männchen jungen fremden Weibchen Aufmerksamkeit schenken? Ist ihr Motiv ein Gefühl, das wir bei den Menschen als Eifersucht bezeichnen?" (Goodall 1971, 108)

Die Forscherin projiziert patriarchal gezüchtete Weiblichkeitsmentalität auf die Äffinnen, wenn sie „Eifersucht" gegen fremde Weibchen vermutet. Ein fremdes Männchen frischt das Erbgut auf; es vermehrt aber kaum die hungrigen Mäuler, während ein fremdes Weibchen samt seinem zu erwartenden Nachwuchs die Nahrungsgrundlage des Habitats belasten kann.

Die Wissenschaft beurteilt Primatenpopulationen ausschließlich nach der Anzahl der Männchen, die in einer Gruppe leben. Da gibt es Pascha-Gruppen, bei denen sich ein einzelnes Männchen einen Harem hält (Sommer 1989, 140) und Vielmännchen-Gruppen, die promiskuitiv leben. Die Tatsache, daß alle Gruppen Viel-Weibchen-Gruppen sind, bei denen ein älteres Weibchen mit großer Nachkommenschaft die soziale Ordnung steuert, wird schlicht ausgeblendet.

Um die Männchen als Patriarchen im Mittelpunkt einer Tierpopulation zu sehen, wird oft unterstellt, daß die Männchen die Weibchen und deren Junge gegen Feinde schützten. Im Tier-Mensch-Übergangsfeld hätten „die Weibchen die Männchen am Herumstrolchen in reinen Männchengruppen weglocken müssen, um eine Art Schutzgemeinschaft mit ihnen und ihren Jungen einzugehen." (Thompson 1985, 95) Sie „könnten eine Revolution ausgelöst haben, indem sie ihre Körpersignale so veränderten, daß sie das Interesse und die Aufmerksamkeiten der Männchen erweckten und so in einem Kreis von Männchen sicher waren." (Thompson 1985, 97) Das oft beschworene, romantische Bild zeigt Weibchen und Junge in der Mitte eines Kreises, dessen Peripherie von den Männchen geschützt wird. Drei voll erwachsene Männchen mit ihren blitzenden Eckzähnen und dem gesträubten Haarmantel, der ihre Körpergröße fast verdoppelt, böten einen so furchterregenden Eindruck, daß jedes Raubtier sofort von der Bühne verschwinde (Strum 1989, 118). Auch diese Vorstellung entpuppt sich als männliches Wunschdenken, das die Mächtigkeit des Männlichen überbewertet: Einige wenige mächtige Männchen oder gar nur ein einzelnes, das seinen „Harem" beherrsche und das „Alpha-Tier" der Gruppe sei, soll fähig sein, die Weibchen in jeder Hinsicht zu schützen? In Wirklichkeit laufen viele Männchen angesichts von Gefahren zuerst davon. Die Primatologin Thelma Rowell hat Affen beobachtet, bei denen „die Männchen die ersten waren, die bei Gefahr in die Sicherheit der Bäume flüchteten und Weibchen und Junge sich selbst überließen." (zitiert bei Strum 1989, 118) Es kommt bei Säugetieren nicht selten vor, daß Männchen die Jungen fressen, die von anderen Männchen gezeugt waren. Dabei werden sie auch gegen eigene Weibchen aggressiv. Meist schützen die Mütter ihre Jungen selbst, und sie tun gut daran.

Eine trächtige Elefantenkuh sucht sich in der Herde eine Freundin, die „gleichsam zur ‚Tante' des erwarteten Elefantenkindes erkoren wird. Die beiden Tiere werden unzertrennlich und beschützen gemeinsam das neugeborene Kalb." Sie nehmen es in die Mitte, um es vor Tigern und anderen Raubtieren zu schützen (Carrington 1962, 58), und die „Tante" übernimmt Mutterpflichten, wenn der leiblichen Mutter etwas zustößt. Von einem Elefantenbullen, der seine aggressiven Potenzen zum Schutz der Elefantenkühe und ihrer Jungen einsetzt, weiß die forschende Beobachtung nichts zu berichten.

„Die Männer mögen mächtig erscheinen bei ihrer epigamen* Zurschaustellung sexuellen Wettbewerbs, die wirkliche Macht aber liegt bei den Frauen." (Thompson 1985, 100) Der „schutzbietende Mann" ist eher ein Konstrukt, das ermöglicht, Tiergruppen unter dem Gesichtspunkt einer männlichen Genealogie zu betrachten – so, als seien die Männer, die sich für ihre Fortpflanzung die Weibchen halten, Anfang, Sinn und Ziel einer tierischen Population.

Wie die Bibel nur die Genealogie der Patriarchen kennt, stellt die Evolutionsgeschichte der Menschheit nur die Entwicklung von Männern dar. Frauen werden in der Evolutionsforschung weder erwähnt noch in den Büchern abgebildet. Das Patriarchat kennt nur den Stammbaum des Mannes und seine Erbfolge. Die Frau dient ihm zur Reproduktion. Dieses verzerrte Bild wird der Tierbeobachtung unreflektiert übergestülpt.

Die traditionellen Ergebnisse der Verhaltensforschung sind korrekturbedürftig

Sherley Strum hat fünfzehn Jahre mit den Pavianen gelebt. Während ihre männlichen Kollegen die Tiere nur vom Auto aus beobachtet haben, mischt sich die Forscherin mitten unter die Paviane, macht sich ihnen vertraut und sucht den Kontakt mit ihnen. Dafür wird sie kritisiert. Sie störe und beeinflusse das Verhalten der Tiere durch ihre Annäherung – als würde ein Auto, das den Tieren folgt, deren Leben nicht mehr stören als eine Frau, die sich behutsam in deren Nähe begibt. In unwegsames Gelände konnten die Forscher den Pavianen mit dem Auto ohnehin nicht folgen. Ihre Beobachtung war reichlich eingeschränkt. Sherley Strum hat die Paviane bis in die verborgensten Winkel begleitet.

Im Lauf der Zeit, über die hinweg sich die Studien Sherley Strums erstrecken, kommt sie zu völlig anderen Erkenntnissen als die bisherigen halb- oder einjährigen Feldforschungen erbracht hatten. Sie sagt:

> „Weder das bei den Pavianen gewonnene Informationsmaterial noch meine eigenen Überlegungen gestatteten eine Deutung, die auf das von Männchen dominierte, hierarchisch organisierte Gesellschaftssystem des alten Pavian-Modells und der auf Pavianen basierenden Modelle hinauslief." (Strum 1989, 208)

Meist verlassen die Pavian-Männchen ihren Ursprungs-Trupp, der aus mehreren Familien besteht, und wechseln zu einem fremden Trupp über. Sherley Strum konnte nicht beobachten, daß der junge Pavianmann von seiner Herkunftsfamilie vertrieben worden wäre. Sie glaubt deshalb, er wandere aus eigenem Antrieb aus: „Niemand zwingt ihn dazu, die Gruppe zu verlassen." (Strum 1989, 142) Dennoch bleibt die spannende Frage, welchem Antrieb das junge Männchen folgt. Es wird heimatlos. Es geht ihm nicht gut. Sollte es dieses Schicksal „völlig freiwillig" auf sich nehmen? Bei dem fremden Trupp führt der junge Pavianmann zunächst ein Leben am Rande der Gruppe. Er findet nur ganz allmählich Anschluß an die fremde Gruppe, indem er sich bei einem oder mehreren Weibchen, bei den Babys und bei wenigen Männchen beliebt macht.

Sherley Strum hat den Pavianmännchen das Verhalten abgelauscht und von ihnen gelernt, sich dem Trupp vertraut zu machen. Auch sie hält sich – wie die Männchen – zunächst am Rand der Truppe auf. Sie nähert sich nur allmählich und sucht mit unendlicher Geduld, das Zutrauen der Tiere zu gewinnen. So kann sie den Pavianmännchen nachfühlen, daß deren Integration in den neuen Trupp mühevoll und schwierig ist. Die Männchen haben „ein schweres Leben", sagt Sherley Strum:

> „Wozu diente ihre Größe, ihre Stärke und ihre physische Kraft? Unaufhörlich waren sie damit beschäftigt, ihre eigene Vertreibung aus dem Paradies neu zu inszenieren. Befanden sie sich erst einmal in ihrem neuen Trupp, so mußten sie all das wieder erringen, was sie verloren hatten." (Strum 1989, 181)

Wie Sherley Strum beobachtet hat, braucht ein Männchen die Freundschaft der Weibchen, und das Männchen wirbt um diese Freundschaft durch Freundlichkeit und Teilen des Futters. Es begleitet ein Weibchen oft wochenlang, bevor dieses sich mit Futter und Fellpflege verwöhnen läßt und einige sexuelle Versuche am Beginn ihres Östrus* zuläßt. Zum Zeitpunkt ihrer größten Hitze gibt sie jedoch meist einem alten Freund den Vorzug. Und hat sich das junge Männchen schließlich integriert und wird von der Gruppe sozial anerkannt, kommt bald der Zeitpunkt, der es erneut zum Auswandern treibt: Nach durchschnittlich fünf Jahren sucht sich das Männchen einen neuen Trupp.

„Künstlich in das Gebiet einer fremden Gruppe versetzte Einzeltiere werden umgebracht“ (Wickler 1970, 240), wie Wolfgang Wickler während eigener Forschungreisen in Kenia und Tansania beobachtet hat. Das heißt, der langwierige Prozeß, mit dem sich ein Fremdling einem neuen Trupp sozial angliedern muß, kann auf keinen Fall durch einen willkürlichen menschlichen Eingriff überspielt werden.

„Mir taten die Männchen leid“, schließt Sherley Strum ihre Ausführungen über die Heimatlosigkeit der männlichen Paviane. Vielleicht taten uns Frauen einst ebenso unsere Menschenmänner leid. Der Mann, der die Mutter verläßt, „um seinem Weibe anzuhangen“, wird zeitlebens an seiner Heimatlosigkeit, an seiner unvollkommenen Identität leiden. Vielleicht dachten wir, Männer würden ihre Identität finden, wenn sie in ihrer Herkunftsfamilie verblieben und sich mit einem Vater eins fühlen könnten. Doch das Patriarchat hat die Männer nicht aus ihrer Identitätskrise herausführen können, aber es hat Frauen in die Identitätskrise geführt. Menschenmänner blieben auch im Patriarchat heimatlos, ewig Umherwandernde auf der Suche nach „höheren Zielen“.

Sherley Strum hat beobachtet, daß „bei einer erfolgreichen Paarung das Weibchen die entscheidende Rolle spielt.“ (Strum 1989, 172) Trotzdem spricht die Primatologin im ersten Teil ihres Buches im traditionellen Wissenschaftsverständnis davon, daß ein Männchen seine Weibchen „dominiere“ (Strum 1989, 135). Sie unterstellt, daß die Männchen aufgrund ihrer Größe und Stärke „über alle Weibchen und Kleinen dominant“ seien, gibt dann aber zu, daß „ihr tatsächlicher Einflußbereich jedoch viel geringer war, als man prophezeit hatte.“ (Strum 1989, 122) Worin besteht Dominanz? In der Größe, der aufgeplusterten Fellmantelbedrohlichkeit oder im tatsächlichen Einfluß auf die Gruppenordnung? Patriarchale Begrifflichkeit von Dominanz geht allzusehr vom Imponiergehabe und zu wenig von der sozialen Stellung der Gruppenmitglieder aus. Hubert Markl gibt zu, daß das Ergebnis von Konfliktlösungen „wohl bei allen hochsozialen Tieren eine Funktionsverteilungsstruktur ist, meist – mit recht zweifelhafter Berechtigung – als Rangordnung bezeichnet.“ (Markl 1976, 28)

Aggression mit Dominanz zu verwechseln, ist ein Kardinalfehler patriarchaler Primatenforschung. Ich denke, daß alles, was Sherley Strum über das Verhalten der hinzugewanderten Männchen berichtet, eher darauf schließen läßt, daß die Neuankömmlinge Angst haben:

„Sie mußten ein vollständig neues Leben für sich selbst konstruieren, nachdem sie einmal alles, was freundlich, sicher und vertraut gewesen war, hinter sich gelassen hatten: gesellschaftliche Nähe, Verbündete, Freunde, Erfahrung und Wissen, das letzten Endes zur Pavianweisheit gehörte. Trotz großer Mühen und ausdauernder Geduld erreichten sie im Endeffenkt nie soviel, wie ein Weibchen, das niemals sein Zuhause verlassen hatte, mit einem einzigen Blick, einer Geste oder einem Grunzen durchsetzen konnte." (Strum 1989, 181)

Sie fühlen sich fremd und allein; deshalb sind sie aggressiv. Vor ihrer Angriffshaltung fürchten sich die Mitglieder der Truppe und weichen vor dem Neuling zurück. Angst macht aggressiv. Das wissen wir aus der Psychologie der Menschen sehr gut.

Solange die einwandernden Pavian-Männchen Aggression zeigen, gehen ihnen die anderen aus dem Wege; sie werden von der Gruppe gemieden. Deshalb sind sie nicht „dominant". Durch soziales, angepaßtes Verhalten können sie zu echten Mitgliedern des neuen Trupps werden. Auch dadurch werden sie nicht „dominant"; sie werden brauchbare Mitglieder der Population. Beeinflußt von männlicher Wissenschaft, die Dominanz mit Aggression erklärt, sieht Sherley Strum diejenigen Männchen, die den Anschluß an die Gruppe schließlich erreicht haben, als „rangniedrig" an: „Langfristig Ansässige waren *rangniedere, verhältnismäßig unaggressive Männchen, die den Löwenanteil von allem bekamen.*" (Strum 1989, 171 – Hervorhebung G.W.) Die Korrelation von Aggression mit Dominanz ist unhaltbar. Es ist absurd, wenn ein „rangniederes Männchen" von allem den Löwenanteil bekommt, während ein „dominantes" von allem ausgeschlossen sein soll. Obwohl Sherley Strum die gängigen Vorstellungen über das Leben der Paviane radikal korrigiert, hält sie zunächst an Begriffen wie „Rangordnung", „Dominanz" und „Hierarchie" fest. Diese Einstellung ändert sich im Verlauf ihres Buches, das während vieler Jahre ihrer Beobachtungen geschrieben ist.

„Die Weibchen und ihre Nachkommen bilden zweifellos den stabilen Kern des Trupps." (Strum 1989, 77) Das kann bei den Anubis-Pavianen auch gar nicht anders sein, denn die Weibchen verbleiben lebenslang in ihrer Familie, und ihre Führungsfähigkeiten hängen mit der Größe ihrer Familie zusammen. Dabei umfaßt die matrilineare Familie drei Generationen. Es gibt in einem Pavian-Trupp mehrere Familien. Sherley Strum hat sechzig Mitglieder gezählt, sechs Männchen, siebzehn Weibchen und 37 jugendliche Affen. Bei einer solchen Verteilung stellt sich doch die Frage, wo die überzähligen Männchen geblieben sind. Sherley Strums Beobachtungen schließen eine gegenseitige Tötung der Männchen absolut aus. Allerdings berichtet sie, daß die Weibchen bis zu 34 Jahre alt werden, die Männchen jedoch nur die Mitte der zwanziger Jahre erreichen (Strum 1989, 53). Weibchen werden mit fünf Jahren geschlechtsreif, Männchen paaren sich erst nach einem komplizierten sozialen Anpassungsprozeß, nachdem sie etwa zehn Jahre alt geworden sind. Vorher gelten sie als jugendliche Tiere. Männchen sind daher etwa fünfzehn Jahre lang geschlechtlich aktiv, Weibchen fast dreißig Jahre. Sollte der männliche Überschuß auf natürliche Art reguliert werden: durch die kürzere Dauer des erwachsenen Geschlechtslebens und durch die kürzere Lebenserwartung des männlichen Geschlechts?

Die Forscherin konnte bei den Pavianen die erwartete Aggressivität nicht nachweisen (Strum 1989). Sie hat beobachtet, wie Paviane junge Gazellen jagen. Aber sie hat festgestellt, daß dieses Verhalten nur temporär ist. Tatsächlich waren einzelne Männchen einer Gruppe auf Gazellenjagd ausgezogen und hatten raffinierte Jagdtechniken regelrecht voneinander gelernt. Männchen verbleiben aber selten länger als fünf, höchstens zehn Jahre in einem Trupp. Mit dem Abwandern der Männchen hat sich auch die Jagd auf Gazellen verloren, die den neu zugewanderten Männchen fremd ist (Strum 1989, 189). Es handelt sich also nicht um ein arttypisches Verhalten.

Sherley Strum vermutet einen Zusammenhang zwischen dem Abwandern der Männchen und deren mutmaßlicher Vaterschaft an den herangewachsenen Weibchen: „Konnte es vielleicht sein, daß diese erwachsenen Männchen die Gruppe verließen, um Inzest und Inzucht zu vermeiden?" (Strum 1989, 193)

Je umfassender die Beobachtungen an Primaten in der zweiten Hälfte dieses Jahrhunderts gewesen sind, um so mehr Verhaltensvariationen sind festgestellt worden. Diese geduldigen und zeitaufwendigen Studien „helfen uns, den Bereich der Möglichkeiten abzugrenzen, die den Urmenschen dereinst zur Verfügung gestanden sein könnten, und die Regeln kennenzulernen, die ihre Gesellschaft vielleicht gelenkt haben." (Strum 1989, 17) Es stellte sich heraus, daß die Verhaltensangebote der Evolution an die Menschheit überaus vielfältig sind. Die Beobachtung einer Primatenart erlaubt noch nicht einmal verläßliche Voraussagen auf das Verhalten anderswo lebender Tiere der gleichen Art (Strum 1989, 114). Das sollte uns zu bedenken geben: Schon bei den Primaten ist eine Flexibilität des Verhaltens angelegt, die wir bisher allein für die Menschenart in Anspruch genommen hatten.

Sherley Strum betont, daß bei den Anubis-Pavianen „die gesamte Familienstruktur auf dem Matriarchat basiert." (Strum 1989, 195) Die Frauen unter sich sind ein Clan aus Müttern, heranwachsenden Söhnen und den Töchtern, die lebenslang im mütterlichen Verband verbleiben. Die Weibchengruppe ist über Generationen hinweg sozial festgefügt. Töchter bleiben meist bei ihren Müttern, solange die Mütter leben, während die männlichen Kinder nach ihrer Adoleszenz abwandern. *Die soziale Führung der Frauengruppe liegt immer bei einem ranghohen Weibchen.*

Wie weit reicht der Einfluß eines starken Männchens? Hat es überhaupt soziale Kompetenzen? Es liegt an der Beobachtungsweise, wenn Sommer von einem autoritären „Haremshalter" spricht, dem alle anderen Männchen den Platz geräumt hätten. Die Begattung einiger Weibchen durch randständige Männchen könnte die Regel und nicht die Ausnahme sein.

Neuderdings gibt de Waal zu, daß ein dominantes Männchen bei den Mantelpavianen die „Pascha"-Macht „nicht so unbedingt" beanspruche wie bisher angenommen worden sei. Tatsächlich respektiere der „Pascha"-Mann den Anspruch eines anderen Männchens, wenn dessen Beziehungen zu einem Weibchen älter seien als seine eigenen (de Waal 1991, 36).

Tatsächlich aber hat das Männchen den Wunsch des Weibchens zu respektieren. Es liegt so offen zutage, daß es die Weibchen sind, die entscheiden, mit wem sie Freundschaft schließen und mit wem sie sich paaren, daß nur männliche Projektion ein derart verkehrtes Bild von der Wirklichkeit als wissenschaftliche Lehrmeinung ausgeben kann. Die Feldforschung bei den Primaten hat anfangs nur die Männchen und deren aggressives, dominanzheischendes Verhalten beobachtet. Irrigerweise projizierten die Forscher die Männerherrschaft der patriarchal-menschlichen Gesellschaft auf die Sozialstruktur der Tiere, als seien die Männchen die Hauptsache im Leben der Tiere. Dabei wurde übersehen, daß die Weibchen im Zentrum der Gruppe stehen. Wo immer ein Männchen Zugang zur Zeugung und damit zur Weibchengruppe suchte, hatte es sich an die soziale Ordnung anzupassen, die vom Weibchen-Clan seit Generationen geübt worden ist. Die Integration in die Weibchengruppe erfordert von den Männchen den fundamentalen Lernprozeß, der Zusammenleben in komplexen Systemen und das Überleben der Spezies möglich macht. Männliche Aggression, männliches Dominanzstreben und das männliche Bedürfnis nach hierarchischen Strukturen werden durch die Sozialordnung in der Weibchengruppe zum Ausgleich gebracht und in die Lebenszusammenhänge integriert:

- Die aggressive Angriffslust wird auf die Lebensnotwendigkeiten gerichtet. Es werden die Lebensaufgaben angegriffen und nicht ein Feind.
- Dominanz wird nicht durch Tötungsgewalt herbeigeführt, sondern durch eine dem Leben innewohnende Weisheit, die ein Weibchen aufgrund seines Alters, seiner Lebenserfahrung und seiner größeren Familie hat. Nicht Macht-Haberei – die Teilhabe an der Macht, die einem Mann sicher ist, noch bevor er etwas dafür geleistet hat –, sondern Seins-Macht – eine gewachsene natürliche Überlegenheit, die eine Frau aufgrund ihrer

sozialen Intelligenz und ihres Könnens hat – qualifizieren zur Führung in der Gruppe.

- Die Ordnung in der Gruppe wird nicht durch Hierarchien hergestellt, sondern durch die Rücksichtnahme auf jedes, auch das schwächste Glied in der Gruppe. Von jedem Tier kann ein Impuls zu kreativen Verhaltensweisen ausgehen und die Evolution des Spezies vorantreiben.

Sherley Strum hat den „Pascha“ als Projektion der Forscher auf Tiermännchen entlarvt. Derart revolutionäre Ansichten zu äußern, ist im traditionellen Wissenschaftsbetrieb verboten. Um den Widerspruch zur herrschenden Lehrmeinung im Keim zu ersticken, schützen sich die Wissenschaftler durch einen Konsensus über die Forschung:

„Das Kollektiv der jeweils kompetenten Wissenschaftler bestimmt, was als zuverlässiges, bleibendes Wissen gelten kann. Mit anderen Worten, auch die geniale Idee kann jederzeit am ‚Konsensusprinzip‘ scheitern.“ (Mohr 1981, 86)

Ein solches „Scheitern“ erfährt die junge Forscherin, als sie nach Jahren intensiver Feldforschung eine Tagung zum Thema organisiert: Sie wird massiv angefeindet. Es seien die zehn schlimmsten Tage ihres Lebens gewesen, klagt Sherley Strum (Strum 1989, 223). Die alten Herren der Wissenschaft werfen ihr vor, sie sei zu jung, um wissenschaftliche Daten zu präsentieren, männliche Dominanz sei eine absolute Selbstverständlichkeit, sie habe „es geschafft, sie zu übersehen, das wäre alles.“ (Strum 1989, 224) Deutlicher hätte sich der Sexismus in der Wissenschaft nicht äußern können. George Schaller, der das Vorwort zu Sherley Strums Buch geschrieben hat, sagt, daß sich die Trägheit des menschlichen Geistes am deutlichsten bei jenen Fachleuten zeige, „die an der Aufrechterhaltung traditioneller Lehrmeinungen ein begründetes Interesse besitzen.“ (Schaller im Vorwort zu Strum 1989, 15)

Es erwies sich einmal wieder: „Wer Wissenschaft betreiben will, muß bereit sein, das Konsensusprinzip als ein konstitutives Element des wissenschaftlichen Tuns anzuerkennen.“ (Mohr 1981, 89) Die Philosophin Annegret Stopczyk bringt das Dilemma auf den Punkt, wenn sie sagt: „Selberdenken ist etwas absolut Unakademisches.“ (Stopczyk 1989, TAZ)

Viele Teilnehmer der Pavian-Konferenz, die Sherley Strum organisiert hatte, waren einfach nicht bereit oder gar unfähig, die bedeutenden philosophischen und anthropologischen Fragestellungen zu diskutieren, die sich aus ihren Forschungen ergaben. „War die Vorstellung männlicher Dominanz so tief verwurzelt, daß sie nicht einmal angezweifelt werden durfte?“ fragt die Forscherin (Strum 1989, 224). Sie sagt am Ende resigniert: „Ich verließ die Konferenz mit neuen Erkenntnissen – zwar nicht über Paviane, aber über Pavianforscher.“ (Strum 1989, 225)

Todessehnsucht, Todestrieb, Tötungslust und Tötungsgewalt

Wir anerkennen für die Tierwelt, daß eine kleine Anzahl von Männchen für die Arterhaltung ausreichend ist. Für den Biologen ist es selbstverständlich festzustellen:

„Ein Männchen ist für die Befruchtung mehrerer Weibchen hinreichend und verbraucht nur einen geringeren Prozentsatz der Nahrung, die der umherziehenden Gruppe zur Verfügung steht. Das für die Reproduktion wichtigere Geschlecht erhält auf diese Weise den größeren Anteil an Nahrung." (Crook 1974, 183 f.)

In der bäuerlichen Viehhaltung werden in erster Linie die männlichen Tiere zum Schlachtvieh bestimmt. Im Jagdrevier werden Hirsche, Rehböcke, Steinböcke – kurz: die männlichen Tiere – bevorzugt abgeschossen. Die weiblichen Tiere mit ihren Jungen werden geschont. „Reproduktionsstrategische Maßnahmen" leiten den Förster bei der Hege und Pflege des Wildes. Macht er sich klar, daß die Menschen die natürliche Ordnung unterstützen, wenn sie die Tötung *überzähliger Männchen* betreiben? Sitzt er wohl manchmal meditierend auf seinem Ansitz und überlegt, welchem Gesetz er folgt, wenn er männliche Tiere tötet; denkt er über die Faszination nach, welche die Jagd auf viele Männer ausübt? Zieht er Parallelen zum Krieg? Hat der Menschenmann seit Jahrtausenden sein eigenes Geschlecht in Kriegen dezimiert, weil auch er für die Arterhaltung das weniger wichtige Geschlecht ist?

Im Jagdrevier einer Schwarzwaldgemeinde hat kürzlich ein Hirsch einem Artgenossen im Kampf den Bauch aufgeschlitzt. Er war beim Abschuß übersehen worden; ein männliches Tier zuviel war im Revier. In der Natur dezimieren die männlichen Tiere einander im Kampf. Weder Hirsche noch Rehböcke kennen eine „innerartliche Tötungshemmung".

Eine Tabu-Schwelle hindert uns, darüber nachzudenken, daß auch Menschenmänner einander töten, weil nur wenige von ihnen zur Arterhaltung unbedingt nötig sind. Statt über die Ursache des Tötungstriebes nachzudenken, stilisiert der Menschenmann den Krieg hoch und stellt ihn in den Mittelpunkt der Menschheitsgeschichte.

Statt die biologischen Antriebe für Todessehnsucht, Todestrieb, Tötungslust und Tötungsgewalt bewußt zu machen, streiten wir ab, von unserer Biologie abhängig zu sein. Im traditionellen Weltbild wird das patriarchale Gewaltpotential hinter einem gigantischen Kulturgebäude versteckt. Doch nur, wenn wir wissen, wo die Wurzeln der Gewalt zu suchen sind, können wir den Wildwuchs aggressiven Potentials mit der Wurzel ausrotten. Dazu bemerkt Jane Goodall:

„Das Problem der menschlichen Aggression ist von vitaler Bedeutung. Ehe wir hoffen dürfen, die Gewalttätigkeit unter Kontrolle zu bekommen, müssen wir sie verstehen. Die laufenden Forschungsarbeiten über Aggression bei Schimpansen könnten sich als unabsehbar wichtig erweisen." (Goodall 1971, 238)

Tötung unter Artgenossen

Jane Goodall hat viele Jahre ihres Lebens bei den Schimpansen am Gombe-Strom verbracht. Im Gegensatz zu Volker Sommer gibt sie den Tieren, die sie beobachtet, Namen. Sie sagt: „Ein Name ist nicht nur individueller als eine Nummer; er prägt sich weit besser ein." (Goodall 1971, 32) Dadurch wirken ihre Forschungsergebnisse einfühlsamer als die Berichte Volker Sommers. Das Verhalten der Tiere kommt lebendiger zum Ausdruck.

Jane Goodall hat bei Schimpansen brutale Bandenkriege beobachtet, die mit schwersten Verletzungen, dem Tod der Opfer und schließlich mit der Eroberung ganzer Territorien enden (Goodall 1976, 113). Derartige „Kriege" sind biologisch sinnvoll, wenn es in der Natur darum geht, überzählige Männchen zu beseitigen.

Viele Spezies gleichen den Überschuß der Männchen durch Tötung aus. Christian Vogel widerspricht der Theorie von Konrad Lorenz, der geglaubt hatte, bei Wölfen einen Hemmungsmechanismus nachweisen zu können, der das Töten von Artgenossen um der Arterhaltung willen grundsätzlich verhindere. *Für die Arterhaltung ist vor allem die Tötungshemmung gegenüber Weibchen und Jungen von Bedeutung*. „Nicht-Töten von Artgenossen hat nichts mit Selbstlosigkeit und Uneigennützigkeit zu tun, sondern mit der Frage nach der ‚Gesamt-Fitneß-Maximierung'." (Vogel 1989, 76) Nur wenn das Leben eines Männchens für das gesamte Rudel überlebenswichtig ist, üben die Individuen gegenseitige Toleranz. Christian Vogel sagt: „Das Töten von Artgenossen schadet der Arterhaltung nicht, solange die ‚Gesamtfitneß' erhalten bleibt." (Vogel 1989, 76) Er betrachtet „das Töten von männlichen Artgenossen als einen normalen Vorgang im Rahmen von reproduktionsstrategischen Maßnahmen." (Vogel 1989, 77)

Eine deutsch-indische Wissenschaftler-Gruppe beobachtet seit zehn Jahren Languren in der Umgebung von Jodhpur. Dort leben etwa 1300 Tiere in nur 29 Rudeln mit jeweils einem Männchen. Die Weibchen verbleiben stets in ihrer Geburtsfamilie. Ein „Haremshalter" kann in einer Gruppe von bis zu 30 Weibchen leben (Vogel 1989, 94). Unter den Männchen, die in Junggesellengruppen leben müssen, herrscht ein ungeheurer sexueller Konkurrenzdruck. „Einem Männchen gelingt es in dieser Population im Durchschnitt nur 27 Monate, einen ‚Harem' für sich zu monopolisieren." (Vogel 1989, 94) Ohne Zweifel regeln die Weibchen die soziale Ordnung innerhalb der Familien, denen sie, und nicht die Männchen, zeitlebens angehören. Die Männchen müssen sich der bestehenden Sozialordnung anpassen, wenn sie sich für kurze Zeit in der Gruppe aufhalten.

Anders als Intelligenz oder soziales Verhalten, ist der Umgang mit Aggression ein Kriterium für den Unterschied zwischen Tieren und Menschen. Vor mehr als hundert Jahren haben sich schon vereinzelt Männer darüber Rechenschaft abgelegt. Lester Ward sagt, daß „kein männliches Tier das Weibchen mißhandelt und die Mißhandlung der Frauen eine ausschließlich menschliche Tugend ist." (Ward 1909, 434) Inzwischen sind mehr als hundert Jahre vergangen, und nur wenige ethologische* Studien beschreiben Ausnahmesituationen, unter denen sich das aggressive Verhalten der Tier-Männchen gegen den Nachwuchs richtet (Sommer 1989, 266). Biruté Galdikas beschreibt bei den Orang-Utans auf Borneo seltene Fälle von Kopulationen, die ein Männchen gegen den Willen des Weibchens erzwingt. „Das Weibchen wehrt sich mit aller Kraft gegen die ‚Vergewaltigung' und versucht, das Männchen zu beißen. Dabei stößt es ein merkwürdiges, nervöses Grunzen aus, einen Laut, den Orang-Utans bei keiner anderen Gelegenheit von sich geben." (Montgomery 1992, 135) Derartige Übergriffe ereignen sich ausschließlich, wenn keine anderen Weibchen in der Nähe sind. Nur Menschenmänner vergewaltigen Frauen, die ohne männlichen „Schutz" sind; nur Menschenmänner ritualisieren Vergewaltigung zur Machtdemonstration nach siegreichen Kriegen.

Aggression und Tötungsgewalt im Arnheim-Zoo

Frans de Waal hat Beobachtungen an Schimpansen in der holländischen Arnheim-Kolonie veröffentlicht. In Arnheim leben Schimpansen auf einem Areal von zweieinhalb Morgen*. Fünfzig hohe Bäume sollen den Tieren die Illusion vermitteln, fast wie im Urwald zu leben. Doch während eine Gruppe wildlebender Schimpansen aus einem gemeinsamen Familienverband stammt, sind die Tiere von Arnheim nicht in diesem Territorium aufgewachsen, sondern aus verschiedenen europäischen Tiergärten ausgewählt und hierher gebracht worden.

Zehn erwachsene Schimpansenweibchen, vier erwachsene Männchen sind eingebracht worden, dazu kommen einige Jungtiere, die in Arnheim geboren worden sind. Von Anfang an war die Anzahl der Männchen künstlich reduziert worden und bot eine friedliche Ausgangslage.

Die aggressiv brutale Weise, durch die wilde Schimpansenpopulationen ihre männlichen Erwachsenen in ein Gleichgewicht bringen, das

Zeugung und Überleben gewährleistet, wird in der Arnheimkolonie ausgeklammert. Und genau diesen wichtigen Sachverhalt übergeht der Forscher: Er benennt den Unterschied nicht, der zwischen der Arnheim-Kolonie mit ihrer von vornherein reduzierten Männchenzahl und einer wilden Population besteht, die diese ausgewogene Anzahl durch Kämpfe erst herstellen muß.

Wie Christian Vogel beobachtet hat, dauern Drohungen und Kämpfe zwischen Angehörigen der gleichen Familie eine Minute und manchmal bis zu drei Minuten, und sehr selten fügen sich verwandte Schimpansen schwere Verletzungen zu (Vogel 1989, 117). Jane Goodall unterscheidet zwischen Aggression, die Schimpansen gegenüber gruppenfremden Tieren an den Tag legen und der Konkurrenz innerhalb einer Schimpansenfamilie. Darin gleicht das Verhalten der Schimpansen dem menschlichen Umgang mit Aggression. Innerhalb eines Menschenstammes oder -volkes wird die Tötung von Artgenossen als Mord geahndet, gegenüber dem verfeindeten Nachbarn kann Tötung zur Heldentat werden.

„Für den größten Teil der Menschheit ist der Stamm die Einheit, innerhalb derer Töten als Mord betrachtet wird und außerhalb welcher zu töten ein Beweis von Männlichkeit und Tapferkeit sein kann, ein Vergnügen und eine Pflicht." (Gorer 1974, 52) Solches Töten kann von einzelnen begangen werden – von Kopfjägern und Skalpsammlern. Es kann als Blutrache oder Überfall vollzogen werden. Wenn Gruppen zur Tötung ausziehen, wird es ‚Krieg' genannt.

Unter gewissen Voraussetzungen kann auch innerhalb eines Clans mörderische Gewalt auftreten. Die Schimpansen in der Arnheim-Kolonie verhalten sich wie eine Familie, vergleichbar vielleicht einem Waisenhaus bei den Menschen, das Kindern unterschiedlichster Herkunft eine Heimat bietet. Drei der vier erwachsenen Männchen, nämlich der alte Yeroen und die jüngeren, etwa gleichaltrigen Tiere, Luit und Nikkie, konkurrieren deutlich miteinander. Zwei von ihnen verhindern die Dominanz des dritten. Der jüngste der vier Männer, Dandy, hält sich eher abseits.

Zu mörderischer Aggression kommt es im Arnheim-Zoo, als das Kräfteverhältnis unter den Männchen aus dem Gleichgewicht gerät. Eines Tages will der alte Yeroen mit Nikkies Hilfe den kräftigen jungen Luit von einem attraktiven Weibchen vertreiben. Doch Nikkie ignoriert diese Bitte. Luit kann die Kopulation ungestört genießen und wird – so de Waal – „Alpha-Tier aus Unterlassung", womit de Waal sagen will, Luit habe seine Position nicht erkämpft, sondern die unterlassene Zusammenarbeit Nikkies mit dem alten Yeroen habe Luits Machtzuwachs ermöglicht. Die Überlegenheit Luits, der ohnehin als Einzeltier das stärkste von den dreien ist, kann nur durch die Koalition von Yeroen und Nikkie ausgeglichen werden.

Wenn es richtig ist, daß Ausgewogenheit und nicht Hierarchie das ordnungsstiftende Verhalten in einer Schimpansengruppe ist, muß es jetzt zur Katastrophe kommen. Und genau das geschieht: Die Männergruppe duldet nicht, daß Luit tatsächlich das „Alpha-Männchen“ in der Gruppe wird; denn die Population verträgt keine Hierarchie. Eines Nachts veranstalten Nikkie und Yeroen ein Blutbad im Schlafkäfig. Luit verliert beide Hoden und ist im übrigen so schwer verwundet, daß er trotz ärztlicher Behandlung an den Folgen stirbt. Nachdem Luit zur Behandlung isoliert worden war,

„kam es zu einem ungewöhnlich wütenden Angriff auf Nikkie durch ein hochrangiges Weibchen namens Puist. Sie war so hartnäckig und aggressiv, daß Nikkie in einen Baum floh. Puist war immer Luits Hauptverbündete unter den Weibchen gewesen. Sie muß den Kampf verfolgt haben, denn ihr Schlafkäfig ermöglicht einen Einblick in die Männchenkäfige.“ (de Waal 1991, 72)

Es scheint doch, daß es auch intensive zwischengeschlechtliche Bindungen unter Schimpansenweibchen und –männchen gibt, die über die sexuelle Beziehung hinausreichen.

Obwohl es nicht den Anschein hat, als würde das Weibchen Puist Nikkie auch nur den geringsten Respekt entgegenbringen, meint de Waal, Nikkie sei nun „zum formalen Alpha-Männchen gemacht und ergeben von diesem und jenem Mitglied der Gemeinschaft gegrüßt“ worden. Es ist ein recht schwaches Argument für die Alpha-Position, wenn „dieses oder jenes Mitglied der Gemeinschaft“ Nikkie grüßt. Das „Alpha-Männchen“ ist eine fixe Idee. Und Frans de Waal muß denn auch zugeben, daß Nikkies „erstes Jahr in dieser Position schwach“ gewesen sei (de Waal 1991, 62).

Seit Luits Tod „spielte Dandy eine viel wichtigere Rolle als jemals zuvor. Wiederholt suchte er Kontakt zu Yeroen und widerstand Nikkies Trennungsversuchen.“ (de Waal 1991, 72) Ein neues Triumvirat stellt durch eine schwebende Rivalität das Gleichgewicht wieder her.

Leider bricht der Bericht hier ab. Der Forscher wendet sich einem anderen Projekt zu. Wie aber wird sich die Gruppe weiterentwickeln? Wie wird sich die Gruppe verhalten, wenn die männlichen Jungen, die bislang noch von den Müttern geschützt werden, selbständig werden? Werden die Menschen eingreifen, falls sich die Zahl der Männchen als zu groß erweisen sollte? Werden sie erwachsene Männchen aus der Gruppe aussondern, um die Katastrophe zu verhindern?

Frauenmacht und Tötungsgewalt

Um zu begreifen, welche Deformationen die natürliche Ordnung durch kulturelle Evolution erfahren hat, müssen wir die Welt, in der wir leben, analysieren. Wovon wird das großartige Gebäude des patriarchalen Geistes immer wieder so sehr erschüttert, daß der Sieg der „Wahrheit", des „Guten" und „Richtigen" *gewaltsam* herbeigeführt werden muß? Die Machthaber, die diktieren, was wahr, gut und richtig zu sein hat, setzen Wertmaßstäbe nach ihrem Gutdünken. Gewalt ist das allgegenwärtige Instrument, mit dem die Mächtigen ihren Willen durchsetzen.

Wir Frauen haben diese Erscheinungen des Patriarchats nicht nur toleriert; einige von uns haben aus der Männermacht Vorteile gezogen, zum Beispiel weil sie Ehefrauen bedeutender Männer gewesen sind; andere haben die Anerkennung durch Männer wichtiger eingeschätzt als die Solidarität mit Frauen. Schließlich haben auch Frauen selbst politische und gesellschaftliche Macht ausgeübt.

Daß Männer stärker auf aggressive Reize reagieren als Frauen, ist eine Tatsache. Aber werden die Geschlechter durch gesellschaftliche Normen unterschiedlich stimuliert? Werden auch Männer nicht als Männer geboren, sondern erst dazu gemacht? Vieles spricht dafür. Wir steuern damit auf die folgenden Fragen zu: Sind Machttrieb und Tötungsgewalt männlich, weil sie sich auf eine jahrzehntausendalte kulturelle Entwicklung des männlichen Verhaltens zurückführen lassen? Oder hat es etwas mit männlicher Befindlichkeit zu tun, wenn Männer dazu neigen, ihre Ziele durch Tötungsgewalt durchzusetzen? Ist Gewalt eine männliche Eigenschaft, weil es im Patriarchat die Männer sind, welche die Macht haben? Würden Frauen die gleichen Eigenschaften entwickeln, wenn es ihnen frei stünde, Gewalt bis zur Tötungsgewalt zu gebrauchen, um ihre Machtgelüste durchzusetzen?

Ohne analytische Begründung setzt die Freudianerin Ruth Waldeck *die Lust der Frauen am Krieg der Männer* voraus (Waldeck 1991, 16) Zwar gäbe es das Entsetzen über den Mörder, über seine „nackte gräßliche männliche Lust" (Waldeck 1991, 31), aber die Frau habe die Tötungsgewalt an den Mann lediglich delegiert: Da Frauen und Männer mit dem gleichen Potential an sexuellen und aggressiven Energien ausgestattet seien, „müssen diese Triebenergien bei der Frau anders kanalisiert werden, damit sie passiv und aggressionslos erscheint. Aktive Sexualität und aggressives Handeln werden auf Männer projiziert und an Männer delegiert." (Waldeck 1991, 34)

Aus der vergleichenden Verhaltensforschung wissen wir, daß ältere und erfahrene weibliche Tiere Macht und aggressives Verhaltensweisen entwickeln, um das Sozialgefüge der Gruppe zu steuern. Weibchen – und in die Gruppe integrierte Männchen – verfügen *nicht* über „das gleiche Potential an aggressiven Energien", ihre aggressiven Energien haben eine andere Struktur und eine andere Zielrichtung als die der isoliert in Junggesellengruppen lebenden Männchen. Soziale, nicht technische Intelligenz ist die Voraussetzung für weibliche Macht: für Seins-Macht, nicht für Macht-Haberei. Das gilt ebenso für das in eine Weibchengruppe integrierte Männchen. Wir haben gesehen, daß das weibliche Geschlecht zum Mord fähig ist. Weibchen morden, um sich Nahrungsreserven zu sichern. Sie töten selbst ihre neugeborenen Kinder, damit die Population nicht zu groß wird für das Habitat, das zur Verfügung steht – ein Verhalten, das noch unter menschlichen Stämmen beobachtet worden ist. Säugetierweibchen töten im allgemeinen keine Männchen. Unter Primaten* töten nur Männchen einander im Rivalitätskampf. Deshalb hat der Sieger noch längst keine Macht. Seine soziale Anpassung wird gefordert.

Eine psychologische Erkenntnis, welche die Vergleichende Verhaltensforschung in ihre Analyse einbezieht, kann nicht umhin anzunehmen, daß die Disposition zu desintegrierter Aggressivität, die Bereitschaft zum Krieg, im männlichen Geschlecht angelegt ist. Die zentrale Frage ist daher: *Gehorcht gerade der Mann, der sich selbst freigesprochen hat von jeglicher Bindung an instinktives Verhalten, mit seinen aggressiven Reaktionen einem archaischen Verhaltensmuster?*

Erst im Patriarchat töten Frauen auch Männer. Sie tun es als Reaktion auf eine Gesellschaftspraxis, die es Männern erlaubt, Frauen extrem zu unterdrücken. Trotzdem stellen Frauen als Mörderinnen in modernen Kriminalstatistiken eine Minderheit dar. Frauen bekommen eine mörderische Wut, wenn sie vergewaltigt werden. Aber die wenigsten vergewaltigten Frauen ermorden die Täter. Aggressiv-gewalttätige Morde treten bei Frauen zurück gegenüber sogenannten heimtückischen Morden, die meist solche Frauen ausüben, die jahrzehntelang gedemütigt und gequält worden sind und keinen anderen Ausweg sehen.

Von ihrer Disposition her sind Frauen mutig, wenn es um Leben geht. Jede Geburt ist eine große Leistung, und die Erziehung der Kinder fordert ein beständiges „aggredi“: das Bewältigen der Lebensaufgaben.

Männer bringen einander in irrationalen Kriegen um, oder sie opfern ihr Leben für „höhere Ziele“. Frauen werden manipuliert, sich dem männlichen Weltbild, das den Tod der Männer idealisiert, anzupassen, ob diese in Kriegen oder um des technischen Fortschritts willen ihr Leben gelassen haben. Jedes Bildnis einer trauernden Gottesmutter mit ihrem gekreuzigten Sohn in den Armen mutet Frauen das Einverständnis mit den Opfertoden ihrer Söhne zu, wofür Maria als Vorbild gilt. In den Texten des II. Vatikanischen Konzils im Abschnitt „Lumen Gentium“ wird von Maria gesagt, daß sie „sich mit Christi Opfer in mütterlichem Geist verband, indem sie der Darbringung des Schlachtopfers, das sie geboren hatte, liebevoll zustimmte." Um den Preis der „Darbringung des Schlachtopfers" wird Maria die Teilhabe am Erlösungswerk ihres Sohnes zugestanden! Nirgends in der Bibel ist davon die Rede, daß Maria bereitwillig ihren Sohn dahingegeben hätte zur Erlösung für viele. *Das hat der Vater getan, nicht die Mutter.* Erst die patriarchale Indoktrination verlangt von Frauen die Hingabe ihrer Söhne an den Tod.

Aber nicht nur die trauernde Maria bringt das demutsvolle Einverständnis einer Mutter mit dem Tod ihres Sohnes ins Bild. Die Wirkungsgeschichte der christlichen Pietà hat die trauernde Mutter zum „Archetyp" werden lassen. Allen Müttern wird das Einverständnis mit den von Männern inszenierten Toden suggeriert, wenn das kirchliche Vorbild zu Ehrenmalen für gefallene Soldaten mißbraucht wird.

Die Plastik „Trauernde Mutter mit Sohn" von Käthe Kollwitz, im Berliner Mahnmal aufgestellt, ist ein Beispiel dafür, wie Frauenprotest gegen den Krieg von Männern in erhabene Trauer um die Toten umgemünzt wird. Wir dürfen nicht gegen das Morden rebellieren, wir dürfen lediglich den Tod durch unsere Trauer verklären. Die erschütternde Aussage des Gesamtwerkes von Käthe Kollwitz ist eine einzige Anklage gegen die Armut der Witwen, gegen den Hunger der Kinder, gegen Ungerechtigkeit, Krieg und Not, ein Aufschrei gegen die Bereitschaft der Söhne, freiwillig zum Sterben anzutreten. Innerhalb *dieses Gesamtwerkes* ist auch die Plastik der Mutter mit dem Sterbenden Anklage. Erst herausgelöst aus der politischen Aussage der Künstlerin wird die Mutter mit dem Elenden zur „Pietà". *Der Aufschrei der Künstlerin gegen den Krieg wird zu ihrem Einverständnis mit Millionen Toden umfunktioniert.* Diese Enteignung der künstlerischen Aussage der Käthe Kollwitz empört mich zutiefst.

Käthe Kollwitz begehrt auf. Ihre einsam herausgelöste Plastik bewirkt ein unerträgliches Mißverständnis. Sie gleicht einem aus dem Zusammenhang eines Gesamtwerkes gerissenen Zitat, das zur Aussage des Gegenteils dessen mißbraucht wird, was die Künstlerin ausdrücken wollte. Nur wenn das *Gesamtanliegen* der Käthe Kollwitz im Mahnmal zur Darstellung kommt, also ein umfassender Eindruck ihrer künstlerischen Aussage geboten wird, kommt ihre künstlerische Aussage zu Geltung. *Nie wieder Krieg* – das ist ihre zentrale Forderung, und diese sollte im Mahnmal jeden Besucher konfrontieren, erläutert durch viele ihrer Bilder, die das Elend vor Augen führen, welches der Krieg für Mütter und Kinder im Gefolge hat.

Ebenso verklärt ein Denkmal in Bochum-Wattenscheid den Massentod von Grubenarbeitern (Struchtemeier 1992, 40 ff.). Einer Pietà vergleichbar hält eine Bergarbeiterfrau den zusammengesunkenen, toten

Körper eines Grubenarbeiters in ihrem Schoß. Auch dieses Denkmal suggeriert das schicksalsergebene Einverständnis der Frauen mit dem Tod ihrer Männer.

Im Krieg fallen Männer elend und allein gelassen; in Stein gehauen beugen sich Mütter trauernd über ihre sterbenden Söhne. Auf der ganzen Welt werden Frauen sozialisiert, den Wahnsinn gewalttätiger Tode und männlicher Leistungen, die nicht dem Leben, sondern der Zerstörung dienen, tatkräftig zu unterstützen. Auf der Schattenseite romantisch verklärter Heldentode geraten die Witwen mit ihren Kindern in Armut und ins gesellschaftliche Abseits.

Die *Seins-Macht* der Frauen und ihre sozialen Fähigkeiten werden im Patriarchat ausgebeutet – gegen die natürliche Ordnung des Lebens. Männer können durch Tötungsgewalt Macht *haben.* In der Entwicklung der Arten hat männliche Macht-*Haberei* kein Vorbild.

Der Todestrieb – eine Funktion der männlichen Sexualität

Konkurrenz, Wettlauf ums Leben, Kampf um das Weibliche und der Sieg des Helden über alles, was männlich ist, kennzeichnen schon den Weg der männlichen Keimzellen. Nur eine einzige von Millionen anderen wird nach der Begattung schließlich das weibliche Ei erreichen. Der absolute Überlebenstrieb dieser einzelnen männlichen Keimzelle ist gekoppelt mit der Notwendigkeit, daß die anderen abgedrängt werden und absterben müssen. Diesem Ablauf folgt jeder Zeugungsvorgang von den primitivsten Lebensformen bis zu den Menschen. Der Aggressionstrieb des Mannes und sein Konkurrenzverhalten gegenüber anderen Männern folgen dieser Grunddisposition: Leicht ist männliche Tötungsbereitschaft, die sich gegen das Leben anderer Männer richtet, durch Kriegshetze oder religiösen Fanatismus zu aktivieren. Der Todestrieb, den er gegen das eigene Leben richtet, wird sublimiert: Der Mann ist bereit, für ein Ideal, für einen höheren Zweck, sein Leben hinzugeben.

Ein Rückblick auf die Kette der Evolution, aus welcher die Menschen in ihrer vorläufigen Gestalt hervorgegangen sind, zeigt uns die Bedeutung des Männlichen für das Leben. Überall, wo in der Natur neues Leben durch sexuelle Zeugung entsteht, steuert das Männchen seine Keimzelle im Dienst des Lebens bei. Ich spreche ganz betont von der *Keimzelle.* Es handelt sich nicht um Samen, griechisch *sperma,* denn dies wäre bereits Frucht. Aristoteles unterstellt, die Frau sei nur die träge Ackerfurche, in die der Mann seinen „Samen“ werfe. Der Mann verfüge also über die komplette Erbinformation, zu der die Frau nichts beizutragen habe. Diese Anmaßung sollten wir durch eine sinnvolle Wortwahl korrigieren.

Vogel- und Säugetiermännchen kämpfen zur Paarungszeit um die Weibchen, ein Verhalten, das aus den Urzeiten der geschlechtlichen Fortpflanzung des Lebens stammt. Sie wollen wenigsten ein Weibchen für sich allein haben, oder ein einzelnes kräftiges Männchen vertreibt die überzähligen Artgenossen, um sich einer Gruppe von Weibchen anzubieten. In der traditionellen Wissenschaftssprache heißt das: „...um einen Harem zu beherrschen".

In der frühen Geschichte der Menschheit ist die Verwandtschaft mannmännlicher Rivalität mit der Rivalität unter Tiermännchen noch deutlich: Auch Menschenmänner kämpften um Menschenfrauen: Sie zogen in den Krieg. Sie töteten die Schwächeren. Die Stärkeren, Klügeren und Besonneneren kehrten zur Begattung der Frauen heim. Barash spricht von der „Tauglichkeits-Maximierung" des Mannes:

„Nur wenige Menschen geben zu, daß sie den Krieg lieben, aber im Laufe der ganzen Geschichte haben Hunderte von Millionen Vertreter der Spezies Homo sapiens vielleicht kaum mehr getan als auf das Flüstern der Tauglichkeits-Maximierung gehorcht, als sie mit so schrecklicher und verheerender Regelmäßigkeit in den Krieg zogen." (Barash 1981, 224)

Doch nicht nur *vor* der Begegnung mit der Frau, auch nach der Liebe drängt es den Mann hinaus ins feindliche Leben. Er sucht Abenteuer, um sich auf neue selbst zu bestätigen oder zu sterben. Das Schicksal des Männlichen nach der Zeugung folgt einer biologischen Disposition aus dem Archaikum des Lebens: Der Untergang von Millionen männlicher Keimzellen beim Kampf um das weibliche Ei wie der Tod des Männchens unmittelbar nach der Zeugung oder bald danach ist ein Verhalten, das die Natur bei vielen Arten programmiert hat.

Besonders bei Insekten wird die Tötung des Männchens oft direkt nach der Zeugung praktiziert. Spinnen und Bienen sind bekannte Beispiele für diese Erscheinung. Das Männchen der Fangheuschrecken, zu denen die Gottesanbeterin gehört, schleicht sich behutsam an das Weibchen heran, wenn es kopulieren möchte – und es „weiß", warum es so vorsichtig ist. Wenn die Gottesanbeterin irgend kann, beißt sie dem Partner oft schon während des Zeugungsaktes den Kopf ab.

„Aber der Verlust des Kopfes scheint den Rest des Körpers des Männchens nicht von seinem sexuellen Schwung abzubringen. Tatsächlich ist es sogar möglich, daß das Weibchen die sexuelle Leistungsfähigkeit des Männchens dadurch verbessert, daß es seinen Kopf auffrißt." (Dawkins 1978, 6)

Denn im Kopf des Männchens befinden sich Nervenzentren, welche seine sexuelle Aktivität eher hemmen. Das Männchen vollendet seine Zeugungspflicht als mechanischen Reflex noch im Tod.

Die Iatmul, Kopfjäger Neuguineas, verehren bezeichnenderweise die Gottesanbeterin als Totemtier, und dieser Stamm zeigt vielleicht am deutlichsten, wie Menschenmänner instinktiv den Tod suchen, wenn die Zeugung vollbracht ist. Bei diesem Volk reguliert die matriarchale Gesellschaftsstruktur das alltägliche Leben, während die Kopfjägerei Sache der Männer ist, die von den Frauen geduldet wird. Bei diesem Stamm läßt sich noch nachvollziehen, daß Männer- und Fraueninteressen auf verschiedenen Ebenen gelebt worden sind. Nur bei besonderen Gelegenheiten berührten sich Frauen- und Männerwelten.

Ihrer Stammesorganisation nach sind die Iatmul mutterrechtlich geprägt. Am Anfang der Welt gab es nur Frauen: Der Ursprungsmythos der Kopfjäger in Neuguinea erzählt von einem Frauendorf. Männer waren unbekannt. Eines Tages entdeckten die Frauen, daß in jedem der Bambushölzer am Fluß ein Mann steckte. So gingen die Frauen mit Steinbeilen, und jede schlug sich einen Bambusstecken, aus dem sofort ein Mann heraussprang. Den nahmen sie sich und machten ihn sich zum Ehemann (Stanek 1982, 16 ff.). „Es sind dort tatsächlich die Frauen, die bei der Anbahnung der Liebes- und Heiratsverhältnisse im Einklang mit der Norm die Initiative ergreifen.“ (Stanek 1982, 21)

Eine Geschichte berichtet, wie Morondawa jeden Tag aus dem Wald kommt, reichlich beladen mit Fleisch und Früchten. Die Frauen geben vor, geheimnisvolle Verbindungen zum Dorf der Ahninnen zu haben, die ihnen die Nahrung spenden; aber die Männer dürfen davon nichts erfahren. Eines Tages will der Ehemann mit Gewalt das Geheimnis lüften. Die Frau schweigt. Der Mann bedroht Morondawa mit dem Stock und schlägt sie tot. Morondawa wird begraben, aber schon am nächsten Morgen hat sie das Grab verlassen. Sie ist in den Wald gewandert, ins Dorf ihrer Ahninnen (Stanek 1982, 25 ff.). Diese Geschichte zeigt, wie Männergewalt im Lauf der Patriarchalisierung, die auch vor Stammesvölkern nicht haltmacht, sich auch gegen Frauen richten kann. Doch der Glaube an ihre Unsterblichkeit, an ihre Heimat im Reich der Ahninnen macht die Frauen den Männern spirituell überlegen.

Obwohl die Iatmul-Frau meist in das Haus des Mannes zieht, wenn sie heiratet, ist sie hochgeachtet. Wenn der Clan der Frau Hilfe braucht, um ein Haus oder ein Boot zu bauen, ist der Ehemann zur Mithilfe verpflichtet; ebenso muß der Sohn seine Arbeitskraft in den Dienst des mütterlichen Clans stellen, sowie er gebraucht wird (Stanek 1982, 201). Trotz der patrilokalen Wohnsitte hat sich matriarchale Gesellschaftspraxis erhalten.

„Die Mutter gibt dem Kind Kräfte. Der Vater gibt nur die Knochen, das tote Skelett; was wirklich wichtig ist, ist die Mutter, die das Leben gibt, das

Fleisch und das Blut, mit dem die Knochen bekleidet sind. Niemand außer der Mutter kann dem Kind Kräfte verleihen“ (Stanek 1982, 200), erzählen die Iatmul-Männer.

Im Mythos war es die mütterliche Ahnfrau, die der männlichen Aggression und Tötungslust den angemessenen Ort zuwies: In alter Zeit lebten zwei Brüder, die das ganze Dorf mit ihrer Kopfjägerei in Angst und Schrecken versetzten. „So ist der starke Mann“, belehrt der ältere den jüngeren Bruder, „was er in die Hände bekommt, zerreißt er. Er tötet gern.“ Aber die Mutter der beiden setzte ein Tabu. Im eigenen Dorf dürfen sie niemanden töten. Die beiden gehorchen und gehen fort. Sie jagen nach den Köpfen stammesfremder Männer (Stanek 1982, 111 ff.).

Wenn sie die Köpfe der feindlichen Brüder ins Dorf der Iatmul bringen, beteiligen sich die Frauen am Skelettieren der Schädel, die gekocht und überm Feuer getrocknet werden. Die Kopfjägerei ist eine Art ritueller Menschentötung. Die Iatmul transzendieren ein angeborenes Verhalten. Sie erfahren den Todestrieb nicht mehr als biologische Notwendigkeit, sondern als Gesetz der Götter oder der göttlichen Ahnen. So entsteht aus biologischer Disposition der kulturelle Überbau, und es besteht kein Anlaß, das eine vom andern streng zu trennen.

In den zwanziger Jahren dieses Jahrhunderts haben australische Christen die Iatmul durch drastische Maßnahmen, „regelmäßig spektakuläre Hinrichtungen mit dem Strick“ (Stanek 1982, 124), abgeschreckt, um den Kopfjäger-Kult zu unterbinden. Christen töten aufgrund einer „höheren Moral“; das unterscheidet sie von den Iatmul. Erst seit jüngster Zeit richtet sich die Tötungsgewalt bei den Iatmul gelegentlich auch gegen Frauen, und die Kopfjäger bringen manchen Frauenschädel als Trophäe nach Hause. Traditionellerweise haben die Tötungsrituale der Männer das Leben der weiblichen Gruppe nicht berührt.

Die Hottentotten glauben, die Gottesanbeterin sei ein göttliches Wesen (Barash 1981, 22). Kopfjägerei ist auch für sie eine rituelle Handlung, Einswerden mit der Ordnung der Natur.

Auf den Molukken, berichtet David Barash, durfte ein Kopfjäger das Gesicht seines Opfers nicht sehen. Wandte sich der Gejagte seinem Jäger zu und sah ihn an, so war er gerettet. Nachdem er ihm von Auge zu Auge gegenübergestanden hatte, galt das Tötungsritual nicht mehr. Die Tötung wäre zum Mord geworden (Barash 1981, 127).

In der keltischen Kultur sind mutterrechtliche Traditionen der europäischen Ureinwohner mit den patriarchalen, zum Teil grausamen Sitten der indo-europäischen Einwanderer eine Verbindung eingegangen.

„Die keltischen Krieger waren notorische Kopfjäger. Ihr Hang zu Menschenopfern schockierte selbst die Römer, die schließlich an die Schrecken und das Gemetzel in den Amphitheatern gewöhnt waren. Sich dem Feind zu ergeben, war nach der keltischen Schlachtordnung nicht vorgesehen. Kriegsgefangene wurden, wie wir von Julius Cäsar erfahren, gewöhnlich einem Gott geopfert." (Ross/Robins 1990, 43)

Auf der anderen Seite spiegeln die Kulte der Göttinnen, matriarchale Jahreszeitenfeste und Rituale, die auf eine uralte Frauentradition zurückgehen, sich noch zu unserer Zeit in den Volksbräuchen der einst keltischen Gebiete. Diese widersprüchlichen Überlieferungsstränge lassen auf eine Gesellschaftsstruktur schließen, bei der Frauen- und Männerleben weitgehend voneinander getrennt waren. In reinen Junggesellengruppen haben Männer aggressions- und risikobereit ihre Kräfte gemessen. Von den Frauen-Clans ging die matriarchale Kultur aus: ein hochsensibles soziales Gefüge. Männer, die Zugang zu Frauen suchten, hatten soziales Verhalten zu lernen. Sie mußten sich der matriarchalen Ordnung anpassen, wenn sie in die Frauengruppe integriert werden wollten. Männerkriege gehörten auf den Nebenschauplatz der Menschheitsgeschichte.

Solange das Töten ein Ritual der Männer blieb, waren die Überlebensfunktionen der Stämme und Völker ungestört. Nach dem Tod der „Helden" wählten die Frauen andere Partner, was für die Evolution von Vorteil war; denn neues Erbgut wurde eingeschleust.

Bei Tieren wie bei Menschen führt die Tötung männlicher Artgenossen zu Frauenüberschuß. Die Folge davon ist, daß Frauengruppen mit wenigen sozial angepaßten Männern zusammenleben. Während die Frauen über Generationen hinweg eine festgefügte Familie bilden, ist es bei den meisten Spezies üblich, daß die Männer regelmäßig immer wieder abwandern.

Die Pascha-Ehe des patriarchalen Mannes ist von anderer Art. Das Ziel der Evolution wird pervertiert: Nicht die Frauen verfügen über wechselnde Partner, sondern ein einzelner Mann schart einen Harem von Frauen um sich. Ein Fürst oder König rechtfertigt die Polygamie durch seine hierarchische Position; bei vielen Völkern ist die Pascha-Ehe gesellschaftlicher Brauch; aber auch in Gesellschaften, die vorgeben, das Ethos der monogamen Ehe hochzuhalten, beansprucht der Mann latent das Recht, Zugang zu mehreren Frauen zu haben. Die doppelte Moral erlaubt *ihm*, promiskuitiv zu leben. Der unterschwellige Pascha-Wunsch macht *seine* Untreue entschuldbar.

Für die Evolution der Spezies Mensch ist die patriarchale Pascha-Ehe ungünstig, weil den Frauen einer Familie nur die Gene eines einzigen Mannes zur Verfügung stehen. Bei Stammeskulturen und überschaubaren Völkern würde dieses Paarungsverhalten zu genetischen Fehlern führen, wie sie bei Inzucht bekannt sind. Das ungehemmte Bevölkerungswachstum im Patriarchat gleicht diesen Nachteil etwas aus, indem es die Vermischung der Gene durch die Populationsgröße gewährleistet.

Todesangst, Frauenfeindlichkeit und das Patriarchat

Im Jahr 1888 hielt Lester Ward jenen Vortrag, den ich bereits erwähnt habe, vor dem „Sechs-Uhr-Club" in Washington. Er mutete seinen Zuhörern zu, die ursprüngliche Rolle des Männlichen als die eines flüchtigen und vergänglichen Anhängsels des Lebens zu betrachten. Fortpflanzung sei ursprünglich Zellteilung gewesen. Ward zeigte, daß Leben mit dem weiblichen Organismus begann und lange Zeiten während der Evolutionsgeschichte durch das weibliche Geschlecht allein weitergetragen worden ist. Die Biologie mußte diesen Tatbestand anerkennen. Sie spricht von Mutterzellen und Tochterzellen. Gestützt auf das Kriterium der Arterhaltung betrachtete Ward das Weibliche als primär, als wesentlicher für die Erhaltung der Art und von daher als überlegen. Als die sexuelle Differenzierung einsetzte, sei das Männliche im Königreich der Pflanzen und Tiere zweitrangig gewesen:

„Wenn wir Stempel und Staubblätter als Individuen betrachten, so wird klar, daß bei höheren Pflanzen im allgemeinen und in viel höherem Maße als bei den Tieren das Männliche einfach ein Befruchter ist, während das Weibliche fortfährt, sich zu entwickeln und die Frucht zu reifen. Die Staubblätter verwelken immer, sobald die Staubbeutel ihre Pollen geleert haben. Sie haben keine andere Funktion." (Ward 1909, 400)

Derartige Vergleiche waren vor mehr als hundert Jahren revolutionär und irritierten das männliche Selbstverständnis. Ward hat seine Theorie über die relative Unwichtigkeit des Männlichen für das Leben später unter dem Titel *Reine Soziologie – eine Abhandlung über den Ursprung und die spontane Entwicklung der Gesellschaft* veröffentlicht. Ward legt dar, daß in der Evolution dem Weiblichen die eigentliche Bedeutung für das Leben zukommt, während das Männliche „nur ein Nachgedanke der Natur" sei.

Ward glaubte, der junge Mann habe in der Urgesellschaft ein recht jämmerliches Bild abgegeben. Nach der Entwöhnung habe er sich von der Mutter lösen müssen, lange bevor er selbst völlig sicher in der Nahrungsbeschaffung gewesen sei. Daher habe der Mann die Mutter als feindlich erfahren. Wählerische und selbstsichere Frauen hätten ihm die Sexualität verweigert, weil sie stärkere, ältere und erfahrenere Partner bevorzugt hätten.

Dazu betont der Psychoanalytiker Gregory Zilboorg, „daß es der Mann war, der sich selbst als biologisch unterlegen wahrnahm", und deshalb eine Feindseligkeit gegen Frauen entwickelt habe (Zilboorg 1979, 258). Er nimmt an, daß sich die „frühesten und tiefsten Wurzeln der männlichen Feindseligkeit gegen Frauen in diesen tiefen Schichten der frühen Menschheitsgeschichte finden lassen." (Zilboorg 1979, 238)

Doch scheint mir diese Analyse eher zu kurz gegriffen. Ich habe Männer beim Anschauen eines Kulturfilms über Spinnen beobachtet, und die Tötung des Spinnenmännchens nach dem Geschlechtsakt löste regelrecht aggressive Äußerungen gegen die anwesenden Frauen aus. Warum reagierten die Männer derart irrational? Es ist ja nicht üblich, daß Menschenfrauen ihre Männer nach der Begattung töten. Macht vielleicht das Spinnenverhalten eine archaische Lebensregel bewußt, die für den Mann unerträglich ist? Gilt nicht auch für den Menschenmann zutiefst das Gesetz jener tierischen Populationen, bei denen das Männchen nach der Zeugung bedeutungslos ist, wenn es sich nicht am „Brutgeschäft" beteiligt?

Gregory Zilboorg diskutiert, ob dieses Beispiel aus der Insektenwelt herangezogen werden könne, um die weibliche Raubgier und Kastrationslust zu beweisen. Aber er weist die Theorie Freuds als androzentrisches Denken zurück. Am Anfang der Evolution sei Fortpflanzung eine Folge von Ernährung gewesen. Indem sich ein Individuum ernährte und wuchs, strebte es notwendig der Zellteilung und damit der Fortpflanzung entgegen:

„Wenn wir uns bei der Betrachtung des Wesens dieses biologischen Phänomens ohne affektiven männlichen Narzißmus an die Tatsachen halten, gibt es gute Gründe für die Annahme, daß in dieser primitiven Freßgier ein früheres Muster der Zeugung als einer Form der Ernährung angelegt ist, daß die Befruchtung hier noch mit jenem früheren Ernährungsablauf zusammenhängt. Vielleicht steht die Feindseligkeit des Mannes gegenüber dem Weiblichen ebenso wie seine Angst vor Frauen im Zusammenhang mit diesen inzwischen völlig unsichtbaren Fäden, die ihn mit einer entfernten biologischen Vergangenheit verbinden." (Zilboorg 1979, 233)

Inhalte, die als biologische Dispositionen im Stammhirn verankert sind, sind bewußtseinsferner als alle Tiefenschichten, welche die Erforscher des Unbewußten im Blick haben. Die Großhirnrinde leistet unschätzbare Dienste, die biologischen Voraussetzungen männlicher Existenz möglichst endgültig zu verdrängen. Wenn Gregory Zilboorg von „inzwischen völlig unsichtbaren Fäden" spricht, die den Mann mit einer entfernten biologischen Vergangenheit verbänden, so deutet auch er auf eine Tiefenschicht, die jenseits dessen zu suchen ist, was Freud und Jung mit dem Unbewußten gemeint haben. Bei dem sogenannten Unbewußten der Psychoanalyse Freuds und ebenso im Verständnis der Analytischen Psychologie C.G. Jungs handelt es sich noch immer um seelische Inhalte, die relativ leicht reproduzierbar sind, da sie dem Bewußtsein durch tiefenpsychologische Arbeit nahegebracht werden können.

Deshalb bleibt sich der Mann selbst ein Rätsel, wenn er seine Angst vor dem Weiblichen analysieren soll. „Angst, Grauen und Furcht vor der Gefahr, die das Große Weibliche“ bedeute, seien „nicht von faktisch-augenfälligen Eigenschaften dieses Weiblichen ableitbar“, gesteht Erich Neumann, ein Schüler C.G. Jungs. Trotzdem, so fährt er fort, fänden wir „diese negativen psychischen Reaktionen häufig auf die ‚Furchtbare Mutter‘ bezogen.“ (Neumann 1974/1956, 147) Neumann wehrt den Gedanken ab, daß Männer ihre Todesangst auf Frauen projizieren (Weiler 1991/1985, 117). Er zieht erst recht nicht in Erwägung, daß diese Angst auf einer biologischen Disposition beruhen könnte: auf der Tatsache, daß der Mann in der Tiefe seines Unbewußten „weiß“, daß er nach der Zeugung für die Arterhaltung überflüssig ist, so daß er sterben muß.

Auf dieser tief unbewußten Ebene treibt seine biologische Funktionslosigkeit nach der Zeugung den Mann zur abenteuerlichen Gefährdung seines Lebens, lockt ihn in Todesnähe und konfrontiert ihn mit Todesangst. Auf der bewußten Ebene wird die Erkenntnis seiner relativen Bedeutungslosigkeit für den Mann, der zum Bewußtsein seiner selbst gelangt ist, zum unverdaulichen Brocken. Im Dienst des weiblichen Lebens zu stehen, ist für das patriarchale Selbstwertgefühl ganz und gar unerträglich. Im Bewußtsein seiner biologischen Bedeutungslosigkeit entwickelte der Mann Haß und Wut auf die Frauen und den Wunsch, sich die Frauen zu unterwerfen.

Ward geht davon aus, daß die wählerische Frau starke Männer den schwachen vorgezogen und dadurch die Selektion immer stärkerer Männer bewirkt habe. So sei der Mann in der Lage gewesen, sich zum Herrn der Frauen zu machen:

„Daß die Knechtung der Frau ganz und gar die Folge ihrer physischen Inferiorität gegenüber dem Manne war oder vielmehr jener überlegenen Größe und Stärke, welche der Mann, gerade wie die meisten anderen höheren Tiere, durch weibliche Zuchtwahl erlangt hatte, scheint außer Frage, und das Bestreben, dies zu leugnen und beiseite zu schieben, entspringt einzig und allein der Scham, es zuzugeben.“ (Ward 1909, 437)

Gregory Zilboorg versucht, diesen feindseligen Akt in Worte zu fassen:

„Es muß sich um einen überwältigenden Impuls, ein triebhaftes Bedürfnis, gehandelt haben, sexuelle Spannungen zu entladen. Es war kein Akt der Liebe in Erwartung künftiger Vaterschaft oder zärtlicher Hinwendung, sondern ein Verbrechen aus Leidenschaft, eine kurze, völlig egoistische Orgie.“ (Zilboorg 1979, 240)

Der Mann setzte Besitzansprüche gegen die Frau durch, die über seine unmittelbaren sexuellen Bedürfnisse hinausgingen. Mit dem Akt sexueller Unterwerfung ging die ökonomische Ausbeutung der Frau einher:

„Es scheint, daß der Gebrauch, den der Mann von der Überwältigung der Frau gemacht hat, im Lichte dieses ökonomischen Entwicklungsprozesses betrachtet werden muß und daß in diesem Zusammenhang auch die Entwicklung der menschlichen Familie zu sehen ist." (Zilboorg 1979, 248)

Die gesamte Patriarchatskultur kann als gigantischer Überbau des männlichen Geistes über die archaische Disposition betrachtet werden, als ein Aufbäumen des Mannes gegen seine Bedeutungslosigkeit. Bei vielen Spezies beteiligen sich die Männchen an der Brutpflege, oder sie übernehmen die Aufzucht der Jungen völlig in eigener Verantwortung. Dadurch werden sie wichtig für die Erhaltung der Art. *Die Evolution hat diesen Weg jenseits der Gewalt anzubieten: Jene Arten, bei denen sich die Männchen an der Brutpflege beteiligen, kennen weder die Ausgrenzung überflüssiger Männchen, noch führen sie Kriege.* Ich werde später darauf zurückkommen. Der Menschenmann hat selbst zu verantworten, daß er nach der Zeugung für das Leben unwichtig ist, da er sich traditionellerweise den Reproduktionsaufgaben entzieht und Kindererziehung sowie soziale Pflichten an Frauen delegiert.

Die kulturelle Verherrlichung des Todes ist die psychische Realisation* einer unbewußten, von den Bedingungen aus der Urzeit des Lebens gesteuerten Disposition des Männlichen. Der männliche Geist hat das Signal aus der Urzeit der Evolution durch religiöse und philosophische Systeme überlagert. Er konnte eine erhabene Kultur entfalten und große Werke vollbringen. Aber das Patriarchat hat den Mann nicht erwachsen werden lassen. Gegenüber der Frau, die er unterworfen hat, bleibt der großartige und herrschsüchtige patriarchale Mann ein Kind. Er sucht noch immer die Zuwendung zu erzwingen, die ihm die archaische Mutter verweigert hat: Die Frau soll ihn versorgen wie ein Kind, ihm die Nahrung zubereiten; sie darf ihm ihren Körper nicht vorenthalten. Er will keinen Triebverzicht leisten, sondern fordert die ständige Bereitschaft der Frau. Zu sozialer Anpassung an die Lebenszusammenhänge der Frau ist er nicht bereit, sondern regelt die menschliche Gesellschaft ausschließlich nach männlichen Bedürfnissen. Das Ergebnis ist die mann-menschliche – oder patriarchale – Gesellschaftsform. Ward sagt, die Natur, in der „die Mutter die Königin ist", wurde in ihr Gegenteil verkehrt. Die Familie, welche die Knechtung der Frau ermöglicht hat, „war ein unnatürlicher androkratischer Auswuchs der Gesellschaft." (Ward 1909, 442)

Das waren harte und deutliche Worte zu Ausgang des vergangenen Jahrhunderts, als der Mann noch selbstsicher von seiner Überlegenheit überzeugt war. Lester Wards Buch ist 1909 in deutscher Sprache erschienen. Obwohl ein österreichischer Verlag das Buch herausgegeben hat, ist sein Anliegen von Sigmund Freud nicht beachtet worden. Oder war es eine Reaktion auf die Erkenntnisse der Biologie im 19. Jahrhundert, daß

Freud die „organische Minderwertigkeit der Frau und die Überlegenheit des Mannes“ zur Basis seiner Theorie gemacht hat?

Freud hat sich mit dem Todestrieb im Gegensatz zum Lustprinzip auseinandergesetzt, aber er hat die männliche Triebkomponente, die den Tod herbeisehnt, niemals selbstkritisch analysiert. Noch viel weniger hat er das Problem der Frauenfeindlichkeit als Reaktion des Mannes auf seine Todesangst ins Auge gefaßt. Er betrachtete die feindselige Herrschaft im Umgang der Männer mit den Frauen aus seinem androzentrischen Blickwinkel als Ergebnis einer ganz normalen Entwicklung.

Jung, der Meister der Psychologie des Unbewußten, verdrängt zutiefst das Potential der Gewalt, mit dem sich das Männliche gegen das Weibliche gesellschaftlich durchgesetzt hat und immer wieder durchsetzt. Jung rechtfertigt den Muttermord, um dem männlichen Logos zum Sieg zu verhelfen. Das betrifft nicht nur die abstrakte Ebene, sondern konkret den Mord des Orest an seiner Mutter Klytaimnästra. Der Mythos wird von Jung dazu mißbraucht, brutale Tötungsgewalt gegen Frauen als „archetypisch“ auszuweisen, wodurch sie einen geradezu religiösen Charakter erhält und jedenfalls nicht mehr hinterfragbar ist. Der Philosoph Otfried Eberz ist meines Wissens ein einsamer Denker, wenn er den männlichen Todeswunsch mit einem tief verwurzelten Instinkt begründet (Eberz 1983).

Ich war sehr bewegt, als ein Theologe von seinen Empfindungen während der Schwangerschaft seiner Frau und der Geburt seines jüngsten Kindes erzählte. In der Nacht nach der Geburt, sagte er nachdenklich, sei ihm klar geworden, wie unendlich überflüssig der Mann nach der Zeugung für das werdende und heranwachsende Leben sei.

Aber der archaische Todeswunsch der männlichen Lebensform, der mit diesem Überflüssigsein notwendig einhergeht, hat sich seinem Bewußtsein nicht angenähert. Und solange der Todestrieb unbewußt bleibt, wird er sublimiert: Männer bemühen sich ungebrochen, ihre relative genetische Bedeutungslosigkeit durch Leistungen auszugleichen, die unkritisch als „kulturelle Errungenschaften“ gelten, ob sie dem Leben dienen, in Sackgassen führen oder dem Todestrieb ihren Tribut leisten. Der menschliche Geist *beherrscht* die archaische Information nicht, sie ist lediglich verdrängt worden. Ein unbewußter Todestrieb sucht sich Ventile und überschwemmt das menschliche Miteinander mit Auswüchsen brutaler Gewalttätigkeit. Keine humanistische Idee hat es vermocht, Gewalt aus der Welt zu schaffen und Kriege zu überwinden. Die Opfer für den mörderischen industriellen Fortschritt verblassen vor dem Glanz des erfinderischen Geistes.

Im Erlebnis des Mannes, der das Erschlaffen des Penis nach dem Koitus als „kleinen Tod“ empfindet, ist ein Rest jener genetisch verwurzelten Ahnung von der relativen Bedeutungslosigkeit des Mannes nach der Zeugung bewußt. Menschenmänner reagieren auf die unbewußt empfundene Todesbestimmung und die damit verbundene Angst auf die unterschiedlichste Weise:

- Mit der Überbewertung der Kriegsgeschichte als Menschheitsgeschichte überhaupt wird das biologische Signal verdrängt. Die kulturelle Wucherung des Tötungsimpulses schafft eine „Irrationalität des Verhaltens, drastische Fälle offenbarer Unvernunft, Kriege, kriminelle Handlungen, Fälle politischer Engstirnigkeit oder religiösen Fanatismus“ (Ditfurth 1976, 255). Dies alles sind offensichtliche Beweise für die Unbewußtheit des Aggressions- und Todestriebes.
- Phantasien von einem glorreichen Tod lassen das biologische Signal vergessen.
- Ein Konkurrenzverhalten, das Männerfreundschaften problematisch macht, Heldentum und angewandte Gewalt sind letztlich Methoden, aus dem biologischen „Kampf um Fortpflanzung“ als Sieger hervorzugehen und dem frühen Tod auszuweichen.
- Der männliche Todesimpuls wird auf das andere Geschlecht projiziert und als Angst vor der Frau erlebt.

Männerbanden sind eine Brutstätte der Aggression

Wie in der Tierwelt eine ausgegrenzte Männchengruppe, die von den stärkeren Männchen an der Zeugung gehindert wird, als Brutstätte der Aggression betrachtet wird, transferieren Menschenmänner nicht gelebte Sexualität in Aggression. Lionel Tiger sagt: „Ich behaupte, daß sich Männer in Bünden zusammenschließen, um ein entweder bereits vorhandenes Ziel der Aggression oder ein erfundenes zu verfolgen. Der Männerbund ist eine Funktion der Aggression.“ (zitiert bei Morgan 1972, 236)

Zu den Männern, die sich zu räuberischen Banden zusammentun, gehört noch der David der Bibel (Weiler 1989, 201 ff.). Carabinieri, Söldner und solche, die sich dem Wehrdienst zur Verfügung stellen, bringen das Bandenwesen zu mehr oder weniger Ansehen. Bei genauer Analyse sind diese Männer die sozial schlecht angepaßten, die sich von der Gesellschaft ausgrenzen: „Von denen, die sich freiwillig zum Wehrdienst verpflichten, ist gut bekannt, daß sie dies häufig nur tun, um schwierigen häuslichen Situationen zu entfliehen. Andere heiraten etwa im selben Alter und gründen einen eigenen Haushalt.“ (Carrighar 1974, 66) Arbeitslosigkeit und Existenznöte sind in der Bundesrepublik nicht selten die Gründe, welche junge Männer veranlassen, den Militärdienst als Lebensaufgabe zu wählen. Ebenso wie in der Tierwelt paaren sich die fähigen, sozial angepaßten und von den Frauen erwählten Männer, während die schwächeren, sozial unangepaßten ausgegrenzt werden.

Während bei vielen Tierpopulationen, im Tier-Mensch-Übergangsfeld und in matriarchalen Gesellschaften die Frauengruppe im Mittelpunkt steht und die aggressiven Männerbanden ein Randdasein führen, drängt sich im Patriarchat die aggressive Männerbande in den Mittelpunkt des gesellschaftlichen Interesses. Frauen müssen ihre Kultur vernachlässigen, um männlichen Interessen zu dienen. Ein typisches Indiz für diesen Übergang ist der Verfall der Buntkeramik, der zeitlich mit der Waffenschmiederei zusammenfällt.

Christian Vogel beschreibt diesen Kulturumbruch als einen „Transfer“, wobei sich die technische Intelligenz der Männer vom sozialen zum technologischen Feld umgestaltet habe (Vogel 1983, 123). Es handelt sich aber eher um eine *Abspaltung* der technischen Intelligenz von der matriarchalen Ordnung, die das Überleben der Spezies Mensch durch soziale Intelligenz gesichert hat. Soziale Intelligenz geriet auf die Schattenseite der mann-menschlichen Kultur. Sie wurde minder geachtet. Die unentbehrlichen sozialen Aufgaben wurden an Frauen delegiert. Soziale Intelligenz wird den Frauen im Patriarchat als „unbezahlte Arbeit“ abverlangt.

Und genau durch diese Abspaltung männlich-technischer Intelligenz aus dem Lebenszusammenhang ist das matriarchale vom patriarchalen System überwunden worden. Knaben werden – sehr zum Nachteil für ihre menschliche Reife – zu sozialem Verhalten weniger angehalten, obwohl ihre aggressive Disposition eine lebenslange Übung in sozialen Verhaltensweisen erfordern würde. Mütter sind in der patriarchalen Menschheitsgeschichte meist unterprivilegierte Alleinerziehende – auch wenn sie der äußeren Form nach in eine Ehe eingebunden sind.

Dabei hatte die kulturelle, von den Frauen in Gang gesetzte Evolution der Menschheit einen anderen Weg angeboten: Seit die Frau ihren Östrus* überwunden hat, wird menschliche Sexualität zu einer *sozialen* Kraft, die weiter reicht als reines Zeugungsinteresse. Menschenfrauen, die durch ihre ganzjährige sexuelle Bereitschaft die Männer an sich fesseln, irritieren den aggressiven Männerbund. Sie hätten ihn auch unnötig machen können. Weibliche Sexualität, zur transzendenten Erfahrung erhoben – etwa in der Heiligen Hochzeit matriarchaler Kulturen –, bindet die männlichen Aktivitäten in die soziale Ordnung der Frauengruppen ein. Die heilige Liebesfeier lenkt männliche Aggression auf die Bewältigung der Lebensaufgaben um und bietet dem Mann eine Möglichkeit zum konstruktiven Umgang mit Aggression. Frauen drängen Männer in soziale Formen gesellschaftlichen Zusammenhalts. Männer hätten allen Grund gehabt, dieses konstruktive Angebot zu übernehmen.

Patriarchale Tötungsgewalt versklavt Frauen und Kinder

Statt dessen unterdrücken patriarchale Ideologien durch religiöse, philosophische und soziale Doktrinen die weibliche Sexualität. Die Liebe kultisch zu feiern, wird zum Teufelskult. Aber „die karikierte Betonung von Sexualität ist nicht ihr Feiern, sondern der Versuch, ihr ganz und gar zu entkommen." (Thompson 1985, 107)

Negative Aggression bis zur Brutalität steht immer im Zusammenhang mit der Unterdrückung weiblicher Sexualität. Das gilt seit den Anfängen des Patriarchats bis heute. Gegen Ende der vierziger Jahre sind überzeugende Befunde dafür vorgelegt worden, daß jene deutschen Soldaten, die mit ihrer brutalen und fanatischen Persönlichkeitsstruktur eine bedeutende Minderheit in der damaligen Wehrmacht darstellten, aus Familien stammten, in denen der Vater ein Tyrann und die Mutter unterdrückt war.

Seit die Geschichte der Menschheit durch Tötungsgewalt diktiert wird, seit Frauen ihr Leben nicht mehr selbst bestimmen können und dem Gesetz der Männer unterworfen sind, wird das Überleben der Menschheit mehr und mehr gefährdet. Die natürliche Ordnung ist zerstört. Tötungsgewalt richtet sich auch gegen Frauen und Kinder. Kürzlich ist eine Statistik vorgelegt worden, wonach in den Kriegen des 20. Jahrhunderts weltweit 80% der Kriegsopfer Frauen und Kinder gewesen sind (Weltspiegel v. 26. September 1992). In der Geschichte des Patriarchats haben Bandenführer, Kriegshelden und Gewalttätige jede friedliche Ordnung der Frauengruppen zunichte gemacht und maßgeblich das Leben der Völker bestimmt. Um sich gegen aggressive Angriffe zu schützen, mußte ein Volk einen Großteil seiner Lebenskraft in Abwehr investieren.

Gerda Lerner sieht in der Praxis, Frauen nach dem Sieg zu unterwerfen, die Anfänge der Sklaverei, wie sie im vorderen Orient bereits seit Beginn der Geschichtsschreibung nachgewiesen werden könne: „Der Prozeß der Versklavung wurde zunächst im Umgang mit weiblichen Gefangenen entwickelt und vervollkommnet." (Lerner 1991, 108) Die Männer seien getötet worden, weil es sehr viel schwieriger gewesen sei, männliche Gefangene in Sklaverei zu halten. Soweit die historische Erklärung.

Aus der Sicht der vergleichenden Verhaltensforschung rückt eine andere Betrachtungsweise in den Vordergrund: Die unterlegenen und daher schwächeren Männer werden getötet, um sie von der Fortpflanzung auszuschließen. Dieses Verhalten folgt unterschwellig einem Signal, das aus der Urzeit der Evolution stammt.

Die Bibel berichtet von brutalen Vernichtungskriegen gegen feindliche Stämme. Die Männer erwürgen alles, was männlich ist (4. Mose 21, 35 / 4. Mose 31, 7 / 1. Sam. 8, 9 / 2. Sam. 8, 2 / 2. Sam. 22, 35 – 43 / 1. Kön. 11, 1 und 16 / 1. Kön. 16, 11 und öfter). Ebenso grausam und mitleidlos können die Männchen in der Tierwelt einander vernichten.

Aber während Primatenmännchen, wenn sie zur Fortpflanzung kommen wollen, sich an einen bestehenden Frauen-Clan sozial anpassen, versklaven siegreiche patriarchale Menschmänner die Frauen. Nach dem Waffengang werden die Frauen untersucht. Diejenigen, die „erkannt und beigelegen haben", werden getötet. Die Jungfrauen aber behalten die Sieger für sich und machen sie sich zu Weibern (4. Mose 31, 17 f., Ri 21, 11 f.). Was bleibt diesen Jungfrauen, wenn sie überleben wollen, anderes übrig, als sich den Pascha-Männern zu unterwerfen? Erst im mannmenschlichen Patriarchat gibt es den Pascha, der unzulässig auf das Tier projiziert wird.

Die patriarchale Un-Ordnung stellt die natürliche Ordnung auf den Kopf. Die männliche Art und Weise, sich aggressiv durchzusetzen, Machthabertum durch Tötungsgewalt herzustellen und hierarchisch aufgebaute Herrschaftssysteme zu schaffen, entwickelt sich eindimensional und kann von der matriarchalen Ordnung nicht mehr korrigiert werden.

Warum führen wir Kriege? Warum leben wir nicht im Paradies?

Die ethischen Ziele der Patriarchatsgesellschaft sind einseitig durch aufgesetzte Macht angestrebt worden. Sie sind alle gescheitert. Warum gehören Krieg, Folterungen und Menschenrechtsverletzungen nicht einem längst vergessenen archaischen Zeitalter an? Warum haben alle menschlichen Forderungen nach Humanität die Gewalt nicht aus der Welt geschafft? „Warum leben wir eigentlich nicht im Paradies? Sind wir dafür zu dumm, zu unfähig, zu schlecht oder alles in einem?" (Markl 1983, 11) Das ist eine provozierende Frage, da doch vorausgesetzt wird, daß die Kultur die Menschlichkeit des Menschen ausmache. Die kulturellen Bestrebungen des Patriarchats setzen sich seit Jahrtausenden für das Gute ein.

Manche halten den Krieg für ein unabänderliches Schicksal, dem die Menschen unterworfen seien. Warum sind „im Grunde alle wichtigen Entscheidungen, die unsere Zeit verlangt, durch ein Übermaß an Irrationalität und durch ein Zuwenig an Kompetenz und Expertise" (Mohr 1981, 174) gekennzeichnet? Weil unbewußte Verhaltensweisen unser Bewußtsein überfluten – und wir wissen nicht, was wir tun! Solange die archaischen Gesetze unbewußt ablaufen, handeln wir irrational, und die Gewaltstruktur der Menschen scheint unser „unabänderliches" Schicksal zu sein. Bedenken wir, daß „das Zwischenhirn noch unter dem Gesetz der Vergangenheit" steht (Ditfurth 1976,173), unter dem Gesetz einer archaischen Vergangenheit, die als lebendes Fossil in unseren Köpfen wirkt. Gerade weil wir uns über archaische Dispositionen so hoch erhaben fühlen, sind wir ihnen wehr- und hilflos ausgeliefert. „Die meisten von uns sind gewohnt zu denken, daß der Homo sapiens einzigartig sei mit seinem Besitz eines bewußten Geistes. Tatsächlich aber sind wir vielleicht einzigartig in bezug auf den Grad der Entwicklung unseres Unbewußten." (Barash 1981, 239)

„Was ist Krieg?" fragt der Verhaltensforscher Christian Vogel, und er zeigt, daß die Definitionen, welche die Lexika dafür anbieten, keine Antwort auf diese so dringende Frage geben (Vogel 1989, 115). Vergeblich suchen Männer die Wurzeln des Krieges allein in Stammesfehden, Territorialkonkurrenz, Frauenraub und im Kampf um Nahrungsquellen.

„Der Mensch wurde des Menschen einziger wirklich gefährlicher und natürlicher Feind, und miteinander konkurrierende Clans stellten die größte Außengefahr füreinander dar und setzten somit automatisch den schärfsten Selektionsdruck. Kriegerische Auseinandersetzungen zwischen Sozietäten wurden ohne Frage zu einer treibenden Kraft der Kulturrevolution." (Vogel 1989, 121)

Vogel beschreibt, aber er erklärt nichts. Er kommt mit seinen Überlegungen an die eigentlichen Wurzeln des Krieges nicht heran: an die männliche Todessehnsucht und die männliche Lust zu töten.

Die Impulse unseres archaischen Säugetiergehirns sind automatisiert, und die Großhirnrinde findet tausend Erklärungen für aggressives Tötungsverhalten. Völkerrechtler unterscheiden zwischen Angriffs- und Verteidigungskriegen, zwischen gerechten und ungerechten Kriegen, zwischen Bürgerkriegen, Guerillakriegen und Volksaufständen. Gesetzestexte trennen den privaten Mord von offiziellen Hinrichtungen und verordneten Massentötungen. Aber sie erklären nichts. An die Wurzeln männlicher Tötungslust rühren sie nicht. Die Verhaltensforscher suchen die Wurzeln für den Krieg im Zugriff auf die „knappe Reproduktions-Ressource Frau" (Vogel 1989, 113), eine Fragestellung, die vom männlichen aus Blickwinkel gestellt ist; denn nur ein ausschließlich an der männlichen Genealogie interessiertes Menschenbild kann in der Frau eine „Reproduktions-Ressource" für die Fortpflanzung des Mannes sehen. Die biologische – und damit die neutrale – Tatsache, daß eine Art nur eine begrenzte Anzahl Männchen benötigt, um zu überleben, gerät dabei in den Bewußtseinsschatten.

In seinem Buch *Adam und sein Revier* nimmt Robert Ardrey für menschliche Aggressivität eine einfache Basis an, nämlich den „Territorialtrieb des Menschen". Diese Behauptung läßt sich weder eindeutig bestätigen noch eindeutig widerlegen. Menschen verteidigen ihr Territorium. Sie haben es immer getan, wenn die Ernährungsgrundlage vom alleinigen Recht auf ein bestimmtes Territorium abhing. Andererseits haben sich menschliche Stämme gegenseitig Rechte eingeräumt, sie haben regelrechte Tauschmärkte organisiert, wenn etwa ein Stamm über reichlich Fische verfügte, der andere jedoch über Früchte von Bäumen, die am Strand nicht wuchsen. Moderne Menschen grenzen ihre Grundstücke ein und behaupten die Rechte an ihren Wiesen und Äckern. Gleichzeitig aber betreiben sie weltweit Handel und sind mit ihren Bedürfnissen nirgendwo – von extrem isolierten Reservaten abgesehen – allein auf ihr Territorium angewiesen. Territorialität wird unter Menschen heute überall dort aktualisiert, wo Völker sich auf ihr Brauchtum, ihre ethnische Sprache, ihre eigenständige Religion besinnen und die Ausgrenzung aus Großreichen fordern, aus Großreichen, die nicht organisch gewachsen, sondern durch Machtverhältnisse künstlich geschaffen worden sind.

Eine derartige Rückführung auf überschaubare politische Systeme ist einerseits die Voraussetzung für frauenzentrierte Gesellschaften; andererseits kann der Wunsch nach eigenständigem Brauchtum sich mit religiösem Fanatismus paaren und zu radikalem Nationalismus mit massiver Frauenunterdrückung pervertieren: Nationalismus fordert in der Regel Geburtenüberschuß zur Durchsetzung von Männermacht. Er fordert also nicht mehr und nicht weniger als das Einverständnis der Frauen mit den gewaltsamen Toden ihrer Söhne im Krieg. Frauenrecht durchzusetzen, ist immer eine Gratwanderung. Es ist – wie jedes System, das auf Ausgewogenheit beruht – eine täglich neue Herausforderung. Keine Regel und kein Gesetz kann ein für allemal definieren, welche Voraussetzungen Frauenrecht gewährleisten.

„Territorialität" ist eine *Verhaltensmöglichkeit* der Menschen. Es besteht ebensowenig Grund, Robert Ardreys Hypothese als Erklärung für jede Art menschlicher Konflikte zu akzeptieren wie dazu, ihn mit unlauteren Argumenten wissenschaftlich abzuwerten, wie Scott dies tut, wenn er schreibt: „Ardrey begann seine Karriere als Bühnenschriftsteller mit wenig oder nur formalwissenschaftlicher Ausbildung. Mit einem Wort, in *Adam und sein Revier* sind gutes Drama und ein drittklassiger wissenschaftlicher Bericht voller Spannung und wilder Analogien gemixt." (Scott 1974, 79) Dieses Urteil verdienen leider auch manche Werke von Autoren, die ihren wissenschaftlichen Anspruch auf eine angemessene

Vorbildung begründen können, während Robert Ardrey ein genialer Autodidakt ist.

Scott behauptet, es gäbe „keine Beweise dafür, daß Territorialität eine biologisch determinierte universelle Anlage des modernen Menschen“ sei (Scott 1974, 81). Aber die biologische Basis der Menschheit speist sich aus vielen Wurzeln, und es gibt tierische Populationen, bei denen Territorialität eine bedeutsame Rolle spielt, wie bei den meisten Vögeln, aber auch bei den uns genetisch nahestehenden Schimpansen, während andere Arten keinerlei territoriale Aggression zeigen. Die Primatologen de Vore und Hall haben bei Pavianen nie eine Gruppe beobachtet, die ihre Grenzen verteidigte (Scott 1974, 80), eine Tatsache, die von der Pavian-Forscherin Sherley Strum eindeutig bestätigt wird.

Das Unerträgliche an Ardreys Büchern ist seine Faszination von der Tötungsgewalt. Aber darin unterscheidet er sich nicht von gestandenen Wissenschaftlern. Er ist blind für den Zusammenhang der Gewalt mit männlicher Sexualität, wie fast alle männlichen Wissenschaftler, die sich mit diesem Thema befassen.

Die patriarchale Kultur verbirgt den Tötungstrieb hinter euphemistisch überhöhten Idealen: „Das Leben ist der Güter höchstes nicht!“ (Schiller in der Braut von Messina), „Dulce et decorum est pro patria mori.“ (Süß und ehrenvoll ist es, für das Vaterland zu sterben.) Im Namen eines Helden oder eines Volksaufwieglers, für die Freiheit, für die Revolution oder für das Vaterland wird die alltägliche Gewalt zur heiligen Handlung. Der männliche Todestrieb terrorisiert das Leben auf der Erde, um es schließlich in die Vernichtung zu führen. Der Krieg schreibt die Geschichte der patriarchalen Menschheit; er ist zum Vater aller Dinge geworden. Töten ist immer eine „saubere Sache“ im Patriarchat: Historiker sprechen vom Zeitalter des *Humanismus* und breiten über die Hexenpogrome dieser Epoche den Schleier des Vergessens. Technisch perfekt läßt sich das Entsetzen des Krieges durch moderne Medien verschleiern: Der Golfkrieg im Jahr 1991 wurde auf den Bildschirmen als „Operation“ auf dem Meßtischblatt simuliert. Die Weltbevölkerung sollte glauben, daß zielgenau nur strategische Objekte zerstört würden, während man Menschenleben verschone. Der Begriff *Operation* läßt an Hygiene und Sauberkeit wie im Operationssaal eines Krankenhauses denken (Traitler 1991). Die anscheinend exakten Berechnungen täuschen vor, daß der männliche Geist den Krieg überlegen meistere. Die Welt soll an die ethische Absicht der Kriegführenden glauben, die nur kämpfen, damit das Gute über das Böse siege. Todessehnsucht und Tötungslust, Gewalt- und Machttrieb sind aus dem Bewußtsein verdrängt.

„In Wahrheit ist der Mann weniger fortschrittlich, weniger menschlich als die Frau. In der Sprache der Biologen ist er tierhaft-primitiver als sie. Mit seinem größeren Gesicht, seinen derberen Überaugenbögen und seiner stärkeren Körperbehaarung erinnert er an unsere stammesgeschichtlichen Vorfahren. Seine Befangenheit in den tierischen Instinkten der Aggression und des Imponierens passen gut dazu." (Knußmann 1982, 131)

Nur das Studium der männlichen Sexualität – die sich von weiblicher Sexualität unterscheidet – gibt uns einen Blick frei hinter die Kulissen der patriarchalen Geisteskultur. Der theologische und philosophische Überbau der Patriarchatskultur verdrängt die Tatsache, daß Konkurrenz eine Funktion der männlichen Sexualität ist. Aber Konkurrenz muß nicht in Gewalt und kriegerische Auseinandersetzungen umgesetzt werden. Konkurrenz kann zum Anreiz für konstruktive und lebensfördernde Leistungen werden. Der Krieg ist eine Funktion männlicher Sexualität; aber er ist nicht die einzige Reaktionsweise auf die Disposition, die mit der männlichen Sexualität vorgegeben ist. Die Menschenart ist flexibel und wenig festgelegt. Wir können eine Prämie auf die Gewalt setzen, oder wir können dem Leben Vorrang einräumen. Das ist eine Frage der kulturellen Selektion.

Es fehlt heute nicht an Männern, die Gewalt zutiefst ablehnen. Werden sie aber mit ihrem eigenen Triebverhalten konfrontiert, verstecken sie ihr wahres Gesicht hinter einer Maske. Dafür bietet ein Zitat von Robert Ardrey ein treffendes Beispiel:

„Weder um Geld noch um Raum, weder um Frauen noch um in den Himmel zu kommen, sind Menschen bestrebt, einander zu übertreffen. Wir gehorchen einem Gesetz, das so alt ist wie das Leben selbst. Wir suchen nach Selbstbestätigung, nach Selbsterfüllung. Innerhalb der Grenzen und Instruktionen unserer individuellen genetischen Ausstattung streben wir nach jenem Maß an Befriedigung, das uns spüren läßt, warum wir geboren wurden. Wir haben keine echte Wahl. Die Kraft, die auf uns einwirkt, ist so stark wie alle lebenswichtigen Prozesse." (Ardrey 1971, 289)

Mit so freundlichen und lebensbejahenden Begriffen wie „Selbstbestätigung" und „Selbsterfüllung" deckt er Besitzgier und Machttrieb zu, die den Mann antreiben. Der patriarchale Geist verhindert, daß patriarchale Gewalt beim Namen genannt, analysiert und aufgearbeitet wird.

Unter dem Gewaltdiktat konnte sich das Patriarchat ungehemmt entwickeln. Die Welt, in der wir leben, ist die gesellschaftliche und politische Konsequenz davon, daß Männer technische Intelligenz vom Lebenszusammenhang abgekoppelt und höher bewertet haben als soziale Intelligenz.

Sport und Sexualität – ein Spiel mit dem Tod

In seinem vielbeachteten Werk *Das sogenannte Böse* kommt Konrad Lorenz zu dem Ergebnis, der moderne Mensch litte unter ungenügendem Abreagieren von Aggressionen. Um Kriege zu verhindern, müsse die Menschheit mehr Sport treiben. Das „Ersatzobjekt" könne ihre Aggression ablenken (Lorenz 1963, 396). Expeditionen und Bergsteigen, „harter Einsatz für ein begeisterndes Ziel, *mutiges Bestehen großer Gefahren* und gegenseitige Hilfe *unter Mißachtung des eigenen Lebens*" (Lorenz 1963, 398, Hervorhebung G.W.) sollen Segen stiften. Der Drang, möglichst gefährliche Wettbewerbe zu bestehen, sei das wichtigste Motiv für Raumflüge; und Konrad Lorenz wünscht sich, daß sie weiterhin im öffentlichen Interesse stehen mögen (Lorenz 1963, 399).

Wenn Konrad Lorenz das Heilmittel gegen menschliche Aggressionen gefunden hätte, so müßten die olympischen Spiele Entscheidendes zur Völkerverständigung beitragen. Besonders aber der Fußball, der bei vielen Völkern als „der Volkssport Nummer eins" bezeichnet wird, sollte längst den Frieden auf Erden herbeigeführt haben. Inzwischen sind dreißig Jahre ins Land gegangen, und trotz weltweiter Fußballbegeisterung flammen Kriege überall in der Welt auf. Die Präsenz von Atomsprengkörpern und chemischen Vernichtungsmitteln droht im Hintergrund jeder bewaffneten Auseinandersetzung. Alle politischen und weltanschaulichen Anlässe, die heute zu Kriegen führen, sind zu geringfügig, um die Welt mit einer womöglich vernichtenden Eskalation zu bedrohen. Trotzdem ist die Menschheit weder bereit, Vernunft walten zu lassen, noch ihre Aggressionen durch das „Ersatzobjekt" Sport abzureagieren. Was ist falsch an der Theorie des großen Verhaltensforschers Konrad Lorenz?

Wie sich gezeigt hat, ist Fußball kein „Ventil" zur Ableitung von Aggressionen, um etwa die Bereitschaft zum Kriegführen zu verringern. Der Fußball heizt Aggression an. Wenn sich viele Männer – und einzelne Frauen – für kämpferische Sportarten wie den Fußball begeistern, wird zerstörerisch aggressives Interesse erst geweckt; die Bereitschaft zu bedingungslosem Kampf um Sieg oder Niederlage, um Sein oder Nichtsein wird gezüchtet. Das zeigt sich am Verhalten der Fußball-Fans, die sich erbitterte Schlachten liefern, denen die Polizei hilflos gegenübersteht, wie die Ereignisse in Brüssel am 29. Mai 1985 bewiesen haben: Ein großes Polizeiaufgebot konnte nicht verhindern, daß 39 Tote von den Tribünen weggetragen werden mußten.

Alle Sportarten, bei denen es um Sieg oder Niederlage geht, folgen gnadenlos den gleichen Bedingungen wie der Krieg. Auch im Krieg geht es um Sieg oder Niederlage. Krieg durch sportliche Wettkämpfe überwinden zu wollen, heißt, den Teufel mit dem Beelzebub austreiben zu wollen. Gerade dem Verhaltensforscher Lorenz hätte sich die Einsicht aufdrängen müssen, daß Wettkämpfe und Kriege *eine* Wurzel in den Rivalitätskämpfen der Männchen im Tierreich haben.

Eine Theorie über den Ursprung des Fußballspiels besagt, daß er auf einen keltischen religiösen Brauch zurückgehe. Ursprünglich sei um den abgetrennten Kopf eines heiligen Mannes gekämpft worden, den der Gewinner als Unterpfand für die Fruchtbarkeit des kommenden Jahres aufbewahrte (Ross/Robins 1990, 71). Der männliche „Sieger" eignet sich die Macht über weibliche Lebenszusammenhänge an: Wer den Männerkopf besitzt, ist Herr der Fruchtbarkeit und des weiblichen Lebens.

Ich vermute, daß dieser Brauch, der eindeutig patriarchale Züge trägt, auf ein kultisches Spiel zurückgehen könnte, das die fruchtbaren Kräfte des Mondes heraufbeschworen haben mag – ein Spiel, in dem es nicht um Sieg oder Niederlage ging, sondern darum, menschliches Handeln im Ritual der kosmischen Ordnung anzupassen. Spiele, nicht Wettkämpfe, sind eine Alternative zum Krieg.

Es bedarf keiner tiefschürfenden psychologischen Analyse des modernen Fußballspiels, um zu erkennen, daß der Schuß ins Fußballtor eine sexuelle Komponente hat, wie Dieter Schnack und Rainer Neutzling freimütig bestätigen: „Wenn aus 30 000 Kehlen ‚Tooor' und ‚Jaaah' ertönt, ist das wie ein gigantischer kollektiver Orgasmus." (Schnack/Neutzling 1990, 182)

Kaum weniger offensichtlich ist die sexuelle Komponente bei anderen Sportarten: Männer nehmen „große Gefahren unter Mißachtung des eigenen Lebens" auf sich, um *in jungfräuliches Gebiet einzudringen,* bislang *unbezwungene Gipfel zu besteigen* und die Natur, die Große Mutter des Lebens, zu besiegen. Allein die sexistische Sprache verrät, daß die Natur unbewußt als weiblich erfahren wird. Natur muß erobert und unterworfen werden wie die Frau.

Selbst der männliche Körper ist ein „launisches Weib", wenn er sich dem Willen nicht fügen mag. Wie Philosophen, Theologen und Psychologen den Körper als weiblich, den Geist aber als männlich definieren, so spaltet auch der Sportler den eigenen Körper als ein Fremdes von sich ab. Der Körper des Sportlers muß sich fügen; er wird trainiert, gezüchtigt, unterworfen und gefügig gemacht. Heute wird deutlich, daß sich der Kampf gegen die Natur auch gegen die Natur des eigenen Körpers richtet, der durch den Sport überzüchtet und geschädigt wird:

„Der Leib wird als ein widerspenstiges, niedriges Objekt angesehen, dem der stählerne Wille als das ‚edle' Prinzip gegenübergestellt wird. Es herrscht die Vorstellung eines Kriegszustandes zwischen Körper und Wille vor, wobei von ‚Unterwerfen', ‚Überwinden', ‚Besiegen' die Rede ist." (Aufmuth 1986, 199)

Welche Rolle Aufputschmittel dabei spielen, wird niemals genau zu überprüfen sein. Und eines nicht fernen Tages wird das Problem vernachlässigt werden: „Eine Gesellschaft, die nur Siege und Rekorde sehen will, egal um welchen Preis, freut sich auch über Medaillen geklonter Turnzwerge und anabolikagetunter Athleten." (Vögele 1992, Nr. 183, 1)

Der Hochleistungssportler vertritt in extremer Weise die patriarchale Geisteshaltung. Die Sieger in den „segenstiftenden Wettkämpfen zwischen den Nationen" (Lorenz 1963, 399) übertreffen heute die Besiegten nur um Bruchteile von Sekunden, die allein durch Elektronik ermittelt werden können. Einige Sportarten, wie Drachenfliegen, Bergsteigen im Himalaja-Gebiet, alpiner Skisport oder Wildwassersport, bringen den Sportler in Todesnähe. Aber auch Segelfliegen, Reiten und alle Arten des Motorsports haben hohe Mortalitätsraten. Darin gleicht der Hochleistungssport dem Fronterlebnis. Die Art und Weise, wie diese Sportler von ihren Abenteuern berichten, „erinnert oft an Kriegserzählungen." Sie berichten von ihren Grenzerfahrungen mit einer ungeheuren Lebendigkeit, „die manchmal in regelrechte Begeisterung übergeht. Die Schreckensepisoden an der Front – oder beim Sport – müssen in irgendeiner Weise auch wertvolle Momente gewesen sein." (Aufmuth 1986, 206)

Welchen Wert haben die Schreckensmomente im Hochleistungssport für die Begeisterten auf den Tribünen, für die Zuhörer am Radio oder die Fernsehzuschauer? Warum sind für die Leser der Sportbücher und -zeitschriften die Schreckensmomente die spannendsten Details der Lektüre? Die modernen Medien tragen die Kampfstimmung in die Wohnzimmer. Unwillkürlich ergreifen die Menschen Partei. Wie im Kriegsrausch gehen sie in der Masse der Zuschauer auf, bereit zur Solidarisierung. Der Aufschrei über Sieg oder Niederlage dringt bis in die private Sphäre. Hier wird die Grenzsituation nacherlebt, die im Angesicht des Todes dem Leben einen einzigen Sinn verleiht: Sieg und Überleben. Und es fragt sich, ob nur Risikosportler und „Spitzensportler des leichtathletischen Bereichs offenbar einen weitgehend ähnlichen psychisch-biographischen Hintergrund haben" (Aufmuth 1986, 213, Anm. 5), oder ob patriarchale Männlichkeit ganz allgemein nur in derartigen Ausnahmesituationen mit sich selbst identisch zu sein vermag: *im geballten Überlebenswillen angesichts des Todes*.

Sportlicher Wettkampf hat seine Parallele im Tierreich, wenn die Männchen miteinander um sexuelle Vorrechte kämpfen. Er hat nichts zu tun mit dem Herumtollen der Tierkinder, die im Spiel soziale Verhaltensweisen lernen. Beim Spiel der Primaten* kommt es „nicht darauf an zu gewinnen, sondern das Spiel in Gang zu halten." (Strum 1989, 80)

Konrad Lorenz verwischt den Unterschied zwischen Spiel und Wettkampf. Im Spiel werden soziale Verhaltensweisen eingeübt. Durch Spiele, bei denen Konkurrenz ein Ansporn zu konstruktiver Leistung ist, sind in den frühen menschlichen Kulturen soziale Formen der Verständigung gepflegt worden. Spiele – nicht Wettkämpfe – leisten einen positiven Beitrag zur kulturellen Evolution der Menschheit. Konrad Lorenz übersieht die sexuelle, aggressiv-männliche Komponente im Männersport: Immer wieder steht das Männliche in der Entscheidungssituation. Es muß das Leben wagen, alle Kräfte einsetzen, um angesichts des Todes vielleicht eine Überlebensmöglichkeit zu haben – eine Disposition, die im Kampf der männlichen Keimzelle um das weibliche Ei nur auf einer anderen Ebene ausgefochten wird.

Die Helden des Hochleistungssports genießen die Bewunderung der Massen. Im Augenblick des Sieges, im Angesicht des Gipfels identifiziert sich der Zuschauer mit seinem Helden, fühlt sich bestätigt durch dessen Leistung. Doch der Sieg im Sport erfüllt die Seele nur für kurze Zeit mit Genugtuung. Er gibt dem Leben keinen Sinn; denn dem Sieg folgt der nächste Wettkampf und vielleicht Niederlage oder Tod. Reinhold Messner schreibt: „Mit dem Abstieg beginnt sich für mich nicht selten eine Leere in mir aufzutun – eine verlorene Utopie – die auch durch das Erfolgsbewußtsein nicht ausgefüllt werden kann." (Messner 1978, 182) Noch ehrlicher äußert sich Reinhard Karl nach der Besteigung des Mont Everest in seiner Selbstreflexion:

> „Langsam kommen mir die Kälte, der Wind und meine Erschöpfung zum Bewußtsein. Langsam kommt nach der Freude die Traurigkeit, ein Gefühl der Leere: Eine Utopie ist Wirklichkeit geworden. Ich ahne, daß auch der Everest nur ein Vorgipfel ist; den wirklichen Gipfel werde ich nie erreichen." (Karl 1980, 111)

Die Verwandtschaft mit dem sexuellen Erleben des Mannes ist deutlich. Er könnte die gleichen Worte nach dem Koitus gesagt haben: „Langsam kommt nach der Freude die Traurigkeit, ein Gefühl der Leere, den wirklichen Gipfel werde ich nie erreichen..." Die Psyche der Sportbegeisterten spiegelt die Befindlichkeit der Helden, ihren Höchstleistungswillen, ihre Kampfbegierde und zugleich ihre Lebensangst, ihre Desintegration und ihre Traurigkeit.

Bei dieser Betrachtungweise stellt sich zwingend die Frage, was Wettkämpfe und Hochleistungssport für Frauen bedeuten. Sie treiben heute weltweit mehr Sport als vor hundert Jahren. Für viele ist körperliche Aktivität ein Hauptinhalt ihrer Freizeitgestaltung geworden, und sieben Millionen Frauen sind in Sportvereinen organisiert, ohne alle diejenigen zu zählen, die ihrem Vergnügen unabhängig von Clubs und Vereinen nachgehen. Aber Frauensport hat einen grundsätzlich anderen Charakter als der ganz allgemein auf äußerste Leistung ausgerichtete Kampfwille bei den Männern. Unabhängig davon, daß immer wieder eingewandt werden kann, daß auch einzelne Frauen Hochleistungssport betreiben, kämpfen, siegen und sterben, begeistern sich Mädchen und Frauen

> „überwiegend für Sportaktivitäten, in denen die ästhetische Präsentation und Modellierung des Körpers im Mittelpunkt steht. Ihr Sport-Engagement ist durch Selbstbezüglichkeit und einen eher ganzheitlichen Ansatz des ‚Sich-Wohlfühlens' motiviert. Sie sind nur relativ selten in solchen Sportarten zu finden, in denen der Körper als Mittel der Auseinandersetzung mit anderen und der Umwelt eingesetzt wird. Bei Sportspielen und Mannschaftssportarten lassen sich zwar Zuwachsraten verzeichnen, der größeren Beliebtheit erfreuen sich jedoch weiterhin die Einzelsportarten, in denen kein eigentlicher Gegner präsent ist und in denen direkte körperliche Kontakte und kämpferische Auseinandersetzungen gemieden werden." (Rose 1992, 116) „Ein weiteres Charakteristikum weiblicher Bewegungskultur ist die Meidung von Gefahrensituationen." (Rose 1992, 117)

Es sei, schreibt Lotte Rose, „eine zweischneidige Angelegenheit", daß Mädchen und Frauen davor zurückscheuten, die eigene körperliche Unversehrtheit aufs Spiel zu setzen. Auf der einen Seite seien tödliche Unfälle bei Knaben und Männern signifikant höher als bei Mädchen und Frauen, auf der anderen Seite machten Frauen wegen ihrer mangelnden Risikobereitschaft keine ausreichenden Erfahrungen, inwieweit sie sich auf ihren Körper verlassen und was sie mit ihm bewirken könnten. Diese *Machterfahrung* (Hervorhebung G.W.) fehle den Mädchen. „Mädchen fahren zwar ebenso wie Jungen Fahrrad, doch sie nutzen es als reines Fortbewegungsmittel, während Jungen damit Geschicklichkeitstests und Wettrennen veranstalten." (Rose 1992, 117)

Sollte es tatsächlich für Frauen erstrebenswert sein, daß auch sie mit Fahrrädern und Motorrädern an friedlichen Stränden von Düne zu Düne springen oder mit Mountain-Bikes die Bergwälder zerstören? Sind Frauen von der Welt des Männersports durch eine anerzogene Grenze getrennt, die wir nur zu überschreiten brauchen, um unsere Ohnmacht zu überwinden?

So einfach ist die Geometrie des Patriarchats nicht. In Lotte Roses Diskussion fehlt ein Kriterium, um weibliche Risikobereitschaft von jener der Männer zu unterscheiden. Frauen sind durchaus risikobereit, wenn es um den Schutz des Lebens geht, während Männer eher dazu neigen, mit ihrem Wagemut das Leben aufs Spiel zu setzen. Daß dies lediglich ein soziales Phänomen sei und darauf zurückgeführt werden müsse, daß kleine Mädchen in ihrer Kindheit „nicht zu Wagnissen angestachelt" (Hagemann-White, zitiert bei Rose 1992, 117) würden, möchte ich bestreiten.

Es kann nicht der Sinn von Frauenemanzipation sein, von Männern besetzte Räume zu erobern. Frauen werden innerhalb dieser Räume die negative Bezugsgruppe bilden, gegen die sich Männerherrlichkeit so glänzend abhebt. „Die Geschichte der Frauen in den letzten hundert Jahren ist die Geschichte der Forderung nach gleichem Zugang zu den von Männern definierten und geschaffenen Institutionen, und dennoch ist das Problem der Frauen dasselbe geblieben." (Spender 1985, 176) Solange wir uns bemühen, in Männerwelten einzudringen, bestätigen wir die Wertschätzung der patriarchalen Welt mit ihren Wettkämpfen und Kriegen.

Ohne Zweifel müssen Frauen die „Zurichtung der Körpergestik, -haltung und -formung" (Rose 1992, 114) durch patriarchale Definitionsmacht überwinden. Aber wenn Frauen in „großräumige Stadien", „Mehrfachsporthallen" und „Naturräume" (Rose 1992, 117) vordringen, bestätigen sie die patriarchale Wertsetzung dieser Raumeroberung, statt sie in Frage zu stellen.

Frauen sollten sich kritisch fragen, ob und wie stark gerade das weibliche Körperbewußtsein patriarchal überformt ist. Jede für sich kann eine Beziehung zu ihrem Körper *aus den eigenen Bedürfnissen heraus* finden, um selbst definierte Werte zu entwickeln, statt ihren Wert an Männermaßstäben zu messen. Nicht die Teilhabe an der Männerwelt, sondern die kritische Distanz zu ihr ist unsere Aufgabe. Wir müssen die Macht-Haberei der Männer in Frage stellen, die sich das Recht über Frauenkörper und Naturräume anmaßt.

Mädchen und Frauen mögen das Reiten, „eine risikoreiche Sportart mit raumerobernden Momenten" vielleicht wegen der Komponente der „mütterlich-fürsorglichen Neigung bei der Pferdepflege und der erotisierten Beziehung zum Tier" (Rose 1992, 119, Anm. 7) mit Vorliebe betreiben. Warum aber muß das „Weibliche" auf „mütterlich-fürsorgliche" und „erotische" Interessen eingeengt werden? Viel umfassender suchen Frauen Beziehungen zwischen Mensch, Tier und Umwelt zu kultivieren. Die Natur wird ihnen zum Gegenüber, zur Ansprechpartnerin, zum Du. Solchen Zuwendungen und Aktivitäten ist das Wettkampfverhalten fremd. Sie sind kein „Sport" im traditionell-patriarchalen Sinn. Von ihrer Disposition her schöpfen Frauen ihre *Seins-Macht* aus der Begabung für soziale Intelligenz. Ohne den Anreiz durch patriarchales Wettstreitverhalten suchen und finden Frauen ihren *Selbstwert* in sozialen Bezügen und streben keine Machter*fahrung* gegenüber der Natur an. Für das Überleben der Menschheit ist soziale Intelligenz – die Anpassung an die Natur – wichtiger als technische Intelligenz und männliche Macht-Haberei, welche die Unterwerfung der Natur möglich gemacht hat.

Solange wir glauben, es käme darauf an, Aggressionen „abzureagieren", ändern wir wenig am Patriarchat. Es kommt vielmehr darauf an, die aggressive menschliche Potenz konstruktiv in soziale Bahnen zu lenken. Wir brauchen ein völlig anderes Weltbild, wenn wir überleben wollen.

Wenn sich ergibt, daß wir es beim Sport mit einem Phänomen patriarchaler Sexualität zu tun haben, muß es nicht verwundern, daß er

- dem Krieg verwandt ist: Weltraumflüge, die Konrad Lorenz naiv in die Kategorie „Sport" einordnet, sind von Anfang an militärische Unternehmungen gewesen. Dem Wettstreit bei den Weltraumflügen vergleichbar, wird „Sport" in den industriell-militärischen Komplex integriert.
- Genausowenig muß uns verwundern, daß der Sport die gleichen Verfallserscheinungen zeigt wie die Liebe im Patriarchat: Er zerstört, was er zu lieben vorgibt. Bergwelten werden von Skipisten zersägt, Landschaft wird großräumigen Sportstadien geopfert, die Zerstörung der Umwelt und Müllhalden bis in die Expeditionsgebiete des Himalaja begleiten den Zugriff des Sports auf den Großraum Natur – um nur einige Beispiele zu nennen.

Bei Tieren wenden im Rivalitätskampf Sieger und Besiegter die gleiche Zeit auf.

„Sobald einer aufgibt, ist der Wettkampf auch für den anderen zu Ende. Ein Streben nach Rekorden – ausgedrückt in dem Bestreben, sich selbst zu übertreffen – gibt es unter den Bedingungen der natürlichen Selektion nicht. Wichtig für eine evolutionsstabile Strategie beim Durchhaltewettbewerb ist es, eine für den Gegner unvoraussagbar lange Zeit durchzuhalten, dabei aber nicht mehr Zeit aufzuwenden, als dem halben Wert des Streitobjektes entspricht." (Wickler/Seibt 1977, 67)

Menschen bemühen sich bei Wettkämpfen um eine beständige Leistungssteigerung, mit der sie sich selbst zu übertreffen suchen. Der patriarchale Fortschrittswahn fordert die Sportler heraus, ihre Leistung bis zur Unmenschlichkeit zu steigern. Der Wettstreit macht vor den Institutionen nicht halt: Immer gigantischere Sportstätten, immer großartiger ausgestattete Olympiaden verschlingen Unsummen. Woher sollen die Veranstalter die finanziellen Mittel nehmen? Und dies ist der Punkt, an dem der Sport, der sich als Domäne männlicher Macht geriert, in sein Gegenteil pervertiert; die Sucht, alles zu beherrschen, alles zu besitzen, schlägt als Bumerang auf den Sport zurück: Er versklavt sich den Geldgebern. Wie ein Herrschsüchtiger von einem noch Mächtigeren bezwungen wird, wie unterworfene Männer im Patriarchat die Demütigungen zu ertragen haben, die sie den Frauen zumuten, so erleidet der Sport das Schicksal, das den Frauen im Patriarchat zugeteilt wird: Er ist käuflich geworden wie eine Prostituierte; er ist abhängig von seinen Geldgebern wie eine Frau von ihrem Mann in der Patriarchatsehe.

Vom unbeschwerten Spiel in freier Natur, von der zweckfreien Bewegung in gesunder Luft hat sich der Sport weit entfernt. Der Sport hat seine Unschuld verloren.

Vergleichbar der Leistungssteigerung im Sport führt die technische Entwicklung immer wirksamerer Vernichtungswaffen, die für immer grausamere Kriege produziert werden, zu einer Eskalation, die schließlich in die Selbstzerstörung münden muß. Das Bewußtsein, alles zu können, alles zu besitzen, vermittelt nur vorübergehend das Gipfelgefühl unumschränkter Macht. Patriarchale Macht-Haberei ist eine Utopie. Mit dem Abstieg beginnt die Leere. Macht zu *haben,* gibt dem Leben keinen Sinn.

Konkurrenz ist das Geheimnis des Überlebens

Der Konkurrenzdruck als Folge des ungebremsten Wachstums von Bevölkerung und Produktion führt unausweichlich zur Entscheidungsschlacht zwischen Mensch und Natur. Würde die zerstörte Umwelt den Menschen nicht zum Bewußtsein bringen, daß die Erde mit ihren Pflanzen und Tieren, daß Wasser und Luft gesund bleiben müssen, wenn wir überleben wollen, die Natur wäre durch das industrielle Wachstum schon längst ausgelöscht worden.

Frei lebende Tiere haben in den Industriestaaten ihr Lebensrecht schon längst eingebüßt, während in Afrika der Kampf um den Lebensraum zwischen Mensch und Tier noch voll im Gang ist. Der afrikanischen Bevölkerung muß es daher fragwürdig erscheinen, daß gerade die Weißen Reservate für die bedrohte Tierwelt fordern, Tiere schützen und das Siedlungsrecht der hungernden Menschen beschränken.

Ruanda ist mit seinen fünf Millionen Einwohnern das dichtestbesiedelte Gebiet Afrikas südlich der Sahara; die Ackerbaufläche reicht zur Ernährung der Bevölkerung nicht aus. Jahr für Jahr benötigen weitere 23 000 Familien zusätzlich Ackerland. Dort leben im Regenwald an den Hängen erloschener Vulkane die Berggorillas. Längst mußte die Regierung dem Bevölkerungsdruck nachgeben und große Teile des Lebensraumes der Gorillas zur Besiedlung und Anpflanzung freigeben. Dian Fossey lebte fast zwanzig Jahre mit den Gorillas, bemüht, die Tiere vor den Wilderern zu schützen. Oft brauchten sie und ihre Mitarbeiter mehr Zeit, um Fallen und Schlingen im Reservat unbrauchbar zu machen, als sie für ihre Beobachtungsaufgaben einsetzen konnten.

Für die Wilderer geht das Überleben der Menschen dem Überleben der Gorillas vor. Doch mit der Rodung des Regenwaldes wäre weniger als ein Viertel des jährlichen zusätzlichen Bedarfs an Ackerland abgedeckt. Zugleich stellen die Regenwälder für die in den Senken liegenden Anbaugebiete ein Wasserreservoir dar, das durch die Vernichtung des Schutzgebietes verloren gehen würde. Es ist schwierig, der Bevölkerung diese Zusammenhänge klarzumachen. Sie verstehen es nicht. Vorläufig konnte Dian Fossey nur dafür sorgen, daß die Wilderer gezielter verfolgt, daß sie längere und empfindlichere Gefängnisstrafen bekommen. Polizeigewalt als Mittel gegen Kriminalität – eine patriarchale Reaktion auf patriarchale Gewalt.

Am zweiten Weihnachtsfeiertag 1985 wurde Dian Fossey tot in ihrer Hütte aufgefunden, den Schädel gespalten von einer Machete – die unmißverständliche, grausame Antwort auf den Einsatz der berühmten Primatologin für ihre geliebten „sanften Riesen". Konkurrenz ist im Patriarchat ein Kampf auf Leben und Tod.

Konkurrenz kann aber auch ein konstruktiver Ansporn sein, die Mühen des Lebens zu bewältigen. Konkurrenz ist ein Aspekt jeder gesunden Beziehung. Ein Kind allein zu unterrichten, würde wenig Erfolg haben, wenn es nicht mit anderen Kindern in Austausch und gesunden Wettstreit treten könnte. Dian Fossey hat die Lebensweisheit, die in dieser Feststellung liegt, bei der Pflege kranker Gorillas erfahren.

Im Auftrag der Regierung Ruandas sollten Polizisten für den Kölner Zoo einen Gorilla liefern. Ohne Skrupel schickten die Beamten Wilderer in die Berge, um ein Gorillakind zu fangen. Aber die starken Familienbande unter den Gorillas machten dieses Unternehmen aussichtslos. Deshalb töteten die Wilderer die gesamte Gruppe von zehn Tieren, um das überlebende Gorillakind schließlich einzufangen (Fossey 1989, 149 ff.).

Als Dian Fossey hörte, daß sich ein Gorillamädchen in einem kleinen Drahtkäfig im Büro des Aufsichtsbeamten befände, stieg sie den Berg hinab und fand das Tierchen halb verhungert und verdurstet in der Polizeistation. Es war seinem Ende nahe, und die Beamten hatten nichts dagegen, als die Forscherin das Gorillakind mit in ihre Station nehmen wollte. Ein totes Tier konnte schließlich nicht an den Kölner Zoo verkauft werden.

Mit ihrer hingebungsvollen Liebe und ihrem unermüdlichen Einsatz gewann Dian Fossey das Zutrauen des Tierchens, das sie Coco nannte. Vitamine und Stärkungsmittel kräftigten die Kleine rasch, so daß die

Forscherin schon daran dachte, es wieder in die Freiheit zu entlassen, als ihr die Drohung zu Ohren kam, die Beamten würden dann ein weiteres Tier unter Aufopferung einer vollständigen Gruppe einfangen. Gleichzeitig lieferten die Polizisten ein viereinhalb bis fünf Jahre altes Weibchen ab, das noch viel ausgemergelter war als Coco bei ihrer Ankunft. Dian Fossey nannte das Weibchen Pucker – Runzel – wegen seines grämlichen Gesichtsausdruckes. Pucker war gleichzeitig mit Coco gefangen worden und nun eine Woche länger auf der Polizeistation gewesen, wo niemand eine Ahnung hatte, wie Gorillas ernährt werden müssen. Coco schritt mit Imponierschritten vor Pucker auf und ab. Aber das Weibchen blieb apathisch. Dian Fossey berichtet:

„Ich brachte ihnen frischen Sellerie, Disteln, Labkraut und eine Schale mit wilden Brombeeren, die meine Mitarbeiter gesammelt hatten. Pucker zeigte ein Fünkchen Interesse an der vertrauten Nahrung, gab aber, vielleicht, weil sie sich an früher erinnerte, weinerliche Laute von sich." (Fossey 1989, 157 f.)

Schließlich griff Pucker zögernd nach einer Brombeere. Sofort entfachte Coco einen heftigen Grunzstreit, und beide Tiere ergriffen so viel Beeren, wie sie nur fassen konnten und zogen sich damit in verschiedene Ecken des Raumes zurück. Von diesem Augenblick an erholte sich das geschwächte Tier. Langsam interessierte sich Pucker wieder für Nahrung, sie nahm sogar das mit Vitaminen angereicherte Milchgetränk an: „Je eifriger Coco Puckers Schüssel mit der heilsamen Milch durch Schubsen und Grunzen an sich bringen wollte, desto entschiedener wurden Puckers Verteidigungsanstrengungen." (Fossey 1989, 160) Pucker sicherte sich ihren Teil an den Leckerbissen, wenn die kleine Coco sie wegnehmen wollte. Dian Fossey hatte im Konkurrenzverhalten das Geheimnis des Überlebens entdeckt.

Bald tollten die beiden vertraut miteinander herum und ließen ihre aufgestaute Energie in Ringkämpfen, Hetzjagden und Baumklettern ab. Sie waren Freundinnen geworden. Konkurrierendes Verhalten wird eingebettet in gemeinsam erfahrene Lebenslust. Daher sagt Dian Fossey: „Konkurrenz ist das Geheimnis des Überlebens!"

Vor dem Schicksal, in den Kölner Zoo verbracht zu werden, konnte Dian Fossey die Tiere nicht bewahren. Sie litten dort schwer unter dem Käfigdasein (Fossey 1989, 171). Die Lebenslust war ihnen genommen. Ohne die Möglichkeit, zu spielen und einander in wilden Klettereien und ausgedehnten Jagden zu messen, schrumpfte ihre Freundschaft auf ein müdes, mürrisches Miteinander ein. Als der Tod des einen Tieres die Konkurrenz als letzte Triebfeder ihres Überlebens aus ihrer engen Welt geschafft hatte, ging das andere elend ein. Im Jahr 1978 sind beide innerhalb eines Monats nacheinander gestorben.

Nahrungsaufnahme – von Freud als die orale Komponente der Sexualität betrachtet, die auch einsam befriedigt werden kann –, scheint gemeinsam erlebt eher mit lustvoller Konkurrenz verknüpft zu sein, Konkurrenz, die Freude am Zugriff und Freude am Teilen hat. „Liebe deinen Nächsten wie dich selbst!" fordert die religiöse Ethik. Aber wie will die ethische Forderung sich in praktische Nächstenliebe umsetzen, da doch die Lust verpönt ist? Konkurrierendes Verhalten, das nicht in Lebenslust eingebettet ist, führt zu einseitigem Leistungsstreben, das schließlich krank macht. Patriarchale Konkurrenz tötet jede lebendige Beziehung.

Bei so manchem Menschenpaar, das in der Ehe alt geworden ist, zeigt sich diese Tendenz. Die Lust, das Leben gemeinsam zu bewältigen und einander ein Ansporn zu sein, mündet in patriarchalen Machtkampf. Kaum ist ein Partner gestorben, folgt ihm der andere nach, statt sich noch ein paar Jahre friedlich-konstruktiver Einsamkeit zu gönnen. Sie haben die Lust am Leben längst verlernt.

Wo lustvoll erlebte, lebensfördernde Konkurrenz zu verbissen-tödlicher Konkurrenz verkümmert, sind Freundschaften unmöglich geworden. Die konkurrierende Beziehung zwischen patriarchalen Männern verhindert denn auch solidarische Freundschaften, die den Austausch von Gefühlen, Eingeständnisse von Not und Schwierigkeiten einschließen. Knabenfreundschaften und die Beziehungen unter erwachsenen Männern sind im Patriarchat hierarchisch aufgebaut: Ein einzelner Anführer wird aufgebaut und bewundert. Die homosexuellen Männerbeziehungen der Antike waren zumeist hierarchische Verbindungen zwischen einem Erwachsenen und einem pubertierenden Knaben. Sie schlossen echte Freundschaft aus.

Gesunde, in Lebenslust integrierte Konkurrenz fördert die Lebenstüchtigkeit der Individuen. Sie können spielend ihre Kräfte messen, Körpergefühl und geistige Potenzen entwickeln. In der Reibung am anderen lernen sie sich selbst kennen. Lustvolle Konkurrenz, die sowohl die eigenen wie die Kräfte des Gegenübers ausbildet und fördert, ist das „Geheimnis des Überlebens".

Tod bezwingt Eros – Wie die Herrschaft des männlichen Geistes über den weiblichen Körper gerechtfertigt wird

Die Überzeugung, der *Geist* des Menschen sei hoch erhaben über die Natur, über die Pflanzen und alle Kreatur, bestimmt unser männlich dominiertes Weltbild. Die patriarchale Denknorm identifiziert *den Mann mit dem Geist* und *die Frau mit dem Körper*. Allein des Mannes Handeln sei durch Intelligenz und Vernunft gesteuert. Nur der Mann sei zu ethischer Erkenntnis fähig. Die Frau habe kein moralisches Gewissen. Sie gehorche ihren Gefühlen und sei ihren Trieben unterworfen. Ebenso wie das Verhalten der Tiere durch Instinkte geprägt sei, handle die Frau gemäß ihrer Biologie.

Männer werden durch eine reiche Palette sogenannter männlicher Eigenschaften wie Mut, Tapferkeit, Geist und Intelligenz charakterisiert. Dagegen unterscheiden sich Frauen voneinander durch Jugend und Alter oder Schönheit und Häßlichkeit. Sie werden auf ihren Körper und ihre Sexualität reduziert. Diese willkürlichen Zuweisungen schaffen ein Wertsystem, das die Herrschaft des Mannes über die Frau legitimiert. Die *Geisteswissenschaften* begründen die Macht des Mannes über Frau und Natur durch die Überlegenheit, die der Geist über die Materie habe. *Religion, Philosophie, Psychologie und Pädagogik* verfestigen den Herrschaftsanspruch des Geistes über den Körper – jede Wissenschaft auf ihre Weise.

Gott, der Herr, legitimiert die Männerherrschaft

In der *Bibel* ist es der Mann, der die Welt durch seinen Geist beherrscht. Adam, das uranfängliche Geschöpf Gottes, steht an der Spitze der menschlichen Hierarchie. Er macht sich die Natur untertan, indem er die Tiere beim Namen nennt. Gott selbst brachte seine Geschöpfe zu Adam; „denn wie der Mensch allerlei lebendige Tiere nennen würde, so sollten sie heißen." (Genesis 2, 19) Adam begründet das Herrschaftsverhältnis des Mannes über die Frau, indem er das Weib, das aus seiner Rippe gebaut ist, beim Namen nennt: „Das ist doch Bein von meinem Bein und Fleisch von meinem Fleisch; man wird sie Männin heißen, darum daß sie vom Manne genommen ist." (Genesis 2, 23)

„Ich habe dich bei deinem Namen gerufen, du bist mein!" (Jesaja 43,1), das Trostwort Gottes an sein Volk Israel in der Zeit der Babylonischen Gefangenschaft, wurde von der christlichen Theologie vereinnahmt und als Zuspruch bei der Taufe Erwachsener eingesetzt. In der Urkirche entschied noch jede Person über ihren Namen und die Gemeinschaft, der sie angehören wollte.

Es wird als Fortschritt betrachtet, wenn es im Lauf der christlich-abendländischen Kulturentwicklung dazu gekommen ist, daß ein Vater seine Söhne und Töchter als Eigentum stempeln kann, indem er ihnen seinen Namen gibt und ihnen eine Identität aufzwingt, in die sie hineinzuwachsen haben. Durch diesen patriarchalen Brauch werden Frauen und Männer ihrer Souveränität beraubt. Sie können nicht, wie es bei den indianischen Völkern noch immer möglich ist, ihren Namen und ihre Identität selbst finden, wenn sie sich reif dazu fühlen.

Die Namensgebung ist der Stempel, den der Herrscher seinem Eigentum aufdrückt: Sklaven und Sklavinnen erhalten einen anderen Namen, wenn sie den Besitzer wechseln. Alle Leibeigenen eines Ritters oder Fürsten wurden mit dem Namen ihres Herrn gerufen. Die meisten heutigen Familiennamen gehen auf diese mittelalterlichen Besitzverhältnisse zurück. Eine Person, die ins Kloster eintritt, gibt ihren bürgerlichen Namen auf und verliert damit ihre bisherige Identität.

Für eine Frau galt diese patriarchale Inbesitznahme einmal mehr, da sie bei der Eheschließung den Namen des Ehemannes annehmen mußte. Damit war eine tiefe Persönlichkeitsentfremdung verbunden, die um so schwerer wog, als sie durch Gewöhnung selbstverständlich geworden war und daher selten ins Bewußtsein gedrungen ist. Die Freizügigkeiten, die von der Gesetzgebung inzwischen eingeräumt worden sind, nehmen die wenigsten Frauen wahr. Sie behalten allenfalls zusätzlich den Namen ihres Vaters; aber wenn sie Kinder zur Welt bringen, werden diese den Familiennamen des Mannes tragen, obwohl die Eheleute durchaus die Möglichkeit gehabt hätten, bei der Eheschließung den Geburtsnamen der Frau als Familiennamen zu bestimmen.

Wem ein Name aufgezwungen wird, der ist gebannt und hat keine Wahl mehr. Durch die Namengebung werden Menschen in doppelter Hinsicht *negativ* geprägt: Sie sind *nicht* mehr, die sie einmal gewesen sind, und sie können *nicht* entscheiden, wer sie in Zukunft sein wollen. Es ist die konsequente Entscheidung vieler Frauen, wenn sie, um der Prägung durch den verordneten Namen zu entkommen, sich einen selbstgewählten Namen zulegen. In ihrem Buch *Die perlmutterne Mönchin* schildert Ursa Krattiger das Fest, mit dem sie ihre selbstgefundene Identität feiert. Manche Frauen gehen noch weiter. Sie lehnen auch den Vaternamen ab und tragen keines Mannes Namen. Sie nennen sich beim selbstgewählten Vornamen und fügen hinzu: „..., Irenes Tochter", oder: „..., Hildegards Tochter".

Die Bibel wurde während der Gefangenschaft der Juden in Babylon niedergeschrieben. Dort hatte die jüdische Gemeinde auch Ideen aus Indien assimiliert, die damals die Religion Mesopotamiens prägten. Der indio-arische Mithraskult war in Babylon mit dem einheimischen Kult des Sonnengottes Samasch verschmolzen. Diesem Einfluß folgend wurde das Finstere und Böse an die Frau delegiert. Licht, Erleuchtung, der Geist, die Wahrheit, die Ordnung und das Gute wurden dem männlichen Prinzip zugeschrieben, während Finsternis, Körper und Chaos das weibliche Prinzip kennzeichnen sollten. Diese Gedanken beeinflußten die biblischen Textdichter und flossen als Theologeme in die hebräische Bibel ein.

Bei Jesus Sirach heißt es: „Von einer Frau nahm die Sünde ihren Anfang, ihretwegen müssen wir alle sterben." (Sirach 25, 24) Der Verfasser der Pastoralbriefe, die später dem Paulus zugeschrieben worden sind, erzählt, Eva sei schuldig an der Vertreibung aus dem Paradies (1. Tim. 2, 14). Diese Beschuldigung wird von Generation zu Generation

> „von der Kirche noch gestützt und verstärkt, indem sie den Töchtern ein ganzes Bündel von Vorstellungen und Werten einimpft, die sie um so sicherer an das Patriarchat versklaven: die Sündigkeit des Weiblichen seit Eva, die Gnade des männlichen Gottes, der sie dennoch leben läßt, wofür sie ihm allezeit Gehorsam und Dank schulden, die Zerknirschung über den Schmerzensmann am Kreuz, der um ihrer Sünde willen leiden mußte." (Wöller 1991, 12)

Aus männlicher Sicht ist die Frau „die Verführerin des Mannes und die Zerstörerin seiner Unsterblichkeit." (Schüngel-Straumann 1989, 28) Die Kirchenväter der frühen Christenheit tradieren diese Anschuldigung: „Jede Frau sollte sich bei dem Gedanken schämen, daß sie eine Frau ist." (zitiert bei Montagu 1974, 139) Die Frau besitze keine ethische Kraft, so daß der Mann sie auf den rechten Weg führen müsse. Im Korintherbrief hat Paulus die Hierarchie der Geschlechter vor Gott festgelegt: „Ich lasse euch aber wissen, daß Christus ist eines jeglichen Mannes Haupt, der Mann aber ist des Weibes Haupt, Gott aber ist Christi Haupt." (1. Kor. 11, 3)

Die christliche Dogmatik verschärft den Abstand zwischen dem männlichen Ebenbild Gottes und dem weiblichen Abbild der Sünde: „Als ‚Einfallspforte des Teufels' und ‚Tor zur Hölle' galt die Frau dem Kirchenvater Tertullian, als ‚mißratenes männliches Wesen' dem Thomas von Aquin im Mittelalter." (Sorge 1987, 110) Den Verfassern des Hexenhammers ist „das Weib nur ein unvollkommenes Tier" (Sprenger und Institoris 1982, I, 99), und noch in unserem Jahrhundert argumentiert Max Funke: „Als Gott Adam und Eva aus dem Paradiese stieß, richtete er an Adam die Frage: ‚Warum hast du von dem verbotenen Baume gegessen?' Hätte Gott aber Eva als einen Menschen anerkannt, so würde er gewiß auch an sie diese Frage gerichtet haben." Er kommt zu dem Schluß: „Mulieres homines non sunt!" – Frauen sind keine Menschen (Schüngel-Straumann 1989, 11). Für den modernen Theologen Karl Barth ist die Frau noch immer „der Körper, der dem Kopf, dem Mann, untertan" zu sein habe (Sorge 1987, 110). Der männliche Geist wird als Ursprungsort des Guten gesehen und dem weiblichen Körper übergeordnet. Mit der Projektion des Bösen auf die Frau wird die Herrschaft des männlichen Geistes über den weiblichen Körper theologisch fundiert.

Die „Sünde der Sexualität" projiziert der Mann auf die Frau. Besonders deutlich zeigt sich der Widerspruch zwischen dem moralischen Anspruch des Mannes an sich selbst einerseits und seiner Lebenswirklichkeit andererseits dort, wo der Mann sich selbst vortäuscht, den eigenen Körper zu beherrschen und von sexuellen Trieben unangefochten zu sein. Da der Mann eben doch anfechtbar ist, verlangt das christliche Reinheitsgebot für Mönche und Geistliche, die Frau zu meiden. Doch die verdrängte männliche Triebwelt schafft sich ein Ventil: Sie bricht in Phantasien und nächtlichen Träumen ins Bewußtsein.

Die frühen christlichen Mönche, die sich zu einem Leben in der Wüste entschlossen hatten, begegneten dort nicht Gott, sondern zuerst einmal ihrem Körper. Knaben, die bei ihnen das tugendhafte Leben lernen sollten, wurden ihnen zur Versuchung. Wegen der gegenseitigen sexuellen Anziehung wurden die Mönche aufgefordert, selbst ihre Brüder zu meiden (Roussel, 1989, 210). Viele Klausner wurden regelmäßig von Frauen besucht. „Diese Abenteuer waren derart alltäglich, daß schwangere Mädchen, die ihren Liebhaber nicht verraten wollten, fälschlich die Anachoreten* beschuldigten." (Roussel, 1989, 198) Fasten und einfache Nahrung sollten den Körper kasteien, um die Enthaltsamkeit erleichtern. Verzweifelt erkannten die „Heiligen" dennoch, daß „jede Manifestation eines Verlangens nach dem Körper des anderen ... zum Maßstab für das menschliche Unvermögen geworden ist, nach Gott zu verlangen." (Roussel, 1989, 12)

Als reines Geistwesen kann sich der patriarchale Mann nur deshalb verstehen, weil er seine Triebwelt und seine Gefühle verdrängt und aus sich herausprojiziert. Er sieht im männlichen Prinzip das Heilige verkörpert: Gott-Vater, Gott-Sohn und den Heiligen Geist. Im Schlagschatten dieser dreifachen Heiligkeit wird das Böse zur Eigenschaft des weiblichen Prinzips: Von Eva bis zur Hexe, vom Mythos über das Märchen bis hin zu modernen Werken der Literatur werden Männer nicht müde, Frauen mit dem Stigma des Bösen zu zeichnen: Die Inhalte des männlichen Unbewußten, die Turbulenzen, die Männer in der Tiefe ihrer Seele beunruhigen, projizieren sie auf die Frau. Die theologische Lehrmeinung erkennt alle Schändlichkeiten der Welt im Wesen des Weiblichen. Vor diesem Hintergrund kann sich der Mann als rein und unantastbar erfahren: „Gepriesen sei der Höchste, der das männliche Geschlecht vor solcher Schändlichkeit bis heute bewahrte; da er in demselben für uns geboren werden und leiden wollte, hat er es deshalb auch so bevorzugt." (Hexenhammer I, 107)

„Wegen ihrer Minderwertigkeit und Bösartigkeit" wird die Frau an den Rand des öffentlichen Lebens gedrängt. Auch im Zeitalter der Aufklärung beherrscht die Sexual- und Frauenfeindlichkeit das christlich-abendländische Bewußtsein noch bis in unser Jahrhundert hinein. Das Weib sei gänzlich ungenial, postuliert Otto Weininger in seinem seinerzeit vielbeachteten Buch *Geschlecht und Charakter* im Jahr 1903. Ihm, dem Weibe, fehle die übersinnliche Persönlichkeit, es habe kein Ich, kenne keinen ethischen Imperativ und habe keine Seele (Weininger 1909, erstmals 1903, 239 ff.). Ethos, Genialität, Individualität und Originalität könne allein der Mann entwickeln. Der arische Mittelstandsmann ist gemeint. Weininger spielt auf die Oper Parzival an, wenn er sagt: „Wagner, der größte Mensch seit Christus", habe „am innerlichsten begriffen, daß das Weib aufhören müsse, für den Mann zu existieren." (Weininger 1909, 131 f.) Von Schuld sei die Welt erst dann erlöst, wenn der Mann die „Sexualität wirklich überwunden" habe (Weininger 1909, 467). Mutterschaft sei der Sinn des Frauenlebens; aber die Frauen sollen Männer nicht durch ihre Sexualität belästigen. Weibliche Sexualität gleiche dem tierischen Verhalten; daher müsse der Mann die Frau beherrschen.

Diese extreme Patriarchatsneurose trieb den erst dreiundzwanzigjährigen Weininger zum Selbstmord, bevor er noch begonnen hatte, wirklich zu leben. Es ist eine provozierende Frage, ob die patriarchale Geistesverfassung in der Lage ist, genauso die gesamte Menschheit in den Selbstmord zu treiben, „noch bevor sie richtig zu leben begonnen hat". Sollten der Menschheit nicht mehr als zwei Millionen Jahre zugebilligt sein, die sie auf diesem Globus existiert? Müssen wir aussterben, bevor wir zu Menschen gereift sind, die sich mit den Schwierigkeiten des Anfangs auseinandergesetzt haben?

Weiningers frauenfeindliche Gedanken spuken noch heute in den Köpfen mancher Männer. Sein arrogant-destruktives Charakterbild der Geschlechter ist dermaßen schmeichelhaft für manchen Mann und seine Vorstellung vom eigenen Selbst, daß Weiningers Buch von 1903 bis 1930 alljährlich neu aufgelegt werden konnte.

Philosophen begründen die Herrschaft des Geistes über die Materie

Die Philosophie gründete sich einst auf die Ursprungsweisheit der Göttin. Unter den verschiedensten Namen nahm die Weisheit am Anfang der menschlichen Bewußtwerdung die Gestalt einer Göttin an.

Im antiken Griechenland war Sophia der Inbegriff der Weisheit, und wie der Begriff Philo-Sophia* besagte, strebten Männer die Freundschaft der Göttin an und stellten sich in ihren Dienst. Doch seit die Philosophie ins Licht der Geschichte trat, war sie zu einer Wissenschaft geworden, die sich allein an männlichen Werten maß und die überkommene Weisheit der Mütter vernachlässigte. Aus männlicher Sicht fragte sie nach dem Wesen der Dinge, nach dem Ursprung des Seins, und sie hätte diese Frage doch gar nicht zu stellen brauchen, da das matriarchale Weltbild Wesen und Ursprung der Dinge hinreichend erklärt hatte: Am Anfang gebar die Große Göttin Erde, Wasser und Feuer, Luft und Feuchtigkeit, Berge und Täler, Pflanzen, Tiere und Menschen. Davon zeugte die Theogonie des Hesiod, der die Überlieferung nicht verschweigen konnte, wonach Gaia die Welt erschaffen hatte. Im pelasgischen Schöpfungsmythos* war Eurynome die Göttin aller Dinge (Ranke-Graves 1960, 22). Neith, die „unbeschadet anderer theologischer Lehren als die älteste der Göttinnen galt, die Große, die Göttermutter, die zuerst geboren hat, als noch nichts anderes da war" (Sethe 1930, 68), war die gleiche Urmutter der Welt, wie Hathor, Nut und Isis, mit denen Neith rivalisierte oder verschmolz (Sethe 1930, 69). Der matriarchale Mann war das Geschöpf der Göttin (Weiler 1989, 57-70).

Der patriarchale Mann will selbst Schöpfer sein. Jahrhundertelang spekulieren Priester und Könige, um ihre Götter auf wundersame Weise in jungfräuliche Mütter zu verwandeln (Weiler 1985/1991, 53 ff.). Doch die Bilder von „gebärenden Göttern" sind pervers. Weder Atum, der ägyptische Gott von Heliopolis, noch der memphitische Gott Ptah, noch Aton, der Gott Echnatons, noch der griechische Zeus ist als gebärender Vater glaubhaft. Die Bilder der Geburt lassen sich nicht für männliche Schöpfungsvorstellungen vereinnahmen.

Um zu behaupten, das männliche Prinzip stünde am Anfang aller Dinge, muß die Frage nach dem Ursprung neu und anders gestellt werden. Aber wie? Den antiken Philosophen stehen die tradierten Bilder des matriarchalen Bewußtseins im Weg. Es bleibt nur die Flucht ins Unanschauliche, in abstrakte Vorstellungen, um mit den matriarchalen Denkbausteinen neue Denkmodelle zu errichten. Aber der Befehl: „Du sollst dir kein Bildnis machen!" überfordert die menschliche Seele, die ihr Welt-Bild aus der konkreten Anschauung schöpft (vergl. Weiler 1989, 16 f.). Die patriarchale Philosophie, die sich auf das Un-Anschauliche, Un-Sichtbare, Un-Begreifliche, Un-Aussprechliche, Un-Nachahmliche, Un-Erschöpfliche und Un-Sinnliche stützt (vergl. Stopczyk 1986, 18), ist nicht der Ursprung des Denkens, sondern die „Re-Aktion auf etwas, was vorher war und noch in Resten vorhanden ist." Sie verneint – wie durch die Wortbildung deutlich wird – das konkrete Weltbild der matriarchalen Kulturen, denen das Anschauliche, Begreifbare, Sinnliche zur Weltdeutung gedient hat. Verneinung, Abwehr, Negation des vordem Bestehenden (Stopczyk 1986, 7) kennzeichnen die Anstrengung des patriarchalen Denkens.

Thales aus Milet wird allgemein als erster griechischer Philosoph betrachtet. Er verwendet die Symbole der matriarchalen Weisheit, wenn er sagt, alles Leben sei ewig Eines, dem Wasser vergleichbar. Er benutzt die Bausteine des matriarchalen Bewußtseins; aber seine Philosophie gründet sich nicht auf das Element Wasser, nicht auf den mütterlichen Urstoff, die Ur-Materia. Nicht das Fruchtwasser der gebärenden Göttin überschwemmt im schöpferischen Akt das ausgetrocknete Fruchtland. Er funktionalisiert die mythologischen Bilder: Wasser steigt als Dampf auf, schlägt sich im Regen nieder, wird starr beim Frost. Es ist bewegt, fließt und bildet in unermüdlicher Veränderung neue Formen. Die Funktion des Wassers, seine Qualität, seine Erscheinungsvielfalt, wird zur Metapher für das schöpferische Prinzip. Thales transformiert die Intelligenz des matriarchalen Denkens, die Werden und Vergehen in Bildern bewußt gemacht hat, in funktionale Intelligenz, die abstraktes Denken erfordert. Noch lassen sich die Eigenschaften des Ur-Stoffes nicht losgelöst von seinem Element denken, aber es ist ein erster Schritt in die Abstraktion, um den Grund des Seienden vom Mutterschoß der Göttin losgelöst zu denken. Thales sagt, in der Natur offenbare sich die göttliche Kraft. Das ist ein matriarchaler Gedanke. Aber die Göttinnenkraft des matriarchalen Weltbildes wird zur Allgegenwart männlicher Götter. Bei Thales heißt es: „Alles ist voll von *Göttern.*"

Heraklit löst ein anderes Element des weiblichen Kosmos, das Feuer, aus seinem Zusammenhang und erklärt aus ihm Ursprung und Wesen aller Dinge. Dem Wesen des Feuers scheint noch weniger Stofflichkeit anzuhaften als dem Element Wasser. „Dem gleichnishaft Sinnlichen entringt sich der abstrakte Gedanke" (Rietzler 1970, 9), wenn Heraklit im Feuer den Logos verkörpert sieht und in der Vernunft den Ursprung des Seienden erkennen will. Um seinen Logosbegriff zu entwickeln, hat Heraklit die matriarchale Weisheit vereinnahmt (Weiler 1985/1991, 214). Er transformiert Voraussicht, Lehre und Erkenntnisse, welche die ägyptische Weisheitsgöttin Ma'at der *innewohnenden Ordnung* entlehnt, in patriarchalen

Logos, der sich dem analytischen Verstand verdankt. Im Lauf der patriarchalen Bewußtseinsentwicklung wird Logos zum Prinzip des männlichen Geistes, dem die Frau unterworfen wird, weil sie keinen Teil daran habe.

Matriarchalem Bewußtsein dient die Mathematik, um *Beziehungen* zwischen den Erscheinungen herzustellen. Königinnen und Priesterinnen sprechen in den Nächten mit den Gestirnen am Himmel und entdecken die mathematischen Regeln, denen sie folgen (Weiler 1985/1991, 95; Tompkins 1973 passim). Alle kosmische Ordnung spiegelt sich im Wesen der Ma'at.

Seit ägyptische Priester das Privileg der Forschung beanspruchen, gerät die Göttin der Weisheit zum *gedanklich konzipierten Begriff* (Helck/Otto, Bd. III, 1980, 1110). Der König *dient* der Weisheit nicht mehr, er wird zum *Herrn der Ma'at* (Helck/Otto, Bd. III, 1980, 1111). Mathematik und Astronomie beherrschen die Wissenschaften. Die innewohnende Ordnung der Weisheitsgöttin Ma'at wird zur *aufgesetzten Ordnung* männlicher Gesetzgebung und zu einem Herrschaftsinstrument. Der Niedergang des matriarchalen Bewußtseins drückt sich auch darin aus, daß die Weisheitsgöttin ihre Eigenschaft als Mutter des Sonnengottes Re verliert; sie wird zur Tochter des Gottes herabgestuft.

In der Philosophie der Pythagoreer ist der Logos zunächst das Zahlenbündel, das *in den Dingen* steckt und es erlaubt, ihre Gestalt zu erfassen: So, wenn man mit dem Zahlenverhältnis 3:4:5 jederzeit rechtwinklige Dreiecke gleicher Gestalt, wenn auch verschiedener Größe konstruieren kann, oder wenn in der Musik die doppelte Saitenlänge immer ein Intervall von einer Oktave ergibt. Doch dann verwirft Pythagoras – oder besser: die pythagoreïsche Schule – das Beziehungsgeflecht, das die Mathematik in der Weisheit der Göttin bedeutet hat, und prägt die Formel: Alles ist Zahl. Die Zahl wird zum Ursprung des Seins. In der Zahl sieht Pythagoras die letzte Wirklichkeit, aus der die Erscheinungen der Welt hervorgegangen sind. Ist einst

- *die Geburt das anschaulich konkrete Symbol des Weltenbeginns* gewesen, so wird nun
- *die Zahl zum unanschaulich abstrakten Symbol für den Weltenbeginn.*

Platons Welt ist von geometrischen Regeln bestimmt, Augustinus setzt Zahl und Weisheit gleich, für Kepler ist die Zahl von Anfang an im Geist Gottes (Fraser, 1991, 349). Von nun an wird alle Naturwissenschaft dem Primat der Zahl unterworfen. Evelyn Fox Keller zeigt, daß die abendländische Wissenschaft Forschungen vernachlässigt, wenn das Geheimnis der Natur nicht durch die Zahl ergründet werden kann (vergl. Keller 1986 passim). Inzwischen wird das Primat der Mathematik von Naturwissenschaftlern zumindest in Frage gestellt:

„Woher nehmen wir das Recht, der mathematischen Symbolsprache eine uneingeschränkte gegenständliche Gültigkeit zuzuschreiben? Die Mathematik ist ein rein deduktives System von Axiomen und Theoremen. ... Man verließ und verläßt sich darauf, daß die Mathematik in der Praxis der Naturforschung jederzeit und uneingeschränkt funktioniert, obgleich möglichweise die Grundlagen der Mathematik nicht so solide sind, wie wir gemeinhin annehmen." (Mohr 1981, 54)

Durch die Einengung auf einseitige Erkenntnisweisen wird menschliches Wissen behindert. Patriarchale Wissenschaft zwingt den Erscheinungen das Gesetz von Zahl und hierarchischer Ordnung auf und lenkt die Forschung in eine eindimensionale Richtung und damit womöglich in eine Sackgasse.

Als Pythagoras Chaos und Dunkel der Frau, Gesetz und Licht dem Mann zuordnet, hat er diese Lehre dem persischen Glaubenssystem entliehen und wesentlich zu der Überzeugung von der Minderwertigkeit der Frau beigetragen, in der sich Religion und Philosophie einig waren. Ob Pythagoras die Beziehung zum persischen Denken von weltreisenden griechischen Freunden vermittelt worden ist, oder ob er als junger Mann Ägypten und Persien selbst bereist hat, ist nicht erwiesen.

Parmenides ist um 540 v.u.Z. in Elea in Unteritalien geboren worden. Sein philosophisches Denken ist eingebettet in matriarchale Vorstellungen, und er glaubt, daß sich der Geist in den menschlichen Organen bilde. Kein hierarchisches Bewußtsein erhebt einen Führungsanspruch des Gehirns über die übrigen Organe. Der Geist ist dem Körper nicht übergeordnet, sondern Funktion aller Organe:

„Je nachdem sich die Mischung vollzieht in den schwanken Organen,
Ist die Tätigkeit auch des menschlichen Geistes. Nichts andres
Als der Organe Natur ist's ja, was denkt in den Menschen, und zwar
In allem und jedem. Was stärker, bestimmt den Gedanken." (Fragment 16, Nestle, 1978, 120)

Parmenides erfährt sich durch die Göttin Dike auf dem Weg zum Licht und zur Wahrheit geführt. Dike taucht in der schriftlichen Überlieferung zuerst bei Hesiod – um 700 v.u.Z. – als Göttin der Wahrheit und der Gerechtigkeit auf. Das erinnert an Ma'at, die einst die ägyptische Göttin der Weisheit gewesen ist. Ma'at ist in Ägypten – ebenso wie die griechische Weisheitsgöttin Metis – zu Hesiods Zeiten längst zur Hüterin männergefertigter „Gerechtigkeit" und männerdefinierter „Wahrheit" geworden. Aus der Urgöttin, der Mutter der Götter, aus der frei schreitenden, souveränen Ma'at der ägyptischen Frühzeit ist die Begriffsgöttin geworden, die der Pharao als knieende Votivfigur handhabt (Weiler 1989, 19, *23*). So mag in Griechenland Dike einst die souveräne Göttin der Weisheit gewesen sein, bevor sie in den Texten des Hesiod zur Tochter des Zeus und der Themis herabgestuft wird. Und Parmenides ist vielleicht der letzte wirkliche Philosoph, ein Freund der Dike, der Göttin der Weisheit, ein Mann, der von der Göttin lernt. Er spricht Licht und Erkenntnis dem weiblichen, Nacht, Finsternis und das Unwissen dem männlichen Prinzip zu.

Aus tiefster Finsternis, aus dem „Haus der Nacht“, fährt er auf einem Wagen aus, den die Sonnenmädchen leiten. Dike öffnet ihm das Tor und bietet ihm Einblick in den weiblichen Urgrund, „...in den Abgrund, der alles trägt und alles aus sich entläßt.“ (Übersetzung von Fink 1985, 195) Dieses Bild wird von Annegret Stopczyk konkret benannt: „Parmenides fuhr in das Weibliche hinein, in die ‚klaffende Wunde‘ oder die ‚große Vulva‘ und begegnete dort der Göttin, die ihn unterwies.“ (Stopczyk 1993, 109)

Der Philosoph erfährt durch die Gnade der Göttin, was Wirklichkeit und was Schein ist. Aus der Nacht macht er sich auf und erkennt das Feuer; aus Finsternis kommt er ans Licht der Erkenntnis.

Manche halten ihn für einen Dichter, weil die Fragmente, die von ihm erhalten geblieben sind, in Hexametern stehen. Seine Texte sind vieldeutig, und ihre Auslegung erfordert selbst eine philosophische Arbeit. Sein Gedicht läßt sich als Symbol deuten: Ringt er um einen neuen Seinsbegriff, nach der einen Wahrheit, die hinter der gewöhnlichen Erscheinung der Dinge verborgen liegt? „In jenes Dunkel hineinzufragen, ist der Weg der Philosophie, die Verborgenheit des Ursprungs selbst zu lichten, das ist der Sinn des Denkwegs des Parmenides.“ (Fink 1985, 193)

Parmenides läßt sich als Subjekt seiner Philosophie nicht fassen. Während die Philosophen ihn als den ersten patriarchalen Denker interpretieren, sagt Annegret Stopczyk, „daß Parmenides nicht der Anfang unseres ‚abendländischen Geistes‘ ist, sondern eher das Ende irgendeiner anderen Erkenntnistradition.“ (Stopczyk 1993, 120) Sie unterscheidet seinen Denkweg in drei wesentlichen Elementen von der patriarchalen Philosophie: „Erstens: Sein Leib ist ihm Zugang zur Erkenntnis; zweitens: Das Geistige ist weiblich; drittens: Die Welt ist von einer Göttin geboren, nicht von einem Gotte gemacht.“ (Stopczyk 1993, 108)

Die Vorsokratiker, also jene Philosophen, die vor Sokrates gelebt und gelehrt haben, werden auch „Naturphilosophen“ genannt. „Was ist das? Naturphilosophie?“ (Rietzler 1970, 9), fragt ein moderner Kommentator des Parmenides, und er antwortet: „Das ist weder Lehre vom Subjekt noch Lehre vom Objekt, keines von beidem und beides in einem – ist weder Kosmologie noch Psychologie noch Existentialphilosophie in irgendeinem dem unseren vergleichbaren Sinn.“ (Rietzler 1970, 9 f.) Nein, diese Denker sind „Naturphilosophen“, weil sie noch die anschauliche Begriffswelt des matriarchalen Bewußtseins anwenden, weil sie die Weisheit noch als die innewohnende Ordnung der Natur erfahren. Sie haben das Denken in Naturzusammenhängen, seine Bedingung durch das Stoffliche, nur Schritt für Schritt hinter sich lassen können. Sie haben das matriarchale Denken verdrängt; überwunden haben sie es nie. Denn abstrakte Begriffe können nur von begrifflichen Vorstellungen abgeleitet werden. Die konkrete Anschauung bleibt die Voraussetzung für jegliche Abstraktion. Es ist immer die Materie, von der abstrahiert werden kann. Kein Kind kann etwas be-greifen, was es nicht an-greifen kann. Das Bild, die Erfahrung mit dem Sichtbaren, ist die Basis aller Weisheit.

Der sizilianische Philosoph Empedokles stützt sich auf die Mithras-Religion, auf den babylonischen Sonnenkult und auf die Lehre des Pythagoras; er bekennt sich zu den griechischen Göttern Helios und Apollon, die in hellenistischer Zeit Züge des Mithras angenommen haben und zu Verkörperungen der Reinheit und Keuschheit geworden sind. Hundert Jahre nach Parmenides weist er dessen Philosophie zurück: Die leuchtende Sonne, der Tag und das Licht seien doch wohl dem Männlichen zuzuordnen; der Mond am dunklen Himmel, der sein Licht von der Sonne borge, die Nacht und die Finsternis jedoch müßten das Weibliche verkörpern.

Anaximander hat kritisiert, weder das Wasser noch das Feuer könne der Urgrund der Erscheinungen sein. Allem Seienden sei Vergänglichkeit bestimmt. Alles Werdende oder Gewordene sei durch den Fall in das Nichts gezeichnet, die Zeit töte es:

„Kein Gott und kein ragender Berg, kein Land, kein Meer, kein Gestirn am Himmel kann das Unerschöpfliche und Immerwährende sein; denn sie sind alle im Wandel; die Götter sind nur dauernder, standhafter als die Menschen, stärker in ihrer Kraft, das Dasein zu halten; aber auch sie müssen hinab in den Grund, aus dem sie aufstiegen: kein Seiendes ist unbegrenzt." (Übersetzung von Fink 1989, 83, f.)

Nachdem Versuche, die Geburt, die weibliche schöpferische Potenz, zu usurpieren, an ihrer perversen Begrifflichkeit gescheitert sind, muß folgerichtig ein Nicht-Seiendes gefunden werden, das unbegrenzt als schöpferische Kraft hinter den Erscheinungen waltet. Die philosophischen Systeme transformieren den Gottesbegriff allmählich bis zur völligen Unanschaulichkeit. Gott soll weder Gebärer noch handelnder Formgeber sein, noch gar aus seinen göttlichen Brüsten Weisheit spenden. Das philosophische Denken macht „Gott" unsichtbar und unvorstellbar. Gott offenbart sich dem mann-menschlichen Geist in der vollkommenen Abstraktion.

Das matriarchale Bewußtsein hat die Bilder der Göttin und der Geburt zu seiner Weltdeutung geschaffen. Dagegen ist die abstrakte Idee des „körperlosen Gottes" durch und durch patriarchal. Sie ist kein großartiger Entwurf, um den biblischen Vatergott, der noch auf Erden wandelt und mit den Menschen spricht, „geschlechtslos" zu denken. Die abstrakte Gottesidee ist der patriarchale Weltentwurf von einem „höheren Wesen“, dem absoluten Geist, dem die Frau als Körperwesen unterworfen ist.

Die sokratische Philosophie mutet dem Denken zu, an die vollkommene Freiheit des männlichen Geistes zu glauben, die sich erst im Tod erfülle, wenn der Geist losgelöst vom Körper sei. Platon überliefert ein Gespräch, das Sokrates kurz vor seinem Tode mit seinem Schüler Simmias geführt habe. Dem Erwerb der Vernunfterkenntnis, belehrt Sokrates seinen Schüler, sei der Körper im Wege. Nur losgelöst vom Körper, im reinen Denken werde etwas von der ewigen Wahrheit offenbar:

„Solange wir nämlich beim Forschen neben dem reinen Denken noch den Leib gebrauchen und solange unsere Seele mit diesem Übel überwachsen ist, werden wir das, wonach wir begehren – nämlich die Wahrheit – niemals recht erlangen. Das Schlimmste von allem aber ist, daß uns der Leib auch dann, wenn er uns Zeit läßt und wir uns irgendeiner Betrachtung hingeben, mitten im Suchen immer wieder stört und verwirrt und erschreckt, so daß es seinetwegen nicht möglich ist, das Wahre einzusehen. Vielmehr ist in der Tat bewiesen, daß wir uns, wenn wir von irgend etwas die reine Erkenntnis erlangen wollen, von ihm losmachen und allein mit der Seele die Dinge an sich betrachten müssen. Das, wonach wir verlangen und als dessen Liebhaber wir uns ausgeben, die vernünftige Einsicht nämlich, das wird uns offenbar erst dann zuteil werden, wenn wir gestorben sind, nicht aber im Leben. Denn wenn es nicht möglich ist, in Verbindung mit dem Leibe irgend etwas rein zu erkennen, so bleibt uns nur eines von beiden: Entweder können wir das Wissen überhaupt nicht erlangen oder erst nach unserem Tode. Dann wird die Seele ganz für sich sein, getrennt vom Leibe, vorher aber nicht. Und solange wir leben, werden wir offenbar in dem Maße dem Wissen am nächsten kommen, als wir mit dem Leibe möglichst wenig verkehren und keine Gemeinschaft mit ihm haben.“ (Platon, Phaidon, 66 a-e)

Mit der gleichen Begründung wie vor ihm schon Anaximander lehnt auch Aristoteles die Götter als Schöpfer des Alls ab: Auch die Götter seien vergänglich. Das ist zu seiner Zeit noch längst nicht die allgemeine Denknorm. Und wenn er nicht geflohen wäre, hätte ihn das gleiche Schicksal ereilt wie Sokrates, der wegen Gotteslästerung verurteilt worden ist. Der Gottesbegriff des Aristoteles verflüchtigt sich endgültig in reine Abstraktion. Das absolute Sein, das alles Seiende hervorbringe, müsse selbst bewegungslos sein: der unbewegte Beweger aller Dinge, der nur dem reinen Denken zugänglich sei. Auch dies ist ein Bild des Todes; denn was unbewegt ist, ist tot. Schärfer läßt sich das patriarchale Weltbild nicht zum matriarchalen in Gegensatz bringen:

- In der absoluten Zeitlosigkeit, im Unbewegten sieht uns der Tod an; ein Bild des Todes wird dem Philosophen des patriarchalen Bewußtseins zum Urgrund, der nur mit reinem Denken, mit äußerster Abstraktion zu erfassen sei.
- In der zyklischen Zeit, im Werden und Vergehen sieht uns das Leben

an; Geburt symbolisiert für matriarchales Bewußtsein den Ursprung alles Seienden. Die Matrix* als Gesamtbild allen Urstoffs läßt sich mit allen Sinnen be-greifen.

Denn Leben *ist* zyklisches Geschehen: Der Ursprung des Lebens kann nur in Systemen gesucht werden, „die mit Hilfe vorhandener Energie zyklisches Verhalten erzeugen können." (Fraser 1991, 184) Und immer müssen die Menschen sich ein Bildnis machen, wenn sie etwas *be-greifen* wollen. Das analoge Bild kosmischer Schöpfung ist die schöpferische, hervorbringende Geburt. Menschengemäßes Begreifen der Schöpfung und des kosmischen Geschehens ist nicht anders als durch Symbole möglich, die eine Analogie mit greifbaren Bildern erlauben.

Aristoteles ist nicht mehr der Freund der Weisheit, sondern der Freund der Abstraktion. Das unanschauliche Denken wird zur „höheren" Einsicht. Der Weg der Philosophie gründe „nicht in der Selbstherrlichkeit der menschlichen Vernunft", schränkt der Freiburger Philosoph Eugen Fink ein (Fink 1985, 194). Aber die Philosophie begründet die *Selbstherrlichkeit des Mannes,* der sich eins weiß mit dem Prinzip des Geistes, das in seiner reinen Erscheinungsweise vom Leib unabhängig ist. Das Stigma der Körperlichkeit trägt die Frau; ihr Partner im Fleisch ist der Teufel, der *Leibhaftige,* dem der Leib anhaftet (Weiler 1990, 45). Das männliche Prinzip, einst in Gestalt des Bocks der Göttin als Sinnbild männlich-kosmischer Kraft zugeordnet, ist zum Inbegriff des Bösen geworden, das die Kirche mit Folter und Scheiterhaufen verfolgt und zu tilgen trachtet.

An den Universitäten und Klöstern des Abendlandes werden christliche Dogmen in den Vordergrund philosophischer Diskussionen gestellt. Von den Dominikanern gefördert, entsteht mit der Scholastik eine eigenständige Wissenschaft, welche die christliche Lehre vom sogenannten Heidentum abzugrenzen sucht. Als der Islam im hohen Mittelalter nach Europa vordringt, hat sich das christlich-abendländische Denken mit dem Wissensvorsprung der arabischen Kultur auseinanderzusetzen. Arabische Gelehrte haben Fragmente von Schriften der Vorsokratiker und das *gesamte* Werk des Aristoteles bewahrt. In dieser Vollständigkeit ist das antike Gedankengut bisher im christlichen Abendland nicht rezipiert worden.

Wie ich gezeigt habe, führt der Erkenntnisweg der antiken Philosophie über die Erfahrung, die der Mensch mit der ihn umgebenden Natur macht. Insofern ist diese Philosophie der matriarchalen Weisheit entliehen, welche die Kraft der Göttin in der Natur am Werk sieht. Doch soll der Mensch mittels der Vernunft nicht die Göttin, sondern Gott in der Natur erkennen. Der Dominikanermönch Thomas von Aquin (1225 bis 1274) wittert hinter dieser Lehre die „Gefahr pantheistischer Tendenzen".

Um diesem Übel zu begegnen, trennt er zwischen göttlichem Geist und menschlicher Vernunft: Gott selbst, der Schöpfer aller Dinge, habe die menschliche Vernunft geschaffen, damit die Menschen auf vernünftigem Weg Gott erkennen können. Thomas macht Gott dem Menschen unnahbar. Er hebt seinen Gott, der als reiner Geist angebetet werden müsse, hoch über die Natur und begründet die dogmatische Lehre, die jeglichen Pantheismus ablehnt. Der unendliche Abstand zwischen Gott und Mensch spiegelt sich in der Beziehung der Geschlechter wider: Der Mann wird dem Himmel und dem göttlichen Geist nahestehend gedacht, während die Frau die Erde symbolisiert. Diese Auffassung macht eine gleichwertige Beziehung zwischen Mann und Frau unmöglich.

Der Gottesbegriff des Thomas von Aquin integriert schließlich den aristotelischen „unbewegten Beweger" in das christliche Denken. Neben ein ansprechbares göttliches Gegenüber, Gott, den Vater, den Sohn und den Heiligen Geist, tritt eine abstrakte Gottesvorstellung, die Gott als anonyme kosmische Kraft von unvorstellbarer Größe und Unerreichbarkeit auffaßt. Gerade dieses Gottesbild scheint der modernen naturwissenschaftlichen Erkenntnis angemessener und wird als reifer und höher stehend gewertet als die „kindliche" Suche nach einem persönlichen Gott. Damit wird aber die Beziehung zwischen Gott und den Menschen problematisch: Das religiöse Bedürfnis nach Nähe zum Göttlichen, nach Beziehung zum Transzendenten, wird gestört. Der Wunsch nach dem Gespräch mit Gott kann nicht mehr unbefangen befriedigt werden. *Seit sich die Theologie mit der Philosophie auf eine gemeinsame Weltdeutung eingelassen hat, stehen gläubige Menschen vor dem Dilemma, auf der einen Seite einen persönlichen Gott zu suchen, den sie in ihren Wünschen, Nöten und Ängsten ansprechen, während sie auf der anderen Seite dem abstrakt Unbegreiflichen gegenüberstehen, das sich überhaupt nicht ansprechen läßt.*

Im Denken Hegels ist die Materie eine Erscheinungsweise des absoluten göttlichen Geistes. Nur unser beschränkter menschlicher Zugang zu den Dingen täusche uns vor, daß alle Dinge, die Berge, Pflanzen und Tiere sowie die Menschen selbst materieller Natur seien. Wer die Welt wahrhaftig erkenne, werde sie als sichtbar gewordenen Geist begreifen. Die Frau habe die Aufgabe, den männlichen Geist mit der Sichtbarkeit des Lebens zu versöhnen. Das Weibliche als Vertreterin dieser materiellen Sichtbarkeit ist damit „sichtbar gewordener männlicher Geist". Sie wird zum Geschöpf des Mannes – eine neuzeitlich philosophische Version der Geburt der Eva aus Adams Rippe.

„Hegel argumentiert ähnlich wie Rousseau für den Küchenherd, allerdings in philosophisch anmutigeren Worten." (Stopczyk 1980, 359)

Durch natürliche Bestimmung komme dem Mann das göttliche Gesetz, der Frau das menschliche Gesetz zu. Der Mann habe sein wirkliches Leben im Staat und in den Wissenschaften, die Frau in der Familie. Die Liebe bringe die Wirklichkeit zur Erscheinung. In der Liebe zeigen sich – nach Hegel – die Strukturen der Dialektik. Hegel schreibt an seine Frau Marie:

„Ich erinnere Dich ferner daran, daß Du mir versprochen, meine Heilerin zu sein, das heißt, die Versöhnerin meines wahren Innern mit der Art und Weise, wie ich gegen das Wirkliche und für das Wirkliche – zu häufig – bin; daß dieser Gesichtspunkt Deiner Bestimmung eine höhere Seite gibt; daß ich Dir die Stärke zutraue; daß diese Stärke in unserer Liebe liegen muß.“ (Zitiert bei Stopczyk 1980, 168)

Indem er an ihre Liebe appelliert, fordert er von der Frau, das zu sein, was er, Hegel, „als weiblich bestimmt hat“, und den Mann anzuerkennen als „das, was er als männlich bestimmt hat.“ (Stopczyk 1980, 352)

Annegret Stopczyk hat zusammengestellt, *Was Philosophen über Frauen denken,* und sie ist dabei zu dem Ergebnis gekommen: „Fast durchgängig herrscht bei den Philosophen das Motiv: Das Geistige ist das Männliche und das Sinnliche ist das Weibliche.“ (Stopczyk 1980, 351) Von der Antike über das christliche Mittelalter bis in die Neuzeit waren viele Philosophen unverheiratet, wie Annegret Stopczyk bewußt macht:

„Von den Großen sind es u.a. Descartes, Spinoza, Leibniz, Kant, Schopenhauer, Kierkegaard, dazu Cusanus, Eckehart, Thomas von Aquin und das gesamte Mittelalter und fast das gesamte Altertum. Die Gegenprobe fällt kläglich aus: Fichte, Schelling, Hegel, Husserl, Heidegger.“ (Stopczyk 1980, 1)

Männer, denen elementare soziale Fähigkeiten abgehen, bestimmen das patriarchale Bewußtsein. Annegret Stopczyk meint, „je differenzierter und vielfältiger ein Mensch“ sei, desto seltener treffe er „andere Menschen, mit denen er sich zutiefst verstehen“ könne. „Auf einen weniger komplizierten Topf passen auch mehr Deckel.“ (Stopczyk 1980, 357) Sollte es nicht trotzdem für jeden Perikles eine Aspasia geben, wenn der Mann nur das Zeug dazu hat, eine Frau von hohem geistigen Rang für sich zu gewinnen? Betrachtet man die Biographien der großen Denker, scheint bei manchem eine massive Neurose der Grund für seine Ehelosigkeit gewesen zu sein.

Augustinus, Lehrer der Rhetorik in Karthago und Rom, hat Frauen benutzt. Er hat sie niemals ernstgenommen. Von einer Konkubine hat er einen Sohn; seine Verlobte aus vornehmem Haus hat er nicht geheiratet. Mit 33 Jahre läßt er sich taufen, verläßt die Stellung, die er in Mailand hat, kehrt nach Afrika zurück und gründet dort ein Kloster. Seit er sich als Christ und abstinenter Mönch versteht, nimmt seine latente Angst vor dem Weiblichen groteske Züge von Frauenfeindlichkeit an. Psychologen würden sagen: Er projiziert die minderwertige Funktion der eigenen Psyche als das sogenannte „Böse“ nach außen und findet in der Frau eine geeignete

„Projektionswand". Das Weib sei für den Mann Gehilfin nur zum Werke der Zeugung, meint Augustin, da der Mann zu jedem anderen Werk in einem Freund einen weit besseren Gehilfen fände.

Kant ist ein Pedant gewesen, nach dessen Pünktlichkeit die Nachbarn ihre Uhren gestellt haben. Sein Diener weckt ihn des Morgens um fünf Uhr, und von diesem Augenblick an verläuft der Tag wie ein Uhrwerk nach unumstößlichen Gesetzen. Die kleinsten Unregelmäßigkeiten können Kant aus der Fassung bringen: eine Schere oder ein Federmesser, die aus ihrer gewohnten Richtung auch nur geringfügig verschoben sind, ein Stuhl, der nicht an seinem Platz steht, ein Freund, der ihn einlädt und nicht pünktlich nach Hause zurückbringt.

An jedem Nachmittag besucht Kant seinen Freund Green, der in seinem Lehnstuhl seinen Mittagsschlaf hält. Kant setzt sich neben ihn und schläft ebenfalls ein. So gesellt sich einer seiner Freunde nach dem anderen zu dieser Runde, bis Motherby kommt und die Gesellschaft weckt, die sich dann bis genau sieben Uhr – und keine Minute länger – mit interessanten Gesprächen die Zeit vertreibt (Weischedel 1973, 213). Um zehn Uhr abends spinnt sich Kant in seine Federdecke gleichsam wie in ein Kokon ein und erwartet den Schlaf (Weischedel 1973, 214). Wie hätte eine Frau alle diese Hüllen und Schutzvorrichtungen gegen das wirkliche Leben je überwinden sollen? Kant gelangt denn auch über das Verhältnis der Geschlechter zu der tiefschürfenden Einsicht: „Wenn Mann und Weib einander ihren Geschlechtseigenschaften nach wechselseitig genießen wollen, so müssen sie sich notwendig verehelichen, und dieses ist nach Rechtsgesetzen der reinen Vernunft notwendig." (zitiert bei Stopczyk 1980, 125) Der Philosoph festigt die traditionelle Beziehung zwischen Mann und Frau. Das Klischee von der Überlegenheit des Mannes über die Frau ist ungebrochen, wenn er sagt:

„Er fußt sich auf das Recht des Stärkeren, im Hause zu befehlen, weil er es gegen äußere Feinde schützen soll; sie auf das Recht des Schwächeren: vom männlichen Teile gegen Männer geschützt zu werden, und macht durch Tränen der Erbitterung den Mann wehrlos." (Zitiert bei Stopczyk 1980, 126)

Søren Kierkegaard verweigert seiner Verlobten, Regine Olsen, die Ehe, weil er unter dem Zwang steht, ihr in absoluter Offenheit nichts aus seinem Leben verheimlichen zu dürfen. Da er aber einmal in einem Freudenhaus kläglich versagt hat und ausgelacht worden ist, was er seiner Braut unmöglich eingestehen kann, kommt es schließlich wegen der ständig hinausgezögerten Heirat zum Bruch. Als Regine einen anderen heiratet, beklagt sich Kierkegaard wegen *ihrer* Untreue.

Ohne je die Anstrengung auf sich genommen zu haben, den weiblichen Menschen ernst zu nehmen und zu erfahren, was Frauen sind, beschreiben die Herren aus ihrer eingeengten Sicht Nichtigkeit als Sinn des weiblichen Lebens und Sinnlichkeit des Körpers als das Wesen des Weiblichen.

Schopenhauers Einstellung gegenüber dem weiblichen Geschlecht ist nur ein besonders augenfälliges und krasses Beispiel für den Frauenhaß, der die Geschichte der patriarchalen Philosophie wie ein roter Faden durchzieht. Es entspricht dem allgemeinen Denken, wenn er sagt: „Weder für Musik noch für Poesie noch bildende Künste haben die Weiber wirklich und wahrhaftig Sinn und Empfänglichkeit." Was Frauen kennzeichne, sei eine instinktartige Verschlagenheit, untilgbarer Hang zum Lügen und subordiniertes Wesen. Das Weib sei eine „Art Mittelstufe zwischen dem Kind und dem Manne, als welcher der eigentliche Mensch ist." (zitiert bei Stopczyk 1980, 185) Schopenhauer hat keinerlei Erfahrungen mit Frauen, die ihn zu solchen Aussagen berechtigen. Einst hat er eine Näherin, die seine Kleidung ausbesserte, nur, weil die Frau ihn durch ihr Reden gestört hatte, so sehr zusammengeschlagen, daß sie dauernde Schäden davontrug. Schopenhauer mußte für sie eine lebenslängliche Rente zahlen, was er bitter beklagte.

Beziehungsunfähigkeit wird als die Einsamkeit der großen Denker idealisiert, Sexualneurosen werden zum Vorbild für das Ideal einer abstinenten Lebensführung. Von daher gesehen ist es kein Wunder, daß die gesellschaftliche Wirklichkeit im Patriarchat mit neurotischen Verhaltensweisen überfrachtet ist.

Ein Philosoph wie John Stuart Mill (1806 bis1873), der das Wagnis eingegangen ist, sich mit einer intelligenten Frau auseinanderzusetzen, hat begriffen, daß Männer vom Wesen der Frauen gar nichts wissen können. Sie müssen ihnen die Freiheit lassen, sich selbst zu finden, damit sie selbst erfahren können, was Weiblichkeit ist. Mill hat im englischen Unterhaus einen Antrag auf Änderung des Ehegesetzes eingereicht. Aber angesichts der verbreiteten Frauenfeindlichkeit seiner Zeit kann er diesen Vorschlag nicht durchsetzen.

Die Psychologie fordert den Sieg des „männlichen Logos" über das „Weibliche"

Die *Psychologie* im Sinne einer philosophischen Disziplin bot dem patriarchalen Bewußtsein genau in *dem* weltgeschichtlichen Augenblick einen Rückzugsort, als die Religion ihren beherrschenden Einfluß auf das abendländische Denken eingebüßt hatte.

Bis zum Beginn der Neuzeit galt unwidersprochen, daß Gott die Welt geschaffen habe. Die Naturwissenschaften haben das Ihre dazu beigetragen, dieses Weltbild zu erschüttern. So konnte die Überzeugungskraft des

Christentums durch die Philosophie der Aufklärung und später durch den Einfluß der Jung-Hegelianer, zu denen Ludwig Feuerbach und Karl Marx gehörten, wie schließlich durch den Einbruch des industriellen Zeitalters mehr und mehr geschwächt werden. Für Ludwig Feuerbach war „Gott nichts anderes als das Wesen des Menschen". Er sah in der Religion den Versuch, alle Ideale, die Menschen aus Fleisch und Blut nicht verwirklichen können, auf Gott zu projizieren.

Metapsychologische Denksysteme wie die Psychoanalyse Sigmund Freuds und die Analytische Psychologie C.G.Jungs bieten vollständige Welterklärungsmodelle an und verstehen sich als Kulturpsychologie.

Die Erbsünde, erklärt Sigmund Freud, sei ein Theologem, das von der Schuld der Söhne gegenüber dem Ur-Vater herrühre. Die Ur-Horden der Menschheit seien von einem autoritären Vater beherrscht worden, der einen ganzen Harem von Weibern um sich geschart und seinen Söhnen verweigert habe, sexuell tätig zu werden. Die Mütter, begehrte Sexualobjekte der Söhne, seien tabu gewesen. Zu starken Männern herangewachsen, habe sich einer der Söhne mit seiner Fähigkeit durchgesetzt, den Vater zu vernichten und die übrigen Brüder zu beherrschen.

Der Vatermord – so Freud – habe die Erbsünde in die Welt gebracht. Jeder Sohn wolle den Vater töten; der erste Mord werde von jedem kleinen Jungen erneut phantasiert, wenn er die Mutter begehre und den Vater aus dem Weg räumen möchte. Aber sein kindliches Begehren müsse notwendig scheitern, und so werde der Wunsch verdrängt und bilde die Grundlage vieler neurotischer Störungen. Freud bietet den Mord am Ur-Vater als kollektivpsychologische Erklärung für die Sühne an, die der Sohn für diese Erbsünde am Kreuz erbracht habe.

Freud hat die Arbeiten von Johann Jacob Bachofen gekannt; aber die Religion der Göttinnen paßte nicht in sein Denkgebäude, und daher hat er das Thema schlicht vernachlässigt. Es habe immer einzelne Frauen gegeben, welche Herrschaft ausgeübt hätten. Solche Frauen seien in der phallischen Phase ihrer Entwicklung steckengeblieben und niemals zu „echten" Frauen herangereift.

Die Erforschung des Unbewußten und die Entwicklung einer tiefenpsychologischen Behandlungsmethode sind die großen Leistungen Freuds. Aber die Frau ist in seinem Weltbild nur das Objekt, das von den Männern gehandhabt wird. Männerschuld entsteht im Kampf um den Besitz von Weibern. Die kollektive Denknorm verordnet den Frauen, sich selbst zu sehen, wie sie von Männern gesehen werden: als „Eigentum, mit dem man Tauschgeschäfte abschließen kann." (Janeway 1979, 181) Ob Freud die gesellschaftlich verordnete Unterdrückung der Frau als veränderungswürdiges Problem wahrgenommen hat, ist doch sehr zu bezweifeln, wenn auch „die Ehe – wie sie praktiziert wird – nach seiner Kenntnis der Welt eine Neurosen zeugende Beziehung, besonders für Frauen" war (Janeway 1979, 181). Eher sah Freud das Frausein als ein tragisches Schicksal an. Er zitierte den Ausspruch Napoleons: „Die Anatomie ist Schicksal." Die Psychoanalyse hat in allen anderen Bereichen der menschlichen Psychologie grundlegende Kritik geleistet. Mit dem Schicksal der Frau hat sich Freud abgefunden, und es ist ihm nie in den Sinn gekommen, *Das Unbehagen in der Kultur* könne ein Problem von Frauen sein, die sich in der Patriarchatskultur unbehaglich fühlen. Es scheint, daß es für Freud unmöglich war, „die Grenzen einer jahrhundertealten Theorie der weiblichen Minderwertigkeit zu überschreiten, wie sie seit unvordenklichen Zeiten vom Mann proklamiert und von der sogenannten echt weiblichen Frau offenbar akzeptiert wird." (Zilboorg 1979, 194) Freud lastet der Frau Charakterzüge an, welche „die Kritik seit jeher dem Weibe vorgehalten hat, daß es weniger Rechtsgefühl zeigt als der Mann, weniger Neigung zur Unterwerfung unter die großen Notwendigkeiten des Lebens." (Zilboorg 1979, 193)

Die Psychologie Sigmund Freuds folgt gnadenlos der kollektiven Denknorm, wie sie Schopenhauer, der sich selbst als „philosophischen Religionsstifter" sieht, in Worte gefaßt hatte. Wie Schopenhauer betrachtet auch Freud die Frau „als Mittelstufe zwischen dem Kind und dem Manne". Ihre klitoridale Sexualität sei unreif und pubertär. Als Mensch ohne Penis sei sie ein Mangelwesen, das voll Neid auf den vollkommenen Mann blicke.

Freud hat die herkömmliche Psychologie revolutioniert, er hat der Soziologie neue Forschungsansätze eröffnet, er hat Kunst und Literatur in vieler Hinsicht beeinflußt, aber das Problem der weiblichen Sexualität, die Frage souveräner Weiblichkeit, ist von ihm nicht angegangen worden.

Zu seiner Zeit diskutierten Romanschriftsteller und Dramenautoren über weibliche Emanzipation, und die Frauen begannen längst, sich aus ihren Käfigen zu befreien; sie wurden berufstätig und sprengten die enge Sexualmoral des Viktorianischen Zeitalters. Doch die Psychoanalyse konnte

> „wenig Licht auf die fundamentale Feindseligkeit des Mannes gegenüber der Frau werfen, und letztlich konnte sie wenig mehr dazu sagen, als daß wir in einer Männerwelt leben, in der die Frauen es schwer haben, und daß das ihr Schicksal ist. Ja, die Psychoanalyse schien sogar die traditionelle Einstellung der modernen Industriegesellschaft in gewisser Weise zu unterstützen, indem sie auf die organische, psychische und kulturelle Unzulänglichkeit der Frau hinwies." (Zilboorg 1979, 193)

Auf diese Weise „blieb die Psychologie der Frau eine von der psychoanalytischen Theorie unbewältigte Angelegenheit." (Hagemann-White 1979, 20)

Mit seinem Interesse am Mythos scheint Carl Gustav Jung – oberflächlich betrachtet – dem Weiblichen eher gerecht zu werden, so daß seine Psychologie als frauenfreundlicher eingestuft wird.

Jungs therapeutische Bemühung zielt darauf, die gegengeschlechtlichen psychischen Anteile der Persönlichkeit zu integrieren. Damit wird das Weibliche anscheinend aufgewertet. Das Weibliche gewinnt Bedeutung für den Mann. Hatte sich Freud viele Feinde gemacht, weil er die Sexualität stark betont hatte, so stellt Jung religiöse Fragestellungen in den Mittelpunkt seiner Betrachtungen, was ihm, dem Pfarrerssohn, naheliegt. Für eine allgemeine Denknorm, die gewohnt ist, den Geist vom Körper zu trennen und den Geist dem Körper überzuordnen, ist Jungs Psychologie ansprechender als die Freuds. Doch die gleiche männliche Anmaßung beherrscht die Sexualität wie die Religion: die sexistische Auffassung, allein der Mann sei potent, nur er sei fähig zur schöpferischen Tat, ob zur biologischen Zeugung oder zur Schöpfung der ganzen Welt. Das patriarchale Weltbild beansprucht die schöpferische Potenz sowohl in der Sexualität wie in der Religion ausschließlich für den Mann. C.G.Jung diskutiert nur auf einer anderen Ebene, wenn er die hervorbringende Kreativität im männlichen Geist ansiedelt, während Freud die männliche Sexualität zum Maßstab setzt.

In der Nachfolge Freuds entwickelt Jung eine eigene Konzeption vom *Unbewußten.* Er unterscheidet die Menschen nach *Vorstellungstypen,* er setzt sich mit dem Phänomen des *persönlichen Schattens* auseinander, mit dem *kollektiven Unbewußten,* den Funktionen von *Animus* und *Anima* und mit dem Problem der Suche nach dem *Selbst.*

Es kann nicht bezweifelt werden, daß Jung das kollektive Unbewußte korrekt beschreibt, soweit es sich um Inhalte handelt, die in Träumen und Visionen leicht reproduzierbar sind und dem patriarchalen Bewußtsein entsprechen. Was aber der patriarchalen Denknorm zuwiderläuft, fällt auch bei der Jungschen Psychologie in den Schlagschatten des Bewußtseins.

Ich kritisiere die Analytische Psychologie in den Bereichen, die eine sexistische Tendenz haben, die den männlichen Geist dem weiblichen Körper überordnen, das Weibliche dem Männlichen dienstbar machen und Frauen bei ihrer Persönlichkeitsfindung behindern. Dabei handelt es sich um

- die Konzeption des Bewußtseins, das archetypisch patriarchal sei, während das matriarchale Bewußtsein das Unbewußte repräsentiere,

• das Postulat eines patriarchalen Logos als Vermittler und Träger der herrschenden Gesellschaftspraxis. Der patriarchale Schatten, die Durchsetzung patriarchaler Macht durch Tötungsgewalt als Rudiment archaischer männlicher Triebstruktur wird durch die Idealisierung des patriarchalen Logos verdrängt;
• die Verkümmerung des Eros-Begriffes durch patriarchale Definition,
• die sogenannten archetypischen Bilder des Weiblichen, die sich in der Anima manifestieren (vergl. Weiler 1985/1991 passim),
• das Konzept des Animus, das nicht nur für die Selbstfindung der Frau, sondern auch für die Individuation* des Mannes unbrauchbar ist.

Erich Neumann spricht von einer „archetypischen Stadienentwicklung, welche zur Bildung des Bewußtseins und eines Ich" geführt habe, „das wir als patriarchal bezeichnen, denn die Träger dieser Entwicklung" seien „die Männer mit den für sie charakteristischen Wertsetzungen." (Neumann 1953, II, 3) Diese Entwicklung führe über den Kampf gegen den gefräßigen Drachen, der das vereinnahmend Weibliche repräsentiere, das den männlichen Logos nicht zu sich selbst kommen lasse. Die Analytische Psychologie folgt der klassisch-griechischen Philosophie, wenn sie behauptet, der Körper sei störend für die Entfaltung von Logos, Vernunft und Bewußtseinsklarheit. Sie ist insofern sexistisch, als sie den Körper mit dem Weiblichen, den Geist mit dem männlichen Prinzip identifiziert.

C.G. Jung behauptet – ganz im Sinn der griechischen Philosophie – daß Vernunft, Denken und Logos sich nur abgelöst vom mütterlichen Urgrund entfalten könnten. Er sagt:

> „Das ist das Vaterprinzip des Logos, der sich in unendlichem Kampfe der Urwärme und der Urfinsternis des mütterlichen Schoßes, eben der Unbewußtheit, entwindet. Keinen Konflikt, kein Leiden, keine Sünde scheuend, strebt die göttliche Neugier nach der Geburt. Unbewußtheit ist die Ursünde, das Böse schlechthin für den Logos." (Jung 1954, 116)

Jung rechtfertigt den ‚Muttermord', der die „weltschöpferische Befreiungstat des männlichen Logos" darstelle (Jung 1954, 166). Ebenso wie Sokrates unterstellt er, daß der freie Geist sich erst entfalten könne, wenn die Mater/Materia getötet sei. Er betont, daß sich der männliche Geist gegen die „Große Mutter" habe zur Wehr setzen müssen, weil sie „das Unbewußte" sei. Wie jedoch die Geschichte der frühen Philosophie zeigt, ist das matriarchale Bewußtsein durch patriarchale Denker in einem mühsamen Abstraktionsprozeß während vieler Jahrhunderte ins Unbewußte *verdrängt* worden: *Erst das patriarchale Bewußtsein hat das Weibliche zum Unbewußten gemacht,* und Jungs Psychologie verfestigt alle Vorurteile, die er – seinem eigenen psychologischen Anspruch folgend – als Projektion des Mannes hätte entlarven müssen. Jung selbst hat – gleich einem unbelehrbaren Neurotiker – seine ungelebten seelischen Potenzen verdrängt und auf das Weibliche projiziert. Wie will die Jungsche Psychologie den Menschen ins Gleichgewicht und mit sich selbst in Ordnung bringen, wenn sie davon ausgeht, daß der Muttermord nötig sei, um bewußt zu werden?

Für das Männliche reklamiert Jung den Geist als Instanz des Logos, der Vernunft und der Bewußtseinsklarheit. Durch sie gestalte der Mann – nach Jung – die Welt, in der wir leben. Von der Frau, die auf diesem Sektor nichts zu suchen habe, sagt Jung, sie werde stets unsicher bleiben im Reich des männlichen Logos: „Die weiten Gebiete des Handels, der Politik, der Technik und der Wissenschaft, das ganze Gebiet des angewandten männliches Geistes" fiele bei der Frau „in den Bewußtseinsschatten." (Jung, 1964/1928, 101) Wie irrational männliche Vernunft argumentieren kann und wie getrübt die männliche Bewußtseinklarheit in der gesellschaftlichen Praxis tatsächlich ist, wird von diesem Denkansatz ausgeblendet und verdrängt.

Vor allem verdrängt Jung, der Meister der Psychologie des Unbewußten, zutiefst das Problem der Gewalt, mit dem sich das Männliche gesellschaftlich durchgesetzt hat und immer wieder durchsetzt. Als Mann strebt Jung selbst nach Männermacht. Er hat Teil an der Kumpanei der Männer, deren Allmachtsphantasien Gewalt rechtfertigen. Da er kollektiven Freispruch auch für sich selbst beansprucht, kann er Inzest, Kindesmißbrauch, Vergewaltigung und Muttermord dem Täter nicht anlasten. Jung verlagert Gewaltmißbrauch in die kollektiv-mythologische Ebene. Inzest spiele in fast allen Kosmologien eine Rolle und sei traditionsgemäß ein Vorrecht der Götter und Könige. Wie Sigmund Freud, so unterstellt auch Jung den Opfern sexuellen Mißbrauchs, sie projizierten ihre Wünsche auf den Täter, um sich selbst zu erhöhen. Er setzt dadurch „im Hinblick auf die Entwicklung der Tiefenpsychologie und ihre Therapien eine tragische Fehlorientierung" in Gang (Höfer 1993, 309). Statt die Problematik männlicher Gewalt zum Thema tiefenpsychologischer Analyse zu machen, argumentiert Jung mit den antiken patriarchalen Mythen, um Männergewalt und Männermacht zu „Archetypen" des kollektiven Bewußtseins zu erklären.

Das Bewußtsein der Frau – so Jung – sei durch Eros, Intuition und Beziehungsfähigkeit definiert. Feministinnen kritisieren, die Frau sei durch gesellschaftliche Zwänge auf diesen Bereich eingeengt worden. Ich möchte dagegensetzen, daß Eros, Intuition und Beziehungsfähigkeit tatsächlich der Bereich des Weiblichen sind. Aber im Patriarchat sind alle diese Qualitäten ihrer umfassenden Fülle beraubt. Es sind die Männer, die bestimmen, wie weit eine Frau ihren Eros entfalten und leben darf. Vor allem darf die Frau den Mann durch ihre Begierde weder stören noch ängstigen oder auch nur irritieren. Der patriarchale Eros hat beschnittene Flügel. Die Jung-Schülerin Esther Harding hat den patriarchalen Anspruch internalisiert, wenn sie die Frau vor der Gefahr ihrer Begierde warnt: „Nur durch Disziplinierung der Begierde kann Liebe und seelische Beziehung zwischen den Geschlechtern gewährleistet werden." (Harding 1949, 290)

Aber matriarchaler Eros zügelt die Begierde nicht, sondern steigert sie zur Ekstase. Wein und berauschende Getränke, die mit Mandragorasaft gemischt sind, werden zur Feier der Heiligen Hochzeit getrunken. Die allumfassende Liebe in ihrer gesamten Kraft ist ein ebenso transzendentes wie persönlich irdisches Erleben. Das Hohelied der Bibel zeugt davon, wie beide, Frau und Mann, sich in der Liebe in ihrer Göttin- und Gott-Ebenbildlichkeit erfahren. Sie wachsen in der Ekstase über sich selbst hinaus. Sie erleben ihre kreative Kraft, die sie befähigt, Welt zu werden und Welt zu gestalten (Weiler 1989, 226 ff.). In ihrer Liebe überwinden sie den Tod; denn „stark wie der Tod ist die Liebe. Ihre Leidenschaft überwindet die Unterwelt." (Hoheslied 8, 6)

Was ist davon übriggeblieben im patriarchalen Eros? Ein bißchen müde Begierde, die sich zähmen muß, um den Mann nicht zu ängstigen. Was Eros wirklich bedeutet, kann nur autonom sich selbst bestimmende Weiblichkeit erlebbar machen. Aber der patriarchale Mann bekämpft alle Autonomie der Frau schon im Keim, aus Angst, er könne seine Macht einbüßen. Es ist eine Aufgabe, matriarchalen Eros wieder erlebbar zu machen, die Beziehung zwischen Frau und Mann zu einem umfassenden Liebe-Erleben zu kultivieren, so daß beide – ekstatisch ins Irdische wie ins Transzendente eingebunden – ihre kreativen Kräfte voll entfalten können.

Der Gedanke, daß sich Individuation*, die Reifung der Person, durch eine gelungene Kommunikation mit den unbewußten gegengeschlechtlichen Instanzen in der Psyche jedes Menschen vollziehen könne, ist faszinierend – suggeriert er doch, daß ein ausgewogenes Verhältnis zwischen Mann und Frau möglich sei.

Von den sogenannten archetypischen Bildern des Weiblichen, die im Unbewußten des Mannes geistern, greife ich als Beispiel die *Madonna* heraus. Ob als Märchenprinzessin, als Dornröschen, als Rapunzel oder als Jungfrau Maria projiziert der Mann ein irrationales Bild von Weiblichkeit in den Mutterarchetypus: die Frau, die ohne Sexualität Mutter wird. Jung formuliert, daß die Archetypen wie Flußtäler seien, in denen das Wasser des Lebens ewig fließe, nur daß eben das Wasser oft ein anderes sei. Aber die Vorstellung jungfräulicher Mütterlichkeit hat keinerlei Bezug zu dem präexistenten Urbild des Mütterlichen. Das Bild der jungfräulichen Mutter ist pervers. Es stellt die natürlichen Bedingungen des Menschseins auf den Kopf und vergiftet die Seele der Frau, weil es Un-Natur von ihr verlangt. Dieses Bild ist nicht archetypisch, sondern typisch patriarchal. Es spiegelt die Angst des Mannes vor der weiblichen Sexualität.

Jung selbst gesteht, daß „sich die Schwierigkeiten bis zur Unmöglichkeit" steigerten, „wenn die Animuspsychologie dargestellt werden" solle (Jung, 1964/1928, 100). Der Animus der Analytischen Psychologie ist denn auch ein ebenso mühsames wie unbrauchbares Konstrukt. Er zeige, postuliert Jung, daß die Frau zu eigenen Urteilen unfähig sei. Sie vertrete *Meinungen,* die von „einer Versammlung von Vätern und sonstigen Autoritäten" aufgestellt worden seien. Unkritisch und unbeirrt verharre sie auf derartigen Meinungen und verärgere den Mann durch ihre Prinzipienreiterei.

Hier zeigt sich – einmal wieder – Jungs ungenügende Auseinandersetzung mit dem eigenen männlichen Schatten. Denn gerade Männer berufen sich auf die Urteile von „Vätern und sonstigen Autoritäten" und bilden sich nichts als *Meinungen.* Carl Friedrich von Weizsäcker hat am 9. März 1978 dem Bundestag geraten, die Kernforschung voranzutreiben. Er habe, sagte Weizsäcker, zwar nicht genügend eigenen Sachverstand, aber er habe sich eine *Meinung* darüber verschafft, welche Redlichkeit, Leidenschaft und welcher Grad der Intelligenz bei den Befürwortern der Kernforschung vorherrsche (Weiler 1985/1991, 196). Diese Rede galt in der Öffentlichkeit „als die wichtigste theoretisch und ethisch fundierte Grundlage für die Befürwortung der Kernenergie." (de Witt, 1979, 20 und 2)

Es ist deutlich, daß Jung eine allgemeine menschliche Schwäche auf die Frau projiziert. Tatsächlich ist der an Gesetz und Ordnung orientierte „Logos" der Frau ungemäß. Frauen denken folgerichtig; sie bedenken die Folgen ihres Handelns. Sie können männliche Gesetze und patriarchale Ordnung nicht in allen Fällen unwidersprochen zur Richtschnur ihrer Entscheidungen machen. Daher ist es unzulässig, weibliches Denken und Urteilen als unbewußte und minderwertige Funktion, den Animus, zu betrachten. Frauen haben ein Recht darauf, daß ihre Urteile ernstgenommen werden, wenn sie die starren Gesetze des männlichen Rechts in Frage stellen.

Im positiven Sinn wird der Animus von Jung als *inspirierend für den Mann* betrachtet, als

„ein zeugendes schöpferisches Wesen, allerdings nicht in der Form männlichen Schaffens, sondern er bringt etwas hervor, was man einen *logos spermaticus,* ein schöpferisches Wort nennen könnte. Wie der Mann sein Werk als ganzes Geschöpf aus seinem innern Weiblichen hervorgehen läßt, so bringt das innere Männliche der Frau schöpferische Keime hervor, welche das Weibliche des Mannes zu befruchten vermögen. Das wäre die femme inspiratrice.“ (Jung 1964, 1928, 104)

Für sich selbst darf die Frau – wie hier deutlich wird – ihre Kreativität nicht nutzbar machen: ein wahrhaft frauenfeindliches Ansinnen!

Hilfreich für die Psyche von Frauen – *und Männern* – kann nur eine Qualität weiblichen Denkens und Urteilens sein, die Frauen autonom entfalten, eine Qualität, die dem Männlichen *gegenübersteht,* das Männliche korrigiert, in seiner Hybris begrenzt und zur Veränderung herausfordert.

Die Jungsche Psychologie verfestigt Normen, die an patriarchalen Werten gemessen und an männlichen Lebenszusammenhängen gewonnen sind. Tauchen in den Träumen von Frauen matriarchale Bewußtseinsinhalte auf, so wertet der Therapeut sie ab. Da er selbst keinen Zugang zum matriarchalen Bewußtsein hat, weist er zurück, was sich der Patientin als rettende Kraft anbietet (Weiler 1985/1991, 221 ff.). Die Göttinnen der griechischen Antike werden als Vorbilder für „das Göttliche in jeder Frau“ (Woolger 1991) angeboten, obwohl die Charaktere dieser Göttinnen patriarchal verfremdet sind. Damit werden Frauen irritiert und an ihrer Selbstwerdung gehindert. Sie werden gedrängt, die deformierten Weiblichkeitsbilder der griechischen Götterwelt, welche die patriarchalen Zivilisationsmythen erdichtet haben, als „archetypisch“ zu begreifen.

Ein *souveränes weiblich-matriarchales Bewußtseins-Ich* paßt nicht in Jungs Weltbild. Die „Anima zu integrieren“, gilt in der Jungschen Theorie und Praxis als Akt seelischer Bereicherung für den Mann.

Helmut Barz, der in der Nachfolge C. G. Jungs dem Jung-Institut in Zürich vorsteht, scheut sich nicht, sein Buch *Männersache – Kritischer Beifall für den Feminismus* mit der Betrachung einzuleiten, daß es ihm sehr wohlgefalle, wie seine Frau im Garten Äpfel pflücke, während er am Schreibtisch sitze – und daß er dies auch so richtig fände. Der Mann dürfe nicht so weit gehen, Hausarbeit zu leisten und Kinderwindeln zu waschen.

Die philosophisch orientierten Denkweisen Freuds und Jungs mit dem Anspruch, Kulturpsychologie zu bieten, haben sich keinen Schritt von der patriarchal-dualistischen Spaltung zwischen einem männlichen Geistprinzip einerseits und einem weiblichen Körperprinzip andererseits entfernt. Während sie beachtliche Fortschritte für die Psychologie des Menschen erzielt haben, festigten sie das traditionelle Vorurteil, das von einer Herrschaftsbeziehung des männlichen Geistes über den weiblichen Körper ausgeht.

Die Pädagogik – Erfüllungsgehilfin des Patriarchats

Ebenso wie die Psychologie stützt die *Pädagogik* das patriarchal-dualistische Weltbild. In doppelter Hinsicht sichert sie die männliche Vorherrschaft:

- inhaltlich durch den einseitig am männlichen Interesse orientierten Lehrstoff und
- formal durch das dominante Verhalten der Knaben gegenüber den Mädchen im Unterricht.

Als den Mädchen erlaubt wurde, die Schule zu besuchen, öffnete sich ihnen das tradierte mann-menschliche Schulsystem. Frauen, die ein Universitätsstudium anstrebten, hatten gar keinen anderen Wunsch, als an der Bildung der Männer teilzuhaben. Nur so konnten sie sich ihre Emanzipation vorstellen. Es gab kein Denken jenseits der mann-menschlichen Welterfahrung. Daher waren „viele Forderungen für weibliche Gleichberechtigung Forderungen nach gleichem Zugang zu dem von Männern geschaffenen Bildungswesen." (Spender 1985, 70) Weder das einseitige mann-menschliche Weltbild noch dessen einseitige Bildungsinhalte waren Frauen zunächst als Problem der Mädchenbildung bewußt. In den reinen Mädchenschulen wurde, sofern es sich nicht um regelrechte Haushaltsschulen handelte, das Wissen der Männer an Mädchen vermittelt. Als das Schulsystem die gemeinsame Ausbildung von Jungen und Mädchen ermöglichte, veränderte sich die Situation nicht. Auch die „Koedukation ist in der Regel Schulbildung für Jungen, an der Mädchen teilnehmen dürfen." (Spender 1985, 184)

Erst allmählich wurde deutlich, daß die Forderung der Frauen auf Bildung unzulänglich bleiben mußte, solange sie auf ausschließlich männliche Bildungsinhalte angewiesen waren. Aber auch seit Frauen sich ihrer mangelnden Repräsentation im patriarchalen Weltbild bewußt werden und fordern, daß die Schul- und Universitätsbildung die Erfahrungen von Frauen einbezieht, ist „die einseitige Orientierung an der männlichen Lebensrealität und an männlichem Erfahrungswissen, an männlichen Wertvorstellungen und Interessen bestehen" geblieben (Enders-Dragässer/Fuchs 1988, 16).

Schon die Inhalte der Lesefibel für das erste Jahr der Grundschule vermitteln den Kindern die herrschende Denknorm: Der Vater vertritt die „angewandten Gebiete des männlichen Geistes", der Mutter fallen die „niederen Hausarbeiten" zu. Sie bietet aber auch Geborgenheit, ist zuständig für Gefühle, sie liebt, tröstet und pflegt. Selbst das Rechenbuch ist nicht frei von den herkömmlichen Klischees. Mutter wiegt Mehl, Butter und Zucker ab; mit dem Vater verbinden sich rechnerische Probleme aus dem Reich der Technik.

Die wenigsten Lehrkräfte haben ein genügend entwickeltes Bewußtsein für den Sexismus in der Schule, um an einer Veränderung der Lehrinhalte mitzuwirken. Ganz im Gegenteil: Lehrerinnen, die sich nicht als Feministinnen verstehen, lehnen den Hausarbeitsunterricht für Jungen an den Schulen ab. Folgende Antworten aus Interviews mit Lehrerinnen und Lehrern sind dafür repräsentativ:

„Wenn Eltern wollen, daß ihre Jungen zu Memmen werden, dann müssen sie sie selbst unterrichten, denn sie können Gift darauf nehmen, daß sie das hier nie lernen werden."

Oder:

„Das zählt nicht zu den Dingen, die in der Schule gelehrt werden sollten, *da ja keine geistigen Fähigkeiten* dazu nötig sind. Wenn wir die Hälfte unserer Zeit damit zubrächten, den Kindern etwas über häusliche Dinge beizubringen, dann hätten wie keine Zeit für die richtige Arbeit. Das würde wirklich unseren akademischen Standard senken." (Spender 1985, 141, Hervorhebung G.W.)

Tatsächlich erbringen Frauen mit der Hausarbeit eine Leistung, für die höchste Intelligenz erforderlich ist. Kein Mann bringt es fertig, mit einem schreienden Baby auf dem Arm ein komplettes Mittagessen zu kochen, wobei alles gar und auch noch gleichzeitig auf den Tisch kommen muß, während ein anderes Kind getröstet werden will, weil es im Kindergarten Kummer gehabt hat, und ein drittes keine Ahnung hat, wie es die schwierigen Hausaufgaben bewältigen soll.

Es wäre dringend nötig, daß Männer aus eigener Anschauung kennen lernen, was Frauenleben, Haushaltsarbeit, Kindererziehung und Beziehungsarbeit in der Familie bedeuten. Da sie diesen Bereich aus ihrem Leben ausblenden und geringschätzen, gehen sie an der Realität des Lebens vorbei. Indem männliche Arbeit als „richtige" Arbeit eingeschätzt wird, vernachlässigen Männer ihre soziale Entwicklung und transferieren soziale in technische Intelligenz – sehr zum Nachteil der gesamtgesellschaftlichen Bedeutung sozialer Arbeit. Lehrpersonen, die nicht bereit sind, das Denken und die Lebenswirklichkeit von Frauen ernst zu nehmen und diese sowohl den Jungen als auch den Mädchen in ihren Klassen zu präsentieren, begehen politische Handlungen, die zur Verstärkung der Ungleichheit der Geschlechter beitragen und das patriarchale Weltbild festigen.

Kriege und ihre Helden sind Gegenstand des gemeinsamen Unterrichts von Jungen und Mädchen. Geschichtsschreibung, die der Beweihräucherung des Mannes dient, begleitet unsere Kinder auf ihrem Weg durch die Schule. Männer kontrollieren die Kanäle, durch die „Wissen" in Bildung umgesetzt wird. Weibliches Wissen, weibliche Welt-Anschauung, Thealogie, Philosophie als Weisheit der Sophia, der weibliche Umgang mit Biologie und Naturwissenschaften vermag diese Kontrollinstanzen nicht zu passieren. Das Schulsystem ist ausschließlich für den Unterricht von Knaben gegründet worden. Deshalb fällt es Männern relativ leicht, Barrieren gegen das Eindringen weiblicher Erfahrung in das Bildungssystem zu errichten. So wird verhindert, daß weibliche Werte zu einem Bestandteil der pädagogischen Theorie und Praxis werden.

Mit der Forderung nach einer ganzheitlichen Bildung, die weibliche Erfahrung nicht ausschließt, sehen sich Frauen einer Front männlichen Widerstandes gegenüber. Weibliches Wissen und weibliche Erfahrung werden durch männliche Bildungsvorgaben rigoros ausgegrenzt. Das zeigt sich am deutlichsten im Religionsunterricht. Lehrerinnen, die weibliche Spiritualität und die Begegnung mit einer thealogischen Göttinnenerfahrung zum Gegenstand des Unterrichts machen, werden einem Lehrzuchtverfahren unterzogen – so in Deutschland zum Beispiel Elga Sorge und Jutta Voß.

In England erhielt Dale Spender einen Verweis, weil sie im Unterricht aufgrund von Statistiken die Realitäten über Scheidungen und depressive Erkrankungen von Frauen in der Ehe behandelte, weil sie geschlechtsspezifische Benachteiligung von Frauen im Berufsleben, in der Entlohnung, in den Aufstiegschancen zur Sprache brachte. Sie wurde beschimpft; dies sei kein Lehrstoff für die Schule, es wurde erwartet, daß diese Tatsachen totgeschwiegen werden (Spender 1985, 169). Diese Beispiele zeigen, „daß Bildung in unserer Gesellschaft ein Machtmittel ist und daß die SchülerInnen aus dem Bildungsprozeß mit einer höchst ungleichen Verteilung dieses Machtmittels hervorgehen." (Spender 1985, 142)

„Der gesamte Lehrplan kann sich um die Männer drehen – ebenso die Zukunft der Welt, und Frauenhaß wird zwar nicht offen vertreten, aber dennoch als plausibel und verständlich angesehen. Wir Frauen aber, die wir echten Grund zur Klage gegen die Männerherrschaft haben, besitzen nicht einmal ein Wort, um unsere berechtigte Wut zu benennen; wenn wir in einer patriarchalen Gesellschaft über Frauen zu sprechen versuchen, verderben wir die Jugend und können sogar als ungeeignet für den Lehrberuf angesehen werden." (Spender 1985, 169)

„Sexismus, der so kulturüblich, institutionsüblich und systematisch stattfindet, daß er nicht mehr als solcher wahrgenommen wird, hat um so stärkere Auswirkungen: Er ist empirisch nicht mehr vorhanden, aber mit einem Merkverbot belegt." (Enders-Dragässer/Fuchs 1988, 94)

Genauso wie sich Mädchen ausschließlich Männerbildung aneignen können, ist es Frauen nur möglich, in patriarchale Machtstrukturen einzudringen, wenn sie sich der männlichen Zustimmung und Unterstützung für ihre Positionen versichern, „und das war einer der Gründe, warum sie häufig männliche Auffassungen vertreten haben, statt zu versuchen, ihre eigenen zu entwickeln. Deshalb vertreten Frauen selbst in Machtpositionen gewöhnlich nicht die Standpunkte der Frauen." (Spender 1985, 71)

Solange patriarchale Werte die Denknorm diktieren, „wonach Männer aufgrund ihrer Männlichkeit als ‚besser' gelten, wird sich die männliche Autorität immer noch durchsetzen, selbst wenn die Hälfte aller Entscheidungsträger Frauen wären." (Spender 1985, 76)

Gleichen Zugang zur Bildung der Männer zu fordern, wird die Lage der Frauen und Männer nicht zwangsläufig verändern. Die Universitäten bieten Bildungsinhalte, die der Verherrlichung männlicher Werte dienen, als „objektive Wissenschaft" an. Was Frauen auch studieren, sie „lernen etwas über Männer und über die männliche Sichtweise der Welt, und dies ist eine Lektion in männlicher Vorherrschaft." (Spender 1985, 53)

Gleichberechtigung ist erst dann erreicht, wenn die Weltsicht der Frauen, ihre Betroffenheit durch das Gesellschaftssystem, wenn weibliche Spiritualität und weibliche Erfahrungen in das Bildungswesen und damit in das menschliche Weltbild eingehen. Wir sind aber weit entfernt davon, Wertsysteme, die von Frauen geschaffen worden sind, als Bildungsziel anzuerkennen. Mädchen brauchen ebenso wie Jungen ein System, das ihnen entspricht und ihre eigenen spezifischen Erfahrungen bestätigt und verstärkt. Was für Jungen in der Schule selbstverständlich ist, „grenzt für das weibliche Geschlecht an Traumtänzerei." (Spender 1985, 146)

Das männliche Geschlecht zeigt von klein auf weniger Bereitschaft, sich sozial anzupassen. Erwachsene reagieren auf die Rücksichtslosigkeiten kleiner Jungen – wie zahlreiche Beobachtungen beweisen – selten mit angemessenen Erziehungsmaßnahmen. Sie interpretieren das Defizit an sozialer Begabung der Knaben als Durchsetzungsfähigkeit und honorieren das kindliche Verhalten als Zeichen von Männlichkeit. Daher darf es nicht verwundern, wenn Buben im Schulalter die Ansichten der Mädchen kaum anhören und auf die Interessen des weiblichen Geschlechtes keine Rücksicht nehmen.

Es war von vornherein ein Trugschluß zu glauben, daß durch Koedukation die Bildungsunterschiede zwischen Männern und Frauen überwunden werden könnten. Im Gegenteil: Die Koedukation benachteiligt die Mädchen und fördert die Jungen.

In der reinen Jungenschule grenzen die stärkeren Buben sich gegen schwächere Kameraden ab, um ihre Leistung ins Licht zu setzen. Sie schaffen eine Außenseitergruppe, gegen die sie ihre Aggressionen richten. Diese Funktion wird in gemischten Klassen den Mädchen zugewiesen (Spender 1985, 181). Das ist für die Jungen in ihrer Gesamtheit vorteilhaft.

Jungen scheinen weniger gute Leistungen zu erbringen, wenn sie niemanden haben, den sie dominieren können, wenn ihnen der Hintergrund fehlt, vor dem sich ihre Leistungen abheben. Wenn keine negative

Bezugsgruppe da ist, die es ihnen gestattet, als die ‚besseren‘ Schüler zu erscheinen, gehen ihre Leistungen zurück. Dies ist einer der Gründe, warum Männer, die im Bildungswesen das Sagen haben, die Koedukation für vernünftig erklärt haben: Sie ist besser für die Jungen.

Wenn die Sucht kleiner Jungen, unverletzlich, stark und überlegen zu sein, ein Ergebnis ihrer Sozialisation ist, dann sollte die Erziehung ihnen diese Sucht abgewöhnen. Aber durch die Situation in der gemischtgeschlechtlichen Schulklasse werden patriarchale Verhaltensweisen bei den Jungen geradezu gefördert:

- Jungen wollen imponieren und sorgen mit allen Mitteln dafür, daß sie beachtet werden. Deshalb ignorieren sie Gebote; sie sind angeberischer. „In der koedukativen Schule stehen Jungen im Mittelpunkt der Aufmerksamkeit. Und dies ist ihnen auch überaus wichtig. Sie fallen lieber unangenehm auf als überhaupt nicht.“ (Enders-Dragässer/Fuchs 1988, 6) Die Schule versagt vor der Aufgabe, Buben zu sozialem Verhalten zu bringen.
- „Das Verhalten der Jungen und ihre mangelnde ‚Disziplin‘ sind für die Planung und Gestaltung von Unterricht und das soziale Klima von Lerngruppen von entscheidender Bedeutung. Lehrerinnen und Lehrer versuchen, sich ‚vorbeugend‘ auf die Jungen und ihre Bedürfnisse einzustellen, um sie über den Stoff zu ‚disziplinieren‘.“ (Enders-Dragässer/Fuchs 1988, 52)
- „Die Konzepte von ‚Männlichkeit‘ werden gegen die Realität abgesichert, indem sie als Norm für Mensch-Sein an sich verallgemeinert werden.“ (Enders-Dragässer/Fuchs 1988, 36)
- „Kulturübergreifend läßt sich bei Jungen eine von Zweifeln ungetrübte Einschätzung der eigenen Kompetenz feststellen, genauer gesagt, eine Tendenz zur Selbstüberschätzung.“ (Bischof-Köhler und Bischof 1989, 112)
- Die geringste Aufmerksamkeitszuwendung gegenüber den Mädchen, die noch längst nicht an Gleichverteilung heranreicht, wird von allen Beteiligten, den Lehrpersonen und den SchülerInnen, subjektiv als „unzulässige Bevorzugung der Mädchen“ wahrgenommen.
- „Wenn Jungen Fragen stellen, protestieren oder die Lehrkraft herausfordern, verschaffen sie sich dadurch Respekt und Belohnungen; wenn Mädchen genau dasselbe Verhalten an den Tag legen, handeln sie sich häufig Strafen und Tadel ein.“ (Spender 1985, 99)
- „Das dominante Konkurrenzverhalten von Schülern verunmöglicht es, ‚Mädchenöffentlichkeit‘ im Unterricht herzustellen.“ (Rusterholtz, Pittner u.a. 1990, 15 f.)
- „Schülerinnen werden heute in der Schule in genau der gleichen Weise übergangen, wie ihre Vormütter übergangen wurden, und es ist weder wahrscheinlich, daß die Erfahrungen von Frauen in gemischten Schulen

Inhalt des Lehrplans, noch daß sie Bestandteil des kollektiven Bewußtseins sind.“ (Spender 1985, 91)

Eine Schülerin bringt ihre Frustration zum Ausdruck, wenn sie von ihrem Lehrer sagt:

„Für ein Mädchen würde es sich nicht einmal lohnen, sich zu melden, um ihm zu sagen, daß es brennt. Wir würden alle verbrennen, bevor er uns fragen würde, was wir zu sagen haben. Die Jungen brauchen sich gar nicht die Mühe zu machen, sich zu melden. Er redet die ganze Zeit mit ihnen.“ (Spender 1985, 115)

Der traditionelle Unterricht vermittelt den Mädchen, daß es sich nicht gehört, wenn „Mädchen gut sind in Technik und Naturwissenschaften. Das wäre unweiblich.“ (Stalmann 1991, 38) Mädchen, die in den mathematischen und naturwissenschaftlichen Fächern gute Leistungen erzielen, werden von den Jungen als Streberinnen verschrien. Sie werden beschimpft, Emanzen, „Professorinnen mit Bart“, Zwitter und Mannweiber genannt. Freundschaftliche Beziehungen zwischen Mädchen und Buben scheitern, wenn Mädchen sich als überlegen erweisen. Das fördert bei Mädchen die Tendenz, um der Beziehung willen das wissenschaftliche Interesse zurückzustellen.

In Kenntnis dieser Fakten „argumentierte der britische Koedukationsbefürworter Dale damit, daß „die *sozialen Vorteile* der koedukativen Schulen so beträchtlich seien, daß dies die verminderten schulischen Leistungen der Mädchen aufwiegen würde.“ (Enders-Dragässer/Fuchs 1988, 15 – Hervorhebung G.W.) Dies heißt unverblümt, daß die Interessen der Buben im Vordergrund des pädagogischen Interesses stehen und die Benachteiligung der Mädchen Nebensache ist. Die Koedukation hat jedoch gerade für Jungen *keine sozialen Vorteile.* Im Gegenteil: Die Förderung der sozialen Intelligenz wird in der koedukativen Erziehung zugunsten der Förderung technischer Intelligenz vernachlässigt.

Wer allen Ernstes gehofft hat, die Koedukation könne die Bildung von Mädchen fördern, ist enttäuscht: „Wie kulturübergreifende Untersuchungen in gut einem Dutzend westlicher Nationen zeigen, müssen diese Bemühungen als gescheitert betrachtet werden.“ (Bischof-Köhler und Bischof 1989, 11) Denn es ist ein Irrtum zu glauben,

„daß Frauen und Männer deshalb, weil sie in demselben Klassenzimmer sitzen, dieselben Vorlesungen hören, dieselben Bücher lesen, dieselben Laborexperimente durchführen, die gleiche Ausbildung erhalten. Dies ist nicht der Fall, weil schon der Bildungsinhalt selbst Männer bestätigt und gleichzeitig Frauen entwertet. Er vermittelt, daß Männer die Gestalter der Welt und die Denker waren, und daß dies seine natürliche Ordnung“ (Rich 1979, 241) habe.

Nicht nur die Lehrinhalte, sondern auch die traditionelle wissenschaftliche Methodologie spiegelt das patriarchale Gesellschaftssystem: Subjekt-

Objekt-Verhältnisse und hierarchische Strukturen sind der Maßstab für wissenschaftliches Arbeiten. Die Vorstellung von Gesetzmäßigkeiten und Hierarchien, denen die Forschungsergebnisse zu entsprechen haben, spiegeln das Modell eines Machthabers, der alles leitet. Sie entsprechen der patriarchalen Ideologie und nicht den wirklichen Bedingungen der Natur. Die Natur soll sich Zahlenverhältnissen unterwerfen, denen sie nicht entspricht. Wir haben es mit sexistischer Wissenschaft zu tun.

Dieses patriarchale Wissenschaftsmodell behindert die Forschung. Die Natur wird vom männlichen Wissenschaftsverständnis her als Objekt behandelt, das sich der herrschenden Denknorm zu unterwerfen hat. Ein Urteil darüber, welche Phänomene einer Erforschung wert sind, welche Ergebnisse signifikant sind, wie auch die Entscheidung, welche Theorien oder Beschreibungen die „angemessensten, befriedigendsten, sinnvollsten und eben zuverlässigsten" seien, hängt von Männern ab, die Forschung als Mittel des Machtgewinns mißbrauchen. Francis Bacon wollte die Natur in den Dienst des Menschen stellen und sie zu seiner Sklavin machen. Susanne Schaup schreibt über ihn:

„Francis Bacon, der Vater der modernen Naturwissenschaft, ein Mensch des siebzehnten Jahrhunderts, gebraucht mit Vorliebe Metaphern viriler Männlichkeit, um das hierarchische Verhältnis zwischen Geist und Natur darzustellen. Die Natur ‚soll die Braut sein, die nach Zähmung, Formung und Unterwerfung durch den wissenschaftlichen Verstand' des Mannes verlangt. Diese aus der griechischen Philosophie folgerichtig abgeleitete Vorstellung gipfelt in dem berüchtigten Ausspruch Bacons: ‚Man muß die Natur auf die Folter spannen, um ihr ihre Geheimnisse abzupressen.' " (Schaup 1988, 83)

Dieselbe Gewalt, die sich in Hexenpogromen gegen Frauen richtet, wird auch im Umgang mit der Natur gefordert. Von Bacon stammt das Wort: „Wissen ist Macht." Die Macht des Geistes unterwirft die Natur – und die Frau. Die Natur wird nicht als selbständiges Subjekt behandelt, als ein Du, das dem Mann gegenübersteht und ihm etwas zu sagen hat; sie ist zum manipulierbaren Objekt verkommen – ebenso wie die Frau.

Die Alchimisten betrachteten die Naturvorgänge als „Koitus, als Vereinigung von Geist und Materie, die Verschmelzung von männlich und weiblich." (Keller 1986, 56) „Für die Alchimisten wohnte Gott der materiellen Welt inne, wie er der Frau und der Sexualität immanent war." (Keller 1986, 66) Dies sind Metaphern einer ganzheitlichen Weltsicht, für die das Ergebnis der Forschung immer offen bleibt, so daß die Vielfalt der Erscheinungen nicht bereits durch den Forschungsansatz eingeschränkt wird. Wir können die Entwicklung der modernen Wissenschaft nur verstehen, wenn wir die Verzerrung und einseitige Betonung der männlichen

Geschlechtermetaphorik betrachten, welche die wissenschaftlichen Methodologien im Lauf der Zeit bestimmt haben.

Meist gehen Wissenschaftler an eine Forschungsaufgabe heran, von der die Lösung des Problems von vornherein feststeht. Es wird bewiesen, was zu beweisen war. Und daher „werden Naturgesetze ebenso wie Staatsgesetze immer von oben erlassen und von unten befolgt.“ (Keller 1986, 139) Evelyn Fox Keller zitiert Ernest Schachtel:

„Der Wissenschaftler hat für seine Betrachtung eines Gegenstandes eine oder mehrere Hypothesen und den Zweck seiner Untersuchung bereits im Sinn, und insofern *benutzt* er den Gegenstand, um eine Hypothese zu erhärten oder zu entkräften, aber er zieht nicht das Objekt als solches in Betracht, das Objekt in seiner umfassenden Eigenart.“ (Keller 1986, 126 f.)

Dieses patriarchale Wissenschaftsverständnis schreckt Mädchen in der Schule und Frauen an den Universitäten ab. Nach Hierarchien zu forschen, patriarchale Machtstrukturen in der Wissenschaft zu festigen, liegt Frauen auch dann selten, wenn sie sich dies nicht ausdrücklich bewußt machen. Den meisten Mädchen wird an koedukativen Schulen durch das patriarchale Denksystem die Lust an der Forschung genommen, bevor sie sich auf einen naturwissenschaftlichen oder mathematischen Forschungsgegenstand überhaupt einstellen können. Schülerinnen, die an reinen Mädchenschulen unterrichtet worden sind, entschließen sich häufiger zum Studium naturwissenschaftlicher und mathematischer Studienfächer. Sie konnten sich – relativ unbeeinflußt vom patriarchalen Wissenschaftsverständnis – einen frauengemäßen Zugang zur Wissenschaft erarbeiten. Das bedeutet, daß Frauen ein angeborenes unverfälschtes Interesses an der Welt beibehalten, ein Interesse, das neugierig fragt, beobachtet und nachzeichnet, statt von patriarchalen Vorurteilen über die Struktur des Lebendigen auszugehen. Frauen sind eher fähig, die Gegenstände ihrer Forschung als eigenständige, von den eigenen Bedürfnissen, Wünschen und individuellen Sichtweisen abgetrennte Inhalte zu erfahren. Evelyn Fox Keller zeigt, daß Frauen die Natur eher als ein souveränes Gegenüber betrachten, als selbständiges Subjekt, das sich dem forschenden Interesse öffnet und etwas mitzuteilen hat.

Auf diese Weise konnte Maria Sybilla Merian ihre Forschungen an Schmetterlingen betreiben. So überwand Barbara McClintock das Hierarchiemodell, wonach die Zelle aufgebaut sei, und entdeckte die genetische Transposition.

Patriarchale Wissenschaft ist Herrschafts-„Wissen“, das diktiert, was zu erforschen ist. Die notwendige Anpassung an ein Gegenüber wird nicht geleistet, und dabei wird die Herausbildung von sozialer Intelligenz vernachlässigt. Die Erziehung von Knaben gleicht das Defizit an sozialer Begabung des männlichen Geschlechts nicht aus. Männer fördern daher vor allem ihre technische Intelligenz, die, von sozialer Intelligenz abgekoppelt, allein der Förderung sogenannter sachlicher, akademischer Inhalte dient. Dem patriarchalen Wissenschaftsbetrieb fehlt der unbefangene Zugang zur Welt; das Studium der Naturwissenschaft ist geleitet von einem Interesse im Dienst männlicher Wünsche und Ängste, was folgerichtig „den Blick für die Wirklichkeit blockieren und zur Stagnation in einer geschlossenen, androzentrischen Welt führen" muß (Ernest Schachtel 1959).

Kritiker sagen, Mädchenschulen schüfen Bedingungen, die „der gesellschaftlichen Realität nicht entsprechen." Die Mädchen würden einen Schock erleiden, wenn sie in die Welt hinausträten, in der sie sich dann nicht zurechtfänden (Stalmann 1991, 115).

Wenn die patriarchale Wissenschaft die unveränderbare Realität zu sein hat, in welche die Jugend hineinwachsen *muß*, dann „ist nicht zu leugnen, daß allein die koedukative Schule eine Vorbereitung auf das ‚wirkliche Leben' ist: Sie ist Übung in der Kunst der Machtausübung und der Unterordnung." (Spender 1985, 178) *Müssen* wir aber voraussetzen, daß die Welt, in der wir leben, die gleiche zu bleiben hat? Frauen werden die „Verlagerung des Interessenschwerpunktes der wissenschaftlichen Forschung von der Aufstellung einheitlicher Naturgesetze zu einem Interesse an den vielfältigen und unterschiedlichen Arten von Ordnung, die in der Natur zum Ausdruck kommen", vorantreiben (Keller 1986, 142). Sie werden ihren Studiengegenstand selbstbewußter und neugierig fragend angehen. Sie unterstellen nicht überall hierarchische Strukturen und mathematische Gesetzmäßigkeiten, die unser Forschen wie ein Gerüst oder ein Gefängnis einengen. Wenn Frauen ihre wissenschaftlichen Sichtweisen in den Mittelpunkt des öffentlichen Interesses rücken, können sie Schule und Universität, unseren Umgang mit der Natur und schließlich unsere gesellschaftliche Realität verändern.

Das menschliche Weltbild wird ganzheitlicher und damit menschengemäßer, wenn weibliche Sichtweisen den männlichen als gleichwertig entgegentreten. „Wenn es ‚Männerwahrheiten' gibt, die auf männlicher Subjektivität basieren, und ‚Frauenwahrheiten', die in weiblicher Subjektivität wurzeln, dann liegt es auf der Hand, daß es mehr als eine ‚Wahrheit' geben muß." (Spender 1985, 218) An reinen Mädchenschulen können sich „unrealistische" Bildungsinhalte entfalten: Bildungsinhalte, die nicht an der Realität des herrschenden Weltbildes, sondern an weiblichen Lebenszusammenhängen gefunden, am weiblichen Denken entwikkelt worden sind und heute noch in keinem Lehrplan stehen. Sie werden ein neues Paradigma begründen.

„Und gerade weil reine Mädchenschulen eine *unrealistische,* beziehungsweise *künstliche* Umgebung schaffen, wenn sie männliche Ansprüche ausschalten, können sie den Mädchen größere Chancen bieten." (Spender 1985, 187) In reinen Mädchenschulen haben Mädchen einen Freiraum, ihre Fähigkeiten frei zu entfalten. Sie können eher ein souveränes weibliches Selbstbewußtsein entwickeln, das sie ermutigt, die bestehenden Machtverhältnisse in Frage zu stellen. Sie können – ungehindert durch die Wünsche der Knaben – Lehrstoffe fordern, die weibliche Lebenszusammenhänge untersuchen. Die Lehrerinnen fühlen sich den Mädchen verpflichtet und haben es nicht mehr nötig, Jungen durch einen Lehrstoff zu disziplinieren, der am männlichen Interesse orientiert ist. In reinen Mädchenschulen wählen mehr Mädchen Mathematik und Physik als Leistungsfächer, und sie studieren diese Fächer dann auch. Die Schülerinnen schaffen sich die ihnen gemäßen sozialen Umgangsformen. Sie haben nicht den Ehrgeiz zu lernen, wie die Natur gefoltert und zur Preisgabe ihrer Geheimnisse gezwungen werden kann (Bacon); sie gehen an ihr Forschungsobjekt eher heran wie an ein gleichberechtigtes lebendiges Wesen.

An Mädchenschulen können Frauen ihre Kreativität ungehinderter entfalten, da sie von dem Aufmerksamkeit fordernden Verhalten der Jungen befreit sind. Fest steht, daß „Frauen nicht annähernd so lange brauchen, um zu lernen, daß Männer *nicht* überlegen sind, wie um zu lernen, daß sie es sind." (Spender 1985, 24)

Es ist Zeit, daß wir Frauen mit allem Nachdruck den Anspruch auf eine Mädchenbildung erheben, deren Inhalte das Selbstbewußtsein von Frauen stärken und eine dem Leben zugewandte, im Interesse von Frauen liegende Forschung vorantreiben. Eine solche Schule sollte Mädchen nicht schon früh mit männlichem Gewaltpotential und männlicher Kraftprotzerei konfrontieren. Die Schule sollte der Ort sein, an dem Mädchen ihre Kräfte entfalten können, um als erwachsene Frauen stabil genug gegen männliche Anmaßungen zu sein.

Frauen müssen fordern, daß sie gehört, gelesen und ernstgenommen werden, daß Frauenliteratur und die Ergebnisse von Frauenforschung in den Schulen oder Universitäten gleichberechtigt Gegenstand des Unterrichts werden.

Die koedukative Schule steht vor der Aufgabe, das Verhalten der Knaben bewußtzumachen und aufzuarbeiten. Tonbandanalysen – wer redet am meisten, wer bestimmt die Themen, wer macht Schwierigkeiten, wenn er nicht bekommt, was er will – können positive Ergebnisse haben. „Alle diese Fragen können im Unterricht von Schülerinnen und Schülern selbst beantwortet werden, und alle sind geeignet, Wissen und Erkenntnisse über das Weltbild der Frauen hervorzubringen.“ (Spender 1985, 197) Sie machen die Betroffenheit der Mädchen durch das Verhalten der Buben deutlich. Oft lehnen Knaben jedoch derartige Analysen ab, überlassen die Gesprächsrunde den Mädchen oder stören den Unterricht und drängen auf die Wahl eines anderen Themas.

Die Frage bleibt, ob Jungen derartige Bewußtwerdungsprozesse vermeiden wollen, weil sie sich überlegen fühlen müs*sen,* um lernen zu können. Mädchen haben offensichtlich kein Bedürfnis, ihre Leistungen in Relation zu einer unterlegenen Gruppe abgrenzen. „Das könnte erklären, warum sie an getrenntgeschlechtlichen Schulen gut abschneiden, Jungen dagegen nicht.“ (Spender 1985, 133)

Wenn Jungen die Mitarbeit an einem veränderten Geschlechterverhältnis verweigern, bleibt es den Mädchen überlassen, den Mitschülern nicht mehr als negative Bezugsgruppe zu dienen.

„Frauen können aufhören, als Spiegel zu dienen, die das Bild der Männer in doppelter Größe zurückwerfen, wir können aufhören, uns selbst als weniger fähig darzustellen, und damit beginnen, die Gültigkeit unserer eigenen Erkenntnisse und Erfahrungen zu bekräftigen. Das Fundament des Patriarchats ist so falsch und brüchig, es hängt so sehr vom Konsensus der Frauen ab, daß es unweigerlich in Gefahr geraten muß, sobald wir unsere Zusammenarbeit einstellen. Die Wiedergewinnung unserer Kreativität und Intelligenz liegt weitgehend in unseren eigenen Händen und ist in unserer Reichweite. Wir sind diejenigen, die entscheiden werden, was ‚weiblich‘ ist und was nicht, und wir können mit der Feststellung anfangen, daß es sehr unweiblich ist, sich dumm oder töricht zu stellen. Es ist weder unvermeidlich noch unsere Pflicht, daß wir Männern als negative Bezugsgruppe dienen.“ (Spender 1985, 133)

Wenn Frauen gelernt haben, ihre eigenen Werte wichtig zu nehmen und männliche Werte in Zweifel zu ziehen, ist die Welt nicht mehr dieselbe.

Welche Bereicherung von den Frauen ausgehen wird, begreifen inzwischen auch einzelne kluge Männer, die angstfrei mit der Vorstellung umgehen können, daß Frauen in Zukunft in den Wisssenschaftsbetrieb massiv eingreifen und vor allem Fragen nach Sinn und Ziel der Forschung stellen werden. Sie werden die Forschung in eine dem Leben dienende Richtung treiben. Der Physiker Dieter Straub begrüßt es, „daß die Emanzipation der Frauen nicht nur eine riesige Reserve brachliegender Fähigkeiten aktiviert, sondern auch den mit akademischen Berufen zusammenhängenden Sinnfragen eine zunehmend ‚weiblichere‘ Qualität aufprägt.“ (Straub 1990, 232)

Indessen sind patriarchale Geisteswissenschaftler überzeugt, daß es männlich definierter Werte bedarf, um dem Guten in der Welt „zum Sieg“ zu verhelfen. Und viele Frauen, die sich inzwischen sehr wohl „im Reich der angewandten Gebiete des männlichen Geistes“ tummeln, sehen noch immer das Ziel ihrer Emanzipation darin, in der Wissenschaft, der Politik und dem Wirtschaftsleben männlichen Interessen zu dienen, als seien sie selbst Männer und vielleicht sogar noch ein bißchen besser. Viele Frauen glauben – wie die Männer –, das Gute in der Welt müsse in letzter Konsequenz mittels Gewalt durchgesetzt werden. Zumindest erfahren Männer zu wenig Widerspruch, wenn sie Gewalt im Dienst des sogenannten Guten einsetzen. Wir haben uns an die paradoxen patriarchalen Argumentationen gewöhnt: Wir glauben, daß der Krieg notwendig sei, damit es endlich Frieden gibt auf der Welt. Wir akzeptieren ein Todesurteil, damit das Gute siegen soll. Wir haben nicht realisiert, daß im Patriarchat immer die Mächtigen entscheiden. Es fällt uns gar nicht mehr auf, wie sehr wir uns an widerspruchsvolles Denken gewöhnt haben: Wir können vom Sieg des Geistes reden, während wir die Gewalt vor Augen haben.

Wenn es zuträfe, daß männlicher Geist das Gute will und auch das Gute schafft, würde sich das Engagement der Frauen für den Sieg des männlichen Geistes lohnen. Betrachten wir aber die gesellschaftliche Wirklichkeit, so zeigt sich, daß die Welt nicht durch die ver-Herr-lichten Werte des männlichen Geistes gestaltet wird, sondern durch Krieg und Terror. Mit Gewalt wird patriarchale Macht erzeugt, welche zur Vorherrschaft des männlichen Geistes führt. Alle Gebiete des männlichen Geistes werden von der Macht-Haberei korrumpiert:

• Die *Religionen* wollen das sogenannte Gute. Sie fordern von ihren Gläubigen, das Böse zu lassen. Die Schlange, heißt es, habe Eva verführt, vom „Baum der Erkenntnis des Guten und Bösen“ zu essen: „Gott weiß, welches Tages ihr davon esset, so werden eure Augen aufgetan, und ihr werdet sein wie Gott und wissen, was gut und böse ist.“ (Genesis 3, 5)

Eine Weltanschauung, die Erkenntnis mit der Unterscheidungsfähigkeit zwischen Gut und Böse gleichsetzt, die den Gottlosen gegenüber dem Frommen verwirft, ist erst mit den patriarchalen Großreligionen entstanden. Das unlösbare Problem dieser Glaubensethik bleibt immer, warum Gott, der vom patriarchalen Bewußtsein als Inbegriff des Guten aufgefaßt wird, das Böse zugelassen hat.

Ich betrachte es als ein Relikt des *matriarchalen* Bewußtseins, wenn die Bibel *verbietet* zu wissen, was gut und böse sei; denn in der Tat gebärden sich patriarchale Machthaber wie Gott, wenn sie Gesetze formulieren, die ihre Stellung festigen und ihre Ideologie untermauern. Weltliche Herrscher, Fürsten, Könige und Politiker betrachten sich als „von Gottes Gnaden" eingesetzt. Damit unterstellen sie, daß ihre Machtansprüche religiös legitimiert seien. Doch läßt sich weder die Erziehung zur Untertanenmentalität im eigenen Volk, noch die Ausgrenzung der Frauen aus der Öffentlichkeit oder die Unterdrückung anderer Völker und dic Ausbeutung der Natur durch religiöse und ethische Postulate rechtfertigen. Schonungslos, nach rein pragmatischen Zielen orientiert, maßt politischer Machtwille sich an zu wissen, was „gut" und „böse" sei: Wer dem Tyrannen diene, sei gut, wer ihn bekämpfe, sei böse. Im Mittelalter rangen Kirche und Staat um die Vorherrschaft, als solle Gott entscheiden, wessen Tyrannei ihm wohlgefälliger sei.

Monotheistische Religionen predigen den Einen Gott, und je fanatischer sie ihre Gottesidee vertreten, desto mehr verteufeln, verfolgen und unterdrücken sie Andersgläubige. Sie lehren – jede aus ihrer Sicht – daß es „gut" sei, allein *ihren* Gott anzubeten. Mit dieser Forderung machen sich die religiösen Machthaber selbst zu Gott.

- Die *Philosophie* appelliert an das moralische Gesetz in uns; denn der Mensch sei erhaben über jegliche Kreatur, weil er allein die Freiheit besäße, das „Gute" zu tun und das „Böse" zu lassen. Doch umsonst fordert der Dichter „Edel sei der Mensch, hilfreich und gut!" Jede zutiefst böse und verbrecherische Tat wird legitimiert, wenn Mächtige sich anmaßen, Gut und Böse zu definieren. Kriege werden gerechtfertigt, Hinrichtungen stellen die „Ordnung" wieder her. Die Nazi-Ideologie, wonach Arier gut und Juden böse seien, hat die Verfolgung der Juden gerechtfertigt. Die patriarchale Überzeugung, Enthaltsamkeit sei gut und Sexualität böse, stellte die Hexenpogrome in den Dienst des sogenannten „Guten". Jeder teuflischen Tat geht die anmaßende „Erkenntnis des Guten und Bösen" voraus.

Der „überlegene Mensch" verwechselt seine Freiheit mit rücksichtsloser Herrschaft über die Kreatur. Beispielsweise werden Tiere ohne Rücksicht auf deren Natur durch Massentierhaltung und Massenschlachtungen gequält. In der biologischen und medizinischen Forschung verfährt der Mensch mit Tieren wie mit lebloser Materie, die er zu Tierversuchen und zur Gen-Manipulation mißbraucht.

Nicht die Entscheidung zwischen Gut und Böse, sondern Toleranz zeichnet den Weisen aus: Wer die *innere Freiheit* besitzt, sich der Indoktrination durch einen manipulierten Zeitgeist zu entziehen, wird Toleranz üben: *Er unterscheidet nicht, sondern er relativiert zwischen Gut und Böse.* Diese Opposition gegen die verordnete Moral kann ihn allerdings die *äußere Freiheit* kosten.

• Können wir der *Psychologie* Glauben schenken, wenn sie behauptet, Logos, Bewußtseinsklarheit und Vernunft regierten die Welt? Vom Konkurrenzkampf bis zum Krieg, von der Kanone bis zur Atombombe, von der Umweltzerstörung bis zur Giftkonzentration in unserer Atmosphäre herrscht überall Gewalt gegenüber Mensch und Natur. Mehr und mehr wird Kriminalität zu einer allgegenwärtigen Realität. Sie kann nur durch brutale Gewalt bekämpft werden, die sich vom kriminellen Gewaltpotential hinsichtlich ihrer Grausamkeit in nichts unterscheidet.

„In Kriminalfilmen ist manchmal zu beobachten, wie Fahnder und Verbrecher sich in ihrem Gehabe, in Wortwahl, Gestik, Mimik, Bewegung und Kleidung einander angleichen, bisweilen geradezu verbrüdern." (Baudler 1991, 185)

Männliche Macht und Überlegenheit wird in letzter Konsequenz mit Tötungsgewalt durchgesetzt. Angesichts des Gewaltpotentials, das die Welt regiert, ist die Ideologie vom Primat des männlichen Geistes leicht ad absurdum zu führen. Die euphemistischen Begriffe „Logos, Vernunft, Bewußtseinsklarheit", die angeblich das männliche Bewußtsein auszeichnen, suggerieren eine Welt, die der Mann durch seine Überlegenheit zum Guten führt. Wie irrational männliche „Vernunft" argumentieren kann und wie getrübt die männliche Bewußtseinsklarheit in der gesellschaftlichen Praxis tatsächlich ist, wird von dem Denkansatz der Psychologie ausgeblendet und verdrängt. Wenn wir unsere Politiker in den Parlamenten argumentieren hören, drängt sich der Eindruck auf, daß der Parteien-Egoismus die politische Landschaft mehr beherrscht als „Logos und Bewußtseinsklarheit". Gewinnmaximierung steuert Industrie und Wirtschaft. Umweltprobleme werden aufgrund von „Sachzwängen" entschieden. Im Ringen um ihren Anteil am materiellen Vorteil werden die Ohnmächtigen in ihrer Gesamtheit zu einem Machtpotential und beschränken die Übermacht der Mächtigen. Um an der Macht zu bleiben, machen die maßgebenden Männer in der Politik irrationale Versprechungen in alle Richtungen zugleich. Sie geben vor, sie wollten das „Gute" in der Welt durchsetzen, obwohl sie nichts anderes reizt als die Macht-Haberei. Logos, Vernunft und Bewußtseinsklarheit bleiben dabei auf der Strecke.

• Die *Pädagogik* gibt vor, „dem Wahren, Schönen und Guten" und einer „höheren Moral" verpflichtet zu sein. Wir bemühen uns, unsere Kinder zu ethischem Verhalten zu erziehen. Wir können ihnen indessen sehr unterschiedliche Verhaltensweisen nahebringen, die alle in einer einzigen angeblich homogenen Gesellschaft mit weitgehender Übereinkunft über ethische Erziehungsziele opportun sind. Doch die Pädagogik als Erfüllungsgehilfin patriarchaler Macht zielt nicht darauf, ethische Postulate zu verwirklichen. Die Kinder sollen es weiter bringen als die Eltern. Die

Förderung sozial-ethischer Maximen rückt an die nachgeordnete Stelle. Die Erziehung zu Leistung und Durchsetzungsfähigkeit leitet das pädagogische Interesse.

Die gesellschaftliche Stellung der Familie, die Rolle, welche eine Person innerhalb der patriarchalen Hierarchie spielt, bestimmt Richtung und Ziel in der Pädagogik. Ein Kind kann von seinen Eltern auf ganz verschiedene Weise motiviert werden, gegenüber Feindseligkeiten zu reagieren: sich verbal auseinanderzusetzen, den Gegner zu ignorieren, zu fliehen, sich unterzuordnen, Hilfe zu suchen, sich zu verteidigen oder aggressiv vorzugehen.

Nach wie vor wird es für „gut" erachtet, wenn Frauen sich den Wünschen der Männer gemäß verhalten. Sie stehen im günstigen Licht, wenn sie *freiwillig* dienen. Mädchen werden dazu erzogen, alle Reproduktionsarbeit unentgeltlich und ohne Murren zu tun. Sie sollen zurückhaltend, freundlich und lieb sein, sich bereitwillig unterordnen, keine eigenen Meinungen haben und den Geist des Mannes bewundern – kurz, sie sollen alle Wünsche erfüllen, die patriarchale Männer an die Frauen haben. Männer sichern ihre Herrschaft über das weibliche Geschlecht durch ständige Wachsamkeit und Kontrolle über das Bildungswesen. Das

„sind die verräterischen Kennzeichen einer Auffassung von Autonomie, die ihre eigenen Ziele Lügen straft. Sie spiegeln nicht ein Vertrauen in die eigene (männliche) Abgrenzung von anderen, sondern vielmehr den Widerstand gegen eine Gleichheit, nicht die Stärke des eigenen Willens, sondern vielmehr den Widerstand gegen den Willen eines anderen, nicht ein Gefühl der Selbstachtung, sondern vielmehr die Unsicherheit gegenüber der Beständigkeit des Selbst, und nicht die Sicherheit über die eigenen Ich-Grenzen, sondern vielmehr ihre Verletzbarkeit." (Keller 1986, 108)

Da männliche Überlegenheit keine Grundtatsache der Geschlechterbeziehung ist, sind Wissenschaftler bemüht, die Frau auf ihren Körper zu reduzieren. Bei der Behauptung, allein Frauen seien ihren Instinkten und Trieben verfallen, geht es nicht um ethische Postulate oder um den Sieg des Guten über das Böse, sondern um die Macht der Männer über die Frauen. Männer verdrängen, daß sie selbst dem *Machttrieb* unterworfen sind. Sie realisieren nicht, daß die Faszination durch hierarchische Strukturen, Aggression bis zur Tötungslust, gepaart mit Todessehnsucht und Todesbereitschaft, Relikte archaischer Dispositionen des Männlichen sind.

Das Problem kann heute nicht mehr darin gesehen werden, daß Frauen an der Welt des männlichen Geistes teilhaben wollen, der irrationalerweise das männliche Prinzip für das Gute hält. Frauen, die zu sich selbst gekommen sind, werden die Projektion des Bösen auf das Weibliche zurückweisen.

„Wessen Ziel von Jungenarbeit“ sich darin erschöpfe, „daß Jungen den Mädchen weniger schaden“, habe Jungen auf der Suche nach Männlichkeit wenig anzubieten (Schnack/Neutzling 1991, 260), räsonnieren die Autoren des vielgelesenen Buches *Kleine Helden in Not* und weisen damit die wichtige Forderung zurück, die der Feminismus an die Erziehung von Knaben stellt: daß bei Knaben, weil sie aufgrund ihres Geschlechts ein Defizit an sozialen Fähigkeiten haben, die soziale Intelligenz besonders gefördert werden muß. Jungen, die den Mädchen weniger schaden, lernen soziale Verhaltensweisen, sie lernen, auch die Natur zu schonen, und beides gehört zu den Leistungen, die Männer erbringen müssen, wenn die Spezies Mensch überleben will. Im Patriarchat haben Männer den Bezug zu weiblichen Werten verloren. Das bewirkt einen erheblichen Realitätsverlust. Männer nehmen die Hälfte der Wirklichkeit nicht wahr. Daher sind sie unfähig, ihr einseitiges Bewußtsein zu regulieren. Es fehlt ihnen ein gleichwertiges und gleichberechtigtes Gegenüber, an dem sie soziale Intelligenz üben könnten. Wenn Jungen in einer angemessenen Art mit Frauen/Mädchen umgehen, lernen sie sehr wohl etwas für ihre Männlichkeit: Sie beziehen sich auf ein Du. Sie finden die Werte für Männlichkeit in Relation zum anderen Geschlecht. Damit wird ihnen Realität bewußt, an der sie vorbeileben, wenn sie sich in selbstüberheblicher Manier ausschließlich nach männlichen Bedürfnissen richten. Die Erziehung des männlichen Geschlechtes zu sozialer Intelligenz wird das Patriarchat überwinden, das auch Männer krank macht.

Gut und Böse sind irrationale Konstrukte, durch welche die Spannung zwischen gegensätzlichen Anschauungen und Wertungen vermieden werden soll. Es ist niemals gelungen, das sogenannte Böse aus der Welt zu schaffen – alle Frauen als Hexen zu verbrennen oder alle Andersdenkenden auszurotten. Die Welt ohne Gegensätze wäre spannungsfrei und tödlich langweilig.

Der Vatikan hat jüngst den großen Naturforscher Galileo Galilei rehabilitiert. 359 Jahre, nachdem die Kirche dem gelehrten Mann den Prozeß gemacht hat, entschuldigt sich der Papst für das Fehlurteil im Galilei-Prozeß. Dabei ist unterstrichen worden, „daß man die Inquisitionsrichter nicht in Bausch und Bogen verdammen dürfe. Sie hätten ja ‚in gutem Glauben‘ gehandelt.“ (Hülsebusch 1992).

Die Entschuldigung für die sinnlose Ermordung von Millionen sogenannter Hexen steht noch aus. Die Frau vom Bösen loszusprechen und die Beziehung der Geschlechter von traditionellen Vorurteilen zu befreien, scheint Männern, die sich noch immer für die Herren der Welt halten, unzumutbar zu sein.

Befreit von patriarchalen Denknormen, werden Gut und Böse relativiert. Das matriarchale Bewußtsein stellt die Widersprüche des Lebens nebeneinander und steht sie durch. Die *richtige* Entscheidung muß in jeder Situation neu gefunden werden. Die Realität zu ertragen, heißt auch, die Menschen – und besonders sich selbst – anzunehmen mit aller Zwiespältigkeit und Doppelgesichtigkeit, mit aller Dramatik und inneren Spannung.

III

Transformation

Wir werden die Grenzen der patriarchal
verordneten Denknorm
in alle Richtungen zugleich überschreiten

Über das Tabu, die Herrlichkeit des Herrschers anzuzweifeln

Bei einem Seminar beschreibt eine Teilnehmerin den Eindruck, den der Leiter bei ihr weckt: Er erinnere sie an den Sarkophag eines ägyptischen Pharao. Staunend stünde sie davor und bewundere die kunstvollen Gravuren und Bilder. Näher tretend sähe sie, daß sich in dem Sarkophag noch ein weiterer befände, noch kunstvoller, kostbarer und beeindruckender als der erste. Mit Gelassenheit könne sie diese Kunstwerke nicht betrachten, so überwältigt sei sie. Ungeduldig geworden, fragt sie nach dem Pharao selbst; aber noch ein dritter Schrein verhüllt ihn. Schließlich kommt der Inhalt zutage, um dessentwillen all der kunstvolle Aufwand betrieben worden ist: Der Pharao selbst ist eine Mumie, schwarz, verschrumpelt, unansehnlich, von der Größe eines Kindes (Dierichs/Mitscherlich 1980, 60).

Diese Frau hat zwei Tabus mit einem Schlag gebrochen: Sie macht alle Pharaonenherrlichkeit zunichte, die durch Mythos und Geschichtsschreibung bewahrt werden soll; übrig bleibt ein Sterblicher. Und sie wirft einem individuellen Mann vor, daß er sein kümmerliches Ich hinter glanzvollen Fassaden versteckt, auch er nur eine Mumie, sterblich wie alle Menschen.

Der Einzelfall, der sich nicht verallgemeinern läßt, ist zugleich eine Vision, die sich ohne Abstriche kollektiv auf das Patriarchat anwenden läßt. Patriarchale Wissenschaften, Religionen, Philosophien und Künste sind die Sarkophage mit „kunstvollen Gravuren und eindrucksvollen Bildern", hinter denen sich die Realität der Männerwirklichkeit verbirgt: „schwarz, verschrumpelt, unansehnlich, von der Größe eines Kindes".

Doch der einzelne Mann lebt – ohne viel darüber nachzudenken – im Schonraum dieser kunstvollen Fassaden.

Sigmund Freud und das Ende mancher Illusion

Sigmund Freud hat etliche der Frustrationen, die das männliche Selbstwertgefühl verletzt haben, benannt:

- Das kopernikanische Weltbild zerstörte die Illusion des Mannes, daß die Erde im Mittelpunkt der Welt stünde, einer Erde, auf welcher er, der Mann, sich als Krone der Schöpfung wähnte, um über die Natur, die Tiere und die Frau zu herrschen.
- Darwins Evolutionstheorie reihte den Menschen als Endglied einer langen Entwicklungskette in die Gruppe der Primaten* ein und zerstörte die Illusion von der mann-menschlichen Einmaligkeit und der bevorzugten Erschaffung des Mann-Menschen durch einen Gott, der ihm das Weib zur Gehilfin beigegeben habe.

• Und schließlich, behauptete Freud, müsse der Mensch erkennen, daß er noch nicht einmal „Herr im eigenen Hause“ sei: Das Es regiere das Ich.

Freud hätte die Liste der Illusionen, auf die sich männliches Selbstwertgefühl stützt, sehr viel weiter führen können; doch gründete sich sein eigenes Selbstbewußtsein auf Illusionen, die ihm als solche nicht bewußt waren. Freud hat die Illusion von der Vollkommenheit des Mannes auf einen vorläufigen Höhepunkt getrieben. Er bestätigte ein jahrtausendealtes Glaubensbekenntnis, wonach der männliche Geist und der Körper des Mannes mit seiner männlichen Sexualität den Maßstab der Menschlichkeit an sich darstellt. Mit wissenschaftlicher Akribie wurde die Frau als Wesen analysiert, dem alles fehlt, was „den“ Menschen ausmacht.

Freud hat das „Tabu des Herrschers“ untersucht, das verbot, den Herrscher in Frage zu stellen. Er begründet die Wirksamkeit des Tabus mit dem unbewußten Wunsch, den Herrscher zu stürzen, ein Wunsch, der zwanghaft niedergehalten werden müsse. Er fragte nicht, ob sich auch hinter dem Tabu, das Frauen verbot, das Patriarchat in Frage zu stellen, der unbewußte Wunsch versteckte, das Patriarchat zu stürzen. Dieses Problem stand zu seiner Zeit noch nicht an.

Die Fassade, hinter der sich das Patriarchat verbirgt, hat Freud als solche nicht erkannt. Mit Stillschweigen, Verleugnung, Empörung oder Ignoranz wurde wissenschaftlichen Erkenntnisse begegnet, die an der Fassade männlicher Selbstherrlichkeit rüttelten. Wem ist schon der Name des Anatomen Ackermann bekannt, der 1788 festgestellt hat, daß Frauen das relativ größere Hirngewicht haben? Graaf hat schon ein Jahrhundert früher den weiblichen Eierstock entdeckt und erschütterte die Vorstellung vom männlichen „Samen“, der den weiblichen Körper nur als Brutstätte benötige. Wie lange hat es gedauert, bis Graafs Entdeckung allgemein bekannt war? Lester Ward, der nachgewiesen hat, daß seit der Entstehung der geschlechtlichen Fortpflanzung das Männliche relativ bedeutungslos für das Leben ist, wird ignoriert und totgeschwiegen. Stattdessen häufen sich wissenschaftliche Lehrmeinungen über die biologische und geistige Minderwertigkeit der Frau, und Freud, der die Risse in der patriarchalen Fassade sorgfältig gekittet hat, zählt zu den großen Berühmtheiten der Wissenschaft.

Erst unter seinen Schülern kamen kritische Stimmen auf: „Die ganze Menschheitsgeschichte ist erfüllt von dieser ewigen Selbstbeweihräucherung des Mannes und seiner Anstrengung, die Frau im Stand der Unterwerfung zu halten.“ (Zilboorg 1979, 209) Es schiene aber auch, daß sich der Mann in seiner Überzeugung von sich selbst niemals wirklich sicher fühle, so als müsse er sie ständig durch Beweise der Minderwertigkeit der Frau am Leben erhalten (Zilboorg 1979, 211).

Die Zeiten der Pharaonenpracht sind nicht nur Erscheinungen der Vergangenheit. Einem ungeschriebenen Gesetz folgend werden Nachrichten, die an der Fassade des Patriarchats rühren, heute wie seit eh und je unterdrückt, diffamiert oder totgeschwiegen – nicht nur, wenn sie von Feministinnen stammen. Und heute wie seit dreitausend Jahren werden neue Herr-lichkeiten über den Trümmern zerstörter Illusionen aufgerichtet.

Das Weib, lieber Gott, das du mir gegeben hast, ist schuld daran

Die allgegenwärtige Gewalt ist ein besonders peinlicher Schandfleck auf der prachtvollen Fassade patriarchaler Männlichkeit. Und was wäre für einen Theologen näherliegend, als die Schuld daran auf die Frau zu projizieren?

In seinem Buch *Gott und Frau* erzählt der Theologe Georg Baudler die alte *Geschichte von Gewalt, Sexualität und Religion* mit mann-menschlicher Phantasie in einer neuen Version. Er entwirft das Modell einer steinzeitlichen Männerhorde unter der Führung eines Alpha-Mannes, das die Vorstellung Sigmund Freuds von der Urhorde in den Schatten stellt.

Nach Baudler reicht die Männermacht der Urhorde Millionen von Jahren zurück in eine Zeit, als die Evolution der Menschheit gerade begonnen hatte:

„Der Mensch war, als er sich der Faszination der Gewalt ergab, noch relativ am Anfang seiner Entwicklung. Die Evolution seiner Art ging weiter. Auf den ‚Homo erectus', der wahrscheinlich das Zu-Tode-Stoßen des großen Tieres und des Menschen in einer sexuell aggressiven Rangdemonstration erlernt hatte, folgte vor etwa 300 000 Jahren der Homo sapiens als neuer Menschentyp" (Neandertaler), dann vor ca. 40 000 Jahren der Cro-Magnon-Mensch und damit der heutige Homo sapiens sapiens (Baudler 1991, 112).

Baudler gesteht der Frau magische Macht zu: Die Lebensverhältnisse seien geprägt durch eine Spannung zwischen dem Wissen um die Bedeutung und Lebenswirksamkeit der Frau einerseits und der faszinierenden Aggressivität und Tötungsgewalt des Mannes andererseits (Baudler 1991, 24). Dabei habe das männliche Tier „mit den ihm eigenen Kräften und Fähigkeiten" die Mutter-Kind-Beziehung unterstützt und „eine stabilere Geborgenheit" geschaffen (Baudler 1991, 27).

Mit einer angeblich durch Männer geschützten Geborgenheit suchen viele Wissenschaftler der Existenz des Männlichen einen Sinn zuzuschreiben. Aber leider sind die meisten „Tierväter" an ihrer Nachkommenschaft reichlich desinteressiert. Immer wieder wird beobachtet, daß sich die Muttertiere selbst um ihre gefährdeten Jungen scharen, ja sogar, daß „in Gefahrensituationen die Männchen zuerst flüchten" (French 1985, 37).

Mit der Jagd beweist nach Baudler der Menschenmann seine überlegene Macht: Er stürzt „sich auf das mächtige Tier, treibt es in Fallgruben und Sumpflöcher, stößt es zu Tode, stellt sich gegen Bär und Panther“ (Baudler 1991, 55). Die Großwildjagd wird zur religiösen Handlung, sie ist bei Baudler fast schon die Vorläuferin des Heiligen Krieges:

„Dabei ist es die Wirklichkeit einer todgewaltigen Wildnis, an der ihm (dem Frühmenschen) eine ihn in seinem existenziellen Kern treffende übersteigende Dimension aufgeht: Tropengewitter, Sturm und Steppenbrand, insbesondere aber das immer neu gleichzeitig faszinierende und Todesfurcht erregende Schauspiel: Wie das Raubtier seine Beute schlägt, wie das große gewaltige Tier – der vitale Stier, das Wildpferd, Mammut und Antilope – unter dem mächtigem Ansprung, Biß und Prankenschlag des riesigen Steppenlöwen zusammenbricht, wie das warme rinnende Blut, das sein eigenes sein könnte, aus den klaffenden Wunden herausquillt und das Beutetier im Todeskampf ein letztes Mal sich aufbäumend, schließlich zuckend verendet.“ (Baudler 1991, 78)

Für den afrikanischen Kontinent, der als Wiege der Menschheit angesehen wird, widerspricht der archäologische Befund diesem Phantasiegemälde. Die Skelette der Beutetiere müßten den Jagderfolg der Urhorde beweisen. Sie müßten sich unter den „prähistorischen Küchenabfällen“ finden lassen.

In dem Aufsatz über *Die Magie der Bilder und Zeichen* (Herbig 1985, 108 ff.), den Baudler selbst für seine Thematik heranzieht, schreibt Jost Herbig:

„Man muß sich nur an die ‚Küchen‘-Abfälle halten: Während die Künstler von Lascaux ihre Höhle mit Herden von Pferden, Hirschen, Bisons und Auerochsen bemalten, aber nur mit einem einzigen Rentier, ernährten sie sich – wie die von ihren Mahlzeiten zurückgebliebenen Knochen beweisen, zu 90% von Rentierfleisch. Das übrige steuerten Reh, Wildschwein und Hase bei, die auf den Höhlenwänden überhaupt nicht vertreten sind.“ (Herbig 1985, 114)

Baudler ignoriert diesen Sachverhalt. Von seiner evolutionären Prägung her sei der Mann ein friedliches, versöhnungsbereites Geschöpf gewesen, schreibt Baudler. Die Frau trage die Schuld daran, daß der Mann die Tötungsgewalt in sein Verhaltensrepertoire übernommen habe; denn es könne „der Aufbau dieses neuen Verhaltens nur gelingen, wenn die Frau es mitträgt und denjenigen belohnt, der es gut beherrscht.“ (Baudler 1991, 64) Hätte die Frau nicht solche Gier auf das Fleisch des Großwildes gehabt, hätte sie nicht ihre Sexualität gegen den Jagderfolg des Mannes verkauft, würde es ihn auch nicht so sehr fasziniert haben, diese Tiere zu töten. Baudler, der Theologe, scheint von der biblischen Schuldzuweisung an die Frau dermaßen überzeugt zu sein, daß er sich nicht die kritische Frage stellen konnte, ob die Frau vielleicht einen zarten Hasen, den sie selbst gefangen hat, dem zähen Fleisch eines Wisentbullen vorgezogen haben würde.

Die Tötungsgewalt, welche die Frau dem Mann aus Gier auf Fleisch abgefordert haben soll, richtete sich zuletzt gegen sie selbst, denn der Mann, einmal lüstern geworden auf absolute Machtentfaltung, tötete nun auch die Frau, wenn sie sich seinem Willen nicht fügte. Das Patriarchat sei grundsätzlich dadurch entstanden, „daß der Mann die ihm von der Frau übertragene Herrschafts- und Tötungspotenz schließlich gegen diese selbst richtete und über sie verfügte." (Baudler 1991, 283)

Diese Phantasie von brutaler Männermacht widerspricht ganz allgemein den jüngsten Erkenntnissen der Anthropologie. Ebenso wie in Primatenpopulationen mußte auch der Menschenmann sich sozial anpassen. Das bedeutete nicht, daß er zum aggressionslosen Weichling wurde, aber er mußte sein aggressives Potential in den Dienst der Müttergruppe stellen, wenn er überleben wollte.

Das „Imponieren mit der Tötungsgewalt, dem Schrecken des rinnenden Blutes und der in der Folter verstümmelten Menschenleiber" (Baudler 1991, 220) nimmt in Baudlers Buch einen breiten Raum ein. Im Register sind zu den Stichworten „Zu-Tode-Stoßen, Tötungsakt, Tötungsmacht, Tötungsgewalt, gewaltsame Tötung, Tötungs-Imponierveranstaltung" insgesamt Nennungen auf 201 Seiten angegeben. Dazu kommen noch 133 Textstellen zu den Stichwörtern „Imponieren, Imponierverhalten", insgesamt 334 Nennungen. Der Textteil des Buches umfaßt 402 Seiten. Das ebenfalls häufig vertretene Stichwort Tötungspotenz ist im Register noch nicht einmal berücksichtigt. Mit dem Wortgemälde vom „Schrecken des rinnenden Blutes" ist das Buch überfrachtet.

Biologisch garantiert das „rinnende Blut" die lebenstiftende Potenz der Frau (Weiler 1985/1991, 72 ff., und Voss 1988 passim). Bei Baudler fehlt die selbstkritische Überlegung, daß der vom „rinnenden Blut" faszinierte Mann die Symbolik des Frauenblutes usurpiert hat. Die gesamte Kulturgeschichte der Blutmagie, die Frauenblut verteufelt und Männerblut geheiligt hat, fällt in den Schlagschatten seines theologischen Bewußtseins. „Das rinnende Blut" dient der männlichen Macht, die tötet, statt Leben zu stiften. Erst in der Symbolik des „Blutes Jesu, für uns vergossen zur Vergebung der Sünden" scheint Männerblut wieder dem Leben zu dienen; aber es bleibt eine abstrakt-theologische Spekulation, die unentrinnbar an den Tod gekoppelt ist.

Baudler warnt vor der Wiedererrichtung eines Matriarchats. Er ist so ehrlich zuzugeben, daß er Angst hat. Nach dem Vorbild Bachofens projiziert er „gewalthafte Züge" in das Bild der Frau (Baudler 1991, 162ff.): Die Frau könne die symbolische Botschaft nicht mehr entfalten, die von ihrer Sexualität und dem Angebot einer Heimat ausgehe, „ohne sofort panische Gegenreaktionen des vom Gewaltmatriarchat geschädigten Mannes auszulösen." (Baudler 1991, 408)

Der Gewaltmechanismus könne sich jedoch „gleichsam selbst ad absurdum" führen; denn es sei „vielleicht die Zeit gekommen, die genuin jesuanische Gestalt menschlichen Lebens zu entfalten" (Baudler 1991, 399) und Gewalt „durch das Vorbild des freiwillig Ohnmächtigen zu besiegen".

„Dann würde auch die Frau in der ihr eigenen übersteigenden Dimension endlich voll zur Erscheinung kommen, und es könnte neu der Versuch gemacht werden, das zu verwirklichen, was die Menschen vor 10 000 Jahren in ihrer Seßhaftwerdung letztlich vergeblich suchten: Heimat." (Baudler 1991, 399)

Aber hat der Mann jemals auf Dauer eine Heimat gesucht? Von den prähistorischen Wanderwegen über die Irrfahrten des Odysseus bis zur Weltraumfahrt sucht der Mann das Abenteuer. Am Rand der Gesellschaft – er nennt dies nun Öffentlichkeit – will sich der patriarchale Mann verwirklichen.

Im Tier-Mensch-Übergangsfeld hatte der Mann in der Außenseitergruppe wenig Bedeutung. Es kam also darauf an, in den Frauen-Clan integriert zu werden, damit ein Männerleben sinnvoll wurde. Dem Randgruppendasein konnten die Männer nur durch soziale Anpassung an die Frauengruppe entkommen. Im Verlauf der patriarchalen Geschichte wurde das Leben außerhalb des Frauenhauses aufgewertet. Der patriarchale Mann begann, herablassend bis verächtlich von denen zu sprechen, die ihr Leben an Frauen banden. Dort, wo er bisher als ein Ausgestoßener galt, suchte er nun seine Verwirklichung: in der Männerbande.

Auch Frauen lieben das Abenteuer und wollen nicht darauf festgelegt werden, daß sie Heimat zu bieten haben. Vielleicht gehört Heimatlosigkeit zur Grundbefindlichkeit der Menschen in dieser Welt, wie zugleich die Sehnsucht nach Heimat uns allen innewohnt. Und warum sollte nicht der Mann dazu berufen sein, der Frau eine Heimat zu bieten, wie es in der Natur bei vielen Arten der Fall ist, wenn das Männchen das Nest baut?

Baudler, der Theologe, kittet die Risse im patriarchalen Weltbild. Am Gewaltpotential in der Welt ist die Frau schuld. Sie könne sich aber „göttlicher Symbolik und göttlichem Erleben" ergeben, wenn sie, „als Unterlegene und Ausgelieferte vom Größeren und Stärkeren Zuwendung und Hilfe" erfahre, wie es umgekehrt in Gottes Willen liege, daß der Stärkere „solche Zuwendung und solchen Schutz zu geben" habe (Baudler 1991, 413 f.). Baudler übersieht, daß die Frau in einer gewaltfreien Gesellschaft des Schutzes entbehren könnte. Sie bedarf des männlichen Schutzes nur in der patriarchalen Gesellschaft gegen die Gewalt anderer Männer; und dieser Schutz versagt erfahrungsgemäß, wenn die anderen die Stärkeren sind.

Männliche Überlegenheit unter veränderten Vorzeichen

Auch für die vergleichende Verhaltensforschung ist die Beobachtung von Gewalt und Aggression im Tierreich problematisch geworden. Da sich Männerherrlichkeit nicht mehr mit Heldentum und siegreichen Schlachten begründen läßt, der Krieg nicht mehr der Vater aller Dinge ist, sind friedliche Lösungen gefragt. Die Geschichte als Aufeinanderfolge von Siegen und Niederlagen dient eher dazu, das Patriarchat anzuklagen, als es zu verherrlichen. Von daher ist es opportun geworden, den Schwerpunkt der Primatologie auf die Erforschung friedlicher Verhaltensweisen unserer nahen Verwandten im Tierreich zu richten. Die anthropologische Primatologie ist inzwischen zu einer wichtigen Wissenschaft geworden, die es als ihre Hauptaufgabe betrachtet, „das Wesen des Menschen vergleichend-biologisch aufzuzeigen" (Knußmann und Martin 1988, 11); doch nun werden nicht mehr die Vernichtungskriege unter Schimpansen, sondern ihre diplomatischen und friedlichen Charakterzüge unter die Lupe genommen.

Der holländische Primatologe de Waal will die „deprimierende Sichtweise der Biologie im Hinblick auf die Situation des Menschen korrigieren" (de Waal 1991, 14). Seine Beobachtungen haben ergeben, daß Männchen diplomatisch handeln: 47% der Männchen halten früher oder später ein Versöhnungsritual mit ihrem Gegner ab, und oft wird dieser in seinem nächsten Kampf sein ergebenster Mitstreiter. Sie hätten „allen Grund, gestörte Beziehungen wiederherzustellen; kein Männchen ahnte voraus, wann es vielleicht auf seinen ärgsten Rivalen angewiesen sein werde. Groll zu hegen, kann zur Isolation führen, was innerhalb des Koalitionssystems auf politischen Selbstmord hinausläuft." (de Waal 1991, 58)

Diese Beobachtungen lassen sich – nebenbei bemerkt – auch dahingehend interpretieren, daß ein Gleichgewicht der Kräfte in der Männchengruppe immer erhalten bleiben muß.

Und – frau mag es nicht für möglich halten – der Forscher will beweisen, daß die Männchen bei den Schimpansen friedfertiger seien als die Weibchen. Nach aggressiven Auseinandersetzungen versöhnen sich nur 18% der Weibchen. Sie meiden in Zukunft jeden Kontakt mit den einmal abgelehnten Geschlechtsgenossinnen, stellt de Waal fest. Darauf folgt eine lange Diskussion, weshalb Weibchen – und ebenso die Menschenfrauen – unversöhnlicher seien als das männliche Geschlecht.

Zwei Seiten später lese ich in einem Nebensatz, daß Männchen im vergleichbaren Zeitraum 20mal soviel aggressive Angriffe gegen andere Männchen inszenieren wie Weibchen. Aus dieser Angabe läßt sich vortrefflich eine Statistik des aggressiven Verhaltens bei den Schimpansen erstellen:

In der Zeit x streiten Weibchen 100mal und versöhnen sich in 18 Fällen wieder. Es bleibt ein unversöhnter Rest von 82 Fällen. Männchen streiten in der gleichen Zeit 20mal so häufig, also 2000mal. Die Versöhnungsrate beträgt 47%, das sind 940 Fälle. Es bleibt im vergleichbaren Zeitraum ein unversöhnter Rest von 1060 Fällen. Rein statistisch stehen 1060 männliche gegen 82 weibliche unversöhnte Menschenaffenbeziehungen. Diese Fälle lassen sich nur dadurch nicht Individuen zuordnen, weil die Männchen immer wieder die gleichen Feinde attackieren und sich wieder versöhnen, während die Weibchen sich für einen Kreis fester Freundinnen entschieden haben.

Der Primatologe muß zugeben, daß weibliche Koalitionen der Zeit standhalten; sie

„überlappen persönliche Präferenzen und verwandtschaftliche Bindungen und sind bei Statuskämpfen relativ unwichtig, da Weibchen viel weniger herrschaftsorientiert sind. Für sie ist es von ausschlaggebender Bedeutung, gute Beziehungen zu einem kleinen Kreis von Familie und Freunden zu haben; dafür gibt es aber wenig Anlaß, sich nach Kämpfen mit anderen wieder zu versöhnen."

Hier muß Frans de Waal gestehen: „Bevor ich jedoch Weibchen als weniger versöhnungsbereit bezeichne, ziehe ich es vor, sie wählerischer zu nennen. Die Unterscheidung zwischen Freund und Feind scheint bei Weibchen unendlich genauer zu erfolgen." (de Waal 1991, 58) Ich hebe hervor, was de Waal durch seine Beobachtungen tatsächlich nachgewiesen hat: *Weibchen sind emotional viel sicherer und zeigen eine größere Charakterfestigkeit.*

Ist der ständige Wechsel von Feindschaft und Versöhnung bei den Männchen nicht reichlich „charakterlos"? Frans de Waal versäumt nicht, die „Diplomatie" der Affenmännchen mit der von Politikern zu vergleichen: „Auch in der Politik der Menschen gilt, daß Erfolg die Fähigkeit zu Kompromissen, Vergeben und Vergessen erfordert." (de Waal 1991, 58) Aus den Beispielen, die Frans de Waal dafür anbietet, greife ich zwei heraus:

- 1970 versuchte König Hussein von Jordanien, mit den palästinensischen Kämpfern ein Übereinkommen zu erzielen, griff sie dann aber doch in einer Nacht- und Nebelaktion an. Tausende wehrloser Menschen wurden in den Flüchtlingslagern getötet.

„Die Truppen waren gnadenlos, sie schnitten Arme und Beine und manchmal die Genitalien ihrer gefesselten Opfer ab. Andere wurden enthauptet. Das Massaker, bekannt als Schwarzer September, verlieh dem König den Ruf als Schlächter der Palästinenser. Schon vierzehn Jahre später, 1984, wurde er öffentlich vom Führer der Palästinensischen Befreiungsorganisation, Yassir Arafat, geküßt und umarmt." (de Waal 1991, 27)

• Um die Menschenaffenmentalität zeitgenössischer Politiker zu beweisen, zitiert der Autor einen brasilianischen Politiker: „Ich habe niemals mit jemandem Freundschaft geschlossen, von dem ich mich nicht hätte trennen können, und ich habe mir nie Feinde geschaffen, denen ich mich nicht hätte annähern können!" (de Waal 1991, 57) Verdirbt nun die Politik den Charakter oder ist am diplomatischen Hominiden-Verhalten nichts mehr zu retten?

Negative Anthropologie – oder: Was „der Mensch" nicht sei

In seinem Buch *Metaphysik und Tod* wehrt der Freiburger Philosoph Eugen Fink die naturwissenschaftliche Anthropologie als positive Wissenschaft ab und definiert *den* Menschen durch eine *Negative Anthropologie*. Er beschreibt, was *der Mensch nicht ist*. Mit Begriffen wie Körper, Materie oder Substanz sei *der Mensch* nicht wirklich erfaßt:

> „Nicht was der Mensch ist, wird dann zum vordringlichen Problem einer ‚negativen Anthropologie' –, er ist kein simples Naturding wie alle Lebewesen sonst, er ist durch Sprache, Vernunft, Freiheit bestimmt, aber auch die hängen ihm nicht an wie Eigenschaften an einer Substanz –, er läßt sich durch den Substanzbegriff nicht erfassen, ebensowenig durch den Begriff des ‚Gegenstandes'; der Mensch entzieht sich der Faßbarkeit, je ernster und eindringlicher er sich zu denken versucht." (Fink 1969, 202)

Die Illusion der Freiheit wird durch das mann-menschliche Denken gefördert. Den Bedingungen der Natur will der Mann nicht unterworfen sein. Die Freiheit ist sein höchstes Gut. Eugen Fink vermittelt allein durch seine mann-zentrierte Sprache, daß der Mann gemeint ist, wenn er *den Menschen* jenseits der Natur ansiedelt, wenn er sagt, *der Mensch* sei durch den Substanzbegriff *nicht* zu fassen. Philosophie als Denkkategorie ist erst im Patriarchat entstanden. Nichts gegen die Feststellung, die Menschen seien anderen Lebewesen durch Sprache und Schrift überlegen. Dadurch sind sie in der Lage, ihr Gedächtnis zu erweitern und ihren Zeitbegriff auszudehnen. Aber die Philosophie begründet die Vorstellung, daß der Geist männlich sei, daß Männer die Sprache und die Schrift erfunden hätten und die Erschaffung der Welt vom männlichen Geist geleistet worden sei. Um das zu beweisen, nehmen die Philosophen seit der Zeit der Vorsokratiker zu einer abstrakten Sprache und zu mühsamen Gedankenkonstruktionen Zuflucht. An den Universitäten werden noch heute mit wissenschaftlichem Ernst Lehren vermittelt, die diese sexistisch-biologistische Weltsicht stützen.

Der patriarchale Mann kann sich selbst nur deshalb als freies Wesen verstehen, weil er die menschliche Abhängigkeit von der biologischen Basis auf die Frau projiziert. Theologen, Philosophen und die Dichter in ihrem Gefolge, Psychologen und Pädagogen schreiben noch immer dem Mann die engere Beziehung zu einer höheren Existenzweise gegenüber der Tierwelt zu. Daran können sie solange unwidersprochen festhalten, wie die „geistige Welt“, von der sie reden, und die „höhere Moral“, die sie meinen, ein männergefertigtes Konstrukt bleibt, das den Geist der Frau und das situationsbezogene Gewissen von Frauen ignoriert. Die Geisteswissenschaftler bedienen sich heute einer subtileren Ausdrucksweise als vor hundert Jahren; sie suchen nach feinfühligen Begründungen, die auch Frauen akzeptieren könnten. Doch gilt nach wie vor, männliches Denken als die Denkweise per se zu begreifen.

Mit religiösen und philosophischen Argumenten wird das menschliche Naturerbe verleugnet. Dieser kulturelle Überbau verschleiert das Gewaltpotential, mit dem Konflikte im Patriarchat gelöst werden. Der Mann pocht auf sein mit „Intelligenz, mit Willen und Entscheidungsfreiheit ausgestattetes Bewußtsein“ und täuscht sich vor, „daß die durch Entstehung des moralischen Empfindens im Menschen geschaffenen Verhaltensfreiräume zur Voraussetzung für die soziale und technische Entwicklung für Homo sapiens sapiens wurden.“ (Herbig 1984, 201) Das männliche Prinzip stellt sich als das Heilige dar, als Gott-Vater, Gott-Sohn und Heiliger Geist. Leider werden die „Verhaltensfreiräume zur Voraussetzung für die soziale und technische Entwicklung für Homo sapiens sapiens“ vor allem zur Herstellung von Waffen mißbraucht. Es beruhigt das Gewissen, wenn der Mann glaubt, er habe mit seinen Kriegen nur die „höhere Moral“ im Sinn. So werden Kriege zu Heiligen Kriegen.

Seit Pythagoras das Gute als prinzipielle Eigenschaft des Männlichen reklamiert hat, gehört das Böse in den Negativ-Katalog, durch das *der Mensch* nicht zu erfassen sei. Das „Böse“ – von Eva bis zur Hexe – wird auf das weibliche Prinzip projiziert, das nach patriarchaler Denkart nicht das wahrhaft Menschliche verkörpert.

Die Tiefenpsychologie zeigt, daß Verdrängung und Projektion wichtige Mechanismen einer Neurose sind. Wenn wir diesen wissenschaftlichen Ansatz konsequent zu Ende denken, entlarven wir den patriarchalen „Geist“ mittels seiner eigenen Methoden als neurotischen Überbau des mann-menschlichen Bewußtseins über die gesamtmenschliche Kultur. Wichtig ist zu sehen, daß auch Frauen der patriarchalen Kollektivneurose erlegen sind.

Das *Interesse des Mannes* verfolgt die Idee, daß *der Mensch* von einem bestimmten Zeitpunkt seiner Evolution an seine biologische Basis verlassen habe. Allein für sich nimmt der Mann die*kulturelle Evolution* in Anspruch: Nur der Mann entwickelt die Fähigkeit, seine Umwelt schöpferisch zu gestalten. Das Mehr „an Kenntnissen und Fertigkeiten, die von Generation zu Generation weitergegeben werden und eine ständig sich vervollkommnende gezielte Manipulation der Umwelt ermöglichen" (Markl 1976, 36 f.), hätten die Menschen von genetischen Bedingungen befreit. Zwar gibt Hubert Markl zu, daß die biologische Evolution weiter fortwirke, aber „Schlußfolgerungen aus einer biologisch-populationsgenetischen Theorie der Sozial-Evolution auf das Sozialleben des Menschen" scheinen ihm nicht mehr zwingend. Die mann-menschliche Wissenschaft weiß, *was der Mensch nicht ist:* Er ist *nicht* mehr Teil der Natur, *nicht* abhängig von ihr, sondern ihr Herr und Meister.

Positive Anthropologie – oder: Was die Menschen sind

Männer und Frauen sind beide in gleicher Weise von ihren biologischen Dispositionen abhängig. Zwar entzieht sich das menschliche Wesen der Faßbarkeit, wie Eugen Fink schreibt; aber dennoch ließe sich einiges besser begreifen, wenn die Philosophie zugeben könnte, wie sehr die Menschen von ihrer biologischen Basis abhängen. Sprache und Vernunft sind Eigenschaften der Materie. Unabhängig vom Körper können wir weder sprechen noch vernünftig denken. Die naturwissenschaftliche Anthropologie bringt den Philosophen wieder auf den Boden der Tatsachen.

Auch bei Männern laufen die wenigsten lebenswichtigen Funktionen bewußt ab. In Streß- und Notsituationen reagieren Männer genauso wie Frauen unbewußt. Instinkte und Reflexe sind nur scheinbar durch soziales Lernen überlagert. Es gelingt zwar, „auch die komplexeste Instinkthandlung so zu vervollkommnen, daß der Anschein erweckt wird, als sei sie von einem Höchstmaß an Intelligenz erdacht worden" (Jonas 1982, 167), aber Reaktionen, die in Bruchteilen von Sekunden ablaufen, können nicht vom Bewußtsein gesteuert werden. Sie laufen unbewußt ab. Doch macht sich der „Mann auf der Straße" über sein Unbewußtes kaum Gedanken, und die Geisteswissenschaftler überlagern die Signale aus der Ur- und Vorgeschichte der Menschheit durch ein kompliziertes Gedankengebäude.

Da Krieg und Gewalt nicht mehr so selbstverständlich verherrlicht werden können, erscheint es dem männlichen Selbstbewußtsein opportun, eine biologische Disposition des Männlichen zu aggressiven Verhaltensweisen zu leugnen.

Der Wunschtraum vom Frieden in der Natur hat die Menschen immer wieder dazu verführt zu glauben, die Evolution habe vermieden, aggressive Verhaltensweisen herauszubilden. Wenn auch der Löwe nicht mehr friedlich neben dem Lamm liegend vorgestellt wird, so soll die Natur es doch so eingerichtet haben, daß sie lebensgefährdende innerartliche Aggression von vornherein ausschließt (Bleibtreu-Ehrenberg 1990, 7). „Es gab anfangs nur außerartliche Aggression: Menschen waren aller übrigen Menschen Freunde." ((Bleibtreu-Ehrenberg 1990, 9)

Diese hohe Meinung vom „Sogenannten Bösen" in der Natur, die der Verhaltensforscher Konrad Lorenz vertreten hat, ist leider eine romantische Verklärung der Wirklichkeit. Lorenz nahm an, eine Demutsgebärde genüge, damit Männchen in der Säugetierwelt einander schonten. Von der Verhaltensforschung ist diese Hypothese längst überholt worden:

> „Man möchte erwarten, daß hochorganisierte soziallebende Tiere wohl von Entwicklungslinien herstammen, bei denen innerartliche Aggression unbedeutend oder gar nicht nachweisbar ist. Das Gegenteil ist der Fall: Nahezu alle sozial lebenden Tiere haben ein hochdifferenziertes, ausgeprägtes Inventar aggressiven Verhaltens gegen Artgenossen." (Markl 1976, 13)

Der Mensch habe keinen Tötungstrieb; ihm fehlten nur die Hemmungen. Wozu aber braucht der Mensch Hemmungen, wenn er keinen Tötungstrieb hat? Während die Entwicklung der angeborenen Hemmungen stagniert hätte, sei das Denkvermögen hypertrophiert. Das Großhirn habe immer gefährlichere Waffen und Strategien erdacht, mit denen sein Träger seinen Nächsten immer wirksamer habe umbringen können. Christian Vogel widerspricht der Vorstellung, der Mensch habe je eine angeborene innerartliche Tötungshemmung besessen: „Es bedarf zum Töten des Menschen durch den Menschen keiner Indoktrination, die den Gegner ‚quasi zum Nichtmenschen' stempelt." (Vogel 1989, 125)

Die von Konrad Lorenz behauptete innerartliche Aggressionshemmung versagt bei Tieren wie bei Menschen. Nur wendet der Mensch, der sich durch die sogenannte „kulturelle Evolution" über das Tier erhaben wissen will, brutalere und grausamere Methoden an, wenn er quält, foltert und tötet.

Trotzdem argumentieren noch viele Autoren im Sinne von Lorenz: Georg Baudler meint, die Kämpfe unter den Männchen seien auf so vollkommene Weise ritualisiert, daß der Gegner weder verletzt noch gar getötet werde (Baudler 1991, 49). Er argumentiert, daß Säugetiere, die den Rivalen verletzen oder töten, zum Aussterben verurteilt seien (Baudler 1991, 51). Dabei übersieht er, daß eine große Anzahl Männchen für das Überleben einer Art gar nicht notwendig ist. Im Gegenteil: Wenn die Männchen keine konstruktive Lebensaufgabe übernehmen, sind sie nach der Zeugung nur nutzlose Fresser, welche die Ernährungsgrundlage belasten. Wenn sie die Tötungsgewalt gegen Weibchen und Junge richten, ist die Art gefährdet.

„Nicht die Frage, ob der Mensch zur Aggression fähig sei oder nicht, steht zur Debatte – er ist es, wer wollte das bestreiten –, sondern wie menschliche Gemeinschaften das Verhaltenselement Aggression im Rahmen kultureller Traditionen einsetzen.“ (Herbig 1984, 194)

Staaten, die ihre Bevölkerung kaum ausreichend ernähren können, bemühen sich um die Entwicklung von Kernwaffen. Minderheiten führen erbitterte Bürgerkriege, obwohl sie nichts zu essen haben und zum Aufbau der selbstverschuldeten Verwüstung ihres Landes keine Mittel haben. Wo bleibt die Freiheit des Handelns, die von Philosophie und Religion gepredigt werden? Weshalb haben die Lehrer ethischer Maßstäbe das Menschengeschlecht nicht längst dazu erzogen, zerstörerische Aggressionen im Umgang von Mensch zu Mensch und zwischen den Völkern zu unterlassen? Statt dessen schüren wir Aggressionen und treiben sie zur Explosion, wenn alle Tage im Fernsehen durch Kriminalfilme und Mordphantasien eine Prämie auf die Grausamkeit gesetzt wird. Wir drängen die kulturelle Evolution in die falsche Richtung.

Aggression als Verhaltensnormalität wird nicht zuletzt durch eine Wissenschaft gefördert, die noch immer nach hierarchischen Systemen in der Natur forscht, so, als sei die Welt „von Natur aus“ in ein Oben und ein Unten gespalten, als liefere sich jeder Organismus noch bis in die kleinste Zelle einen „Kampf ums Dasein“, bei dem der Stärkere überlebe. Wir haben indessen zu begreifen, *daß Überleben nicht von der Durchsetzungsfähigkeit der Stärkeren, sondern von Anpassungsfähigkeit abhängt.* Rivalitätskämpfe unter Männern mögen entscheiden, ob der einzelne Mann seine Gene fortpflanzen kann; ob die Spezies überlebt, hängt von der Flexibilität der Weibchen ab.

Nicht die Beherrschung des Lebens, nicht die genetische Machbarkeit, sondern das sensible Gespür für die Vielfalt der genetischen Signale aus der Urzeit bietet Hoffnung auf Überleben. Oder noch einmal: Aggression und Sieg der Männerherrschaft führen in den Tod; in der bescheidenen Anpassung an unsere Natur liegt die Hoffnung auf eine Zukunft.

Frauen und Männer verfügen über ein Syndrom* von Verhaltensdispositionen, die dazu da sind, die Art zu erhalten: Ein Kleinkind zu schonen, zu schützen und im Notfall zu betreuen, ist allen Menschen angeboren. Männer oder Frauen, die ein Baby nur anschauen, tun ihm instinktiv nichts zuleide. Die hohe gerundete Stirn des Kleinkindes, die im Verhältnis zum Gesichtchen verhältnismäßig großen Augen bilden einen Typus, den Psychologen das *Kindchen-Schema* nennen, das nicht nur bei der leiblichen Mutter Schutz und Schonung signalisiert, Betreuungsimpulse wachruft und im Bedarfsfall zu Hilfeleistungen herausfordert.

„Es scheint, daß Säuglinge fähig sind, in uns Erwachsenen latente, tief eingebettete Reaktionen hervorzurufen, die sonst in unserem Alltagsleben keinen Ausdruck finden.“ (Jonas 1982, 186) „Wir reagieren auf die optischen Signale der kindlichen Morphologie mit Wohlwollen und Zärtlichkeit.“ (Jonas 1982, 189)

Lebenswichtige Handlungen sind genetisch bestimmt und daher voraussagbar: Wenn der Schrei eines Kindes Schmerz, Mißbehagen oder Furcht ausdrückt, reagieren Erwachsene augenblicklich darauf und wenden sich dem Kind zu, wenn die Mutter gerade nicht da ist (Jonas 1982, 170).

„Der hohe Grad der Unreife des menschlichen Säuglings hätte für diesen außerordentlich lebensbedrohende Konsequenzen und würde die Überlebensfähigkeit des Homo sapiens in Frage stellen, besäße die Mutter keine genetisch eingebetteten Verhaltensmuster, die sie zu intensiven Betreuungsmaßnahmen gegenüber dem Kind veranlassen.“ (Jonas 1982, 173)

Auf der anderen Seite versagen die Betreuungssignale, wenn sie von konkurrierenden Impulsen überlagert werden. Das zeigt der Infantizid bei Schimpansen. Weibchen töten fremde Babys, wenn das Nahrungsangebot spärlich ist; Männchen töten den nicht selbst gezeugten Nachwuchs, um den Östrus* bei den begehrten Weibchen auszulösen. Menschenfrauen töten ihre eigenen Neugeborenen, falls die Population zu groß ist oder die Kinderzahl ihre Kräfte übersteigt. Biologisch gilt ein recht unbarmherziges Gesetz: „Wer mehr Kinder in die Welt setzt, als er erfolgreich aufziehen kann, verschwendet in diesem harten Wettbewerb seine Energievorräte.“ (Vogel 1989, 84)

Schließlich versagt das „Kindchen-Schema“ vor künstlich aufgeputschten Feindbildern. Dazu möchte ich die folgende Begebenheit berichten: Als ich von meiner jüngsten Tochter entbunden worden war, besuchte mich ein alter jüdischer Mann, der die Nazi-Konzentrationslager zwar überstanden hatte, aber doch gesundheitlich sehr geschädigt war und deshalb jedes Jahr zur Erholung in den Schwarzwald fuhr. Im Lauf der Zeit war er zu einem lieben Freund unserer Familie geworden. Er saß bei mir am Wochenbett, und während wir uns freundlich unterhielten, wurden seine Augen plötzlich eigenartig düster. Er nahm mein Töchterchen liebevoll auf den Arm, als wolle er sich und das Kind gegen etwas Fürchterliches schützen. Eine schreckliche Vision überwältigte ihn:

„Ich habe ein einziges Mal eine Geburt erlebt, mitten auf dem KZ-Hof. Die Frau war ohne Hilfe. Dann kam der SS-Mann. Er nahm das Neugeborene an den Beinen, hob es hoch, so daß der Kopf nach unten hing und schleuderte das winzige Köpfchen ein paarmal gegen einen Stein, bis das Gehirn herausspritzte.“

Weinend brach der alte Mann über meinem Töchterchen zusammen. Wie sollte ich ihn trösten? Die Interpretation von Volker Sommer, daß Kindestötung der Selektion diene, damit sich der sogenannte Stärkere oder Bessere durchsetze, erscheint mir angesichts der Rassenideologie besonders fatal.

Die genetisch geprägten Signale eines Babys dienen der Selbsterhaltung des Kindes. Es wendet sich an seine unmittelbare Umgebung:

„Wenn man Instinkthandlungen beim Menschen als unwesentlich betrachtet, ist es schwierig, die aktive Teilnahme des Kindes hinsichtlich seines Überlebens anzuerkennen. Eine solche Einstellung weist dem Säugling nur eine passive Rolle zu, und seine Manifestationen werden dann als mangelhafte Imitation der ihn aus der Umwelt erreichenden Reize erklärt." (Jonas 1982, 190)

Würde sich das Neugeborene nicht durch aktive Signale der Umwelt mitteilen, würde manches mutterlose Baby sterben. Beim Kampf ums Überleben kommt dem angeborenen Verhalten des Neugeborenen eine wichtige Rolle zu. Die behavioristische* oder soziologische Einstellung spielt diese so offensichtlichen Tatsachen herunter.

Allerdings verfügen Väter nicht über die gleiche sensible Einfühlung in das Kind wie Mütter. Manche Reaktionsweisen der leiblichen Mutter auf ihr Kind sind nicht erlernbar. Wenn zum Beispiel eine Mutter an heißen Sommertagen im Garten oder am Badestrand ihr unbekleidetes Baby auf dem Arm trägt, wird sie es von sich weghalten, bevor es uriniert oder seinen Darm entleert. Diese Verhaltensweise ist ebenso bei sogenannten primitiven Stämmen wie an Primaten* beobachtet worden.

„Für die vergleichende Verhaltensforschung ist es von Interesse, daß die Schimpansenmutter ähnliche unterschwellige Signale ihres Kindes beantwortet; auf eine dem Beobachter nicht wahrnehmbare Botschaft reagierend, hält sie das Kind von sich weg, so daß es den Darm entleeren kann. Daß die menschliche Mutter genetisch ebenso programmiert ist, ersieht man daraus, daß sie Signale wahrnehmen kann, die dem Vater, auch wenn er noch so sehr darauf achtet, entgehen." (Jonas 1982, 152)

Mediziner haben versucht, die kindlichen Signale und die mütterliche Reaktion mit Meßgeräten zu untersuchen. Doch selbst feinste Instrumente, die an Kind und Mutter befestigt werden, um vegetative Vorgänge im kindlichen Organismus und das Wahrnehmungsvermögen der Mutter zu registrieren, zeichnen diese subtilen Vorgänge nicht auf:

„Die objektiv meßbaren Befunde stellen tatsächlich nur einen minimalen Ausschnitt aus dem Kommunikationsrepertoire dar, und die fehlende Nachweisbarkeit beruht auf der mangelnden hormonellen Prägung des männlichen Beobachters." (Jonas 1982, 152)

Diese Überlegung hilft uns zu begreifen, welchen Stellenwert die unbewußten Dispositionen der Frau für das menschliche Überleben haben. Doris und David Jonas urteilen über den Streit unter Forschern, ob Mutterliebe bei der Frau eine angeborene Eigenschaft sei oder nicht:

„Die genetisch programmierten Verhaltensmechanismen sind beim Menschen weniger markant als beim Tier: nicht so sehr, weil sie weniger offensichtlich sind, sondern weil wir an eine stereotype Mutterliebe so sehr gewöhnt sind, daß wir die biologischen Elemente übersehen. Daher ermöglichen ethologische* Untersuchungen von angeborenen Instinkthandlungen bei Tieren, die eine hochgradige Ähnlichkeit mit denen des Menschen besitzen, Rückschlüsse auf dessen angeborene Verhaltensdisposition. Indem jede, auch die kleinste Veränderung bei Tieren und beim Menschen registriert wird, lassen sich automatisch abrollende Vorgänge herauskristallisieren." (Jonas 1982, 196)

Wenn Frauen schwanger werden, löst ein hormoneller Schub den mütterlichen Pflegetrieb aus. Dadurch wird eine positive Einstellung der Mutter gegenüber dem werdenden Kind begünstigt. Mit dem Fortschreiten der Schwangerschaft steigert sich das Pflegebedürfnis der Mutter und erreicht seinen Höhepunkt nach der Geburt, wenn die erste Milch einschießt. Die Geburt eines erwünschten Kindes verursacht selten Konflikte.

Bei Frauen wird der Pflegetrieb auch dann ausgelöst, wenn es sich um eine ungewollte Schwangerschaft handelt. Trotzdem müssen keine Konflikte entstehen, falls sich eine Frau im frühen Stadium gegen das Kind entscheidet; denn sie handelt auch dann gemäß Instinkten, die in der menschlichen Art ebenfalls programmiert sind: Es gibt Prägungen, welche der Mutter signalisieren, das Kind abzulehnen – mögen diese nun archaischer Genese sein, mögen sie sich in sogenannten „primitiven Stämmen" nachweisen lassen oder uns als „mittelalterliche" Verhaltensweisen bekannt sein: Wir können unsere Nachkommenschaft vernachlässigen, aussetzen oder gar töten. Nachweislich koppeln alle lebendigen Systeme ihr Fortpflanzungsverhalten mit dem Nahrungsangebot ihres Habitats. In matriarchalen Gesellschaften haben Frauen das Gebären verweigert, wenn die Ernährung ungenügend war. Bei sogenannten primitiven Gesellschaften können wir gelegentlich noch heute beobachten, daß Frauen eher ihre Geburtenziffern beschränken, als daß sie ihre Nachkommenschaft verhungern lassen. Die Anthropologin Doris Jonas zeigt, daß für Frauen in urgesellschaftlichen Populationen die Anpassung der Gruppe an ihr Habitat im Vordergrund gestanden hat.

Frauen können ihre Kräfte durch Schwangerschaften überfordern. Wenn sie aus diesem Grund eine Schwangerschaft ablehnen, folgen sie einer uralten Verhaltensdisposition, die verhindert, daß eine Frau Kinder zur Welt bringt, für deren Aufzucht sie keine Kraft hat; denn ein Kind braucht vor allem Liebe und Zuwendung. Daher sollte die Maxime gelten: Lieber ein ungeborenes als ein ungeliebtes und unglückliches Kind. Es ist das Grundrecht jedes Menschenkindes, von einer Mutter geboren zu werden, die es auch gewollt hat (Morgan 1972, 286). Das

Problem der fehlenden Mutterliebe, das Frauen instinktiv schon immer bedacht haben, ist wissenschaftlich erst im 20. Jahrhundert in seiner ganzen Tragweite erkannt worden:

„Die frühe Mutter-Kind-Bindung ist so einzigartig in ihrer genetischen Programmierung, daß sie im späteren Leben nur mangelhaft ersetzt werden kann." (Jonas 1982, 194)

Die vergleichende Verhaltensforschung zeigt, wie schwer der Verlust der Mutter für Primatenbabys, erst recht für ein Menschenkind ersetzt werden kann:

„Das Zusammenleben ist so wichtig für die Primaten*, daß sie schwerwiegende nervöse Störungen aufweisen, wenn man sie von ihrer Gruppe isoliert. Soziale Bindungen finden schon in frühester Kindheit statt, wobei die engen Mutter-Kind-Beziehungen, das Modell abgeben; und sie dauern bis zum Tod von Artgenossen an. Auch beim Menschenkind ist die enge Bindung von Mutter und Kind die Voraussetzung für die spätere Geselligkeit. Schon ein experimentelles Isolieren von Affenbabys zeigt den verheerenden Einfluß der fehlenden Mutter. Ein solcher Mangelzustand kann verringert werden, wenn das Affenwaisenkind mit gleichaltrigen Artgenossen zusammengebracht wird. Beim Menschenkind dagegen hilft das nicht: Wenn es von seiner Mutter für längere Zeit getrennt werden muß, z.B. gelegentlich eines Krankenhausaufenthalts, können beträchtliche Entwicklungsstörungen auftreten, deren schwerste Komplikation der gewöhnlich zum Tode führende Marasmus* ist." (Jonas 1982, 191)

Diese Ausführungen berücksichtigen nicht, daß es ein Unterschied ist, ob ein Affenbaby isoliert wird oder ob es die Mutter innerhalb seines Gruppenverbandes verliert, wo es gewöhnlich von einem anderen Affenweibchen adoptiert wird. Wenn eine Menschenmutter ins Krankenhaus muß, wird das Kind nicht deshalb geschädigt, weil die Mutter abwesend ist, sondern wenn es nicht ausreichend betreut wird. Kinder, die lange im Krankenhaus waren, leiden unter Hospitalismus. Sie erhalten zuwenig Zuwendung und können ihre Anlagen nicht üben. Cécile Ernst hat nachgewiesen, daß die kindlichen „Fähigkeiten ganz spezifisch mit den Übungsmöglichkeiten variieren." (Ernst 1987, 147) Die unzureichende körperliche, geistige und seelische Stimulation und nicht die fehlende Mutter sind für die Schädigung des Kindes verantwortlich zu machen, so daß es zu einem Defizit an körperlicher, geistiger und seelischer Entwicklung kommt. Diese Stimulation kann aber genauso von Vätern geleistet werden, die sich für das Leben verantwortlich fühlen. Doch daran werden sie meist von einer gesellschaftlichen Norm gehindert, die kaum bereit ist, Männer für Familienbelange vom Beruf freizustellen. Dafür fehlen noch immer die gesetzlichen Grundlagen, zumal man Männern die Fähigkeit, Kinder zu betreuen, eher abspricht.

Menschliche Hybris: Wir sind unabhängig von Instinkten

Eine Selbsttäuschung, die den Abstand zwischen Mensch und Tier wiederherstellt, ist die anmaßende Behauptung, der Mensch sei von Instinkten unabhängig. Seit der Antike gilt der Geist als eine Kraft, die den Menschen befähige, seinen Körper, seine Triebe und Instinkte zu zügeln und zu beherrschen. Mit Aggression und Gewalttätigkeit sind männliche Herrschaft durchgesetzt worden. *Der aggressiv-gewalttätige Mann erlebt sich als mächtig über andere, nicht als ohnmächtig seinem eigenen Aggressionstrieb ausgeliefert.*

Die Frage, ob Gewalttätigkeit in der männlichen Sexualität angelegt sei, würde sich erübrigen, wenn die soziale Umwelt für *alle* Eigenschaften der Menschen verantwortlich gemacht werden kann. Eine solche Deutung liegt nahe: Werden doch Jungen durch Erziehung und Umwelt zu Dominanz und gewalttätigem Verhalten geradezu ermutigt. Von einem Mann wird erwartet, daß er sich durchsetzen kann. Seine Aggression wird als solche gar nicht wahrgenommen. Sie ist selbstverständlich. Er soll ein Held sein, mutig und angstfrei. Das herrschsüchtige Verhalten des Mannes wird zu einem beträchtlichen Anteil durch die Umwelt herausgefordert. Es liegt im Interesse des männlichen Selbstverständnisses und dient der Stabilisierung des patriarchalen Weltbildes, wenn menschliches Verhalten als sozial bedingt definiert wird. Der Mann könnte sich nicht als Herr über die Natur definieren, wenn er zugleich zugeben müßte, von Instinkten abhängig zu sein.

Ausschließlich für das Verhalten von Frauen werden Instinkte vorausgesetzt. Frauen werden aufgrund ihrer Biologie auf Mütterlichkeit, Aufopferung und soziale Aufgaben verpflichtet. Das reduzierte Leben der Frauen sei biologisches Schicksal. Sie stünden unmittelbar in Beziehung zur Natur. Aber es sind Männer, welche die „Natur“ erst als solche definieren. Die Frau wird geradezu als „Naturwesen“ betrachtet:

> „Sie (die Mütter) vergessen sich selbst, wenig besorgt um ihr eigenes Glück. Woher mag dieser unbezwingbare und allgemeine Instinkt kommen? Von demjenigen, der alles geschaffen hat (Deus sive natura). Er hat allen Lebewesen eine gedankenlose Liebe zu ihrer Nachkommenschaft ins Herz geschrieben. Die Frau ist diesem Instinkt ebenso unterworfen wie alle Tiere.“ (Gilibert, zitiert bei Badinter 1981, 148)

Im gleichen Atemzug weist man für „den Menschen“ die Vorstellung als unwissenschaftlich zurück, sein Verhalten könne durch „Instinkte“ geprägt sein. Männer, die sich hoch erhaben über die Frau und über die Natur fühlen, wehren sich dagegen, eine biologische Grundlage für männliches Verhalten anzunehmen. Ashley Montagu setzt alles daran zu zeigen, daß *der Mensch* frei von jeglicher biologischen Disposition sei: „Der Mensch ist Mensch, weil er keine Instinkte hat. Alles, was er geworden ist, hat er aus seiner Kultur, aus dem vom Menschen gemachten Teil seiner Umwelt, gelernt.“ (Montagu, Hrsg. 1974, 28).

Die Lernfähigkeit der Menschen wird von den Behavioristen* überschätzt. So meint Boulding:

„Es ist die große Besonderheit des Menschen, die ihn von allen anderen Lebewesen unterscheidet, daß seine Gene ihn mit einem Nervensystem ausstatten, das aus ungefähr zehn Milliarden Teilen besteht und das seinen Informations-Gehalt fast vollständig aus der Umgebung bezieht, das heißt, durch Eingaben in den Organismus von außen. Der Beitrag der Gene zum menschlichen Nervensystem ist mit der Geburt im Grunde abgeschlossen. Fast alles, was danach geschieht, beruht auf Lernen.“ (Boulding 1974, 116)

Aber ein derart vorzüglich ausgestattetes Großhirn haben auch Schimpansen und Bonobos. Es ist daher folgerichtig, wenn neuerdings auch das Verhalten der Menschenaffen unter dem Primat des Lernens und nicht der Instinkte und des angeborenen Verhaltens betrachtet wird. Ashley Montagu spricht den Menschenaffen instinktive Reaktionen ab: „Ich glaube wirklich, daß es sehr zweifelhaft ist, ob irgendeine Art der großen Menschenaffen Instinkte besitzt.“ (Montagu 1974, 35) Und Scott erklärt: „Die soziale Organisation ist einem Tier nicht angeboren, sondern entwickelt sich, und wenn sie gestört wird, kann harmloses oder nützliches aggressives Verhalten sich in destruktive Gewalttätigkeit verwandeln.“ (Scott 1974, 78) Die Erklärung, wie die Gewalt in die Welt kommt, wird unterschwellig mitgedacht. Gewalttätigkeit käme vor, wenn „die soziale Organisation gestört“ sei. Das impliziert die Beschwörung der Mütter, sie hätten das soziale Milieu zu bieten, auf dem allein gewaltfreie Söhne heranwachsen könnten.

Durch menschliche Eitelkeit aufgebläht, wird die Großhirnrinde zu einem Monstrum, das schon die Menschenaffen frei von Instinkten und den Menschen zum Meister über die Welt macht. Mit Hilfe des Instinkts ließe sich menschliches Verhalten nicht erklären, wenn man von den „elementaren und primitiven Verhaltensweisen eines Neugeborenen“ (Boulding 1974, 117) absehe.

Aber nicht nur Leben und Verhaltensweisen eines Neugeborenen werden von den archaischen Gehirnteilen gesteuert, sondern das gesamte Leben der Menschen bis hin zu ihrem Tod. Da aber die Impulse der archaischen Gehirnteile unbewußt wirken, haben wir überhaupt keine Möglichkeit, „das Maß unseres Vorurteils abschätzen zu können.“ (Ditfurth 1976, 98)

Der Mann mag sich seiner Natur allenfalls oberflächlich bewußt werden, wenn „irgend etwas versagt: die Nerven, das Herz, die Selbstkontrolle oder ein Verhütungsmittel. Um die Ecke des Zivilisationsbaus lugt ein haariges Ungeheuer mit Namen Natur ... Seufzend erinnert sich der Mensch der natürlichen Fatalität seiner Existenz.“ (Sichtermann, 1987, 11) Der Erkenntnis, daß *seinem Verhalten eine unbewußte Steuerung durch genetische Dispositionen* zuzutrauen wäre, setzt der Mann allen Widerstand entgegen. Diese Zumutung verletzt das patriarchale Selbstverständnis, das voraussetzt, „der Mensch“ habe sein Schicksal längst selbst in die Hand genommen.

Der französische Anthropologe und berühmte Höhlenforscher André Leroi-Gourhan postuliert, der Homo sapiens habe „die Zwänge der zoologischen Evolution überwunden und weit zurückgelassen.“ (Leroi-Gourhan 1980, 38) Dabei wird vergessen, daß ein Wesen nur das lernen kann, wozu es veranlagt ist. Je besser die Begabung ist, um so leichter lernt ein Wesen.

Um „dem Menschen“ Instinkte abzusprechen, wird der Instinktbegriff eingeengt: Ein Syndrom* innerer Antriebe müsse nachgewiesen und beschrieben werden, und es müsse dargestellt werden, daß Menschen auf bestimmte Reize in einer Weise reagieren, die in allen Einzelheiten voraussagbar ist. Instinkt wäre dann, was man kann, ohne es gelernt zu haben. Da aber Menschen das meiste, was sie können, gelernt haben, stellt die Anthropologie den Primat des erworbenen Verhaltens in den Vordergrund ihrer Betrachtung.

Wenn der Begriff „Instinkt“ definiert wird als „ein ‚hierarchisch organisierter nervöser Mechanismus“ (Montagu 1974, 12), der auf bestimmte auslösende Impulse mit streng organisierten Verhaltensabfolgen antwortet, so müßte man den Menschen Instinkte absprechen. Spezies, die durch Instinkte völlig festgelegt sind, können nicht mehr lernen. Wenn die Umweltsituation sich ändert, sind sie verloren und sterben aus.

Aber die Menschen gehören zu den flexiblen Arten, die lernfähig sind. Sie können in allen Klimazonen der Erde und unter den verschiedensten Umweltbedingungen überleben. Darin liegt die Chance der Menschheit. Trotzdem läßt sich nicht übersehen, daß Umweltreize oder organische Signale aus dem Körperinnern im Menschen Impulse auslösen, die er instinktiv beantwortet. Wenn Menschen beispielsweise ihren Hunger bewußt übergehen oder einem sexuellen Reiz widerstehen können, so hat sich dennoch ihr Instinkt zu Wort gemeldet und eine Antwort bekommen. Die Evolution stellt der Menschenart Fähigkeiten und Tendenzen aus dem Verhaltenserbe aller Lebensformen bis hin zu den Tier- und Menschenaffen zur Verfügung. Menschen treten nicht als unbeschriebenes Blatt in die Welt ein, als tabula rasa, die von der Umwelt erst beschrieben werden müßte, sondern mit einer unübersehbaren Vielfalt von Möglichkeiten, unter denen sie wählen können.

Daß jedes Wesen bei aller Erbabhängigkeit ein einzigartiges Individuum ist, beweist den unerschöpflichen Reichtum der Natur, die genetische Vielfalt und die weit gefächerten Möglichkeiten der Menschen. Der Reichtum des Denkens, der Sprache und der Kunst ist die Antwort der Menschen auf innere Antriebe. „Die biologische Natur des Menschen macht Vorschläge, nicht Vorschriften." (Markl 1983, 46) Für diese Spezies muß „Instinkt" als Disposition begriffen werden, als Signal aus der Urzeit des Lebens, auf das flexibel reagiert wird.

„Disposition" ist denn auch der rettende Begriff, der den Menschen vor der Einsicht bewahrt, daß er ein Instinktwesen ist.

„Skepsis gegen menschliche Instinkte ist kein Angriff auf die tierische Natur des Menschen. Solche Skepsis braucht niemanden gegenüber der Möglichkeit angeborener Dispositionen im Menschen blind zu machen. Das Ziel besteht nicht darin, wie es von einigen Sozialwissenschaftlern versucht wurde, den Menschen von seinem biologischen Erbe zu befreien und zu leugnen, daß seine psychologische Struktur artspezifisch ist. Angeborene Dispositionen sind nicht dasselbe wie Instinkte, sondern ein Konzept, das ständig verbessert wird, um mehr Außenvariablen einzuschließen und mit dem Lernen und dem inneren physiologischen Zustand zu integrieren." (Holloway 1974, 132 f.)

Über Begriffe läßt sich trefflich streiten, und der Instinktbegriff ist manchen Wissenschaftlern derart suspekt, daß sie anderen, die ihn verwenden, die wissenschaftliche Qualifikation absprechen möchten. In unserem Jahrhundert haben sich Konrad Lorenz und Robert Ardrey der heftigsten Kritik ausgesetzt, weil sie Vergleiche zwischen menschlichem und tierischem Verhalten angestellt haben. Ashley Montagu bemängelt, die Ansichten von Lorenz und Ardrey litten unter dem gleichen Fehler: Sie schließen beide von anderen Lebewesen auf die Menschen (Montagu 1974, 30). Montagu hält derartige Vergleiche für unzulässig. Ein Schüler Montagus kritisiert Konrad Lorenz: Sein Instinktbegriff stelle eine für die heutige Zeit unangemessene und unvollkommene Erklärung für das Verhalten der Menschen dar (Scott 1974, 76).

Kulturelle – nicht biologische – Anpassung sei „die Grundlage des evolutionären Erfolgs des modernen Menschen", meint Jost Herbig, und er hält es für unhaltbar, „soziale Beziehungen und das Verhältnis zur Natur durch angeborene Verhaltensweisen und Erkenntnisstrukturen" erklären zu wollen. Mit der Menschwerdung habe „der kumulative Lernprozeß" begonnen. „Kulturelle Evolution überflügelte nun die biologische." (Herbig 1988, 81). Betrachten wir aber die Summe irrationaler Handlungen im menschlichen Verhalten, scheint die kulturelle Planung ständig im Konflikt mit unbewußten Antrieben zu liegen.

Menschliches Verhalten hat eine lange evolutionäre Geschichte, und anthropologische Probleme lassen sich nicht ohne den Blick auf die Entwicklungsgeschichte der Arten lösen. Daraus ergibt sich, daß alle Menschen, Männer ebenso wie Frauen, biologischen Dispositionen unterworfen sind. Die vererbten Verhaltensweisen sind bei den Menschen außerordentlich vielgestaltig und komplex, aber die Existenz eines artspezifischen Gedächtnisses läßt sich nicht bestreiten.

Es ist unglaubwürdig, für das Verhalten von Homo sapiens als einzigem unter den Lebewesen keine biologischen Komponenten vorauszusetzen. Hoimar von Ditfurth sieht die Menschen als instinktbegabte Spezies. Er sagt: „Wir können die Existenz der angeborenen Verhaltensweisen oder ‚Instinkte' auf gar keine Weise aufheben. Wir können sie weder durch Willenskraft spurlos unterdrücken, noch durch Übung (Erfahrung) ‚abtrainieren'." (Ditfurth 1976, 256)

„Für den ausreichend gut unterrichteten und ideologisch unvoreingenommenen Biologen ist heute wissenschaftlich überzeugend belegt, daß der Mensch eine biologische Spezies ist, die sich durch die gleichen Mechanismen der natürlichen Evolution, die auch andere Spezies hervorbrachten, aus Tier-Vorfahren entwickelt hat, nicht nur körperlich, sondern in allen seinen Funktionen, auch denen seines Sinnes- und Nervensystems, die sein Verhalten und seine geistigen Leistungen ermöglichen." (Markl 1983, 22 f.)

Männer haben jahrtausendelang versucht, sich als Geistwesen gegen die Frauen abzugrenzen, denen sie die Nähe zu tierisch-instinktivem Verhalten unterstellten. Die männliche „Freiheit" erwies sich als Illusion. Die Entwicklungsgeschichte der Arten relativiert das männliche Selbstbewußtsein und führt die Hypothese von der Unabhängigkeit des Mannes von seiner Biologie ad absurdum.

„Klar ist, daß die Psychologie des Mannes, die anscheinend so einfach ist, oder sagen wir lieber, die aufgrund eines andro- und phallozentrischen Vorurteils stark vereinfacht erschien, neu überdacht werden muß." (Zilboorg 1979, 252) Wir müssen ein Tabu brechen, um die Zusammenhänge zwischen männlicher Sexualität und patriarchaler Kultur bewußt zu machen.

Bisher ist es verpönt gewesen, die Ursachen der Gewalt in der männlichen Sexualität zu suchen. Das Patriarchat hat zu seinem Schutz ein Gebäude unantastbarer Männerkultur aufgebaut, dessen Fassaden einzureißen Tabu ist. Die Anmaßung, mit der behauptet wird, Männer hätten keine Instinkte, erstickt die Frage, bevor sie gestellt ist.

Und nun begehren auch noch die Frauen auf. Sie wollen nicht mehr als Projektionswand für alle Un-Werte dienen, die in der patriarchalen Männer-Herrlichkeit keinen Platz haben. Gingen sie in der ersten Phase des Protestes davon aus, daß Frauen die *gleiche Intelligenz haben wie Männer,* so beweisen sie inzwischen aufgrund gründlicher statistischer Untersuchungen, daß Frauen *intelligenter sind als Männer*. Ist das nicht zuviel für das männliche Selbstbewußtsein?

Der höhere Intelligenzgrad weiblicher Tiere ist schon in vielen Studien festgestellt worden. So hat zum Beipiel Dian Fossey beobachtet, wie das Gorillamädchen Muraha mit drei Monaten bereits selbständig nach Nahrung grabscht, während der gleichaltrige Shinda nur „mit leerem Blick ins Grüne starren und mit großer Mühe heruntergefallene Blattstückchen vom Schoß seiner Mutter auflesen konnte." (Fossey 1989, 135) Die Gorillaforscherin berichtet unvoreingenommen. Ein Einzelfall ist noch kein signifikanter Beweis. Um Intelligenz nachzuweisen, bedarf es in unserer patriarchalen Gesellschaft – und eine andere haben wir nicht – statistischer Methoden und geprüfter Testverfahren.

Angenommen, Mädchen und Frauen seien dem männlichen Geschlecht in denjenigen Testverfahren unterlegen, die am Maßstab des männlichen Denkens entwickelt worden sind – und schließlich sind alle Tests, bewußt oder unbewußt, am männlichen Denken orientiert –, so wäre dies noch kein Beweis gegen die Intelligenz der Frauen. Zunächst müßte geprüft werden, ob bei Frauen eine andere Intelligenzstruktur vorauszusetzen ist. Die Ausgangslage für die Testentwicklung müßte kritisiert werden. Testverfahren sind in vielerlei Hinsicht kritisch hinterfragt worden, so zum Beispiel darauf, inwieweit das Bildungsniveau das Testergebnis beeinflußt. Da aber „weibliche Intelligenz" gar kein Problem ist, das patriarchale Wissenschaft sich stellt, wird weibliche Intelligenz in den gängigen Testverfahren nicht berücksichtigt. Ich setze eine derartige geschlechtsspezifische Intelligenz, die noch völlig unerforscht ist, voraus. So halte ich zum Beispiel distributive Aufmerksamkeit für eine Begabung, über die Männer nicht in dem Maß verfügen wie Frauen. Um diese Tatsache zu verschleiern, verbietet ein ungeschriebenes partiarchales Gesetz, Männer bei der Arbeit zu stören. Niemand kommt auf den Gedanken, die Störanfälligkeit der Männer durch Unterbrechungen oder Anforderungen in verschiedene Richtungen zugleich als Nachteil zu interpretieren, den sie gegenüber den Frauen haben. Aber Mädchen sind – auch ohne daß ihrer spezifischen Intelligenzstruktur Rechnung getragen würde – in Intelligenz-Tests, *die an männlichen Maßstäben ermittelt worden sind,* den Jungen zum Teil weit überlegen.

„Im Alter von fünf Jahren, beim Schuleintritt, haben Mädchen gegenüber Buben einen geistigen Vorsprung von zwei Jahren." (Montagu 1974, 129) Dieses Ergebnis ist gewiß nicht damit zu erklären, daß die Gesellschaft Mädchen so sehr begünstigte, so daß sie die besseren Leistungen erzielen könnten. Das Gegenteil ist der Fall: *Obwohl* Mädchen allgemein durch die Gesellschaft entmutigt werden, erzielen sie in Intelligenztests die besseren Ergebnisse. Lediglich in mathematischen und arithmetischen Tests und bei Aufgaben, die Mechanik betreffen, sowie im räumlichen Sehen zeichnen Knaben sich gegenüber Mädchen aus. Dies ändert sich jedoch sprunghaft, wenn die mathematischen Aufgaben Beziehungen herstellen sollen, statt ausschließlich Funktionen abzufragen.

„Der Augenschein zeigt, daß kulturelle Faktoren eine signifikante Rolle spielen, die Knaben zu fördern und ein besseres Bild auf diesen Wissensgebieten abzugeben – denn es wird vermutet, daß die durchschnittlich bessere Leistung von Jungen zum Großteil auf Wissen gegründet ist." (Montagu 1974, 127)

Die Begabung der Mädchen beruht auf sozialer Intelligenz; Jungen tun sich durch angelerntes Wissen hervor. Wenn den Mädchen Gelegenheit geboten wird, sich Wissen anzueignen, bieten sie auch entsprechende Leistungen. „Das beweisen Mädchen, die mehr und mehr in Tests, in welchen Knaben formell überlegen sind, die gleichen Ergebnisse wie diese erbringen." (Montagu 1974, 127) „Wenn die Umstände es ihnen erlauben und wenn sie entsprechend ermutigt werden, sind Mädchen im allgemeinen besser als Jungen." (Montagu 1974, 129)

Wenn Mädchen in der Schule in einem Fach gut sind, sich das bewußt machen und es sagen, irritieren sie die Jungen durch Informationen, die mit dem Geschlechtsrollenstereotyp nicht vereinbar sind. Jungen reagieren darauf durch sogenannte „Ausgrenzungsstrategien". Sie unterstellen etwa, das Mädchen werde durch eine Lehrperson bevorzugt, oder sie konstruieren negative Charaktereigenschaften: Das Mädchen sei unerträglich streberhaft, zudem häßlich und unweiblich. Sie lenken von seiner Leistung ab, ignorieren die weiblichen Fähigkeiten und werten das Mädchen persönlich ab. Durch diese „Ausgrenzungsstrategien" vermeiden Jungen, sich mit der besseren Leistung von Mädchen auseinanderzusetzen.

„Die Art der Erfahrung oder einer Information, die im Gegensatz zu den verinnerlichten Stereotypen steht, produziert einen gewissen Realitätsverlust: Die Wirklichkeit wird im Licht des Stereotyps gesehen; wenn sie diesem nicht zu entsprechen scheint, muß sie ‚umdefiniert' werden. Die Jungen üben im konkreten Sinn Macht aus, wenn sie versuchen, ihre Definitionen der Wirklichkeit gegenüber den Mädchen und den Lehrenden durchzusetzen." (Enders-Dragässer/Fuchs 1988, 67)

Das Gefälle zwischen erwachsenen Männern und Frauen wird durch gesellschaftliche Manipulationen erreicht und durch biologistische Vorurteile zur kollektiven Denknorm verfestigt: Frauen sollen grundsätzlich jünger sein als Männer, wenn eine Partnerschaft begründet wird. Viele Frauen bekommen bereits Kinder und entziehen sich den öffentlichen Herausforderungen, wenn Männer erst damit beginnen, in der Öfffentlichkeit wirksam zu werden. Wenn Männer in fortgeschrittenerem Alter eine Bindung eingehen oder nach der Trennung von ihrer ersten Frau eine neue Partnerin wünschen, suchen sie meist noch jüngere Frauen, und ein Altersunterschied von zwanzig Jahren und mehr ist dann keine Seltenheit (Meulenbelt 1992). Die gesellschaftlichen Stereotypen hindern Männer, sich mit der Realität auseinanderzusetzen, daß Frauen ihnen grundsätzlich überlegen sind. Sie empfinden in einer Beziehung zu einer um nur wenige Jahre jüngeren Frau deren Überlegenheit bereits als störend für ihr Selbstbewußtsein. Jungen und Männer müssen eine beträchtliche Mühe aufwenden, um die gesellschaftliche Wirklichkeit in Einklang mit den patriarchalen Vorstellungen von Männlichkeit und Weiblichkeit zu bringen. Dieser Aufwand „geht zu Lasten ihres sozialen Lernens und der Entwicklung angemessener Sichtweisen der Realität und eines Ausprobierens von realitätsgerechten Handlungs- und Reaktionsweisen.“ (Enders-Dragässer/Fuchs 1988, 68)

In ihrem Buch über Differentialpsychologie hat Professorin Anne Anastasi von der Fordham Universität nachgewiesen, daß Mädchen und Frauen in jedem Alter einen durchschnittlich signifikant höheren Standard in Intelligenztests erreichen als Knaben und Männer.

- „Im Alter von zwei, drei und vier Jahren liegt der durchschnittliche IQ nach Kuhlmann-Binet bei Mädchen höher als bei Jungen.
- Vom Schulalter bis zum Erwachsenenalter erreichen Frauen einen signifikant höheren Intelligenzrang als Männer.
- Mit Tests, die im ersten Weltkrieg entworfen worden sind, um die Intelligenz der zum Wehrdienst Einberufenen zu prüfen, sind Bauersfrauen von Neu-England geprüft worden. Sie erreichten einen signifikant höheren Durchschnitt als die Männer.
- Von der Kindheit bis zum Erwachsenenalter ist die Überlegenheit der Mädchen in verbalen und linguistischen Belangen beständig und ausgeprägt.
- Im vorschulpflichtigen Alter haben Mädchen ein umfangreicheres Vokabular als Jungen.
- Im Durchschnitt fangen Mädchen früher an zu sprechen als Jungen.

- Mädchen sprechen früher als Jungen in Sätzen, und sie neigen dazu, Sätze mit mehr Wörtern zu bilden.
- Mädchen lernen schneller lesen und machen im Lesen raschere Fortschritte als Jungen.
- Mädchen haben – im Vergleich mit der großen Anzahl von Leseschwierigkeiten unter Jungen – viel weniger Probleme.
- Mädchen übertreffen die Jungen beim Lesen in der Schnelligkeit.
- Sie übertreffen Jungen bei Tests, die verlangen, daß Gegensätze oder Analogien gebildet werden, Sätze oder Geschichten vervollständigt werden.
- Mädchen zeigen eine hoch signifikante Überlegenheit, wenn es darum geht, sprachliche Beziehungen herzustellen, wie auch in Tests, die verlangen, eine künstliche Sprache zu konstruieren: Hier sind ein kurzes Vokabular und einige grammatische Regeln gegeben, und es wird verlangt, einen kurzen Text in die künstliche Sprache zu übersetzen.
- Mädchen lernen Fremdsprachen sehr viel schneller und genauer als Jungen, ein Unterschied, der sich das ganze Leben hindurch nicht ändert.
- Mädchen zeichnen sich bei den meisten Erinnerungstests aus. Sie sind signifikant besser in Bilder-Tests und solchen Aufgaben, bei denen eine Perlenkette aus der Erinnerung kopiert werden muß.
- Mädchen haben ein eher logisches als durch Routine und Übung erworbenes Erinnerungsvermögen, besonders wenn der Inhalt des Tests kein Geschlecht begünstigt. Dabei wird vermutet, daß logisches Erinnerungsvermögen mehr von verbaler Erkenntnisfähigkeit abhängt als von irgendetwas anderem, woraus sich die bessere Leistung der Mädchen im logischen Erinnerungsvermögen erklärt.
- Frauen zeichnen sich durch eine lebhaftere geistige Vorstellungskraft aus als Männer.
- Alles in allem übertreffen Mädchen in den allgemeinen Schulleistungen, wie sie in Leistungstests und Schulzensuren gemessen werden, die Schulleistungen der Knaben." (zitiert bei Montagu 1974, 125 f.)

Doch „ungeachtet der Leistungen der Mädchen werden ihre Bemühungen nicht als Beweis wirklicher Intelligenz gewertet, während den Jungen ungeachtet ihrer Leistungen echte Intelligenz zugeschrieben wird." (Spender 1985, 123)

Humor ist bekanntlich ein beachtenswerter und genauer Gradmesser für Intelligenz. Mit diesem Gedanken im Hinterkopf haben Psychologen von der Wesleyan Universität und vom Smith-College einige hundert Frauen und Männer der beiden Institute auf ihre Reaktionen gegenüber Scherz, Spaß und Witzen untersucht. Den Probanden wurde eine Auswahl von Texten vorgelegt, von außerordentlich geistreichen bis zu völlig platten und abgeschmackten Witzen.

„Die Ergebnisse waren sehr erhellend. Die Männer fanden unterschiedslos *alle* Witze lustiger als die Frauen und gaben ihnen höhere Punktzahlen. Die Frauen zeigten einen sehr viel größeren Scharfblick. Sie konnten sich über die armseligen Witze nicht amüsieren, aber sie bewerteten die wirklich geistreichen Witze höher als Männer es getan hatten. Im Blick auf die hohe Korrelation zwischen dem Gefühl für Humor und der Höhe der Intelligenz schnitten die Frauen in diesen Tests beachtlich besser ab als die Männer." (Montagu 1974, 132)

Ashley Montagu zählt die Namen berühmter Frauen auf; er gesteht, daß es auf allen Gebieten der Kunst und Wissenschaft geniale Frauen gegeben habe. Er wiederholt die Anklagen, die von Feministinnen seit einigen Jahrzehnten gegen die patriarchale Gesellschaftspraxis erhoben werden, gegen eine Praxis, die den Frauen künstlerische Tätigkeiten unmöglich gemacht, die schreibende Frauen zu einem männlichen Pseudonym gezwungen und gelehrte Frauen lächerlich gemacht hat. Sein Resümee: Frauen sind auf allen Gebieten genialer als Männer (Montagu 1974, 134ff.).

Im Unbewußten des Wissenschaftlers, der diese Forschungsergebnisse nicht unterschlagen kann, regt sich nun doch der Mann, der das Tabu, die Herrlichkeit des Herrschers anzuzweifeln, für den patriarchalen Mann reklamiert: *Vielleicht fühlten die Frauen, daß Männer die Illusion ihrer Überlegenheit brauchen, weil es nicht gut wäre, sie mit der Wahrheit zu konfrontieren.* Er aber, der Autor Ashley Montagu, habe sich mit seinem Buch die Aufgabe gestellt, seinen Geschlechtsgenossen diese Wahrheit zu vermitteln, und es sei vielleicht ratsamer, wenn ein Mann dies tue.

Dann folgt ein Schuldbekenntnis, eine Selbstbezichtigung mit dem Appell an die Frauen, den Männern dienend zu helfen: Die Welt sei in Unordnung. Männer hätten diesen Zustand ohne Zutun der Frauen geschaffen, nicht, weil es ihnen der Frauen ermangelt hätte, sondern weil sie den Frauen niemals eine Möglichkeit gegeben haben, ihnen mit dem *zu dienen,* wozu sie am geeignetsten seien: die Männer zu lehren, ihre Mitmenschen zu lieben (Montagu 1974, 165).

Montagu lobt die Frauen in einer erhebenden Sonntagspredigt, um ihnen schließlich den Platz zuzuweisen, den sie im Patriarchat traditionellerweise seit Jahrhunderten innehaben: Es gäbe einen Unterschied der Interessen, der biologisch begründet sei (Montagu 1974, 156). Weil sie Kinder gebären und stillen können, seien Frauen zu Lehrerinnen der Menschheit bestimmt. „Es ist die Aufgabe der Frauen, Männer Menschlichkeit zu lehren" (Montagu 1974, 159), und sie sollten dies vor allem als Mütter ihrer Söhne tun. Frauen verfügten vor allem über den Genius der Menschlichkeit. Sie betrachteten die Liebe als ihre Lebensaufgabe, während für Männer die Liebe nur einen Teil des Lebens ausmache.

Ashley Montagu sieht es als biologische Grundtatsache – und nicht als gesellschaftlich vermitteltes Phänomen – an, daß die Liebe für Frauen eine Lebensaufgabe bedeutet, für die Männer nur einen Teil ihres Lebens. Wozu sollen Mütter ihre Söhne Menschlichkeit lehren, wenn der Erfolg ihrer Mühe der Status quo ist?

Die meisten Mütter im Patriarchat sind nicht müde geworden, ihre Kinder zu lehren, die Mitmenschen zu lieben. Und mancher Mann ist durch das Vorbild seiner Mutter ein lebenliebender Mensch geworden. Aber bei der Erziehung des Mannes zur Menschlichkeit geht es um den Vorrang des Eros auf allen Gebieten des gesellschaftlichen Lebens. Es geht um die Erziehung des Mannes zu einem Eros, der für ihn ebenso wie für die Frau Lebensaufgabe bedeutet und nicht nur einen Teil seines Lebens. Auf Männer, die einen Teil ihres Lebens der Liebe, den anderen der Gewalt und dem Machtgewinn widmen, können wir verzichten. Wenn Frauen, deren „Aufgabe es ist, das Menschengeschlecht zu lehren", den Männern den Vorrang des Eros gesamtgesellschaftlich abverlangen, wird sich die Gesellschaft fundamental verändern. Aber einer grundlegenden Veränderung des Mannes beugt Ashley Montagu durch seine Sonntagspredigt vor.

Angesichts der fortdauernden Unterdrückung weiblicher Kreativität und angesichts der Methoden, mit denen weibliche Genialität und weibliche Geschichte unsichtbar gemacht werden, erscheint mir Montagus Lobrede eher zynisch. Arbeiten, welche Frauenbegabungen sichtbar machen, sind heute schon zahlreich. Um nur einige zu nennen: *Schwestern berühmter Männer* (Pusch 1985) oder die Arbeiten über die Vertreibung der Frau aus dem Reich der Musik (Rieger 1981) und über *Komponistinnen aus fünfhundert Jahren* (Weißweiler 1981). Es wäre ein Dissertations-Thema, die verborgene Frauenkunst ausfindig zu machen, die in den Kellern der Museen der Welt vor den Augen der Öffentlichkeit verschlossen bleibt. Aber welcher Doktorvater würde es betreuen? Welche Studienförderung würde es finanzieren? Merlin Stone erzählt in der Einleitung zu ihrem Buch *Als Gott eine Frau war* von ihrer mühevollen

Forschung nach Frauendokumentationen, die sie um die halbe Welt geführt haben.

„Der größte Teil dieser Fundstücke ist nur ausgegraben worden, um von neuem in obskuren archäologischen Texten vergraben zu werden, die in unzulänglichen Universitätsarchiven und Museumsbibliotheken gespeichert werden. Viele Texte waren überhaupt nur zugänglich, wenn ein Universitätsausweis – eine Hörerkarte oder ein Abschlußzeugnis – vorgelegt werden konnte." (Stone 1989, 10)

In einer Kornmühle in Haifa stellt ein Privatmann in einem unscheinbaren Kellergelaß weibliche Figurinen aus der Frühzeit des Landes Israel aus. Diese Kunstwerke sollten ihren Platz im Israel-Museum in Jerusalem haben. Aber sie sind von der Museumsleitung zurückgewiesen worden (persönliche Mitteilung der Malerin Christine Rieck aus Landshut).

Besser dokumentiert ist der Verbleib der Bilder der genialen Malerin Artemisia Gentileschi. In ihrem Hauptwerk *Judith enthauptet Holofernes* reagiert sie auf ihre Wut über eine Vergewaltigung und das anschließende grausame Gerichtsverfahren, bei dem sie – *sie, nicht der Täter* – zu allem Überfluß auch noch gefoltert worden ist. Ihre Betroffenheit als Frau kommt in ihrem Gesamtwerk immer wieder zum Durchbruch. So besonders in dem Kunstwerk *Susanna im Bade* oder dem von ihr erstmals behandelten biblischen Thema *Jaël tötet Sisera*. Die Herausforderung an die männliche Kunstwelt ist offenbar zu groß: „Das muß ja eine schreckliche Frau sein!" schrieb 1916 der italienische Kunsthistoriker Roberto Longhi über die Malerin.

„Von den acht Gemälden der Artemisia Gentileschi, die sich in Florenz befinden, sind nur drei im Palazzo Pitti ausgestellt. Ihr Meisterwerk ‚Judith enthauptet Holofernes' wird im Magazin der Uffizien unter Verschluß gehalten. Vor die Begegnung mit dieser ‚Schlächterei' hat die Museumsdirektion Hürden gesetzt, die entschlossene amerikanische Feministinnen nicht haben abschrecken können. Ein schriftliches Gesuch ist nötig, um in das dunkle Gewölbe hinabsteigen zu dürfen, wo man unter vielen zweitklassigen Werken in einer Ecke die ‚Judith' ausmachen kann – bis der Museumswärter zurückwill und das Licht ausmacht." (Hagen 1988, 87)

Inzwischen ist das gesamte Kunstwerk dieser bedeutenden Malerin gut dokumentiert (Stolzenwald 1991).

Doris Wolf bestätigt in ihrer hervorragend dokumentierten Forschungsarbeit über die Frühgeschichte Ägyptens, daß Dokumente und archäologische Funde zur Geschichte der Frau „in den Museumskellern der ganzen Welt verschwunden sind. Erst 1991 fand die Ägyptologin Mona El-Moguy beim Katalogisieren der Bestände des Assuan-Museums fünf kleine Göttinnen-Statuetten aus vorgeschichtlicher Zeit, die bisher nirgends verzeichnet waren." (Wolf 1992, 25)

Für die Schwierigkeit, Frauenkunst gegen männlichen Widerstand durchzusetzen, spricht auch das Ringen der Frauen um die Ausstellung der *Dinner-Party* von Judy Chicago in Frankfurt am Main. Erst durch das *Fest der tausend Frauen* in der Alten Oper, das Dagmar von Garnier organisiert hat, ist das öffentliche Interesse geweckt worden, so daß die Ausstellung dieses Kunstwerkes nicht mehr verweigert worden ist.

Frauengenialität geht im Ruhm der Männer unter, wie die Genialität Mileva Einsteins, die kein Thema ist, die Hochbegabung Katja Pringsheims, die auf einen Wirkungskreis im Dienst der Liebe zum Ehemann Thomas Mann eingeengt wurde, oder die Kunst Camille Claudels, die Auguste Rodin vereinnahmt hat. Wieviel Frauengenialität im Wahnsinn untergegangen ist, läßt sich noch nicht einmal ahnen. Luise Pusch erwähnt, daß nicht nur geniale Frauen, sondern auch geniale Männer dem Wahnsinn verfallen, wenn ihre Begabung keine öffentliche Anerkennung erfährt und wenn sie sich im Alltäglichen aufreiben müssen. Aber „weibliches Genie endet in Wahnsinn – muß in Wahnsinn enden unter den Lebensbedingungen des Patriarchats." (Pusch 1985, 550)

Angesichts der überlegenen Intelligenz, die Ashley Montagu den Frauen bescheinigt, rühmt er den Vorrang ihrer „biologisch bedingten sozialen und mitmenschlichen Interessen" und räumt ihnen einen Wirkungsbereich im Kreis der Familie ein, eng genug, um dort „Liebe" zu entfalten, ein romantisch verbrämtes Surrogat für weiblichen Eros, dem im Patriarchat alle Flügel beschnitten worden sind.

Weiblicher Eros überschreitet die Enge der häuslichen Sphäre und trägt seine Kraft in die Öffentlichkeit. Eros ist eine kulturaufbauende Potenz. Es sollte das Ziel der Frauen sein, Teilhabe an der Öffentlichkeit zu fordern, um das Interesse an sozialen Aufgaben zu reklamieren. Frauen sollten den Männern – wenn sie schon als ihre Lehrmeisterinnen reklamiert werden – das Imponiergehabe, die Macht-Haberei und das Streben nach Status in allen Lebensbereichen abgewöhnen.

Sie sollten ihren „Lehrauftrag" zu einem Politikum machen und die einseitige mann-menschliche Kultur herausfordern. Wenn Frauen den Männern überall Widerstand leisten, wo die Interessen der Frauen und Kinder vernachlässigt werden, kann die Welt aufhören, ein Schlachtfeld der Mächtigen zu sein.

Aber das verlangt den Mut, das Tabu zu brechen, das uns verbietet, die Herrlichkeit des Herrschers anzuzweifeln. Denn wenn wir das Recht des Herrschers erst einmal anzweifeln, bleibt nichts mehr von ihm übrig, nichts als seine sterblichen Überreste, eine Mumie, schwarz, verschrumpelt, unansehnlich, von der Größe eines Kindes.

Als Mann und Frau geschaffen?

Das patriarchale Bewußtsein kennt keine Differenz der Geschlechter: Der Mensch ist eins, und er ist männlich.

Einst stritten die Kirchenväter, ob die Frau eine Seele habe oder ob sie dem Tierreich näher stünde. Zwar einigten sich die heiligen Männer darauf, daß auch die Frau beseelt wäre. Wenn sie gehorsam und unterwürfig war, konnte sie sogar in den Himmel kommen. Es gab, wie ich im ersten Kapitel dargelegt habe, noch bis in unser Jahrhundert namhafte Theologen und Philosophen, die der Frau die vollendete Menschlichkeit, Kreativität und Kulturfähigkeit, absprachen. Allein der Mann galt als Mensch.

Ideologie: Der Mensch ist eins, und er ist männlich

„Der Mann aber soll das Haupt nicht bedecken, denn er ist Gottes Bild und Abglanz, die Frau aber ist des Mannes Abglanz." Wie lange noch will sich der Mann auf dieses Pauluswort berufen? Des Paulus Worte gleichen einer Beschwörung, sie dulden keinen Widerspruch, so als habe er eine innere Unsicherheit zum Schweigen bringen müssen. Der Glanz des Mannes war so selbstverständlich nicht.

Paulus konnte nicht wissen, daß sich die Evolution das Männliche „erdacht" hat, damit es dem Leben – und damit dem Weiblichen – diene. Aber er wußte, daß der Mann vom Weibe kommt – die Geburt des Knaben aus dem Mutterleib ließ keinen Zweifel daran. Trotzdem fährt er fort: „Denn der Mann ist nicht vom Weibe, sondern das Weib ist vom Manne, und der Mann ist nicht geschaffen um des Weibes willen, sondern das Weib um des Mannes willen." (1. Korinther 11, 7-9) Paulus stützt sich auf einen Mythos, der schamlos die Wirklichkeit pervertiert:

Eine biblische Geschichte, die Erschaffung Evas aus einer Rippe Adams, dient dem Paulus als Beweis für eine Behauptung, die nicht bewiesen, aber leicht widerlegt werden kann.

Wo immer die glanzvolle Fassade selbsternannter Männerherrlichkeit abbröckelt, ist längst dafür gesorgt, daß andere patriarchatsstabilisierende Organisationen aufgebaut werden. Frauen tasten heute sowohl die äußeren Strukturen des Patriarchats an als auch die inneren, unbewußt wirkenden Tabus, die verbieten, bestehende Herrschaft in Frage zu stellen: Sie kritisieren die Selbstverständlichkeit, mit der wissenschaftliche, politische und soziale Fragen aus männlichem Blickwinkel gestellt werden, und sie durchleuchten die unterschwelligen Mechanismen, welche die patriarchale Illusion vom mann-menschlichen Menschen stabilisieren.

Durch unbewußt wirkende Sprachmuster wird dem weiblichen Geschlecht von klein auf vermittelt, daß Menschsein allein durch Männlichkeit definiert sei. Weltweit sind die menschlichen Sprachen zu Männersprachen verkommen (Trömel-Plötz 1982 und 1984, Pusch 1984 und 1990). Formulierungen wie „der Mann auf der Straße“, „man“, „jeder“, „jedermann“, „keiner“, „niemand“ bezeichnen nur den Mann. Sie können jedoch auch die Frau betreffen, nur hat sie im Einzelfall zu entscheiden, ob sie mitgemeint ist oder nicht. „*Jeder* kann Papst werden. Ich selbst bin das beste Beispiel“, ist ein Satz, der das Wörtchen *jeder* nicht auf Frauen anwendet. Die Aufforderung des Arztes: „Der nächste, bitte!“ spricht auch die nächste Frau an, die an der Reihe ist. Sie muß selbst abschätzen, ob „der nächste“ im besonderen Fall das weibliche Geschlecht einbezieht – eine Zumutung, durch die Frauen beständig in Frage gestellt werden. Selbst der Frauenarzt, der nur Patientinnen hat, benutzt oft die maskuline Form. Die verallgemeinernde mann-menschliche Sprachweise verunsichert Frauen und wirkt sich negativ auf ihr Selbstwertgefühl aus. „Ein Hund, egal ob Männchen oder Weibchen, macht Männchen, wenn er sich ‚wie ein Mensch‘ aufrichtet.“ (Pusch 1990, 173) Mit ihren ersten Malversuchen werden kleine Kinder indoktriniert: Sie malen Strichmännchen. An der Wand des Kinderzimmers hängt ein Hampelmann, im Fernsehen kommen Marsmännchen vom fernen Planeten und beunruhigen die Erdbewohner (maskulinum!), Mainzelmännchen lockern die Werbesendungen auf. Von klein auf wird den Kindern über das Medium der Sprache eingeprägt, daß der Prototyp des Menschen männlich sei.

Theologinnen in Amt und Würden fordern: Nennt uns nicht Brüder (Sommer 1985). Sie verlangen eine Sprache, die das Weibliche sichtbar macht. Feministinnen fordern, die weibliche Form in allen Bereichen der Sprache anzuwenden. „Wenn Frauen auf dem Femininum bestehen, machen sie damit das Maskulinum geschlechtsspezifisch.“ (Pusch 1990, 43). Die feminine Form macht das Weibliche als Subjekt sichtbar.

Das ist mehr als eine formale Forderung, die gern lächerlich gemacht und mit dem Verweis auf traditionelle Sprachmuster zurückgewiesen wird. Die allgemein männliche Rede bezeichnet den Mann:

- stellvertretend und vereinnahmend für die Frau, falls sie mitgemeint ist,
- die Frau ausschließend, falls von ihr die Rede nicht sein soll.

Wie sehr diese Doppelzüngigkeit der Sprache politisch gegen Frauen benutzt werden kann, beweist ein Blick auf den Kampf der Schweizer Frauen um das allgemeine Wahlrecht. Die Schweizer Verfassung ist davon ausgegangen, daß alle Schweizer Bürger, die das 21. Lebensjahr vollendet haben, wahlberechtigt seien. Frauen sind mitgemeint, bitteschön, haben die Frauen betont, um ihre Forderung nach Gleichberechtigung zu untermauern. Nein, es seien ausdrücklich nur Schweizer Bürger genannt.

Die Zeiten haben sich geändert, und die Schweizer Frauen setzen sich durch. Schweizer Frauen dürfen nun wählen und gewählt werden. Eingedenk der mißverständlichen Formulierung im Gesetzestext fordern sie, daß das Verfassungsrecht die Bürgerin auch sprachlich sichtbar werden läßt. Nun heißt es: Schweizer Bürgerinnen und Bürger, die das 21. Lebensjahr erreicht haben, sind wahlberechtigt. Bei einer personellen Veränderung unter den Schweizer Verfassungsrechtlern fordert ein „fortschrittlicher" Jurist wenige Jahre später, die umständliche Sprache zu vereinfachen. Es reiche, wenn Schweizer Bürger genannt seien. Frauen seien mitgemeint.

Ein Kulturwandel ist so leicht nicht erreichbar, wie es oberflächlich erscheinen mag. Wenn Frauen die Sprache zu ändern versuchen, werden ihre Vorschläge lächerlich gemacht. Eine veränderte Sprache wirkt auf den gedankenlosen Konsumenten traditioneller Kulturmuster zunächst tatsächlich lächerlich. Den Frauen wird entgegengehalten, wie umständlich es sei, die weibliche Form neben der männlichen ausdrücklich zu erwähnen. Daher schlagen Feministinnen inzwischen vor, *der Einfachheit halber die maskuline Form wegzulassen.*

Wir können auch Formen entwickeln, die Männer einbeziehen: Sprechen wir doch einfach von ArbeiterInnen, MitarbeiterInnen, VerkäuferInnen und KundInnen, StudentInnen, ÄrztInnen, WissenschaftlerInnen usw.– Vorschläge, die noch am ehesten bewußt machen, wie sehr die maskuline Grammatik der Sprache Frauen diskriminiert.

Mit der maskulinen Sprache ist das Denken in weiblichen Kulturzusammenhängen aus Religion, Philosophie und schließlich aus dem Alltag verschwunden. Wandert eine Frau auf bayrischen oder württembergischen Gebirgspfaden und antwortet auf ein freundliches „Grüß Gott!" mit einem ihr besser entsprechenden „Grüß die Göttin!", so signalisiert der Blick ihres Gegenübers, daß „Göttin", ein einst geläufiger Begriff, zu einem Un-Wort verkommen ist. Will die Frau gar vergangene Kulturen, deren soziale Ordnung durch Frauen bestimmt worden ist, auf einen Begriff bringen, stolpert sie über den ganzen Schrott patriarchaler Definitionsmacht, die weibliches Denken verschüttet hat. Wählt sie aus dem zur Verfügung stehenden Vokabular das Wort „Matriarchat", so muß sie sich mit der patriarchalen Okkupation dieses Begriffes auseinandersetzen. Und selbst nachdem viele Forscherinnen dicke Bücher über diesen Begriff veröffentlicht haben, besteht noch immer kein Konsensus darüber, was Matriarchate gewesen seien und ob es solche Gesellschaftsformen überhaupt je gegeben habe. Patriarchale Draufsicht und Sprache haben uns Frauen die Grundbausteine weiblichen Denkens entzogen.

Von Aristoteles über Schopenhauer und Weininger bis hin zum modernen Mann besteht arrogante Männerüberheblichkeit gegenüber Frauen darauf, die Männer seien das von Gott bevorzugte Geschlecht. Männer formulieren Recht und Gesetz; sie beanspruchen, daß männliche Interessen universell und repräsentativ für die ganze Menschheit zu gelten haben. Das Weibliche gilt als nachgeordnetes Prinzip, und die Frau wird in die Rolle der Dienerin des Mannes gedrängt. Dieses Schicksal der Frau im Patriarchat hat notwendigerweise dazu geführt, daß Feministinnen im Unterschied zwischen den Geschlechtern ein künstliches Ergebnis des biologistischen Rollenzwangs gesehen haben. Tatsächlich wurden Frauen aufgrund biologistischer Argumente aus der Öffentlichkeit verbannt und auf „Kinder, Küche und Kirche" reduziert. Sie wurden ihrer Kreativität beraubt; ihre Sexualität wurde kanalisiert, wenn nicht verteufelt, und ihre geistigen Leistungen wurden nicht anerkannt. *Einerseits macht dieser Leidensdruck den Wunsch nur zu verständlich, die biologischen Unterschiede zwischen Frauen und Männern kurzerhand vom Tisch zu fegen. Andererseits erkennen Frauen die Priorität des männlichen Geistes unhinterfragt an, wenn sie sich mit den Männern gleichstellen wollen.*

Es wird Konsequenzen haben, ob Frauen sich entschließen, die sogenannte männliche Welt zu imitieren oder ob sie eine Weiblichkeit zu entwickeln suchen, deren eigenständige Kreativität umfassend ist und ein Korrektiv zu der einseitigen männlichen Welt bildet. „In einer Zeit, in der mit der ökologischen Krise das Denken in Termini von Natur ein wenn auch problematisches Muß selbst für den arrogantesten Geisteswissenschaftler wird" (Sichtermann, 1987, 11), muß die Frauenbewegung ihre Einstellung zur Natur und zur Biologie der Geschlechter neu überdenken.

Biologismus: Der Mensch ist zwei – Mann und Frau

Wo immer die Frau dem Mann gegenübergestellt wird, ist sie die „andere". Ihre Rolle ist klar: Sie hat – angeblich aufgrund ihrer Biologie – eine festgefügte Aufgabe in der Männerkultur. Sie soll erfüllen, was die „Natur" ihr vorschreibt. Aber es sind die Männer, die definieren, was „weibliche Natur" sei. Sie argumentieren mit der „Biologie der Frau", ihren reproduktiven Fähigkeiten, aus denen sich Verantwortung für die Nachkommenschaft und die Einschränkung auf Mutterschaft zwingend erkläre. Die feministisch-soziologische Theorie betrachtet die Zuweisung sogenannter weiblicher Eigenschaften an die Frau als unterdrückerischen *Biologismus* und wehrt sich empört dagegen.

Was käme dabei heraus, wenn wir die Geschlechtsunterschiede leugneten? Sollen wir Frauen unsere Emanzipation darin begreifen, daß wir uns entwickeln wie die Männer und damit die Gesellschaft noch mannmenschlicher machen als sie ohnehin schon ist? Wenn Erziehung und gesellschaftliches Umfeld beiden Geschlechtern die gleichen Entwicklungs- und Lebens-Chancen einräumen würden, stellt sich sofort die Frage, in welche Richtung Frauen und Männer sozialisiert werden sollen: Liegt beider Lebensziel in der Erfüllung traditioneller mann-menschlicher Lebensziele, in der Kultivierung männlichen Denkens, männlich dominierter Wissenschaft und Weltdeutung? Wohin soll der Weg des patriarchalen „Fortschritts" führen, wenn Frauen werden wie Männer?

Wenn wir die andere Möglichkeit diskutieren, daß Männer ihre „weibliche Seite" kultivieren sollten, daß sie „ihre Anima integrieren" – ein Gedanke, den die Schule Carl Gustav Jungs entwickelt hat – so scheitert diese Perspektive am *biologistischen Weiblichkeitsmodell.* Welchen Sinn soll die Integration einer männergefertigten Weiblichkeit in männliche Selbstbilder haben? „Weiblichkeit", wie sie seit Jahrtausenden von Männern definiert wird, spiegelt die Ängste und die Wünsche wider, die der patriarchale Mann auf das Weibliche projiziert (Weiler 1991/1985 passim). Ins Gleichgewicht kann der patriarchale Mann nur im Gegenüber mit einer Frau kommen, die *autonom* definiert, was Weiblichkeit ist – ohne Rollenzwang, ohne die Androhung von Liebesentzug, ohne lächerlich gemacht und als Emanze verschrieen zu werden. Nur wenn Männer das Streben der Frauen nach selbstbestimmter Definition von Weiblichkeit ernst nehmen, können auch sie sich weiterentwickeln und reif werden. Aber die wenigsten Männer sind in der Lage, autonome Weiblichkeit zu erkennen, zumal sie die Autonomie der Frauen unentwegt bekämpfen.

Als Hans Biedermann im Jahr 1987 ein Buch mit dem vielversprechenden Titel *Die Großen Mütter – Die schöpferische Rolle der Frau in der Menschheitsgeschichte* herausgeben wollte, wurde er von seinen Studentinnen kritisch gefragt, ob er die Arbeit an einem solchen Thema nicht besser einer Frau überlassen hätte. Aber Biedermann hielt sich für kompetent.

Dieser „Lehrmeister in Sachen Weiblichkeit", der noch immer männliche Denkweise und Weltdeutung für die einzige mögliche überhaupt gehalten hat, wird während seiner Arbeit verunsichert. Zögernd fragt er: *„Vielleicht sollten wir aber auch bedenken, daß es ein eigentlich weibliches Erleben und Verstehen der Welt offenbar wirklich gibt?"* (Biedermann 1987, 208 – Hervorhebung G.W.) Weibliches „Erleben und Verstehen der Welt" bleibt für ihn vage und unbeantwortbar. Er weiß, wie er sich die

Frauen wünscht. Weibliche Weltsicht als souveränes Gegenüber, als Korrektiv für männliches Verhalten, liegt außerhalb seiner Vorstellungskraft.

Das Forscherehepaar Jonas, das Aufsätze zu dem Buch *Weib und Macht* beigetragen hat, ist nicht gefeit dagegen, menschliche Probleme zuerst einmal als Probleme des Mannes zu erkennen: Ein Angestellter ist wütend über eine unfreundliche Bemerkung seines Arbeitgebers. Dem Impuls, den Vorgesetzten „mit der Faust zu bearbeiten", kann er nicht folgen. Er muß abwägen, ob er die Feindschaft des Chefs riskieren kann oder ob er eine unterwürfige Haltung zur Schau stellen muß, damit er seinen Job behält (Jonas 1977, 36 ff.). Die widersprüchlichen Antriebe lösen entgegengesetzte Haltungsimpulse aus: Die genetisch geprägte Haltung für Unterwerfung ist das Senken des Kopfes, während die überlegene Person den Kopf hoch aufrichtet. Der Mann kann nicht beiden Impulsen zugleich folgen. Er verkrampft sich; er wird krank.

Derartige Einwände, wie schlecht es gerade dem Mann im Patriarchat ginge, sind bei Diskussionen in feministischen Kreisen keine Seltenheit. Wir sind gewöhnt, den Mann zuerst im Blick zu haben, auch wenn wir von der Emanzipation der Frau ausgehen.

Natürlich können auch Männer in Konflikte geraten, wenn sie gedemütigt werden. Aber Denkansätze, die soziale Probleme nach traditioneller Weise vor allem beim Mann beleuchten, vernachlässigen die Situation der Frau im Patriarchat. Frauen sind im Patriarchat ihr Leben lang widersprüchlichen Verhaltensimpulsen ausgesetzt. Die mißliche Lage, in der sich hier ein Arbeitnehmer in einem Einzelfall befindet, ist für Frauen allein deshalb, weil sie Frauen sind, ein Dauerzustand, dem sie *strukturell* ausgeliefert sind. Bei Frauen beschränken sich derartige Spannungssituationen nicht auf das Berufsleben. Sie sind allgegenwärtig. Für die Frau spielt es kaum eine Rolle, ob Ärger von einem Kollegen, einem Chef, einem Verwandten oder einem Kind verursacht wird, ob sie sich zu Hause, im Büro oder auf der Straße befindet. Das weibliche Geschlecht ist durch Jahrtausende hindurch sozialisiert worden, sich zu unterwerfen. Frauen haben gelernt, den Kopf zu senken oder zur Seite zu legen. Statt zu lernen, sich in der Welt durchzusetzen, lassen sie sich die Flügel stutzen. Da diese Verhaltensweisen biologistisch mit der weiblichen Rolle begründet werden, können sie als gesellschaftliches oder psychologisches Problem nicht wahrgenommen werden.

Frauen, die in den Beziehungen zu ihrer Umwelt, zu ihren Eltern, Partnern, Vorgesetzten oder Freunden ständig in einem Zwiespalt zwischen dem genetisch geprägten Impuls ihrer Selbstbehauptung und einer erzwungenen Unterwerfung leben, geraten durch die widersprüchlichen

Verhaltensimpulse in eine beständige Spannung. Falls sie dem allgemeinen Druck, sich zu unterwerfen, nachgeben, kann dies eine gewisse Entspannung bewirken. *Sie finden anscheinend ihren Frieden, weil sie sich im Einklang mit der geltenden Denknorm befinden. Und darin liegt auch der Grund, weshalb viele Frauen ihre dienende Rolle idealisieren.* Sie haben Angst vor jeglicher Emanzipation und bekämpfen sogar andere Frauen, die ihnen einen Weg aus ihrem Gefängnis zeigen. Die seelische Grundstruktur solcher Frauen ist jedoch immer depressiv. Ihr gesundes aggressives Potential, das auf Weltzuwendung, Welteroberung und Weltdeutung, auf Aktivität in der Liebe, öffentliches Wirken und Mitspracherecht zielt, kann sich nicht entfalten. Bei diesen Frauen kippt die gesunde Aggression um in zerstörerische Aggression, die sie nach innen gegen sich selbst richten. Dieser Prozeß läuft unbewußt ab. Daher erkranken diese Frauen – für ihre Umwelt mehr oder weniger auffällig.

Wenn das patriarchale Denken „den Menschen" als Mann und Frau wahrnimmt, bleibt das „weibliche Erleben der Welt" entweder das Unbewußte – wie bei C.G. Jung – oder schlicht das andere, das gegenüber dem eigentlich menschlichen Erleben, dem des männlichen Subjekts, zweitrangig ist. Seit Simone de Beauvoirs Buch *Le deuxième sexe* in der deutschen Übersetzung als *Das andere Geschlecht* erschienen ist, verfestigt dieser Titel im deutschen Sprachgebrauch die Überzeugung, daß Männer der Maßstab und wir Frauen *die anderen* seien. Männer seien das eigentliche, Frauen das andere Geschlecht. Die Frauen fühlen anders als Männer; *Frauen denken anders* (Wisselinck 1990), und sie handeln anders. Wir würden diese Sprache nicht übernehmen, wenn wir uns vor Augen hielten, daß wir selbst damit die Männer zum Maßstab setzen.

In der Diskussion zu einem Vortrag, den Margarete Mitscherlich anläßlich einer Tagung zu ihrem siebzigsten Geburtstag gehalten hat, sagt die Psychoanalytikerin: „Natürlich muß man der Frage nachgehen, warum das weibliche Denken so und das männliche Denken anders ist." (Mitscherlich u.a. 1989, 225) *Sie setzt das Weibliche zum Subjekt.* Solche Sichtweise ermutigt die Frauen, die reichlich genug davon haben, daß sie als Person nicht wahrgenommen werden.

Noch immer sind die Vorstellungen von Mann und Frau durch biologistische Rollenmuster entstellt. „Der Mann befindet sich in einer positiven Double-Bind-Situation", sagt Luise Pusch, „was immer er tut, er gewinnt." Diese Situation bilde das exakte Gegenstück zur Lebenslage der Frau:

> „Was auch immer sie tut, sie verliert: Wenn sie sich ‚wie eine Frau' benimmt, gilt sie als dumm und kann übervorteilt werden. Benimmt sie sich ‚wie ein Mann', ist sie – selbstredend – keine richtige Frau und ist deshalb zu verachten." (Pusch 1990, 186)

Wenn Frauen postulieren, *Der Mensch ist zwei* (Diotima, Wien 1989), wie die Philosophinnengruppe Diotima in Verona, stellen sie der einseitigen „Wahrheit" der männlichen Sichtweise jene andere tiefe Wahrheit gegenüber, die das Leben meint. Daher kämpfen Frauen gegen sich selbst, gegen ihr natürliches Selbstbewußtsein, wenn sie sich den patriarchalen Denknormen anpassen. Aus fröhlichen, dem Leben vertrauenden jungen Mädchen machen die Lebensjahre im Patriarchat resignierte, oft verbitterte Frauen. Der Widerspruch zwischen Selbstbehauptung und der sozialen Prägung führt bei Frauen zu jenen seelischen Erkrankungen, mit denen sie in der Patriarchatsgesellschaft zum Psychologen oder gar in die psychiatrische Klinik geschickt werden.

Inzwischen haben Frauen gegen das mann-menschliche Weltbild rebelliert. Sie wollen sich als menschliche Wesen mit eigener Persönlichkeit verstanden wissen. Frauen haben ihre eigene Sicht der Welt ans Licht gebracht. Dem Mythos von Adams gebärfreudiger Rippe halten sie die Tatsache entgegen, daß der Mann von der Frau geboren wird (Weiler 1989, passim). Sie haben der Männerlogik das folgerichtige Denken entgegengesetzt: ein Denken, das die Folgen menschlichen Handelns bedenkt (Wisselinck 1984 passim). Sie haben gezeigt, daß Frauen eine spezifische situationsbezogene Moral vertreten, die der Männergesetzlichkeit überlegen ist (Gilligan 1984 passim). Sie haben dem eindimensionalen patriarchalen Bewußtsein die Fülle und den Reichtum des matriarchalen Bewußtseins gegenübergestellt (Weiler 1985/1991). Frauen sind sich ihrer eigenen Spiritualität bewußt geworden. Sie verlangen Gesetzesänderungen, die weiblichen Lebenszusammenhängen gerecht werden (Feministische Studien 9 Extra, 1991). Frauen suchen heute nach einem Weiblichkeitsbegriff, der von männlicher Definitionsmacht unabhängig ist. Sie wollen selbst herausfinden, was weibliches Menschsein bedeutet.

Würden Männer die feministische Literatur rezipieren, mit der sich inzwischen Bücherschränke füllen lassen, sollte das „Bild vom Menschen als Mann und Frau" längst seine biologistische Verzerrung verloren haben. Den Mann-Menschen, dem die Frau als Nebensächlichkeit beigeordnet ist, gäbe es nicht mehr.

Die Welt bietet aus der Sicht der Männer ein anderes Bild als aus der Sicht der Frauen. Es ist notwendig – die Not abwendend –, daß Männer sich diesen Unterschied endlich bewußt machen, daß sie lernen, das Denken der Frauen zu respektieren und ihr eigenes Denken in seiner „Einmaligkeit" in Frage stellen zu lassen. Emanzipatorische Frauenliteratur gibt es seit Jahrhunderten, und weil sie nicht rezipiert, weil sie totgeschwiegen und vergessen wird, müssen Frauen ständig von vorn anfangen, sie müssen die gleichen Zusammenhänge neu erforschen und darstellen – wie Sisyphus, der einen schweren Stein immer wieder den Berg hinaufwälzte, von wo er unweigerlich erneut herabrollt. Wir müssen alles, was von Frauen schon hundertmal gesagt und geschrieben worden ist, neu erforschen und noch einmal sagen. Schließlich werden Frauenbücher wieder vom Markt verdrängt, und Frauenwissen wird marginalisiert oder gänzlich unsichtbar gemacht. Wo kommen wir hin, wenn wir gelten lassen, daß Wissenschaftler – und auch Wissenschaftlerinnen in ihrem Gefolge – allein dadurch entschuldigt sind, daß sie uns nicht gelesen haben?

Unbegreiflicherweise sind Frauen immer wieder bereit zu entschuldigen, daß Männer die emanzipatorische Frauenliteratur nicht kennen. C.G. Jung war ein Kind seiner Zeit, er urteilte über Frauen im Zeitgeist der Jahrhundertwende. Hedwig Dohm hatte er nicht gelesen. Rechtfertigt das seine Ignoranz? Männer lesen unsere Bücher nicht, sie lesen uns keinen Wunsch von den Augen ab. Im biblischen Sprachgebrauch heißt es, ein Mann habe eine Frau erkannt, wenn er mit ihr geschlafen hat. Aber Juda hat mit der Tamar Perez gezeugt, den Stammvater des Hauses David, ohne ihr Gesicht zu sehen (Gen. 38). Er hat sie „erkannt", ohne sie erkannt zu haben. Wozu lieben Männer uns von Angesicht zu Angesicht, wenn sie nicht neugierig auf unsere Seele sind?

„Der Mensch ist zwei" bedeutet heute, die Geschlechterdifferenz neu zu überdenken, sie von Rollenzuweisungen zu befreien und eine fruchtbare Gegensatzspannung zwischen den beiden Geschlechtern zu ermöglichen, unter der sich menschliches Leben konstruktiv entfalten kann.

Behaviorismus: Tabula rasa – Der Mensch ist weder männlich noch weiblich

Der Hauptverfechter des Behaviorismus*, John Broadus Watson, hat einst geschrieben:

> Gebt mir ein Dutzend gesunder, gut entwickelter Kinder und meine eigene spezifizierte Welt, um sie darin aufzuziehen, und ich garantiere, daß ich jedes zufällig Herausgegriffene zu dem Spezialisten machen kann, zu dem ich es machen will – Arzt, Rechtsgelehrter, Künstler, Handelsleiter und ja, sogar zum Bettler und Dieb, ungeachtet seiner Talente, Vorlieben, Neigungen, Fähigkeiten, Eignungen und der Rasse seiner Vorfahren." (Watson 1914, zitiert bei Barash 1980, 275)

Die Möglichkeit, kleine Mädchen zu genialen Frauen heranzubilden, ist Watson nicht in den Sinn gekommen. Vom Geschlecht ist nicht die Rede. Watson hat nicht darüber nachgedacht, ob er einen kleinen Jungen zu einem tüchtigen Vater erziehen könnte. Trotz dieser offensichtlich sexistischen Voraussetzungen ist die behavioristische Theorie von Feministinnen in Anspruch genommen worden.

Feministische Mütter, die davon überzeugt gewesen sind, daß die Gesellschaft unsere Kinder allein durch Erziehung zu Mädchen oder Jungen macht, setzen seit vielen Jahren alles daran, ihren Kindern ein Milieu ohne sexistische Vorurteile zu bieten. Trotzdem sind ihre Söhne von klein auf aggressiver, wilder und unangepaßter als ihre Töchter. Ist eine Umwelt ohne sexistische Vorurteile gar nicht denkbar? Wieviel Normen der patriarchalen Denkweise haben wir Frauen noch in unseren Köpfen und tragen sie unbewußt an unsere Kinder heran? Wieviel Widerstand bieten Jungen von ihrer männlichen Disposition her gegen eine Erziehung zu sozialer Anpassung? Von der Umwelt geht mit Sicherheit nicht die einzige Prägung der Persönlichkeit aus, wie der Behaviorismus unterstellt.

Unsere Töchter melden sich in der Öffentlichkeit zu Wort, sie ergreifen Männerberufe und studieren Fachgebiete, von denen man jahrhundertelang behauptet hat, es handle sich um Männerdomänen. Manchmal leben sie ein Doppelleben und trennen Beruf und Privatsphäre, spalten ihre beruflich-sachlichen Interessen von der Menschlichkeit, vom Beziehungszusammenhang ab, wie viele Männer es tun. Andere begegnen – bewußt oder unbewußt – ihrer beruflichen Umwelt mit dem Anspruch auf ein besseres Betriebsklima, sie kritisieren den Sexismus am Arbeitsplatz und schaffen die Basis für grundsätzliche Veränderungen.

Über den Anteil von angeborenen Anlagen und sozialem Lernen wird heftig diskutiert: Die BehavioristInnen unter den VerhaltensforscherInnen und SoziologInnen gehen davon aus, daß Frauen und Männer die gleichen Chancen haben. Durch fortschrittliche Lehrmethoden könnten die Nachteile „biologischer Mangelzustände" oder ursprünglicher Umweltbedingungen später ausgeglichen werden. Zwar werden genetische Anlagen nicht geleugnet, aber in ihrer Bedeutung unterbewertet.

John B. Watson hat eher eine Philosophie über die Psychologie und ihre Methoden geschaffen. Er hat den Grundstein zu einer Weltanschauung der reinen Umweltbestimmtheit menschlichen Verhaltens gelegt. BehavioristInnen beschreiben tierisches und menschliches Verhalten ausschließlich mit Begriffen wie Reiz, Reaktion und Lernverstärkung. Sind Neugeborene demnach Computer aus Fleisch und Blut, die von ihren Eltern und Lehrern beliebig programmiert werden können?

Herlinde Pissarek-Hudelist hat ein Buch unter dem Titel *Die Frau in der Sicht der Anthropologie und Theologie* herausgegeben, in dem die Meinungen über den Vorrang von Umwelt oder genetischer Prägung bei den beteiligten AutorInnnen hart aufeinanderprallen. Nach Ansicht der einen Gruppe ist die Geschlechterdifferenz das Grundthema, auf dem alles Leben aufbaue. Die anderen behaupten, alles, was die Menschen ausmache, sei erlernt: „Abgesehen von den Grenzen, die dem Menschen durch seine genetische Konstitution gesetzt sind, ist alles, was den Menschen ausmacht, erlernt.“ (Montagu 1974, 35) Andere sehen besonders in den geschlechtsspezifischen Verhaltensdispositionen, die wir bei Tieren antreffen, die Bestätigung für die Geschlechterdifferenz auch bei den Menschen. Die Annahme sei somit gerechtfertigt, daß die Geschlechterdifferenz „immer noch zur Natur des Menschen“ gehöre (Bischof-Köhler und Bischof 1989, 106). VerhaltensforscherInnen kritisieren die oberflächliche Vorgehensweise mancher Soziologen:

„Nun wird von den Sozialwissenschaftlern vielfach die Ansicht vertreten, diese Stereotypen seien willkürliche Festlegungen, die jeglicher natürlicher Grundlage entbehrten und ihre hartnäckige Fortdauer allein der Tatsache verdankten, daß sie von Generation zu Generation durch entsprechende Sozialisation weitergegeben würden. Dies wird aber immer nur behauptet und nie empirisch belegt.“ (Bischof-Köhler und Bischof 1989, 109)

Wenn man das gewaltige Drama der Geschlechterpolarisierung im Kulturvergleich betrachte, so werde „hinter all den mannigfachen gesellschaftlichen Variationen letzten Endes eine Grundthematik deutlich, die ihnen allen gemeinsam und daher vorgeordnet ist.“ (Bischof-Köhler und Bischof 1989, 92) Johannes Brengelmann wendet ein, „die Beobachtung, daß gesellschaftliche Vorurteile zwischen den Kulturen inhaltlich stark variieren“, zeige, „daß sie kaum biologisch verankert sind, also keine besondere natürliche Basis besitzen.“ (Brengelmann 1989, 59) Dagegen führt das Ehepaar Bischof-Köhler ins Feld, daß es reichlich fragwürdig sei, mit Hilfe von „ein paar sozialpsychologischen Fragebogenerhebungen, bei denen die Probanden ihre naive Privatmeinung über Mann und Frau anzukreuzen hatten, über Existenz oder Nichtexistenz natürlicher Geschlechtsunterschiede entscheiden zu lassen.“ (Bischof-Köhler und Bischof 1989, 92)

Margaret Mead hat in Neuguinea drei Stämme beobachtet und in einem relativ kleinen Gebiet von nur hundert Quadratmeilen gefunden, daß der Unterschied der Geschlechter in gesellschaftliche Normen umgesetzt wird, die in den einzelnen Stämmen stark voneinander abweichen:

„Bei dem einen handeln Männer und Frauen auf eine gutartige, elterlich passive Weise, bei dem zweiten handeln beide Geschlechter, wie wir es vom Mann erwarten – auf eine grimmig-aktive Weise, beim dritten handeln die Männer so, wie es unserem Klischee für Frauen entspricht – sie sind anschmiegsam, tragen Locken und gehen einkaufen, während die Frauen energische, gebieterische, schmucklose Partnerinnen sind.“ (zitiert bei: Maler-Sieber 1978, 203)

Diese Beobachtungen bestätigen die behavioristische Theorie nur scheinbar. Ihre Ergebnisse sollten gegen die vergleichende Verhaltensforschung abgewogen werden: Wir Menschen verfügen über das größte Repertoire an Verhaltensangeboten, das einer Spezies zur Verfügung steht. Die Verlockung, genetische Dispositionen zu übersehen und die soziale Komponente überwertig und als typisch für die Menschheit herauszustellen, wird begünstigt, weil die Menschheit auf eine unendliche Vielfalt von Verhaltensangeboten zurückgreifen kann. So hat es den Anschein, als seien die Verhaltensunterschiede durch das soziale Umfeld erworben und nicht genetisch geprägt. Wenn jedoch Menschen entscheiden müssen, ob sie sich so oder anders verhalten, wählen sie immer zwischen verschiedenen genetischen Prägungen, die in der Evolutionsgeschichte der Arten irgendwo vorgekommen sind. Menschen haben – allein durch das Angebot ihres Erbes aus der Entwicklungsgeschichte der Arten – vielfältige Möglichkeiten, den Umgang der Geschlechter und die gesellschaftlichen Beziehungen zu regeln. Allem Verhalten der Menschen, dem durch gesellschaftliche Übereinkunft Vorschub geleistet wird, steht ein breitgefächertes verborgenes Potential latenter, biologisch fundierter Möglichkeiten gegenüber, das jederzeit aktiviert werden kann.

Doris Jonas zeigt, daß das Verhaltensrepertoire höherer Tiere in allen Fällen auch bei den Menschen zu finden ist, wenn auch gelegentlich nur noch in rudimentärer Form (Jonas 1977, 59). Wir können nicht eindeutig beweisen, ob und wieweit erlerntes Verhalten rückkoppelnd biologische Prozesse verändert. Vielleicht ist eine solche Frage gar nicht eindeutig zu beantworten, weil jede Evolution unermeßlich lange Zeiträume benötigt, welche die Forschung nur unvollkommen überblicken kann. Biologische Grundausstattung und kultureller Überbau beeinflussen wechselseitig das menschliche Verhalten. Daher ist die Warnung der Völkerkundlerin Gisela Maler-Sieber, die Studien Margaret Meads ausschließlich behavioristisch zu verwerten, durchaus angebracht: „Wenn einige Völker von naturgegebenen Fakten wie dem Unterschied zwischen den Geschlechtern keinen kulturellen Gebrauch machen, dann beweist das noch nicht, daß sie diesen Unterschied nicht wahrnähmen." (Maler-Sieber 1978, 203)

Gisela Maler-Sieber sieht in der biologischen Ausstattung die Grundthematik, die durch kulturelle Einflüsse abgewandelt werden kann. Der Biologe Ernst Mayr bestätigt, daß Soziobiologen heute durchgängig eine genetische Komponente des Verhaltens betonen (Mayr 1985, 148).

Der Glaube, „die Kultur habe die Natur abgelöst", spricht das menschliche Selbstverständnis unmittelbar an. Die philosophische Überzeugung, wir seien in allen unseren Handlungen frei, schmeichelt den Menschen – auch den weiblichen. Und darum folgen wir diesen Einflüsterungen allzu bereitwillig. „Würde es indessen wirklich zutreffen, so müßte die Kulturentwicklung des Menschen die bei den Tieren herausgebildeten Geschlechterdifferenzen abgezüchtet haben.“ (Bischof-Köhler und Bischof 1989, 104) Wir sollten vor allem Krieg, Brutalität und Grausamkeiten aus dem menschlichen Verhaltensrepertoire weggezüchtet haben.

In der Geschichte der menschlichen Evolution gibt es ein breits Angebot möglicher Verhaltensweisen. Wir erziehen unsere Kinder immer nur zu wenigen ausgewählten und von unserer Kultur akzeptierten Umgangsformen. Das macht sie identisch mit der eigenen Gesellschaft und grenzt fremdes Brauchtum als exotisch aus. Die soziale Prägung legt Menschen – oft sehr zum Nachteil ihrer persönlichen Entwicklungsmöglichkeiten – auf wenige Verhaltensweisen fest, welche für die jeweilige gesellschaftliche Situation opportun erscheinen.

Völker, die ihren Lebensunterhalt unter rigiden Bedingungen erwerben, sozialisieren ihren Nachwuchs im Kleinstkindalter entsprechend. Babys werden von ihren Müttern nicht ständig getragen und vermissen den Körperkontakt. Als erwachsene Menschen sind sie genügsam und fleißig, sie erfüllen alle Voraussetzungen, um einen kargen Gebirgsboden zu bearbeiten, einsam im Meer zu fischen – oder ein Rad im Getriebe der modernen Industriegesellschaft zu sein. Sie funktionieren, aber sie sind emotionslos und führen ein einsames, isoliertes Leben.

Diese Menschen kompensieren ihre Ängste und ihr emotionales Defizit durch theoretische Intelligenz und sachliche Interessen und erfüllen die Erwartungen, welche der Industriestaat an seine BürgerInnen hat. Ärzte und Beratungsstellen haben unter der Ideologie des Industriezeitalters immer neue Argumente ersonnen, um den Körperkontakt zwischen Mutter und Kind zu reduzieren: Die Mahlzeiten waren streng zu regulieren, wobei die Mutter nur alle vier Stunden Kontakt zu ihrem Kind haben durfte. Im übrigen sollte die Mutter das Kind schreien lassen. Das kräftige die Lungen und hindere das Baby, die Mutter zu tyrannisieren. Im übrigen müsse der Willen des Kindes gebrochen werden. Schließlich entzog man dem Kind den letzten Trost, seinen Schnuller, mit dem Argument, dieser könne die Zahnstellung beeinträchtigen. Immer weniger Mütter stillten ihre Kinder selbst – 1966 waren es in Boston nur noch 22 % (Renggli 1974, 246). Das derart herangezüchtete „brauchbare“ Mitglied der industriellen Gesellschaft mit den erwünschten sachlich-intelligenten Strebungen, seiner Fähigkeit zu Isolation und einsam geleisteter Arbeit, mußte emotional verarmen. Lebensformen in den Großstädten, in denen kaum jemand die nächsten MitbewohnerInnen kennt, sind die Folge. Daß alte Menschen wochenlang tot in ihren Wohnungen liegen, ehe sie vermißt werden, während Renten und Mietzahlungen wohlprogrammiert über die Geldinstitute weiterlaufen, gehört zu den traurigen Begleiterscheinungen einer Zivilisation, die gefühlsarme, kontaktunfähige Menschen züchtet.

Es besteht eine Wechselseitigkeit zwischen der Kinderbehandlung und den kulturellen Anforderungen: Mütter erziehen durch die Behandlung ihrer Kleinkinder zu einem kulturell erwünschten Menschentyp; auf der anderen Seite veranlaßt jede Gesellschaft die Mütter, ihre Kinder entsprechend der herrschenden Denknorm zu sozialisieren. Geschieht dies alles bewußt? Zieht die Mutter willentlich Menschen heran, die gefühlsarm und sachbezogen für die Industrie funktionieren? Haben AutorInnen kluger Bücher über die Erziehung des Kleinkindes, haben ÄrztInnen und MitarbeiterInnen von Beratungsstellen nichts anderes im Sinn, als „brauchbares Menschenmaterial" für die industrielle Gesellschaft zu züchten?

Wir haben es mit einem Phänomen der kulturellen Evolution zu tun. In der Kultur handeln die Menschen unwägbar miteinander vernetzt. Sie glauben, über ihren freien Willen zu verfügen, der das Gute will und auch das Gute schafft. Aber irgendwann kann sich herausstellen, daß eine sogenannte gute Absicht in die falsche Richtung geführt hat. Darum sorgt auch die kulturelle Evolution dafür, daß es gegensätzliche Strebungen gibt, die einander im Gleichgewicht halten. Kulturelle Evolution ist kein Instrument, das den Menschen frei verfügbar ist. Sie gehorcht den gleichen Gesetzen wie die biologische Evolution. Aber je besser wir die vielfältig verzweigten Mechanismen durchschauen, denen wir unterworfen werden, um so größer ist die Aussicht, daß wir ihnen gezielt begegnen können.

Seit einigen Jahrzehnten steht Körperkontakt bei der Beziehung zum Baby wieder im Vordergrund mütterlichen Interesses. Genau im richtigen Augenblick erschien Jean Liedloffs Buch *Auf der Suche nach dem verlorenen Glück* auf dem Markt (Liedloff 1984). Zweieinhalb Jahre hat die Autorin mit den Yequana-Indianern im Dschungel Venezuelas gelebt. Sie fand, daß die Ursache für das glückliche Zusammenleben dieser Menschen der Körperkontakt war, den die Mutter dem Kind in dessen frühester Kindheit gewährte. Das Buch hat viele Mütter in den Industrieländern dazu veranlaßt, ihre Kinder wieder mit sich herumzutragen. Fünfzig Jahre zuvor hätte Jean Liedloffs Forschung womöglich keinen Verlag gefunden. 1985 überschritt das Buch in Deutschland eine Auflage von 100 000. Es kam einem unbewußten Interesse entgegen und wurde zum Bestseller. Mütter hören heute auf den kleinsten Schrei des Säuglings, nähren ihn, so oft er es fordert. Die meisten Frauen wollen ihre Kinder selbst stillen, obwohl Muttermilch mit Umweltgiften angereichert sein kann. Hat diesen Müttern irgend jemand gesagt, sie sollten einer anderen Kultur zum Durchbruch verhelfen? Wollen diese Frauen bewußt Menschen heranziehen, die sich tüchtig erweisen werden in einer neuen Gesellschaft, deren Strukturen wir heute kaum vorhersehen können?

Die Vielfalt menschlicher Verhaltensmöglichkeiten verschafft uns die Illusion der Freiheit. Aber frei von biologischen Dispositionen ist weder die Frau noch der Mann. Der Behaviorismus verdrängt diese Tatsache. Und nichts macht den einzelnen und die Gesellschaft unmündiger und hilfloser als unbewußt funktionierende Mechanismen.

Die Spezies Menschheit ist flexibel. Sie kann sich den unterschiedlichsten Forderungen anpassen. Das begründet – noch – unsere Hoffnung auf Überleben, falls wir uns nicht in eine Sackgasse verrennen.

Jahrhundertelang haben Männer weibliche Fähigkeiten biologistisch entwertet, vereinnahmt und ausgebeutet. Daher ist nicht nur *Biologismus,* sondern auch *Biologie* für viele Frauen ein unerträgliches Reizwort geworden. „Verweise auf die Biologie des Geschlechterunterschiedes sind innerhalb der Frauenbewegung unbeliebt; sie gelten von vornherein als kontra-emanzipatorisch." (Sichtermann 1987, 9)

Die politische Linke begreift den Feminismus als Nebenwiderspruch. Die politische Rechte verweist Frauen an den Platz, der ihnen „von der Natur bestimmt" sei. Keiner dieser Wege führt zur Befreiung. Um Frauen aus dieser Sackgasse herauszuhelfen, müssen wir den Biologismus hinter uns lassen. *Nur durch das Studium der weiblichen Biologie können wir einen Weiblichkeitsbegriff jenseits männlicher Definitionsmacht entwickeln. Dabei müssen wir zwischen Biologie und Biologismus, zwischen Geschlechterunterschied und Sexismus unterscheiden.*

Biologie: Alle Menschen sind genetisch weiblich

Der genetische Code für die Menschen befindet sich in den Chromosomensätzen, die bei Frauen und Männern durch die gleichen Kernschleifen gebildet werden: durch 46 Chromosomen – mit einer geringfügigen Abweichung beim Mann, dessen Geschlechts-Chromosom, das sogenannte Y-Chromosom, einen unvollständigen Kernschleifenrest aufweist, der nicht so vollkommen gestaltet ist wie die übrigen Chromosomen.

Alle menschlichen Chromosomen haben die Gestalt eines X. Im Kapitel über *Die Entwicklung des Lebens* befindet sich auf Seite 26 die Abbildung eines Karyogramms, das die Chromosomen um der Übersicht willen hierarchisch sortiert, wobei die väterlichen und mütterlichen Chromosomen der Größe nach zu 23 Paaren einander zugeordnet werden. An den Schluß werden die Geschlechts-Chromosomen gestellt. In jeder Körperzelle der Frau besteht das Geschlechts-Chromosomen-Paar aus zwei X-Chromosomen. Eines hat sie von der Mutter, das andere vom Vater geerbt. Das weibliche Ei enthält den halben Chromosomensatz, also 23 Einzel-Chromosomen, wobei das Geschlechts-Chromosom immer ein X-Chromosom ist, das mit allen übrigen Kernschleifen der Form nach identisch ist. Das männliche Karyogramm bietet das gleiche Bild, nur steht dem X-Chromosom, das er vom mütterlichen Ei geerbt hat, das kleine Y-Chromosom gegenüber, das sein Vater beigesteuert hat. Sein Geschlechts-Chromosomen-Paar ist XY. Männliche Keimzellen mit dem halben Chromosomensatz haben entweder ein X- oder ein Y-Chromosom.

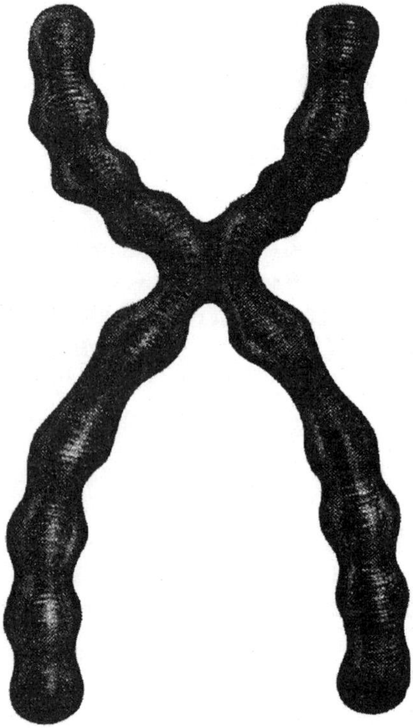
Alle menschlichen Kernschleifen (Chromosomen) haben die Gestalt eines X

Es leuchtet unmittelbar ein, daß der Stoff, aus dem das Leben gemacht ist, urbildlich weiblich ist: Die Körperzellen von Frauen und Männern sind aus Chromosomen aufgebaut, welche die Form des weiblichen Geschlechts-Chromosoms haben. Da alle Begabungen, alle kreativen Fähigkeiten, jegliche Information, das Leben zu bewältigen, in den Genen codiert ist, muß davon ausgegangen werden, daß menschliche Begabung per se weiblich ist. Oder anders gesagt: Weiblichkeit ist Menschlichkeit schlechthin. Männer können, da sie den Frauen hinsichtlich der genetischen Information – bis auf den geringfügigen Mangel ihres Y-Chromosoms – fast gleich sind, auch nahezu das gleiche leisten wie Frauen.

Am Ende des 17. Jahrhunderts hat der Anatom Graaf den weiblichen Follikel entdeckt. Die Kenntnis des weiblichen Eis und das Wissen von der Vereinigung der menschlichen Keimzellen im Körper der Frau ist „jünger als die Französische Revolution", sagt Christa Mulack und rückt damit Ergebnisse wissenschaftlicher Forschung, mit denen wir heute umgehen, als seien sie schon immer bekannt gewesen, an ihren geschichtlichen Ort (Mulack 1990, 90). Eine Welt ist zusammengebrochen, seit wir über die Vorgänge im Körper der Frau bei der Entstehung neuen Lebens Genaueres wissen: Der Mann kann sich nicht mehr allein als Erzeuger des Kindes betrachten, wie er es mehr als 2000 Jahre lang getan hat. Aber ein Tabu, das den Herrscher davor schützt, seine Macht anzuzweifeln, schützt auch den Mann davor, biologische Tatsachen, welche die Bedeutung des Weiblichen bestätigen, wichtigzunehmen.

Inzwischen überstürzen sich die Forschungsergebnisse, welche der Frau die bedeutendere Rolle bei der Entstehung neuen Lebens zusprechen müssen: Die Eizelle – 200 000mal größer als die männliche Keimzelle – kann sich unter bestimmten Umständen auch ohne Befruchtung entwikkeln (Mulack 1990, 91 f.). „Die vaterlose Erzeugung von Leben" (Mulack 1990, 93) hat einen festen Platz in der Evolution, während die Vorstellungen von männlicher Schwangerschaft und die Geburt durch den Mann männlicher Phantasie entsprungen sind, die sich in patriarchalen Mythen niedergeschlagen hat.

Es kommt selten vor, daß Männer aufgrund der neugewonnenen wissenschaftlichen Erkenntnisse ihren Standort neu definieren, wie William Irwin Thompson es tut: „Das winzige Sperma mag ja eine wilde Aktivität entwickeln, aber seinen Weg zum Ei findet es nur über eine alkalische Spur, und die hat die Große Mutter gelegt." (Thompson 1985, 107) Es ist die Chemie des weiblichen Körpers, welche männliche Keimzellen, die schwach oder beschädigt sind, aussortiert und vom befruchtungsbereiten Ei fernhält (Mulack 1990, 94). Entgegen zweitausendjähriger Männeranmaßung stellt sich heraus: Nicht der Mann ist der Formgeber des neuen Lebens, sondern die Frau. *Sie* formt das werdende Leben aus, in *ihrem* Körper wird durch chemische Einflüsse, durch Proteine, Fette, Kohlenhydrate, durch den Säurehaushalt und durch Hormone das Milieu geschaffen, in dem sich der Fötus entwickeln kann (Mulack 1990, 94 f.). Die männlichen Keimzellen werden durch chemische Substanzen im Gebärmutterhals stimuliert; im weiblichen Körper werden sie „kapazitiert" – mit Fähigkeit ausgestattet: Erst jetzt sind sie in der Lage, das Ei zu befruchten.

In der Geschichte der Evolution ist immer das Ei die eigentlich reproduktive Zelle, während die männliche Keimzelle zur Variabilität im Vererbungsvorgang beiträgt (Mulack 1990, 94). Damit ist auch zu erklären, „daß eine durchschnittlich höhere Mutter-Kind- als Vater-Kind-Ähnlichkeit besteht," was Rainer Knußmann durch statistisches Material belegt (Knußmann 1980, 29).

Christa Mulack weist auf den amerikanischen Anthropologen Ashley Montagu hin, der in seinem Buch *The Natural Superiority of Women* „rund einhundert Krankheiten und Defekte aufzählt, von denen ausschließlich, fast ausschließlich oder aber überwiegend das männliche Geschlecht heimgesucht“ wird (Mulack 1990, 99 f.). In seinem Buch *Vergleichende Biologie des Menschen* spricht Rainer Knußmann von Merkmalen, die sich nur vom Vater auf den Sohn vererben können (Knußmann 1980, 179). Verschiedene Krankheiten liegen auf dem mütterlichen X-Chromosom und werden durch die Frau vererbt; sie können jedoch beim Mädchen durch das zweite X-Chromosom, welches gesunde Infomationen beisteuert, latent gehalten werden. Ist der Fötus aber männlich, hat er der kranken Information auf dem X-Chromosom keinen Ausgleich entgegenzusetzen, weil ein zweites X-Chromosom fehlt und auch dem degenerierten Y-Chromosom entsprechende Gene fehlen. Beim Mann werden daher Krankheiten evident, die sich auf dem 23. Chromosom vererben. Die Anlage für Farbuntüchtigkeit trifft fast ausschließlich Männer. „In die gleiche Gruppe von Erbeigenschaften, die biochemisch mit dem Sex-Gen verbunden sind, gehört auch ein vererbter Mangel in der Fähigkeit, das Blut gerinnen zu lassen“ (Haber 1975, 14), die berüchtigte Bluterkrankheit. „Es sieht so aus, als ob die Natur bei der Verteilung der Risiken des Lebens das weibliche Geschlecht ganz erheblich bevorzugt hat.“ (Haber 1975, 15) Vom Standpunkt der Evolution ist die bessere genetische Gesundheit des weiblichen Geschlechts selbstverständlich; denn die Erhaltung der Art hängt von der biologischen Ausstattung der Mütter ab.

„In den Jahren 1957 und 1958 wurde die angeborene Weiblichkeit der Säugetierembryonen nach mehr als fünfzehn Jahren vorangegangener Forschungsarbeit ein für alle Mal festgestellt. Die Biologen haben diese Tatsache jedoch ohne viel Kommentar berichtet. Dies war vorauszusehen, obwohl einige sich fragen mögen, warum eigentlich ein so geringes Interesse an dieser verblüffenden Entdeckung gezeigt wurde, die jahrhundertealte Mythologien und jahrzehntealte wissenschaftliche Theorien über den Haufen wirft.“ (Sherfey 1974, 88)

Erst nach der sechsten Woche der embryonalen Entwicklung differenziert sich der männliche Fötus als solcher, stellt Ashley Montagu fest, und er folgert: „Das zeigt, daß die grundlegende menschliche Form weiblich ist, während die männliche Form etwas ‚Hinzugefügtes‘ ist.“ (Montagu 1974, 71) Die Nebennieren der Frau müssen den y-programmierten Embryo erkennen und ihm ein männliches Hormon zuschießen, damit sich ein männlicher Fötus entwickeln kann. Forschungen, welche sich bemühen, die fetale Entwicklung außerhalb des weiblichen Körpers zu vollenden, sind von vornherein zum Scheitern verurteilt.

Im Gegensatz zu diesen Erkenntnissen bedienen sich medizinische Aufklärungsbücher noch immer eines sexistischen Vokabulars, das Phantasien, die Männer über den Geschlechtsakt haben, in die Vorgänge im weiblichen Körper übertragen. So schreibt Lennart Nilsson über die Entwicklung des Lebens im Mutterleib: Die ‚Spermien' *entkleiden* das Ei (Nilsson, 1990, 48), „der Kopf des Spermiums ist eingedrungen, und wir sehen den Schwanz und den Zwischenkörper mit seinem *Energiepaket.* Das Spermium arbeitet wie ein *Drehbohrer:* Die Bewegungen des Schwanzes treiben den Kopf rundherum wie eine *Bohrspindel.*" (Nilsson, 1990, 52, Hervorhebungen G.W.) Von den Energien im weiblichen Körpermilieu wird nichts erwähnt. Die Erbinformationen, die dem werdenden Leben vom mütterlichen Ei mitgegeben werden, bleiben unerwähnt. Dagegen wird vom Beitrag der männlichen Keimzelle berichtet, als hinge von ihr die wesentliche Ausstattung des Kindes ab:

„Die DNA*-Spirale des Spermiums ist der Beitrag des Mannes zur erblichen Ausrüstung des Kindes. Hier gibt es das X-Chromosom, das bestimmt, ob es ein Mädchen wird, oder das Y-Chromosom, das bestimmt, ob es ein Junge wird. Weitere Eigenschaften, in kodierter Form der DNA gespeichert, sind *Körpergröße, Hautfarbe, Haarfarbe, spezielle Gesichtszüge.*" (Nilsson, 1990, 55 – Hervorhebungen G.W.)

Für das Ei bescheidet sich der Autor mit einer lapidaren Bemerkung. Er erwähnt „die Erbmasse der Frau, die in einem Kern gesammelt tief drinnen im Ei liegt." (Nilsson, 1990, 56) Immerhin gibt er zu, daß eine häufige Ursache für Fehlgeburten „einen Fehler in der Chromosomenausrüstung aufweist, und tatsächlich sind die Spermien daran öfter schuld als die Eier." (Nilsson, 1990, 69)

Das Y-Chromosom ist das winzigste der sechsundvierzig Chromosomen. Es hat die Form eines Kommas, gesteht Ashley Montagu; es sei „ein kümmerlicher Rest, ein Ding, das schlecht aussieht, wenn man es mit den wohlausgestatteten anderen Chromosomen vergleicht. Tatsächlich besitzt es lediglich ein Fünftel der Größe eines X-Chromosoms" (Montagu 1974, 72). „Das Weibliche hat substantiell eine reichere genetische Kapazität als das Männliche." (Montagu 1974, 73)

Es liegt auf der Hand, daß das X-Chromosom – verglichen mit dem Y-Chromosom – das eigentlich lebenswichtige Chromosom ist; eine befruchtete Zelle kann nur überleben, wenn sie ein X-Chromosom enthält. Ohne X-Chromosom stirbt sie ab. Männliche Feten können daher nur dank der X-Chromosomen überleben, mit denen sie durch ihre Mütter ausgestattet werden." (Montagu 1974, 74)

Der Ursprung der X- und Y-Chromosomen, gibt Ashley Montagu zu, sei unbekannt; aber er fände es doch recht amüsant, das Y-Chromosom als ein unentwickeltes X-Chromosom zu betrachten, vielleicht als den Rest eines X-Chromosoms. Es sieht aus, „als hätte die Evolution bei der Entwicklung der Geschlechter seinerzeit ein Fragment aus einem X-

Chromosom herausgebrochen, das mit ziemlich unglücklichen Genen ausgestattet worden ist." Diese Tatsachen lassen das Männliche nur „als eine Art verkrüppelter Weiblichkeit erscheinen", und Montagu sieht keine andere Möglichkeit, als „das Männliche eine unvollkommene Erscheinungsweise des Weiblichen zu nennen, ein Geschöpf, das – da es nur über ein X-Chromosom verfügt – biologisch nicht so vollkommen ausgestattet ist, wie das Weibliche. Und dieses Geschöpf", klagt der Autor, „nennen wir das männliche." (Montagu 1974, 74)

Frauen haben eine längere Lebenserwartung: ein Beweis, daß das weibliche Geschlecht von der Evolution bevorzugt ist. „Zwar ist unterstellt worden, daß Frauen länger lebten als Männer, weil sie gewöhnlich nicht so hart arbeiteten." (Montagu 1974, 80) Aber eine solche Begründung läßt sich nicht verallgemeinern. Der Mann am Hochofen oder im Bergwerk arbeitet sicher härter als seine Frau, sofern diese neben ihrem Haushalt nicht auch noch berufstätig ist. Aber eine Frau, die mehrere Kinder zu versorgen hat, arbeitet länger und härter und ist größerem Streß ausgesetzt als ein Zöllner, ein Fahrkartenkontrolleur oder mancher Beamte.

„Tatsache ist, daß neugeborene Knaben nicht härter arbeiten als neugeborene Mädchen, obwohl ihre Sterblichkeitshäufigkeit höher ist als die der Mädchen. Einjährige Buben arbeiten nicht härter als einjährige Mädchen, aber die kleinen Jungen sterben häufiger als kleine Mädchen." (Montagu 1974, 80)

Er beabsichtige als das letzte auf der Welt, betont Montagu, Männern ein Gefühl der Unzulänglichkeit oder Unterlegenheit zu geben. „Auf der anderen Seite betrachten wir es als weise, wenn Männer sich ihrer Grenzen und ihrer Schwächen bewußt sind." (Montagu 1974, 84) Indem sie sich bewußt wahrnehmen als das, was sie sind, könnten sie lernen, stärker zu werden. Die Wahrheit über die Geschlechter diene nicht allein dazu, Frauen zu befreien, sondern auch Männer. Während Frauen die Sklavinnen von Männern gewesen seien, seien Männer die Sklaven ihrer Vorurteile über Frauen gewesen, was sich auf niemanden gut ausgewirkt habe (Montagu 1974, 84). Montagu übergeht, daß sich Männer am meisten unter Streß setzen durch die Größenphantasien, welche sie über sich selbst haben. Indem sie sich an irrational überhöhten Vorbildern ausrichten, verlieren sie den Maßstab des Menschlichen. Sie dürfen weder schwach noch fehlbar sein und müssen daher ihre menschliche Schwäche und Fehlbarkeit auf Frauen projizieren.

Männer unterdrücken ihre Gefühle, und weil sie dies tun, halten sie Frauen, die ihre Gefühle äußern, für die emotional schwächeren. Doch wer Gefühle aus dem Menschsein abspaltet, wird zur gespaltenen Persönlichkeit. Der Herzinfarkt kommt folgerichtig bei Männern häufiger vor als bei

Frauen, Spaltungsirresein – Schizophrenie – befällt ebenfalls mehr Männer als Frauen. „Ist es ein Wunder", fragt Montagu, „daß Männer auf der ganzen Welt soviel häufiger Selbstmord verüben als Frauen, daß sie soviel mehr Nervenzusammenbrüche erleiden als Frauen und viermal so häufig Magengeschwüre haben?" (Montagu 1974, 86)

Von klein auf interessieren sich Mädchen mehr für soziale Belange. Beziehungen sind ihnen wichtiger als Dinge, und sie zeigen früh Verantwortung für andere Menschen. „In jedem Alter zeigt das weibliche Geschlecht mehr soziale Kompetenz und das größere soziale Interesse." (Montagu 1974, 92) Jungen – und Männer jeden Alters – interessieren sich dagegen mehr für sachliche Belange. Sie neigen dazu, ihr Interesse an den Dingen vom eigentlichen Leben abzuspalten. So geht dem Mann der Beruf gegenüber der Beziehung vor.

Viele Frauen erkennen, daß sie sich durch ihre größere Nähe zur Natur vom Mann unterscheiden. Frauen besitzen ein sensibleres Körperbewußtsein als Männer; sie nehmen Signale aus dem Unbewußten wahr, die Männer eher verdrängen. Frauen sind beziehungsfähiger als Männer; sie sind sozial begabter. Eros, Beziehungs- und Hingabefähigkeit werden als weiblich eingeschätzt. Doch die patriarchale Denknorm wertet diese Fähigkeiten ab. Frauen auf der Suche nach selbstdefinierter Weiblichkeit können mit Recht davon ausgehen, daß alle diese Eigenschaften, die ihnen traditionell zugewiesen werden, Werte sind, die Weiblichkeit tatsächlich ausmachen. Diese menschlichen Begabungen der Frau aus dem Abseits, aus dem Dienstverhältnis im Patriarchat zu befreien, ist eine vordringliche Aufgabe. Aber sie genügt nicht. Frauen müssen erst in den Genuß der Freiheit kommen, weibliche Eigenschaften, die im Patriarchat von Männern definiert, eingeengt und zurechtgestutzt worden sind, frei zu entfalten. Erst wenn wir ohne die Sorge, wir könnten Männer ängstigen, unserem Eros wieder die Flügel wachsen lassen, können wir wissen, was weiblicher Eros in seiner umfassenden Qualität eigentlich ist.

Ordnung und Gesetzlichkeit liegen im Interesse der Männer. Wenn Frauen durch „Unordnung" – situationsbedingtes, am lebendigen Prozeß orientiertes Handeln – die starren Normen der männlichen Werte unterlaufen, treiben sie die kulturelle Evolution voran. Sie garantieren die Vielfalt. Sie allein sind es, welche der Menschheit das Überleben sichern. *Darum ist die Anpassung von Frauen an sozial etablierte Männermacht ein bedenkliches Hindernis für die kulturelle Evolution der Menschheit.*

Da „Kreativität von Frauen generell als eine Dienstleistung für die Männer angesehen wird" (Spender 1985, 131), müssen Frauen den Mut aufbringen, die Gesamtheit des menschlichen Potentials erst einmal für sich zu beanspruchen. Zum Charakter des Weiblichen gehören fast alle menschlichen Eigenschaften, die Männer im Lauf der Patriarchatsgeschichte für sich reklamiert haben, wie schöpferische Gestaltungskraft, Durchsetzungsfähigkeit und der aggressive Zugriff auf das Leben.

Kehren wir zurück zu der biologischen Erkenntnis, daß Leben per se weiblich ist, dann können Frauen getrost alle Definitionen, die ihre Menschlichkeit auf sogenannte Weiblichkeit einengen wollen, zurückweisen. Die genetischen Codices, die menschliches Leben überhaupt möglich machen, sind in den x-förmigen Autosomen, die im weiblichen Körper vollständig ausgebildet sind, genetisch programmiert. Männer können schöpferisch sein, weil Kreativität in diesen menschlichen Chromosomen genetisch verankert ist.

Im männlichen Chromosomensatz fehlen gewisse Informationen, da das Y-Chromosom nur unvollständig ausgebildet ist. Es besteht aber kein Anlaß zu der Sorge, Männer könnten nicht lernen, diesen geringfügigen Nachteil auszugleichen. *Männern wird – nicht nur bei den Menschen – eine längere Phase der Kindheit und Adoleszenz eingeräumt, da sie sich langsamer entwickeln als das weibliche Geschlecht und in jedem Lebensalter effektiv unreifer als Frauen sind. Das Problem ist, wozu die menschliche Gesellschaft die verlängerte Jugend der Männer nutzt.*

Frauen und Männer unterscheiden sich durch ihre Sexualität

Arten können aussterben, wenn sie ihre Flexibilität und die Anpassungsfähigkeit an eine sich verändernde Umwelt verloren haben. Sie können aussterben, weil andere Arten erfolgreicher sind. Eine erfolgreiche Spezies kann auch an ihrem „Erfolg“ zugrunde gehen, wenn sie die Artenvielfalt ihres Habitats reduziert, andere Arten überwuchert und ihre Nahrungsgrundlage vernichtet. Doch die genetischen Prozesse der Urzeit, die Leben überhaupt möglich gemacht haben, gehen nicht verloren. Das Leben verfügt über wenige Bausteine, aus denen sich die Vielfalt der Formen entwickelt hat, um immer neue Systeme zu gestalten. Allerdings sind die genetischen Dispositionen in der Feinstruktur des Lebens bewußtseinsferner als alle Tiefenschichten, welche die modernen psychologischen Theorien im Blick haben. Der menschliche Geist hat die Signale aus der Urzeit überlagert. „Vieles spricht dafür, daß es ein menschliches Biogramm gibt, ein Potenzmuster, das Bestandteil des arttypischen Erbgutes in seiner Gesamtheit ist.“ (Barash 1980, 8) Die kulturellen Ziele, welche die Menschen anstreben, werden durch das Biogramm gesteuert, das den Menschen als Grundmuster ihrer Art mitgegeben ist.

Trotz dieser Einsicht ist es zunächst eine Zumutung an das großhirngesteuerte Bewußtsein zu unterstellen, daß sexuelle Vorgänge, denen die männliche Keimzelle unterworfen ist, sich in mann-menschliche Kulturprozesse transzendiert haben sollten.

Aber tatsächlich spiegeln alle kulturellen Strukturen der patriarchalen Gesellschaft eine Urform wider, die beim Kampf der männlichen Keimzelle um das weibliche Ei angelegt ist:

- Nur eine einzelne Keimzelle kann das weibliche Ei befruchten. Über dieser biologischen Information baut sich das *Hierarchiemodell* auf, das die patriarchale Geisteskultur in allen ihren Ausformungen beherrscht.
- Die übrigen Keimzellen, die den „Sieger" durch biochemische Prozesse unterstützt haben, sind dem *Tod geweiht* und gehen millionenfach unter. Dem entsprechen die Todesbereitschaft, die Todesangst und zugleich die Todessehnsucht des Männlichen in der patriarchalen Kultur.
- Der *Wettlauf* der y-programmierten Zellen um das befruchtungsfähige Ei bildet das Grundmuster für die besondere männliche Form der *Aggression*, die auf Konkurrenz, Wettlauf und das ewige Spiel mit dem Tod angelegt ist. Dieses Signal aus der genetischen Information der Keimzelle beeinflußt das konkurrierende Verhalten der mann-menschlichen Gesellschaft auf allen Ebenen.
- Biologisch dient diese gesamte Inszenierung dem *Wachstum* der Spezies. Kulturell ist Wachstum zum Fetisch geworden; das Wachstum der Menschheit wie das Wachstum der Produktion gilt als fortschrittlich, obwohl deutlich ist, daß die Grenzen des Wachstums längst erreicht sind.

Bereits beim Zeugungsvorgang läßt sich der Unterschied im Verhalten der männlichen Keimzellen feststellen: Während die y-programmierten Keimzellen sich an Schnelligkeit zu überbieten suchen, um das befruchtungsfähige Ei zu erreichen, zeichnen sich die x-programmierten männlichen Keimzellen durch *Langlebigkeit und Anpassungsfähigkeit* aus. Da die Lebendauer der y-programmierten männlichen Keimzellen sehr kurz ist, kommen die Keimzellen mit der weiblichen Information auch dann zur Befruchtung, wenn der Eisprung noch nicht erfolgt ist. Dieser Disposition der x-programmierten Zellen, die eine Alternative zum Wettlauf um das Ei darstellt, entspricht im patriarchalen Weltbild kein „höchster Wert".

Es ist spannend zu verfolgen, daß selbst sehr kleine Buben dem Selbstverständnis dieser sexuellen genetischen Disposition entsprechend denken. In ihrer Studie *Kleine Helden in Not* bestätigen Dieter Schnack und Rainer Neutzling, daß Michael, „so klein wie er ist, in der Vorstellung lebt, daß nur der Stärkste überleben wird." (Schnack/Neutzling 1990, 145)

Grundsätzlich ist davon auszugehen, daß sich Frauen und Männer hinsichtlich ihrer Sexualität in einer Weise voneinander unterscheiden, die auch die Psyche und die kulturelle Schubkraft einbezieht.

Individuell weichen die Menschen wahrscheinlich mehr hinsichtlich allgemein-menschlicher Unterschiede als aufgrund ihres Geschlechts voneinander ab. Es gibt große charakterliche Verschiedenheiten von Mann zu Mann. Daß auch keine Frau der anderen gleich sein kann, ist im patriarchalen Denksystem weniger selbstverständlich. Allzusehr sind Frauen biologistisch auf wenige Charakterzüge eingeengt worden. Die Palette sogenannter Frauenberufe, welche die Männergesellschaft auf den emanzipatorischen Druck der Frauen hin widerstrebend geöffnet hat, ist so eintönig wie das Charakterbild der Frau im patriarchalen Denken.

Wir haben diese biologistisch begründete Denknorm zurückgewiesen und argumentiert, die Geschlechterdifferenz sei anerzogen. *Und durch diese Sichtweise ist uns eine biologische Grundbedingung menschlichen Seins aus dem Blick gekommen: daß sich Frauen und Männer durch ihre Sexualität voneinander unterscheiden.*

Nun ist leicht zu sehen, daß die Geschlechter hinsichtlich körperlicher Merkmale voneinander abweichen. Wenn wir aber behaupten, seelische Eigenschaften seien geschlechtsspezifisch, machen wir uns sofort verdächtig, biologistisch und sexistisch zu urteilen. *Deshalb müssen wir äußerst kritisch vorgehen, wenn wir darüber nachdenken, ob es Eigenschaften gibt, die nicht von Mensch zu Mensch unterschiedlich sind, sondern tatsächlich – nicht biologistisch, sondern biologisch aufgrund unserer Sexualität – typisch weiblich oder typisch männlich sind.*

Es ist nicht von der Hand zu weisen, daß nicht nur die genetische Disposition, sondern auch die Geschlechtshormone bei Tieren und Menschen das Verhalten beeinflussen: „Wenn man einem weiblichen Affen männliches Sexualhormon injiziert, benimmt er sich aggressiver, injiziert man einem Affenmann weibliches Hormon, verhält er sich weniger aggressiv." (Morgan 1972, 242)

Der Hamburger Anthropologe Rainer Knußmann gibt unumwunden zu, daß das „Mengenverhältnis von Testosteron zu Östrogen charakterbestimmend" sei (Knußmann 1982, 80). In vergleichbaren Konfliktsituationen steigt der Adrenalinspiegel bei Menschenmännern wesentlich mehr als bei Frauen. Knußmann sagt dazu:

„Die größere Aggressionsbereitschaft des Mannes kann letztlich nur daran liegen, daß er Mann ist, das heißt, sein Körper unter dem Einfluß des männlichen Hormons, des Testosterons, steht. In der Tat haben Henry Fox und Mitarbeiter aus Boston sowie Harald Persky und Mitarbeiter vom Albert Einstein Medical Center in Philadelphia nachgewiesen, daß die Aggressionsneigung mit der Menge an männlichem Hormon zunimmt. Für den Mann besteht viel eher Streßsituation, für ihn ergibt sich viel schneller Anlaß zur Aggression. Ob er will oder nicht, das Testosteron sorgt dafür, daß sein Körper mit Adrenalin überschwemmt wird, und zwingt ihn zum Zähnefletschen. Das Testosteron beherrscht den Mann; ihm ist er hörig. Auch die Frau ist nicht frei von männlichem Hormon. Denn es werden in der Nebenniere... Stoffe produziert, aus denen sich Testosteron bildet. Doch die Menge an Testosteron im weiblichen Körper macht nur zehn Prozent derjenigen des Mannes aus." (Knußmann 1982, 78 f.)

Mit der Feststellung, daß niemand je einen primitiven Stamm gefunden habe, in dem die Frauen die Krieger sind, weil der Krieg eine Funktion des Männerbundes ist, bestätigt Elaine Morgan den geschlechtsabhängigen Umgang mit Aggression (Morgan 1972, 242). Das heißt, es handelt sich um eine Aggressionsform, die der Mann gegen den Geschlechtsgenossen der eigenen Art richtet, nicht aus Nahrungsmangel oder Überlebenswillen, sondern einfach, weil er aus Gründen, die dem Bewußtsein irrational erscheinen müssen, der Stärkste sein will, der Eine, der Sieger und der Held.

Im Gegensatz zu lustvoll-konstruktivem Konkurrenzverhalten, wie ich es in meinem Kapitel *Konkurrenz ist das Geheimnis des Überlebens* beschrieben habe, führen beim patriarchalen Mann ständige Aggressionsbereitschaft und lustlose, verbissen-ehrgeizige Konkurrenzformen zu einem Defizit an sozialen Fähigkeiten. Im Tier-Mensch-Übergangsfeld werden unangepaßte junge Männer an den Rand der Gruppe vertrieben. Sie führen dort ein Außenseiterdasein, das Leben in der Männerhorde mit aggressiven Auseinandersetzungen unter Männern. Während einer verlängerten Kindheit und Adoleszenz lernen die Männchen, sich den sozialen Anforderungen einer Weibchen-Gruppe anzupassen. Das Randgruppendasein ist kein erstrebenswertes Schicksal für ein Männchen. Es ist nicht der Ort, an dem sich das eigentliche Leben abspielt.

Bei Gesellschaften, die Kopfjägerei ritualisiert haben, spielt sich das Leben der Junggesellengruppe noch immer außerhalb des eigentlichen Lebens der Frauengruppen mit ihren Kindern und den integrierten Männern ab. Auch die ersten „Kriege" der Menschheit sind Unternehmungen von Außenseitern. Sie tangieren das Leben in der Frauengruppe kaum.

Im historischen Prozeß wird das Randgruppendasein zur „Männer-Öffentlichkeit". Dort ist nicht minder der Ort der Auseinandersetzung von Männern unter sich, von Konkurrenzkämpfen, Aggression und Krieg. Aber die Männer sind nicht mehr die Außenseiter der Gesellschaft. Die Maßstäbe haben sich geändert: Öffentlichkeit ist zu dem Ort geworden, an dem sich das „eigentliche Leben" abspielt. Aggression, Konkurrenzkampf und Krieg schreiben das Buch der Geschichte. Der Zugang zu den Frauen wird gewaltsam erzwungen und nicht mehr durch soziale Anpassung erdient. Mehr und mehr wird das private Leben der Frauen in die Männer-Öffentlichkeit verflochten. Frauen werden den Gesetzen der Konkurrenzkämpfe, Aggressionen und Kriege unterworfen. Sie werden zu Opfern und zur Beute der Männer.

Die patriarchale Gesellschaft erspart dem Knaben, sein Defizit an sozialen Fähigkeiten durch Lernen und Anpassung auszugleichen. Die verlängerte Kindheit und Adoleszenz und die allgemein verzögerte Entwicklung des männlichen Geschlechts, die in tierischen Populationen dem sozialen Lernen der männlichen Heranwachsenden dient, wird beim heranwachsenden Menschenmann zur Ausbildung technischer Fähigkeiten, zur Entwicklung einseitig geistiger Intelligenzstrukturen und zur eindimensionalen Förderung aggressiv-destruktiver Fähigkeiten genutzt. Der junge Mann wird zum Militärdienst verpflichtet, um ein vollwertiges Mitglied der Gesellschaft zu werden. Schon im Kleinstkindalter wird dem Knaben aggressives Verhalten nicht als unsozial angelastet, sondern als männliche Durchsetzung honoriert. Beziehungsschwäche und mangelnde Ausbildung der Gefühle sind die Folge. Soziale Aufgaben delegiert der patriarchale Mann an die Frau und überläßt ihr die fürsorglichen Bereiche in der Kindererziehung. Seine Kinder dienen ihm allenfalls zur Demonstration patriarchaler Genealogie. Männer investieren fast alle Kräfte in öffentliche Belange, denen sie den Vorrang vor dem sogenannten Privaten – das heißt, vor dem wirklichen Leben – einräumen.

Wenn diese Entwicklung mit ihren tragischen Folgen ins Bewußtsein gehoben wird, kann ein Selektionsdruck entstehen, der die einseitig mannmenschliche Kultur überwindet. Gerade wegen ihrer Unbewußtheit setzt sich die archaische Disposition des Männlichen zu aggressiv-konkurrierendem Verhalten in gesellschaftliche Strukturen um, die eskalieren und vorhersehbar zu Katastrophen führen, die das Überleben der menschlichen Spezies in Frage stellen.

Die unabdingbare Voraussetzung für Überleben ist die soziale Anpassung des Männlichen an weibliche Lebenszusammenhänge. Im Patriarchat dagegen wird das weibliche Leben männlichen Verhaltensweisen unterworfen, die *von Natur aus* – das heißt durch die Evolutionsgeschichte nachgewiesen – in die Außenseiterposition gehören. Frauen werden im Patriarchat gezwungen, sich den Gesetzen der männlichen Randgruppen zu fügen. Überlebensfähig wird die Menschheit nur dann sein, wenn jeder individuelle Mann den patriarchalen Strukturen den Rücken kehrt und wenn die patriarchale Männer-Öffentlichkeit als Ganzes sich sozialen Lernprozessen unterzieht.

Es wird daher einerseits das Ziel des Feminismus sein, eine autonome Frauen-Öffentlichkeit herzustellen, in der Frauen unabhängig von patriarchaler Einrede eigene Lebens- und Wirtschaftsformen und die Entstehung weiblicher Wissenschaften fördern. Andererseits müssen sich Frauen in öffentliche Belange einmischen, um den Ort der Männerbündelei aufzubrechen und die Anerkennung weiblicher autonomer Konzepte durchzusetzen. Frauen müssen die Hälfte des gesellschaftlichen Reichtums – des Überschusses, der über die unmittelbaren Bedürfnisse hinaus erwirtschaftet wird –, die Hälfte der politischen Macht und das Recht eigener Weltdeutung erkämpfen, um autonom handlungsfähig zu werden.

Es ist nicht das von der Evolution in Gang gesetzte Schicksal der Menschheit, ihre Probleme durch verbissen-mörderische Konkurrenz, die jegliche Männerfreundschaft unmöglich macht, durch Gewalt, Tötungslust, Todesbereitschaft und Krieg zu lösen. Die Geschichte der Evolution des Lebens und die Beobachtung der Tierwelt zeigen, daß konkurrierendes Verhalten eine lustvolle Komponente hat und durch soziales Lernen im Ausgleich gehalten wird, sowie das weibliche Leben im Mittelpunkt des Interesses einer Population steht.

Männer haben der drohenden Katastrophe ihre eigene Version von der Zukunft entgegenzusetzen. Kenneth Boulding meint, daß „die Zeit nicht mehr fern zu sein scheint, in der die kulturelle Evolution tatsächlich auch die biologische Evolution bestimmen wird. Denn der Mensch wird die Fähigkeit erwerben, die Gene direkt zu manipulieren." (Boulding 1974, 116) Wir Frauen dürfen uns nicht auf männliche Wissenschaft verlassen, die den „Neuen Menschen" – welchen? – erzeugen wird. Der gen-manipulierte Mensch bietet dem Mann die Möglichkeit, von der Mutter als Frau, die ein Kind geboren hat, zu abstrahieren. „Zum ersten Mal in der westlichen Rechtsgeschichte wird die Zeugung eines Kindes als wichtiger erachtet als seine Geburt. Genetik triumphiert über Physiologie!" (zitiert bei Hanmer 1990, 146) Der Herrschaft des männlichen Geistes über den weiblichen Körper ist noch immer das Ziel patriarchaler Herrschaftsphantasien. Wir sollten diese Gefahr in keinem Augenblick verharmlosen.

Nur die Orientierung an weiblichen Lebenszusammenhängen, bei der Männer lernen, sich sozial anzupassen, statt ihre Wünsche durch Drohung und Aggression durchzusetzen, kann die Hoffnung der Menschheit und das Ziel einer kulturellen Evolution sein.

Seins-Macht ist überzeugender als Macht-Haberei

Vom Götterkampf erzählen die Männermythen. Seth tötet Osiris, Horus besiegt Seth, die Mächte des Lichtes kämpfen mit den Mächten der Finsternis – Männergeschichte ist Kriegsgeschichte seit der mythischen Vorzeit. Die Patriarchatsgeschichte ist die Geschichte der Tötungsgewalt.

In der weiblichen Weltsicht spiegelt sich die Schöpfung im Bild der Geburt. Frauengeschichte erzählt das Drama des Lebens und der weiblichen Seins-Macht. Das weibliche Erleben und Verstehen der Welt hat sich immer wieder zu Wort gemeldet:

Sappho schuf die begnadetsten Gedichte der griechischen Antike. Diotima lehrte Sokrates, Aspasia beeinflußte Perikles. All diesen Frauen galt liebende Seins-Macht mehr als herrschsüchtige Machthaberei. Aber die Weltsicht der Dichterinnen, Komponistinnen und Malerinnen und die Spiritualität der Mystikerinnen blieben bis in die zweite Hälfte dieses Jahrhunderts unbeachtet.

Die sanften Heilmethoden der Hebammen und Ärztinnen sind seit der Epoche der Hexenverfolgungen, der „Zeit der Verzweiflung", verschollen. Sie kommen nur zögernd wieder ans Licht – von der Schulmedizin skeptisch betrachtet und meist abgelehnt. Allgemein wird das weibliche Verstehen der Welt noch immer beiseitegeschoben. Immer fragen dürfen und suchen wollen, unterscheidet den weiblichen Zugang zur Welt von einer Ideologie, die – weil das Weltbild unantastbar feststeht – auf alles eine Antwort zu haben glaubt.

Kultur – so hat Freud gesagt – sei ein Prozeß im Dienst des Eros. Eros binde die Menschen aneinander, schaffe Familie, Stamm und Völkerschaften. Durch Strebungen, die über den Nutzen der Arbeit hinausgingen, durch Sexualität, Zuneigung, Interesse am anderen, durch Liebe und Freundschaft seien kulturschaffende Beziehungen möglich. Auf der anderen Seite zerstöre der Aggressiontrieb die Kultur. Die angeborene Feindseligkeit der Menschen gegeneinander löse Bindungen auf, trenne die Teile wieder voneinander. „Während Eros die Kultur in ständige Bewegung versetzt und vom Fremden angezogen wird, grenzt die Aggression sich vom Fremden ab und konserviert ihre Identität, indem sie das Fremde zum Feind abstempelt." (Erdheim/Nadig 1991, 194)

Zu allen Zeiten haben Eroskräfte mit zerstörerischem Potential im Widerstreit gestanden. Das Dilemma des Patriarchats besteht darin, daß Fremdes eher ausgegrenzt wird, Feindbilder gefördert werden und daß Aggression oft gerade die Phantasie der Männer beherrscht, welche die

Geschichte der Menschheit entscheidend beeinflußt haben. Statt die menschliche Intelligenz vorrangig in den Dienst des Lebens zu stellen, ist sie vor allem in die Entwicklung von Waffentechnik investiert worden. Durch Gewalt sind soziale Fragen auf ebenso einseitige wie einfache Weise „gelöst" worden.

Die Frau ist des Mannes Grenze

Dem männlichen Wunsch, sich auszubreiten, seine individuellen Anlagen unendlich zu vervielfältigen, steht die „Natur der Frau" Grenzen setzend gegenüber. Der Menschen-Mann schüttet mit einer einzigen Ejakulation Millionen von Keimzellen aus. Würde er mit jeder dieser einzelnen Keimzellen ein weibliches Ei befruchten, könnte er in neun Monaten einen unbewohnten Kontinent bevölkern. Theoretisch könnte ein Mann *durch eine einzige Ejakulation* die Bevölkerung der USA verdoppeln. Es müßten ihm nur genügend Frauen für die Befruchtung und der erforderliche medizinisch-technische Apparat zur Verfügung stehen, um seine Keimzellen auf so viele Frauen zu verteilen.

In seinem utopischen Roman *Schöne neue Welt* treibt Aldous Huxley den patriarchalen Allmachtswahn auf die Spitze: Er phantasiert, es sei der Wissenschaft gelungen, das weibliche Ei zur Knospung zu stimulieren. Dadurch könne man „aus einem einzigen Ovar mehr als fünfzehntausend Individuen erzielen." „Sechzehntausendzwölf in unserer Zentrale ... in neunundachtzig einheitlichen Gruppen!" ergänzt der Assistent stolz (Huxley 19, 22). Mag dieses Buch auch als Warnung vor der Möglichkeit, lebensfeindliche Utopien zu realisieren, geschrieben worden sein – die Phantasien des Autors sind männlich-pubertär; denn der Mann bleibt auf einer pubertären Entwicklungsstufe stehen, wenn er sich vom Weiblich-Mütterlichen nicht begrenzen lassen will.

In der Tierwelt steht das pubertierende Männchen mit seinen ungebändigten Begattungswünschen am Rand der Gruppe. Es muß soziale Anpassung lernen. Patriarchale Männlichkeit erstrebt die Befreiung des Mannes aus der Abhängigkeit von der Frau. Insofern bleibt der patriarchale Mann lebenslang pubertär. Wenn er die Fortpflanzung im Griff hätte, technische Leistung den endgültigen Sieg über die Frau und über die Natur garantierten, dann wäre der Mann auch emotional unabhängig. Er brauchte weder die Mutter noch eine Geliebte. Sein Distanzbedürfnis wäre ans Ziel gelangt. Der Menschenmann wäre endgültig zum puer aeternus – zum ewigen Jüngling – geworden (von Franz 1981).

Männer, die es ablehnen, sich durch weibliche Lebenszusammenhänge und weibliche Weisheit eingrenzen zu lassen, beanspruchen – vergleichbar der Mentalität des pubertierenden Knaben – das Recht auf Ausbreitung der Menschenart ohne Verantwortungsbewußtsein für die Folgen. Der reife, sozial angepaßte Mann sollte Verantwortung für das Leben tragen und sich mit seiner persönlichen Leistungskraft einbinden in alle Aufgaben, die dem Leben dienen – privat und politisch.

Ursprünglich grenzte der Östrus*, der erst nach der Stillperiode wieder einsetzte, das sexuelle Bedürfnis des Männlichen weit länger ein als für die Dauer eines Jahres. Durch Empfängnisverhütung, Abtreibung und die Tötung neugeborener Kinder unmittelbar nach der Geburt hielten Menschenmütter die Bevölkerungszahl stabil. Weibliches Verhalten paßte die Population eines Stammes den Lebensbedingungen des jeweiligen Habitats an und folgte damit einer inneren Ordnung, die dem Überleben der Art – nicht ihrer grenzenlosen Ausbreitung – diente.

Die Frau folgte einer Lebensweisheit, die in Gestalt der Großen Göttinnen Tabus setzte und Rechte forderte. Die unterägyptische Ma'at, die griechische Metis und die Göttin Mut der ägyptischen Thebaner waren Personifikationen dieser innewohnenden Weisheit. Alle Weisheitsgöttinnen verfügten über den Konsonantenstamm „m.t.", der aus dem Wort Mutter abgeleitet worden war. Es war die Weisheit der Mütter, die dem Männlichen Grenzen setzte.

Die zuerst von Freud und später auch von der Psychologie der Jungianer so viel gepriesene *Emanzipation des Mannes aus dem Reich der Mütter* brachte es mit sich, daß die Männer die Weisheit der Mütter in den Wind schlugen. Die Psychologen wurden nicht müde, als Befreiung zu rühmen, was in Wirklichkeit ein Verbrechen – nicht nur an der Frau –, sondern an der Menschheit war. Männer beanspruchten ihre „Freiheit" auf Kosten der Frau: Sie unterwarfen sich Frauen zu Sklavinnen, machten sich die weibliche Sexualität untertan und mißachteten die naturgewollten Grenzen, die das Weibliche dem Männlichen setzt.

Was Frauen wollen? *Die Gewißheit, nicht mehr Kinder zu bekommen, als sie sich wünschen und überhaupt keine, wenn sie keine haben möchten.* Eine amerikanische Studie hat neuerdings erwiesen, daß „ernsthafte negative psychologische Reaktionen nach einer legalen Abtreibung selten" seien. „Vielmehr berichteten die meisten Frauen, daß sie erleichtert und froh" sind (bild der wissenschaft 1990, VI, 9).

Gesellschaftlicher Druck auf die Entscheidung einer Frau für oder gegen ein Kind sollte unbedingt unterlassen werden. Auch wenn die Gründe für eine Frau, eine Schwangerschaft abzulehnen, heute andere sein mögen als früher – der Sinn ihrer Haltung besteht immer darin, daß seelisch gesunde, erfolgreiche Kinder in einem Milieu von Sicherheit und Geborgenheit heranwachsen sollen, das ihre Anlagen optimal fördert.

Eine Frau kann verantwortlicherweise nur dann ein Kind in die Welt setzen, wenn sie – soweit sie es überblicken kann – sicher ist, Mutterliebe gewährleisten zu können. Es ist grausam genug, wenn ein Säugling durch einen Schicksalsschlag die Mutter entbehren muß.

In China wurden Frauen verpflichtet, nur ein Kind auf die Welt zu bringen. Die Gesellschaft, und das sind auch in China die herrschenden Männer, erlegten der Frau neue Normen auf. So vernünftig diese bevölkerungspolitischen Gesetze gewesen sein mögen –, sie bleiben solange unzumutbar für die Frau, wie die Mutter eines Mädchens geringer bewertet wird als die Mutter eines Sohnes. Die Tötung eines erstgeborenen Mädchens durch die Mutter ist deshalb in China keine Seltenheit.

Durch diese Praxis werden nach einigen Generationen Frauen in der Minderzahl sein. Ob dies zu friedlicher Polyandrie führen wird oder zu unbarmherziger Konkurrenz unter Männern, steht dahin. Schließlich entscheiden doch die Frauen über das Bevölkerungswachstum. Keine aufgesetzte männliche Ordnung kann die Selbstregulierung ersetzen, mit der Frauen instinktiv die Bevölkerungsdichte steuern. Und der Unfug männlicher Herrschaft über die Frau wird sich als Bumerang erweisen.

Durch soziale Zwänge geraten Frauen in ausweglose Situationen. Die moralisierenden Personen in der Gesellschaft fragen sich nicht selbstkritisch, ob sie den Druck, den sie ausüben, verantworten können. Eine meiner Töchter arbeitet in der Therapie mit einer Frau, die mehrmals Schwangerschaften abgebrochen hat und heute unter dem Zwang zu stehen glaubt, sie müsse in ihrem Leben dafür mit der Geburt der gleichen Anzahl Kinder, die sie abgetrieben hat, büßen. Diese Frau ist nicht in Konflikt mit sich selbst geraten, sondern sie hat gesellschaftliche „Werte" internalisiert, welche die Neurose ausgelöst haben.

Leben wird in den verschiedenen Völkern sehr unterschiedlich bewertet. Abtreibung und Kindestötung werden bei solchen Populationen gefordert, die ein Anwachsen ihrer Bevölkerungszahl mit allen Mitteln verhindern wollen. Wildbeuter töten mißgebildete Säuglinge, weil nur gesunde Kinder dem unsteten Leben in der Wildnis gewachsen sind. Beim Stamm der Arapesh werden vor allem Mädchen, besonders, wenn sie in einer Familie bereits in der Überzahl sind, sofort nach der Geburt getötet. „Man läßt das Kind dann ungewaschen und ohne die Nabelschnur abzuschneiden am Ort der Geburt liegen, womit es dem Tod überantwortet wird." (Mead, zitiert bei Maler-Sieber 1978, 62 f.) Dieses Verhalten beweist nicht unbedingt die Minderbewertung des Weiblichen. Es dürfte meiner Ansicht nach dabei eher die Tatsache eine Rolle spielen, daß die Anzahl der weiblichen Mitglieder einer Gesellschaft über die Bevölkerungsdichte entscheidet.

„Ob ungeschriebene Gesetze den einzelnen zur Kindestötung zwingen oder geschriebene Gesetze die gleiche Tat zum Verbrechen erklären – die Gesellschaft erhebt zumindest den Anspruch, über den Nachwuchs ihrer Mitglieder zu entscheiden." (Maler-Sieber 1978, 60) Ob Frauen verpflichtet werden, ihre Geburten zu beschränken, oder sie zu Schwangerschaftsberatungen und zum Austragen der Leibesfrucht gezwungen werden sollen – es geht immer um die Bevormundung der Frau. Es gibt kein Gesetz, das Männern einen Beratungszwang auferlegt, wenn sie über ihren Körper und ihr gesamtes Lebenskonzept entscheiden. Es wird manchmal eingewandt, daß auch Männer sich einem Beratungszwang unterwerfen müssen – dann nämlich, wenn sie den Kriegsdienst verweigern. Zwar ließe sich anmerken, daß Frauen bevormundet werden, wenn sie keine Helden gebären wollen, und Männer, wenn sie keine Helden werden wollen. Trotzdem hinkt der Vergleich; denn bei der Schwangerschaft geht es um eine körperliche Sensation, für die es im männlichen Leben keine Entsprechung gibt. Eine Schwangerschaft entscheidet über das ganze Leben einer Frau: Sie muß Ausbildungs- oder Studienpläne, Berufs- oder andere Lebenswünsche zurückstellllen. Der junge Mann dagegen entscheidet darüber, ob er ein paar Monate seines Lebens militärischer Ausbildung oder zivilem Ersatzdienst widmet. Und schließlich ließe sich das Problem für Männer dadurch lösen, daß sie weltweit auf kriegerische Lösungen ihrer Konflikte verzichten und endlich eine Welt ohne Waffen und ohne Militär schaffen.

Offensichtlich ohne zu bedenken, daß *Männer ihre Konflikte durch Krieg und Mord* an Millionen von Menschen lösen, äußerte ein christlicher Politiker im Deutschen Bundestag bei der Debatte um die Abtreibungsfrage, er sähe zwar ein, daß eine Frau durch Schwangerschaft in Konflikte geraten könne, aber *es ginge nicht an, daß sie ihre Konflikte durch Mord löse.* Bei aller Gesetzgebung für oder gegen Abtreibung geht es den Männern nicht um Leben, das sie selbst in ihren Kriegen so bedenkenlos vernichten. Es geht vielmehr darum, weibliche Autonomie zu beschränken, Frauen auf ihre Biologie zu verpflichten und ihren Entwicklungsspielraum einzugrenzen. Solange sich Männer an der Kinderaufzucht kaum beteiligen, können sie ihre Lebenspläne störungsfreier verfolgen als Frauen. Sie argumentieren auf Kosten der Frauen, denen sie ein Höchstmaß an Reproduktionsleistung zumuten.

Die Gesellschaft bleibt gegenüber der Frau in der Bringschuld. Sie bietet ihr keine ausreichenden sozialen Einrichtungen an, um sie zu entlasten und mutet ihr wirtschaftliche Nachteile und die Vernachlässigung der eigenen Entwicklung zu, ohne den Vater in die Pflicht zu nehmen. Die „Moral“ der Gesetze entlarvt damit ihren Charakter als Herrschaftsinstrument, und die Entscheidungsbefugnis des Staates über Abtreibung bleibt eine unverantwortliche Anmaßung.

Die Natur stellt für die Fortpflanzung ein überreiches Angebot zur Verfügung, so daß männliche Keimzellen, Eier, Embryonen und Neugeborene jeder irdischen Lebensform untergehen *müssen,* wenn die Erde nicht von Leben überschwemmt und zerstört werden soll. Die Eierstöcke bei Menschen-Frauen sind bereits bei der Geburt mit ca. 50 000 bis 70 000 Eiern ausgestattet, die nahezu alle dem Untergang preisgegeben sind, sei es, daß sie im Lauf des weiblichen Lebens gar nicht erst reif werden, sei es, daß sie nicht befruchtet oder nicht ausgetragen werden. Die Verschwendung der Natur macht den Untergang ungeborenen Lebens zur Notwendigkeit. Spontane Aborte kommen häufiger vor als provozierte.

Müssen Frauen Kinder austragen, damit sie durch Kriege, Katastrophen und Umweltzerstörung wieder untergehen? Die Natur stellt ihr verschwenderisches Überangebot zur Verfügung, damit das Überleben der Arten gesichert ist. Bei Pflanzen und niederen Tieren werden überschüssige Nachkömmlinge meist gefressen. Bei Säugetieren wird entweder die Zeugung von Nachkommen verhindert, die zur Erhaltung der Art nicht gebraucht werden, oder das keimende Leben wird meist *vor* jeglicher Geburt zerstört.

Eine brasilianische Frauenärztin, die aus ihrer Heimat geflohen war, berichtete mir einen tragischen Fall: Eine ältere Frau war zu ihrer vierzehnten Entbindung eingeliefert worden, und es war zum zweiten Mal, daß sie durch Kaiserschnitt entbunden werden sollte. Der Chirurg erklärte dem Ehemann, daß dieser Kaiserschnitt zum letztenmal mit der Hoffnung auf das Überleben der Frau durchgeführt werden könne. Ein weiterer derartiger Eingriff würde mit hoher Wahrscheinlichkeit das Leben der Frau kosten. Deshalb forderte er von dem Ehemann das schriftliche Einverständnis, bei dem bevorstehenden Kaiserschnitt zugleich die Eileiter zu unterbinden, um die Frau zu sterilisieren. Der Ehemann hat die Unterschrift verweigert. Alle Welt würde ja glauben, er sei zeugungsunfähig, wenn seine Frau nicht mehr schwanger werden würde.

Ich könnte zu diesem Thema noch viele Beweise anführen; aber den LeserInnen werden sicher selbst genügend Beispiele dazu einfallen. Die irrationalen Diskussionen um Abtreibung und die päpstliche Forderung, sogar jede Empfängnisverhütung zu verdammen, beweisen die politische Dimension männlicher Ausbreitungswünsche hinlänglich.

Die patriarchalen Religionen sind die Brutstätte für den Anspruch, pubertär-männliche Fortpflanzungsphantasien absolut zu setzen. Der Prophet Hosea hat eine Frau geheiratet, die frei und selbstbestimmt mit ihrer Sexualität umgeht. Daher klagt der Prophet, daß er „Hurerei treiben müsse und sich nicht ausbreiten" könne (Hos. 3, 10). Ich fühle mich durch diese Bibelstelle betroffen und verletzt. Damit wird jede Sexualität, die einfach Wonne und Freude bereitet, die Liebe ausdrückt und menschliche Erfüllung bedeutet, zur Hurerei gestempelt.

Die Verantwortung, die Frauen instinktiv für das Leben fühlen, gebietet ihnen Anpassung an die Lebensgrundlage, an die begrenzte Erde, die uns zur Verfügung steht. Die patriarchale Zivilisation hat Frauen in aller Welt sozialisiert, sich dem Anspruch des Mannes nach unendlicher „Ausbreitung" kritiklos zu unterwerfen. Die Katastrophe lebensvernichtender Überbevölkerung der Erde steht unmittelbar bevor.

In der monogamen Ehe begrenzt die Gebärfähigkeit der Frau die Ausbreitungswünsche des Mannes. Die Pascha-Ehe dagegen ermöglicht dem Mann, mehr eigene Nachkommen zu erzeugen. Menschenaffen wie die Gibbons beweisen, daß die monogame Lebensweise zwar ein strenges Territorialverhalten bedingt, aber keine Kriege innerhalb der Art heraufbeschwört. Es lohnt sich, darüber nachzudenken. Kriege machen den überlebenden Männern die Pascha-Ehe und die Erzeugung einer großen Anzahl von Nachkommen möglich. Wachsende Bevölkerungsdichte kann dann nur durch Mord im Gleichgewicht gehalten werden: *Wo viele Geburten sind, ist auch viel Tod – und andererseits können viele Morde nur durch viele Geburten ersetzt werden.*

Die Menschen haben das Angebot der Evolution zu monogamer Lebensweise nicht angenommen. Die sogenannte monogame Ehe beim Menschen ist eine künstliche Gesellschaftsform. Sie wird nur der Frau aufgezwungen, während der Mann – wo immer er kann – die Pascha-Ehe bevorzugt und im übrigen ein eher promiskuitives Verhalten zeigt. „Vom ersten Kuß bis in den Tod sich nur von Liebe sagen ...", womit Heinrich Heine die romantische Liebe verklärt – falls er es nicht zynisch meint –, entspricht nicht der gesellschaftlichen Realität.

Frauen, die wagen, ihre Selbstbestimmung in den Vordergrund zu stellen, die wagen, auf Geburtenbegrenzung zu bestehen, können zum Umdenken zwingen. Das Selbstbestimmungsrecht der Frau wird heute häufig als „Egoismus" zurückgewiesen. Immer wieder wird den Frauen suggeriert, Mütterlichkeit sei ihre vornehmste Aufgabe. Der Mann hat im Patriarchat viel mehr Möglichkeiten der Selbstverwirklichung als jede Frau. Trotzdem reichen diese Chancen anscheinend nicht aus, um das männliche Selbstbewußtsein – besonders in der theologisch-politischen Anspruchshaltung – von dem Wahn zu befreien, der Mann müsse sich „ausbreiten", um wirklich Mann zu sein. Durch die patriarchale Bewußtseinsentwicklung ist dem Mann das Korrektiv abhanden gekommen, das ihm ein weibliches Gegenüber abfordert: das Recht der Frau auf ihr selbstbestimmtes Leben. Männer müssen am Widerstand der Frauen lernen, ihren Wert nicht von ihrer Macht abhängig zu machen.

Überall verschwendet die Natur: mit der Vielfalt der Arten und mit dem unüberschbaren Formenreichtum, den jede Art entwickeln kann. Erst die Auswahl aus der Fülle treibt evolutionäre Prozesse einem bestimmten Ziel zu. „Verschwenderische Arbeitsweise" ist eines der Prinzipien der Natur (Jonas 1982, 128). Verschwendung gewährleistet die vielfältigen Angebote zur Selektion.

Aber das Keimgut einer einzelnen Spezies wird von der Natur nicht verschwenderisch zur Verfügung gestellt, damit jeder Keimling ein Individuum werde. Wenn die Menschenart sich gedankenlos vermehrt und dabei alle anderen Arten mit dem Aussterben bedroht, gleicht sie einer Monokultur: Die ausgewogene Nahrungsgrundlage geht verloren und die natürlichen Abwehrkräfte schwinden. Wachstum um jeden Preis bedeutet den Untergang jeder Population. Darum hat die Natur die Vermehrung einzelner Arten begrenzt, sei es, daß die Brut in Scharen den Freßfeinden zum Opfer fällt, sei es, daß – wie bei Säugetieren und dem Menschen – die verlängerte Generationenfolge und die weibliche Natur durch Schwangerschaft, Stillperiode und Geburtenplanung der Überpopulation Grenzen setzt.

Das Streben nach Wachstum – ein archaisches Relikt

Der Fortpflanzungsinstinkt und die Fähigkeit der Menschen, intellektuelle Neugier in neue Erfindungen zu transformieren, wirkten sich vor zwei Millionen Jahren vorteilhaft für das Überleben und für die Entwicklung der Spezies Mensch aus. In einem weiten Lebensraum begleiteten das Wachstum der Populationen und das Wachstum des technischen Wissens die Ausbreitung der Menschheit über die Erde.

In der mann-menschlichen Zivilisation besteht weder die Bereitschaft, den ungehemmten Fortpflanzungstrieb als archaisches Relikt zu erkennen, noch die Hoffnung, Wirtschaftswachstum und technischen Fortschritt zu bremsen. Im Gegenteil: Das fossile – auf Geburtenzuwachs und technisches Wachstum zielende – Verhaltensmuster wird den Menschen in allen patriarchalen Gesellschaften als „Ethos" übergestülpt. Wir vertrauen blind auf geistige und moralische Werte, denen angeblich die

Priorität in unserer Gesellschaft zukommt. Wenn aber eine Art an archaischen oder gar fossilen Verhaltensweisen festhält, statt sich veränderten Lebensbedingungen anzupassen, gerät sie in eine Sackgasse und stirbt aus. Zögerlich formuliert ein Biologe: „Was früher vernünftig gewesen sein mag, kann heute unvernünftig sein, was früher Überleben garantierte, mag heute Chaos und Ende bedeuten.“ (Mohr 1987, 17) Angesichts der Katastrophe, auf welche die Menschheit zutreibt, kann gar nicht mehr in Frage gestellt werden, daß radikales Umdenken notwendig ist: Die archaische, auf Wachstum angelegte Disposition der Menschheit treibt diese Spezies unter den modernen, veränderten Umweltbedingungen in den sicheren Tod.

Die Menschheit braucht heute einen Selektionsdruck, der auf Beschränkung gerichtet ist: Verzicht auf Wirtschaftswachstum, Verzicht auf Bevölkerungszuwachs, und vor allem: Verzicht auf Gewalt und Macht. Robert Ardrey glaubt, das Problem auf einen Nenner zu bringen, wenn er schreibt: „Weder die Bevölkerungsexplosion noch die Überbevölkerung unserer Großstädte, weder die nukleare Katastrophe noch die abwegigen Abenteuer unserer Jugend bedeuten für unsere Zukunft eine so große Gefahr wie die Neigung des Menschen zur Gewalt.“ (Ardrey 1971, 286)

Begreift er nicht, daß alle Probleme, die er aufzählt – abwegige Abenteuer unserer Jugend, nukleare Bedrohung, Bevölkerungsexplosion –, und der Produktionszuwachs, den er nicht erwähnt, durch Gewalt und Männerherrschaft verursacht worden sind?

Die grenzengebietenden Kräfte, welche dem „Wachstum um jeden Preis“ entgegenstehen, sind mit vielfältigen Formen der Gewalt überwunden worden – von subtiler Machtaneignung bis zum offenen Kampf, von psychologischen Mitteln des Liebesentzuges, der Überredung, der Missionierung, der Kolonisation bis zum Krieg.

Dem Menschenwachstum in der sogenannten Dritten Welt steht das ausbeuterische Wirtschaftswachstum der Industriestaaten gegenüber, wobei die Ausbeutung auf die Ressourcen der armen, aber rohstoffreichen Länder abzielt. Die sogenannten unterentwickelten Länder verfügen über eine größere Vielfalt an pflanzlichen und tierischen Lebensformen. Das hat Gründe: Im warmen Klimagürtel der Erde haben sich Pflanzen- und Tierarten entwickelt, während die Eiszeit die nördlichen Gegenden noch mit einem Panzer aus Eis und Schnee bedeckt hat. Zusätzlich haben Monokulturen in den Industriestaaten – die zum Teil in ehemals eisbedeckten Gebieten liegen – die ohnehin geringere Artenvielfalt weiter eingeschränkt. Daher ist die Gen-Forschung weitgehend auf biologische Grundformen angewiesen, die nur in den sogenannten Drittweltländern vorkommen. Diese zweifelhafte Forschung, die ihre Existenzberechtigung unter anderem damit begründet, daß sie Krankheiten bekämpfen, den Armen der Welt helfen und dem Hunger steuern wolle, beutet die armen Länder gewissenlos aus. Erschütternd ist die Tatsache, daß die Industrie, wenn sie ein besonders ertragreiches Saatgut entwickelt hat, dieses patentieren läßt. Damit wird das Produkt monopolisiert und verteuert, und die „Dritte Welt" kommt als Geschäftspartner dafür nicht mehr in Frage. Für das patentierte Saatgut wird dann ein darauf abgestimmtes Pflanzenschutzmittel entwickelt. Auf diese Weise wird die Landwirtschaft nach und nach weltweit von wenigen großindustriellen Unternehmen abhängig.

Die Profitorientierung dieser Unternehmen braucht das Wachstum der Weltbevölkerung. Die Industrie braucht Absatzmärkte. Dazu braucht sie einen Überschuß an *Menschenmaterial* und muß Frauen zwingen zu gebären. Letztlich werden Überpopulation und Überproduktion und der Kampf um Ressourcen unweigerlich zu Kriegen führen. Und für Kriege gigantischen Ausmaßes sorgt die patriarchale Gesellschaft vor:

„Als litte die Menschheit unter einem akuten Mangel an Vernichtungskapazität, investieren die Regierungen mehr Geld in Forschung zur Perfektionierung der Rüstung als für Forschung auf den Gebieten Ernährung, Umweltschutz, Gesundheit und Energieversorgung zusammen. Bessere Lebensbedingungen, die zum Frieden beitragen könnten, sind denen, die über Forschungsetats entscheiden, weniger wert als die Entwicklung neuer Vernichtungsmöglichkeiten. Wenn, wie es heißt, Forschung Zukunftssicherung bedeutet, dann ist großen Teilen der Menschheit die Zukunft gewiß: Elend, Verwüstung und Krieg." (Herbig 1984, 302 f.)

Es ist unerträglich, wenn Wissenschaftler durch simple Hochrechnung allein auf das Bevölkerungswachstum in den Entwicklungsländern und die Gefahren einer bevorstehenden katastrophalen Überpopulation aufmerksam machen. Friedrich von Weizsäcker hat berechnet: „Falls sich die Bevölkerung Nigerias weitere 120 Jahre mit der heutigen Geschwindigkeit vermehren würde, dann gäbe es über fünf Milliarden Nigerianer." (Weizsäcker 1990, 78)

Das heißt, allein in Nigeria würden in 120 Jahren so viel Menschen leben, wie etwa gegenwärtig die gesamte Erde bevölkern. Solche Entwicklungen lassen sich aber nicht nur für die Population in Nigeria hochrechnen, sondern für zahllose Gesellschaften auf der Erde. Unvorstellbare Katastrophen und Vernichtungskriege, die alle bisherigen Kriege und sogar einen möglichen Atomkrieg in den Schatten stellten, wären die unausbleibliche Folge.

Eine Zunahme der Erdbevölkerung um jährlich 2% würde schon im Jahr 2030 einen Anstieg der Kohlendioxidkonzentration in der Troposphärenluft auf das Doppelte zur Folge haben. Aufgrund dieser Prognose sind klimatische Veränderungen unvorstellbaren Ausmaßes zu erwarten.

Die Zunahme der Weltbevölkerung und das industrielle Wachstum gefährden das Überleben der Menschheit wechselseitig. Dabei wird wenig bedacht, daß in den Industrieländern ein ausgewogenes Verhältnis zwischen Bevölkerung und der Lebensgrundlage nur vorgetäuscht wird: Kein Industriestaat versorgt sich aus dem eigenen Land. Wäre die westliche Welt auf ihr Habitat als Lebensgrundlage angewiesen, herrschte alsbald Hungersnot.

Ist der Rückgang der Geburten in den Industrieländern eine unbewußte Reaktion der Frauen auf die bedrohliche Überpopulation der Menschheit? Könnte es sein, daß Frauen einem verborgenen Instinkt folgen, wenn sie ihre Mütterlichkeit zurückstellen und andere Lebenskonzepte anstreben?

Sie bewerten Berufsausübung und das Hineinwirken in die Öffentlichkeit oft höher als Mutterschaft, oder sie bringen ihr erstes Kind erst gegen Ende ihres dritten Lebensjahrzehnts zur Welt und setzen daher nur noch ein oder zwei Kinder in die Welt.

„Je weniger Kinder geboren werden, um so wertvoller wird das einzelne. Je wichtiger und teurer jedes einzelne Kind ist, desto mehr Rechte werden dem Ungeborenen zugebilligt, desto mehr Menschen entscheiden sich aber auch gegen Risiken und Pflichten. Die Kinderzahl nimmt ab.“ (Neffe 1989, 24)

Anscheinend werden diese Entscheidungen von den Frauen bewußt getroffen. Damit aber sehen wir vielleicht nur die Oberfläche. Der Vorgang könnte als ein Mikroprozeß aufgefaßt werden, dessen größere Zusammenhänge wir nicht unmittelbar einsehen können. Es könnte sich tatsächlich darum handeln, daß Frauen durch dieses Verhalten die Anpassung der menschlichen Population an das Habitat Erde in zweifacher Hinsicht fördern: Sie regulieren das Bevölkerungswachstum durch Rückgang der Geburten, und sie steuern dem Wirtschaftswachstum entgegen, indem sie soziale Verantwortung vor Machtdurchsetzung stellen.

Tierische Populationen regulieren ihre Populationsdichte auf natürliche Weise, und sie überleben durch ihr Sozialverhalten und nicht durch ihre Aggressionsbereitschaft: „Für jede Gruppe von Lebewesen besteht die Notwendigkeit, ihre Überlebensfähigkeit zu etablieren, darin, daß sie Mittel entwickelt, die ihre Bevölkerungsdichte so reguliert, daß die Nutzbarkeit ihres Habitats nicht erschöpft wird.“ (Jonas 1977, 105) Die Eheleute Jonas glauben, daß „die Natur“ sich regelmäßig räche, wenn ihre Harmonie gestört würde. So

„könnte man beinahe von einer Starrsinnigkeit der Natur sprechen. Wenn ein bestimmtes biologisches Ziel notwendig wird, wie z.B. Verminderung der Bevölkerungszahl, folgt ein Mechanismus nach dem anderen, bis ein Ausgleich erreicht wird. Als der Streß der Überbevölkerung mittelalterlicher Städte den menschlichen Widerstand gegenüber Infektionen verringerte, merzten Epidemien einen Großteil der Bevölkerung aus. Als medizinische Fortschritte den letalen* Effekt infektiöser Krankheiten reduzierten, traten Streßkrankheiten in den Vordergrund. Könnte man auch diese bekämpfen, würden Unfall- und Selbstmordstatistiken das nächste Zeichen einer notwendigen Korrektur geben, die von der unaufhaltsamen Wirksamkeit der Natur in Gang gesetzt wurde." (Jonas 1977, 177)

Ob „die Natur" noch einmal der Menschheit nichts als nur eine „Korrektur" abverlangt, oder ob die Starrsinnigkeit patriarchaler Wachstums-Ethik die Menschheit in eine Sackgasse treibt, der sie nicht mehr entkommen kann, steht dahin.

Vielleicht haben Menschenfrauen und Menschenmänner den Anpassungs-Instinkt nicht so völlig eingebüßt, wie es auf der Hand zu liegen scheint. Der Gedanke an eine unterschwellig wirksame Ordnung im menschlichen Verhalten, welche die Populationsdichte zu regulieren und der Hypertrophie der mann-menschlichen Industrie entgegenzuwirken vermöchte, wäre tröstlich.

Die Sorge ist indessen groß, daß zu wenige Frauen der „Dritten Welt" sich in absehbarer Zeit dazu verstehen und in der Lage finden werden, selbständig in die Öffentlichkeit hineinzuwirken. Nur wenn sich alle Frauen vom traditionellen Frauenbild befreien, könnte eine Entwicklung eintreten, welche die Bevölkerungsexplosion aufhalten würde: Eine Frau, die ihre Persönlichkeit voll entfalten kann und zur Geltung bringt, bekommt keine Überzahl von Kindern.

Auch Entdeckungen, die zunächst wertfrei gemacht worden sind, kommen der Notwendigkeit, die Bevölkerungsexplosion auf der Erde einzudämmen, entgegen: Adolf Friedrich Butenandt gelang es in den dreißiger Jahren, die Geschlechtshormone zu isolieren. Er wurde 1939 mit dem Nobelpreis ausgezeichnet, aber gewiß nicht dafür, daß durch seine Entdeckung die Anwendung der Östrogene als Ovulationshemmer möglich werden sollte – ein unfreiwilliger Nebeneffekt, der erst später gesellschaftlich außerordentlich bedeutsam werden sollte.

Die menschliche Gesellschaft kann durch Einsicht, falls sie diese walten läßt, auf bislang unterdrückte Verhaltensweisen zurückgreifen, wenn sich die Lebensbedingungen oder die sozialen Forderungen der Gemeinschaft ändern. So könnten uns sogenannte „primitive Völker" an einfachen Beispielen lehren, schonend mit unserer Lebensgrundlage umzugehen. Beim Tasaday-Stamm im Regenwald der Philippinen ist beobachtet worden, daß ihre Mitglieder bestimmte Wurzeln nicht völlig verzehren. Immer lassen sie ein Stück übrig, und zwar dasjenige, das ein

„Auge“ oder mehrere zu weiterem Wachstum hat. Auch unter den Menschen der industriellen Welt mahnen viele – auf welcher Ebene auch immer –, das Angebot von Nahrung und Energie zu erhalten und zu erneuern. Sie folgen damit einer latenten Disposition, die als Verhaltensmöglichkeit in ihrem archaischen Erbe angelegt ist.

Von Völkern, die wir „primitiv“ nennen, sollten wir lernen, statt ihnen die Errungenschaften des industriellen „Fortschritts“ aufzunötigen. Wir können bei „primitiven“ Völkern beobachten, daß sie ihre Bevölkerungszahl ihrem Habitat angepaßt haben, bevor der weiße Mann gekommen ist. Seit wir ihnen unsere Zivilisation übergestülpt und sie den „ethischen“ Forderungen der Missionare unterworfen haben, können sie das Wachstum ihrer Völker nicht mehr zügeln.

Es ist immer wieder eingewandt worden, daß die Erde einen Zuwachs von weiteren Milliarden Menschen ernähren könnte, wenn alle Menschen auf Fleisch verzichten würden, wenn die Verteilung der Nahrung gerechter wäre und vieles mehr. Vor allem erhofft sich die Industrie von noch dichter besiedelten Städten einen kontinuierlichen Wachstumsdruck auf die Produktion. Eine solche Entwicklung wird von der traditionellen Wirtschaftswissenschaft als „gesund“ propagiert. Psychologisch kann das weitere Anwachsen der Großstädte nur als Horrorvision gelten. Hans Mohr widerspricht der ökonomischen Wachstumseuphorie aus ökologischer Sicht:

> „Es gehört zur Grundthese der Ökologie, daß Populationen letztendlich durch die verfügbare Nahrung begrenzt werden. Dennoch sind Berechnungen der maximalen Tragekapazität der Erde für den Menschen – unbegrenzte Energieressourcen vorausgesetzt – total irreführend, da umweltbelastende Nebenwirkungen die theoretische Spitzenproduktion nicht zur Dauerproduktion werden lassen, und da zum humanen Leben mehr gehört als 10 000 kj Nahrungszufuhr pro Tag. Die ernährungstechnisch maximal mögliche Erdbevölkerung ist kein humanes Ziel, sondern eine Horrorvision. Außerdem können wir uns landwirtschaftliche Intensivkulturen nach dem Versiegen der fossilen Energiequellen gar nicht mehr leisten.“ (Mohr 1981, 211 f.)

Es ist tröstlich zu wissen, daß auch moderne Menschen des Industriezeitalters über Rudimente eines Verhaltens verfügen, das die Ausbeutung unserer Lebensgrundlage vermeidet. Ethologische* Studien haben bewiesen, „daß wir mehr phylogenetisch* eingebettete Verhaltenselemente besitzen als die anderen Primaten“ (Jonas 1977, 105). Das heißt, die Menschenart ist flexibler und anpassungsfähiger als jede andere Spezies.

Auf der anderen Seite werden wir von Gewalttätigkeit überrollt, deren Ursache wir nicht verstehen; denn die Dispositionen zur Gewalt, zum Imponiergehabe, zur Ausrottung überzähliger Artgenossen, schwelen unbewußt unter der Oberfläche unserer Geistkultur. Die unbewußten Impulse zu gewalttätigem Verhalten kommen vielleicht aus unserem

Säugetiergehirn, oder sie folgen noch archaischeren Signalen aus der Urzeit des Lebens.

Sofern patriarchale Friedensforscher das Gewaltpotential aus der Welt schaffen wollen, vertrauen sie auf den Sieg des menschlichen Großhirns und auf die Unterdrückung des sogenannten Säugetiergehirns durch den menschlichen Geist. Dies ist nichts anderes als ein moderner verzweifelter Versuch, den „Fortschritt" durch den Sieg des männlichen Geistes über die Natur – in diesem Fall über unser Säugetiergehirn – zu erreichen. Immer wieder versuchen Männer, dem Geist Fähigkeiten zuzutrauen, die menschlicher Geist nicht haben kann. Das Säugetiergehirn in unserem Kopf reguliert fast alle unbewußten Lebensfunktionen, die wir Menschen durch den Geist nicht steuern können. „Wenn wir in unserer modernen Welt unser menschliches Potential unter optimaler Ausnutzung unserer Stärken und unter Umgehung unserer Schwächen verwirklichen möchten, so müssen wir über unser stammesgeschichtliches Erbe Bescheid wissen." (Strum 1990, 29)

Wenn aber der patriarchale Mann sich auf sein „stammesgeschichtliches Erbe" rückbeziehen soll, bedeutet dies einen Macht-Verzicht. Dagegen stellt der „Sieg des Großhirns über das Säugetiergehirn" den Zuwachs männlicher Macht über die Natur in Aussicht. Das hätten patriarchale Männer gern.

Wir müssen unter den vielfältigen Verhaltensweisen, die als verborgene Möglichkeiten in uns ruhen, die lebensfreundlichen auswählen. Dazu bedarf es einer gesamtmenschlichen Kultur, in der die Kreativität von Frauen voll zur Entfaltung kommt.

Ohnmacht und Macht-Habertum der Wissenschaft

Die Quelle, welche die menschliche Aggression speise, sei nicht bekannt, unterstellt Klaus Horn und postuliert damit zugleich die *Ohnmacht der Aggressionsforschung* (Horn 1973, 341). Aggressionsforschung wird auf vielen wissenschaftlichen Gebieten betrieben, und jeder Wissenschaftler sucht die Ursache für das Übel der Menschheit anders zu begründen. Der eine vermutet im stammesgeschichtlichen Erbe der Menschheit eine Triebkraft, die ausagiert werden müsse. Vertreter der philosophisch-sozialwissenschaftlichen Anthropologie glauben, daß aggressives Verhalten erlernt sei. Indem die verschiedenen wissenschaftlichen Disziplinen einander widersprechen, hebt die eine die Erkenntnisse der anderen auf.

Biologie und Psychologie und mit ihnen Philosophie, Anthropologie, Politik und Pädagogik müssen dem Phänomen menschlicher Aggression ratlos gegenüberstehen, wenn sie die Ursache der allgegenwärtigen Gewalt *entweder* in der Biologie der Menschen *oder* in ihrer Umwelt suchen; denn jeder gelungene Lernprozeß hat die entsprechende Begabung zur Voraussetzung und die Verstärkung durch Lernen zur Bedingung. Wir können nichts lernen, wenn uns die biologischen Voraussetzungen dazu fehlen; aber wir können und müssen auch nicht alles durch Lernen verstärken, was biologisch in uns angelegt ist.

Lerntheoretiker setzen voraus, daß ein Kind die Gewalt, mit der es zum Beispiel in einem Fernsehenfilm konfrontiert wird, nachahmen wird. Es wird den Film zum Vorbild nehmen, um seine eigenen Konflikte entsprechend zu lösen. Der Film wird damit zur Quelle der Aggression hochstilisiert. Aber das Fernsehen kann die Ursache menschlicher Aggression nicht sein, denn aggressives Verhalten gehört genuin zum Menschsein. Ganz sicher wird ein Kind die dargestellte Gewalt zum Vorbild für eigencs Handeln nehmen und in sein alltägliches Verhalten einbeziehen. Wenn es täglich mit Mord, Krieg und Schießereien durch das Fernsehen konfrontiert wird, kann der heranwachsende Mensch schließlich Gewalt als ultima ratio für jede Konfliktlösung betrachten. Auf der anderen Seite würde ein Kind aggressives Draufgängertum nicht lernen, wenn es dazu nicht veranlagt wäre. Es würde sich noch nicht einmal für Filme interessieren, die Gewalt thematisieren. Um etwas lernen zu können, muß Begabung vorausgesetzt werden. Wenn das Lernergebnis besonders gut sein soll, muß eine hohe Begabung vorausgesetzt werden. Warum sollte diese Verknüpfung von Disposition und Lernerfolg ausgerechnet für Aggression nicht gültig sein?

Die amerikanische Genetikerin Patricia Jacobs hat 1965 festgestellt, daß ein zusätzliches Y-Chromosom – eine seltene Anomalie in der Zellstruktur des Mannes – „überdurchschnittlich oft bei Gewaltverbrechern und ungewöhnlich aggressiven Männern zu finden" sei (Karcher 1986, 66). Durch spätere soziologische Untersuchungen ist jedoch der Zusammenhang zwischen XYY-Chromosomie und Gewaltverbrechen wieder bezweifelt worden. Mit guten Gründen konnte im „Gegenbeweis" belegt werden, daß ein zusätzliches Y-Chromosom seinen Träger nicht unbedingt zum Kriminellen bestimme.

Die beiden wissenschaftlichen Feststellungen widersprechen sich nur scheinbar. Es handelt sich um Wahrheiten, die beide richtig sind, und die soziologische Studie hat das Forschungsergebnis von Patricia Jacobs nicht widerlegt. Eine unglückliche Kindheit und ein aggressionsförderndes Milieu werden bei einem XYY-Träger asoziales Verhalten fördern. Dagegen kann eine geglückte Erziehung nicht nur den Träger des XY-Chromosoms, sondern auch den Träger eines zusätzlichen Y-Chromosoms zu sozialer Anpassung führen. Ausgestattet mit einem doppelten Antrieb zu aggredi-gerichteten Verhaltensweisen könnte ein XYY-Träger besonders tüchtig bei der Arbeit sein, ein zupackender Holzfäller, ein hervorragender Schmied, besonders zärtlich in der Liebe, ein treuer Freund, den niemand davon abhalten kann, freundlich auf einen anderen zuzugehen. Falls sich die negativen Prognosen hinsichtlich der Intelligenz von XYY-Trägern als falsch erweisen sollten, könnte er besonders schwierige geistige Probleme angreifen, unbeirrbar, wenn es sich um die Lösung einer sperrigen wissenschaftlichen Frage handelt.

Fragwürdig ist der Forschungsansatz: Will man alle Neugeborenen genetisch untersuchen, um den Anteil von XYY-Knaben an der Bevölkerung festzustellen? Wenn man unvoreingenommen untersuchen wollte, wie sich diese Knaben entwickeln, dürfte man den Eltern keine Mitteilung von dem Befund machen, um die Erziehung nicht zu beeinflussen. Ein solches Verschweigen ist ethisch nicht zu vertreten; aber die Preisgabe des Untersuchungsergebnisses könnte die Eltern seelisch sehr belasten und das Eltern-Kind-Verhältnis beeinträchtigen, zumal man annimmt, daß XYY-Knaben häufig eine schwächere Intelligenz entwickeln. Strafrechtsverteidiger bedienen sich bereits der Gen-Technik, um beim Vorliegen einer XYY-Chromosomie zu versuchen, ihre Klienten „freizubekommen oder Strafmilderung einzuhandeln." (Packard, 1978, 365)

Die Biologin Claudia Schulze kritisiert die Bezeichung „Mörder-Chromosom" (Schulze 1993, 111). Viele Menschen mit Chromosomenanonomalien fallen in der Gesellschaft überhaupt nicht auf. Erst die Möglichkeit der vorgeburtlichen Chromosomendiagnostik macht auf sie aufmerksam (Schulze 1993, 110).

Aggressionsforschung ist ein vielschichtiges Gebiet. Sie hat von der Naturverhaftung des Menschen auszugehen. Aggression – die Begabung zuzupacken, neugierig zu sein, Probleme zu bewältigen, Aufgaben anzugreifen, sich durchzusetzen – ist allen Menschen angeboren. Aber die genetische Disposition zu aggressivem Verhalten – zum aggredi im weitesten Sinn – sagt noch nichts darüber aus, wie lernfähige Wesen mit ihrem aggressiven Potential umgehen werden. Die Lernbereitschaft der Menschen wiederum wird bewußt und unbewußt, kollektiv und individuell beeinflußt, gefördert oder gehemmt. Dies alles gilt es zu erforschen, nicht in Einzelstudien, mit dem Interesse, sich gegenseitig zu widerlegen, sondern als vernetzte Forschung, bei der sich die Wissenschaften gegenseitig befruchten sollten.

In nur sieben Jahren – von 1963 bis 1970 – haben sich in der Bundesrepublik Deutschland schwere Verbrechen wie Raub, Mord und Totschlag verdoppelt (Horn 1973, 347). Delikte mit schweren Körperverletzungen sind um etwa ein Drittel häufiger geworden (Horn 1973, 347). Wer nach den Ursachen fragen will, muß viele Probleme zugleich betrachten:

Die Zeiten, in denen alle Bundesbürger ihre agggressive Potenz konstruktiv in den Wiederaufbau ihrer Existenz investiert haben, klingen mit den sechziger Jahren allmählich aus. Die Bevölkerungsdichte nimmt zu und erzeugt einen aggressiven Druck. Das Gefälle zwischen Armen und Reichen wird ausgeprägter, und manchen mag der gewaltsame Zugriff auf den Reichtum anderer als einziger Weg erscheinen, um ihre Armut zu kompensieren. Viele Menschen fühlen sich durch den Leistungsdruck überfordert und reagieren mit zerstörerischen Verhaltensweisen. Veränderungen in der Familienstruktur sind zu berücksichtigen. Die Frage, welchen Anteil die Darstellung von Gewalt im Fernsehen an der Zunahme von Verbrechen hat, kann nicht zurückgewiesen werden, obwohl das Fernsehen allein noch kein Kind zum Verbrecher macht.

Aggressionsforschung ist also ein verzweigtes Gebiet. Umfassende biologische, soziologische und psychologische Gesichtspunkte sind zu berücksichtigen. Aber ist die Wissenschaft wegen dieser Vielfalt der Forschungsansätze *ohnmächtig* gegenüber dem Phänomen Aggression, von dessen konstruktiver Lösung wahrscheinlich das Überleben der Menschheit abhängt? Oder gebärdet sie sich lediglich ohnmächtig, weil sie gar kein Interesse daran hat, Aggression aus der Welt zu schaffen?

Gewalt ist noch immer das letzte Mittel, mit dem die Mächtigen zu erreichen hoffen, was im Gespräch oder mit diplomatischem Geschick nicht durchgesetzt werden kann. Gegenüber dem Gespräch, gegenüber der Suche, unterschiedliche Interessen in Einklang zu bringen, hat Gewalt den „Vorteil", daß den eigenen Wünschen ungeschmälert Geltung verschafft werden kann.

Aber die Herren, die ihre Macht durch ein gigantisches militärisches Aufgebot zu sichern suchen, graben sich leicht das eigene Grab. Mancher Machthaber ist schon durch einen Putsch seiner Soldaten der Herrschaft beraubt worden. So haben die Janitscharen der türkischen Sultane und die Opritschniki Iwans des Schrecklichen, jene sagenhaften Elitetruppen, schon vor langem gezeigt, welche Früchte soldatische Erziehung tragen kann. Die Versuche derer, welche nach Weltherrschaft streben und sich, um ihr Ziel zu erreichen, eine Truppe heranziehen, vor der die Welt erzittert, kehren sich leicht gegen den seiner Macht allzu sicheren Herrscher.

Welches Konzept von Aggressionsvermeidung ist opportun in einer Gesellschaft, in der Frieden mit Gewalt durchgesetzt wird, in der Kriminalität nur durch die Präsenz einer starken Polizeimacht in Schach gehalten werden kann? Müßten nicht Regierungen, die einen Krieg vom Zaun brechen, des Mordes angeklagt werden? Oder können die Angeklagten behaupten, daß sie lediglich den Frieden sichern wollten? ... mit Gewalt, versteht sich.

Angesichts der patriarchalen Machtwünsche „steht die sozialpsychologische Aggressionsforschung nicht nur vor wissenschaftlichen Schwierigkeiten, umfassende Konzepte zur Befriedigung des Alltags zu konstruieren, sondern sie wird dabei auch auf enorme politische Widerstände stoßen, wenn mächtige Interessen verletzt werden." (Horn 1973, 348)

Die „Ohnmacht" der Aggressionsforschung ist ein Deckmantel für die mangelnde Bereitschaft, sich mit dem Problem auseinanderzusetzen. Wir wären nicht ohn-mächtig gegenüber der Aggression, wenn diese Krankheit, an der die Menschheit leidet, nicht zugleich „unersetzbare" Vorteile bieten würde. Die Ohn-Macht der Forschung gegenüber der Aggression gewährleistet, daß das Potential der Gewalt unangetastet bleibt, mit dem Macht durchgesetzt und aufrechterhalten wird.

Ohne jeden Zweifel ist die Gen-Forschung und mit ihr die In-Vitro-Fertilisation – die künstliche Befruchtung eines mütterlichen Eis im Reagenzglas und dessen Einbringen in einen Uterus – mindestens so vielschichtig verzweigt wie die Aggressionsforschung. Nicht nur Biologie und Medizin sind gefragt, sondern Soziologie, Psychologie, Philosophie, Ethik und Rechtsprechung. Widersprüchliche Sichtweisen, wobei eine wissenschaftliche Disziplin der anderen jeden Sinn an der Forschung abspricht, müßten die Gen-Forschung längst zur Farce gemacht haben.

Dazu kommt die tatsächliche Ohnmacht der Gen-Forschung. Einzelne Gene kann man auch im stärksten Elektronenmikroskop nicht erkennen, geschweige denn eine einzelne Punktmutation in ihnen. Die Gene sind aus winzigen Molekülen, den Bausteinen des Lebens*, zusammengesetzt.

Man wird über Erbkrankheiten nur exakte Informationen haben können, wenn sie auf groben Chromosomen-Anomalien beruhen. Anderen Erbkrankheiten will man auf die Spur kommen, indem man die Abfolge (Sequenz) der DNS-Abschnitte studiert. Damit kommt man nur zu Wahrscheinlichkeitsaussagen, da man nie das gesuchte Gen direkt „erwischt". „Mit zytogenetischen* Methoden auf ein einzelnes Gen zu schließen, gelingt nur in Ausnahmefällen, dann, wenn dieses im Rahmen zum Beispiel der Translokalisation im Bruchpunktbereich liegt und sein dadurch bedingter Funktionsausfalll phänotypisch* wirksam wird" (Witkowski 1991, 124), einfacher gesagt: wenn er sichtbar gemacht werden kann. Aber selbst wenn man die ungefähre oder sogar die genaue Lage eines Gens kennt, läßt sich immer noch nicht sagen, „ob man es im

Einzelfall mit einem intakten oder mit einem defekten Gen zu tun hat." (Karcher 1986, 75) Trotzdem herrscht eitel Zuversicht bei den Gen-Forschern:

„Weil weltweit immer mehr Arbeitsgruppen in die Sequenzierungsarbeit einsteigen, wird es nach Schätzung einzelner Experten nur noch zehn Jahre dauern, bis alle menschlichen Gene lokalisiert sind. Und weitere zehn oder zwanzig Jahre werden veranschlagt, bis sie alle wenigstens in ihrer Grundstruktur entschlüsselt sind." (Karcher 1986, 64)

Stolz wird berichtet, daß „sich Wissenschaftler vor allem in den USA und Japan um die Entschlüsselung des menschlichen Erbgutes bemühen." 30 Millionen DM schießt die EG in das Gen-Forschungs-Programm (Neffe 1989, 24). Aber die letzten Jahre haben eher die Einsicht gebracht, daß die menschliche Zelle mit Kern, Kernschleifen, DNS und Genen noch weitaus komplizierter aufgebaut ist und die Forschung vor noch größere Rätsel stellt als zunächst angenommen.

Solche Ergebnisse führen nicht zu mehr Bescheidenheit der Forschung, sondern zu neuen gesellschaftlichen Problemen. Die einzelne Frau reagiert irritiert auf das unverständliche Angebot der vorgeburtlichen Diagnostik. Bereits wird die rhetorische Frage gestellt, ob die Frau überhaupt entscheidungsfähig sei; und die Feststellung, man dürfe der Schwangeren nicht zuviel zumuten (Schulze 1993, 116), leitet ein neues Kapitel der Entmündigung von Frauen ein.

Noch immer gelingt nur etwa jeder zehnte Versuch einer künstlichen Befruchtung, und die meisten Frauen, die sich auf diesem Weg ein Kind wünschen, haben sich der qualvollen Tortour umsonst unterzogen.

Einsichtsvolle Ärzte fragen sich, wozu diese Anstrengungen unternommen werden:

„Der in den westlichen Industrieländern betriebene Aufwand zur Befriedigung des individuellen Kinderwunsches hat ein rational nicht mehr begründbares Ausmaß erreicht, während in vielen Ländern der Dritten Welt eine Bevölkerungsexplosion abläuft, die die Zukunft der Menschheit bedroht." (Quaas, 1992, 59)

Aber hat dieser Wissenschaftler seine Frage nicht längst selbst beantwortet, da er zuvor geäußert hat: „Die seit Menschengedenken in der Gebärmutter verborgene Menschwerdung ist durch die Methoden der In-Vitro-Fertilisierung entblößt und *der Manipulation durch den Menschen zugänglich* gemacht worden." (Quaas, 1992, 58 – Hervorhebung G.W.)

Das Geheimnis des Weiblichen zu „entblößen", ist seit der Entmachtung der Hebammen das erklärte Ziel der Gynäkologie, und die moderne Gen- und Reproduktionstechnik scheint „den Menschen" diesem Ziel sehr nahe gebracht zu haben. Die Wissenschaftssprache verrät sich selbst: „Mit dem mystisch verklärten Mutterschoß haben die modernen Reproduktionstechniken gehörig aufgeräumt.“ (Karcher 1986, 54) Aber das ist noch nicht alles. Die Macht des Gebärens sucht der Mann seit dem mythischen Zeitalter durch „die wundersame Verwandlung des Mannes zur jungfräulichen Mutter“ (Weiler 1991/1985, 53 ff.) zu usurpieren. In manchen Populationen haben sich Männer die Couvade* ausgedacht; aber nun scheint der Sieg über die Frau endgültig bevorzustehen: „Australische Wissenschaftler rechnen in den nächsten Jahren mit der ersten Schwangerschaft eines Mannes.“ (Neffe 1989, 24) Wozu brauchen wir einen schwangeren Mann, der nur durch Kaiserschnitt entbunden werden kann, da Frauen auf natürliche Weise schwanger werden und gebären können? Die Gen- und Reproduktionsforschung führt zu einer Maximierung der medizinischen Technik ohne jeden sozialen Sinn. Von männlichen Machtphantasien gezeugt, bringt sie nur den Un-Sinn männlicher Kopfgeburten hervor.

Der Zuwachs an Macht über die Menschwerdung fasziniert die patriarchale Forschung in einem Ausmaß, daß sie das vernünftige Verhältnis zur Realität verliert. Das Gewissen und die Probleme, die ethische und juristische Kritiker aufwerfen, werden mit der Aussicht beschwichtigt, wir würden bald in der Lage sein, eine Menschheit ohne Krankheiten zu produzieren oder Genies durch Klonen millionenfach zu vervielfältigen. Gedankenlos werden Frauen für dieses Unternehmen mitverplant: „Manches heiratsfähige Mädchen würde sich eventuell geehrt fühlen, seinen Mutterschoß für den Aufwuchs dieser kommenden Superstars zur Verfügung zu stellen. In jedem Fall ließen sich Ersatzmütter anheuern“, spekuliert Vance Packard (Packard 1978, 393). Klonen könnte aber auch für Generäle sinnvoll sein, denen „an der Serienproduktion von Männern gelegen sein könnte, die besonders belastungsfähig, stark und gehorsam wären.“ (Packard 1978, 393.) Weit entfernt davon, das Weibliche als das Leben selbst zu achten, wird der Körper der Frau samt ihrem „Geschlechtsapparat“ von Männern noch immer als Materie betrachtet, die manipuliert werden kann. Viel hat sich an der männlichen Sichtweise nicht geändert, seit Aristoteles die Frau als „trägen Ackerboden“ betrachtet hat, „in den der Mann seinen Samen wirft“: „Das mütterliche Ei ist geschlechtsneutral, während der Samen des Vaters aus männlichkeitsbestimmenden und weiblichkeitsbestimmenden Samenfäden besteht.“ (Hatzold 1970, 26)

Schon von ihrem vereinnahmenden Denkansatz her sind die Eingriffe der Wissenschaft in die Natur der Fortpflanzung Angriffe gegen die weibliche Natur. Zu dieser Einsicht bekennen sich heute auch Männer (Neffe 1989, 23). Trotzdem arbeitet die Gen-Forschung zuversichtlich weiter. Auch die Warnung, mit dem Anspruch auf genetisch gesunde

Nachkommen und die Ausmerzung „minderwertigen Erbgutes“ könnte die Ära des Nationalsozialismus wieder belebt werden, scheint niemanden ernstlich zu stören.

Der Unterschied zwischen der Ohn-Macht der Aggressionsforschung und der Macht-Euphorie der Gen-Forschung besteht darin, daß ein Erfolg in der Aggressionsforschung die patriarchale Macht abschaffen könnte, während ein Erfolg in der Gen-Forschung der patriarchalen Macht die Grenze zu sprengen verspricht, welche die Frau dem Mann setzt.

Machtverzicht und männliche Identität – ein unerledigter Konflikt

Die Welt, in der wir leben, gleicht einem Spiegelkabinett, das die Bilder der Macht reflektiert, welche die Herrscher aller Zeiten auf die Wände, die uns umgeben, auf den Himmel über uns und den Boden unter unseren Füßen gemalt haben. Männer haben teil an patriarchaler Macht, ob sie die religiösen und philosophischen Systeme kennen, die Macht der patriarchalen Sprache bewußt erfahren, mit den Institutionen der Macht in Verbindung stehen oder nicht. Sie profitieren von der strukturellen patriarchalen Männermacht. Frauen sind der strukturellen Gewalt ausgeliefert, mit welcher die Männermacht sie bedroht. Macht-Haberei gehört daher so eng zum Selbstverständnis der Männer, daß sie in eine Identitätskrise geraten, wenn ihnen Machtverzicht abgefordert wird.

Patriarchale männliche Gewalt ist ein künstliches gesellschaftliches Produkt. Initiationsriten verlangen dem Knaben ab, daß er ein gewaltiges Wild erlegt, den Kopf eines Feindes oder dessen Skalp abzuliefern habe. Saul verlangt von David hundert Vorhäute der Philister, bevor er ihm seine Tochter Michal zur Frau geben wird (1. Samuel 18, 25-27). Die patriarchale Gesellschaftspraxis fordert dem heranwachsenden Jüngling ab, daß er – auf welche Weise auch immer – seine Fähigkeit zu töten unter Beweis stellt, bevor ihm die sexuelle Reife zuerkannt wird. Moderne Gesellschaften haben einen vollwertigen Ersatz für die männliche Initiation: Der junge Mann wird wehrpflichtig.

Nur wenige Länder gestatten bisher einen Ersatzdienst für die allgemeine Wehrpflicht, und niemand denkt daran, daß dieser „Schneeball“ vielleicht eine Lawine auslösen könnte: eine Welt ohne Waffen, in der wir überleben können.

Auf der Suche nach Männlichkeit, nach dem Mentor für die männliche Identitätsfindung, dem Leiter des Initiationsrituals, im Bedauern über den lächerlichen Vater der Industriegesellschaft, der „aus dem Büro nach Hause kommt und nichts hat, was er dem Sohn beibringen könnte“ (Bly

1991, 144), ist Robert Bly auf den *Eisenhans* gestoßen, auf das Grimmsche Märchen vom wilden Mann.

Der „wilde Mann", der im Wald mit den Naturkräften lebt, ist tatsächlich ein Urbild von Männlichkeit, jenes Mannes, der am Rand der Gruppe leben muß, bis er die sozialen Fähigkeiten erworben hat, um in die Gemeinschaft integriert zu werden. Der „wilde Mann" gleicht dem einsamen Pavianmännchen, das außerhalb der Sozietät lebt, am Rand eines Trupps, oder dem Einsiedler-Gorilla, der wartet, daß sich ein Weibchen ihm zugeselle. Er gleicht dem Enkidu des Gilgamesch-Epos. Auch Enkidu ist ein Wildling, der im Wald mit dem Tieren lebt, abseits der kultivierten Welt, fern von Uruk-Gart, wo Gilgamesch herrscht. Wie das Pavianmännchen durch die Liebe eines Weibchens Zugang zu einer sozialen Gruppe findet, so gesellt sich zu Enkidu ein Weib, das ihn, den Wildling, menschlich macht.

Die Erschaffung Enkidus ist das Werk von Frauen. Aruru, eine Göttin, „kniff sich Lehm ab, warf ihn draußen hin, Enkidu, den gewaltigen schuf sie, den Helden." (Schott 1958, 19) Und „Gilgameschs Mutter, der alles kund ist" (Schott 1958, 24), arrangiert die Freundschaft mit Enkidu. Sie, „die weise, allen Wissens kundig, sprach zu ihrem Sohn: ‚Wie über einem Weib wirst du über ihm raunen, und ich werde ihn dir gleichstellen'." In der Wildnis entsteht Männerfreundschaft, Solidarität und Liebe unter Männern. Die Göttin, die Königin und die Frauen von Uruk-Gart wollen Gilgamesch, den sozial unangepaßten Herrscher, auf sanfte Weise aus der Stadt vertreiben. Sie haben Grund zur Klage: „Nicht läßt Gilgamesch die Jungfrau zum Geliebten." Das Volk von Uruk-Gart empört sich: Dies sei nun der Hirte des Volkes, der sein Volk bedrücke am lichten Tag und bei Nacht. Keinen Nebenbuhler dulden seine Waffen (Schott 1958, 18). Mit patriarchaler Kraftprotzerei beansprucht Gilgamesch das sexuelle Vorrecht über alle Frauen der Stadt. „Die, so zu Ehefrauen bestimmt sind, beschläft er; er zuvor, danach erst der Ehemann." (Schott 1958, 27)

Gilgamesch gehört an den Rand der Gruppe, wo er lernen muß, seinen Übermut zu bändigen. Um ihn dorthin zu locken, haben ihm die Frauen Enkidu, den wilden Mann, zum Freund geschaffen.

Eine Priesterin ging in den Wald zu Enkidu, „zeigte ihm ihre Brüste, tat auf den Schoß ihm, daß er sich ihr nahte, war ohne Scheu und ließ ihn zu sich eingehn, warf ab ihr Kleid, daß er sich auf sie legte." (Schmökel 1989, 31) Sechs Tage und sieben Nächte schuf die Tempeldienerin „ihm, dem Wildling, das Werk des Weibes" (Schott 1958, 22). Dann brachte sie den Gezähmten in die Stadt, wo er dem Helden Gilgamesch zum Freund wurde.

Es gelingt Enkidu, Gilgamesch aus Uruk-Gart hinaus in die Wildnis zu führen, um das Ungeheuer Chumbaba zu bekämpfen. Hier sollen Männer ihre Kraft üben, das Ungeheuer besiegen, welches das Leben bedroht. Matriarchale männliche Kraft unterscheidet sich von patriarchaler Brutalität, die Frauen sexuell unterwirft und den Krieg möglich gemacht hat.

Der „wilde Mann" in Grimms Märchen wird durch kein Weib gezähmt; er schickt dem Jüngling, dem er zum Mentor geworden ist, aus der Tiefe des Waldes ein Heer berittener Soldaten. Mit ihnen zieht der Jüngling in den Krieg, um die Feinde eines Königs zu besiegen, dessen Tochter er als Dank zur Frau gewinnt. Die Urgestalt des „wilden Mannes" ist zum patriarchalen Krieger geworden, dem der Mord an anderen Männern zur Bedingung geworden ist, um eine Frau werben zu dürfen. Nichts unterscheidet den Helden im Märchen *Eisenhans* vom David der Bibel.

Märchen haben immer eine literaturgeschichtliche, das heißt patriarchatsgeschichtliche Entwicklung. Die Analytische Psychologie greift nur die Oberfläche auf. Aus dem zutage liegenden Textbestand versucht sie eine Analyse des Unbewußten moderner, das heißt patriarchaler Menschen zu gewinnen. Dabei mag sie in die Märchen viel hineingeheimnissen. Das patriarchale Grundmuster, daß der Mann erst töten müsse, bevor er sexuell aktiv werden darf, läßt sich aus dem Grimmschen Märchen nicht wegdeuten.

Die sexuelle Unterwerfung der Frau hängt unmittelbar mit dem Ursprung des Krieges zusammen; denn die Waffen des einen, der alle Frauen beansprucht, dulden keinen Nebenbuhler. „Säugetiermännchen sind – das hatte schon Darwin erkannt – von der ‚sexuellen Selektion' in eine Rüstungsspirale hineingetrieben worden." (Sommer 1989b, 137) Sind sie wirklich *Getriebene,* ihren Trieben hilflos Ausgelieferte? „Aus welchem Blickwinkel kann man menschliches Verhalten am besten begreifen: aus dem der inneren Freiheit und der menschlichen Autonomie oder dem des Zwangs blinder Triebmächte oder gefühlloser Gewalten der Tradition?" fragt Bruno Bettelheim (Bettelheim 1982, 18). Offensichtlich gehorchen viele Männer ihren Trieben mehr als der inneren Freiheit, die ihnen ethische Verhaltensweisen nahelegt.

Wenn „Frauen als mächtig und bedrohlich erlebt werden, *liegt es für die Männer nahe,* die Identitätsproblematik zu sexualisieren." (Schnack/Neutzling 1991, 241 – Hervorhebung G.W.) Mit anderen Worten: Wenn die Frau zu stark ist, wird sie vergewaltigt. Männer „vergewaltigen aus Rache" (Schnack/Neutzling 1991, 242).

Bandenführer beweisen ihre Überlegenheit gegenüber schwächeren gleichaltrigen Jungen durch sexuellen Mißbrauch. Sie „gebrauchen das

Mittel der sexuellen Erniedrigung, um ihre Macht zu demonstrieren und ihren Rang innerhalb der Hackordnung sicherzustellen" (Schnack/Neutzling 1991, 202); und weiter: „Ein Junge, der sexuell mißbraucht wurde, muß sich zusätzlich – so traurig das klingt – mit der Tatsache auseinandersetzen, wie ein Mädchen behandelt worden zu sein, weil er sich schwach und passiv verhalten hat." (Schnack/Neutzling 1991, 203)

Erich Neumann sieht die perverse Lust zu töten als Komponente männlicher Sexualität. Er sagt: „Begattet und getötet werden ist identisch, und umgekehrt stellt jeder Tod eine Befruchtung dar." Er erläutert, daß die Opferung des Kriegers noch keineswegs besage, daß hier ein Männliches geopfert werde. So wissen wir, „daß die Erschießung der Gefangenen mit Pfeilen als symbolische Begattung der Erde" aufgefaßt wird (Neumann 1956, 187).

Die „Kultur", die durch kriegerische Auseinandersetzungen entstanden ist, verdient dieses Prädikat nicht. Der Mann, der in soldatischer Pflichterfüllung seine Identität sucht, mag mit einem archaischen Instinkt identisch sein, der ihm nahelegt, sich aus der Welt zu schaffen, weil er für das Leben unbedeutend ist. Es ist erwiesen, „daß das Töten unter Tieren doch weiter verbreitet ist, als frühe Verhaltensstudien haben vermuten lassen." (Barash 1980, 236) Weibchen töten im Kampf um die Nahrungsgrundlage, und Männchen töten um das Vorrecht in der Sexualität. Da sich diese Kämpfe oft am Rande der Gruppe abspielen, hat man sie in frühen, das heißt, oberflächlichen und kurzphasigen Studien nicht beobachtet. Menschenmänner aber schreiben Geschichtsbücher über das Töten. Findet der Menschenmann seine Identität im blinden Nachvollzug eines Säugetierverhaltens, das sich eher am Rande tierischer Sozietäten abspielt?

Die Kriege von Menschenmännern wenden sich von Anfang an gegen die Frau: Die Vergewaltigung und Versklavung der Frauen des besiegten Stammes gehört zum patriarchalen Recht des Siegers.

Darüber hinaus haben Männer seit eh und je versucht, sich weibliche Potenz anzueignen. Sie wollen menstruieren und gebären. In zum Teil grausam-blutigen Initiationsriten sind Knaben beschnitten oder verstümmelt worden, um beim Eintritt in die Pubertät zu bluten wie Mädchen. Vom Zeus- und Dionysos-Mythos bis zu den Gen-Manipulationen der Moderne versuchen Männer, weibliche Gebärfähigkeit zu usurpieren. Kommen Männer mit derartigen Manipulationen zu sich selbst? Ist männliche Identität von der Macht über das Leben abhängig?

Warum setzt der Menschenmann keine Prämie auf die Kultivierung sozialen Verhaltens, das bei Tieren und Menschen die Voraussetzung für das Überleben ist? Warum kultivieren wir nicht die Seins-Macht, indem Eltern sensibel hinschauen, was ihre Kinder *können,* um ihre Begabungen zu fördern und das Selbstvertrauen von heranwachsenden Mädchen und Buben auf ihre innewohnenden Potenzen zu gründen? Buben können auf Imponiergehabe und Macht-Haberei verzichten, wenn sie aufgrund ihrer Tüchtigkeit und ihrer sozialen Leistungen Anerkennung finden.

Nicht nur in ländlichen Wohngebieten werden Mädchen noch weitgehend in sogenannte Frauenberufe gedrängt, während Jungen den Beruf erlernen sollen, den der Vater ihm zugedacht hat. Ich kenne einen Arzt in der Stadt, der seine hochbegabte Tochter zur Sprechstundenhilfe ausbilden läßt und den weniger begabten Sohn zu einem Medizinstudium drängt.

Das Interesse der Buben für „Tarzan", den überlegenen Helden, dem keiner das Wasser reichen kann, wird nicht abgelenkt. Bis Mitte 1989 haben die Kinderkassettenhersteller „Europa" von dieser Kinderserie 60 Folgen hergestellt, die zweieinhalbmillionenmal verkauft worden sind. Auch James Bond ist ein Held ersten Ranges, Vorbild für die männliche Jugend. Er ist ein Einzelner, dem alles gelingt. Begeistert er, weil er der persongewordene Held ist, dem – wie der einzelnen männlichen Keimzelle, die das Ei erobert – jeder Durchbruch glückt?

Patriarchaler männlicher Geist als Herrschaftsinstrument ist ebenfalls ein künstliches Produkt der mann-menschlichen Gesellschaft. Er hat sich aus der sozialen menschlichen Intelligenz abgespalten und wird einseitig hochgezüchtet. Als philosophisch-theologischer Anspruch und als „technische" und „ökonomische" Intelligenz richtet er sich gegen die Natur und damit gegen die eigene Lebensgrundlage.

In allen Altersstufen beanspruchen Knaben – und später Männer – den Vorrang des „männlichen Geistes" – auch und gerade dann, wenn ihnen die natürliche Überlegenheit, die Seins-Macht des Geistes, abgeht. Ich habe einen vierjährigen Jungen beobachtet, der ein Mädchen hart über den Rücken schlug, weil dieses ihm behutsam die Hand über zehn Kugeln geführt hat, um ihm zu zeigen, daß es zehn Kugeln sind und nicht fünfzehn, wie der kleine Junge tolpatschig „gezählt" hatte. Ich habe als Kind einen Vater erlebt, der bei Gesprächen mit meiner Mutter völlig unmotiviert sagen konnte: „Du mit deinem dummen Weibergeschwätz!" – nur weil ihm der durchaus kluge Einwand meiner Mutter nicht ins Konzept paßte. Ich habe als Lehrerin Jungen in meiner Klasse erlebt, die laut und offensiv ihre Kameradinnen unterbrochen haben, welche ganz sachliche, klare Aussagen gemacht haben – Jungen, welche die Mädchen unterbrochen haben nur um der Störung willen.

Durch die Arbeit in der Frauengruppe sensibel gemacht für derartige Erfahrungen, habe ich feststellen müssen, daß es sich nicht um einzelne persönliche Erlebnisse gehandelt hat, sondern um Strukturen männlichen Verhaltens, um kollektive Muster von Männlichkeit.

Im Diskussionsverhalten von Knaben, jungen und erwachsenen Männern, ob zu Hause, in der Schule, am Arbeitsplatz, in akademischen Seminaren geht es patriarchalen Männern – besonders in der Diskussion mit Frauen – um jeden Preis „um Gegenargumente aus Provokation" (Enders-Dragässer/Fuchs 1989, 78). Es geht um Macht-Haberei und Herrschaft. Jungen reagieren auf den Intelligenzvorsprung von Mädchen in der Schule durch ein Verhalten, das den Unterricht stört. Damit machen sie sich wichtig, ohne wirkliche Leistungen zu erbringen.

„Jungen sind in ihrem Sozialverhalten wesentlich auffälliger als Mädchen. Sie verstoßen häufiger gegen bestehende Ordnungen und Regeln. Jungen stellen etwa zwei Drittel der in Erziehungsberatungsstellen und schulpsychologische Dienste geschickten Kinder. Jungen begehen in jeder Altersgruppe mehr Straftaten und werden erheblich häufiger inhaftiert." (Schnack/Neutzling 1991, 107)

Mehr Männer als Frauen geraten mit dem Gesetz in Konflikt; mehr Männer verüben Gewaltdelikte.

Aus der Geschichte der Evolution läßt sich ableiten, daß das männliche Geschlecht in den meisten Säugetierpopulationen *sozial weniger begabt* ist. Die Erkenntnisse der vergleichenden Verhaltensforschung zeigen, daß die heranwachsenden männlichen Jugendlichen soziale Anpassung lernen müssen. Zwischen sexuelle Reife und dem Zugang zu den Weibchen wird auf unterschiedliche Weise eine Phase sozialen Lernens eingeschoben.

Der Knabe in der patriarchalen Gesellschaft lernt nicht Anpassung an Lebenszusammenhänge, sondern Unterwerfung unter patriarchale Macht. Er unterwirft sich dem Vater und lernt früh, sich Autoritäten unterzuordnen, die ihre Privilegien auf Macht und Gewalt gründen. Dieser Knabe ist von der Hoffnung besessen, als Erwachsener genauso viel Macht zu besitzen wie seine Vorbilder. Wann immer er sich dem Versuch, ihm *soziale Anpassung* abzuverlangen, widersetzt, wird ihm das nicht als Mangel an sozialer Intelligenz, sondern als Männlichkeit und Stärke ausgelegt. Die schwächere soziale Begabung des Knaben wird nicht durch eine entsprechende soziale Erziehung ausgeglichen, wie wir das bei jungen Pavian- und Gorilla-Männchen gesehen haben. *Sein späteres Verhalten in der mann-menschlichen Gesellschaft ist ein Produkt aus genetischer Disposition und versäumter Erziehung.*

Ist ein Knabe überdurchschnittlich intelligent, reicht es den Eltern nicht aus, für ihren Sohn eine gute Ausbildung zu ermöglichen, sondern sie halten „es für notwendig, einen Vorsprung vor anderen, gleichqualifizierten Jungen anzulegen." (Schnack/Neutzling 1991, 69) Auch bei diesen begabten Knaben wird die soziale Intelligenz vernachlässigt.

Die *unterschiedliche soziale Begabung von Buben und Mädchen* wird häufig übersehen, wenn die soziologische Betrachtungsweise im Vordergrund der Beobachtung steht. Uta Enders-Dragässer und Claudia Fuchs haben Felix und Anneli, beide im Alter von etwas mehr als zwei Jahren, beim Spiel beobachtet. Zu einer Musik tanzen die Kinder in entgegengesetzter Richtung rhythmisch um ein Schaukelpferd herum. Dreimal haben sie beim Zusammentreffen einander heftig angerempelt. Bei der vierten Begegnung weicht Anneli aus, und von nun an stoßen die Kinder einander nicht mehr. Immer ist es Anneli, die dem Knaben Platz macht: „Er rennt seinen Weg; sie weicht aus. *Aus welchen Gründen auch immer,* Annelie hat in dieser Situation mit Felix eine soziale Anpassungsleistung zu seinen Gunsten erbracht. Sie ist diejenige, die vorausdenkt, die eine zukünftige Situation für beide dadurch löst, daß sie ihr Verhalten an seinem zu erwartenden Verhalten orientiert." (Enders-Dragässer/Fuchs 1988, 46, Hervorhebung G.W.)

Die Autorinnen kritisieren die Mütter, für die ein solches Benehmen der Kinder offensichtlich die größte Selbstverständlichkeit sei, so daß sie nicht eingreifen. Felix macht daher in der Spielsituation keine soziale Lernerfahrung. Er begreift im Gegenteil, „daß er als Bub drauflosrennen kann und daß dies auch dann in Ordnung ist, wenn er mit jemandem zusammenstößt." Die Autorinnen haben das soziale Umfeld der Kinder gründlich studiert, so daß ihre Analyse einleuchtet: Die Eltern leben ihren Kindern das Verhalten vor: Die Mutter weicht aus, wenn der Vater seinen Platz fordert. Die Kinder haben kein anderes Vorbild.

Im Lauf der Zeit wird Felix diese Erfahrung, die er immer wieder machen kann, generalisieren: Er erwartet, daß Mädchen ihm ausweichen, und er wird sie zugleich verachten, weil sie es tun. Später wird es ihn erstaunen und sehr ärgern, falls ein weibliches Wesen ihm nicht Platz macht. Er wird in Schwierigkeiten kommen, wenn er wegen seiner Rücksichtslosigkeit zur Rede gestellt werden sollte.

Die *mangelnde soziale Veranlagung des Jungen,* die immerhin die eine Seite des Problems ist, kommt bei der Auswertung des kindlichen Verhaltens nicht zur Sprache. Mit der ausweichenden Formulierung *„aus welchen Gründen auch immer"* wird die Hilflosigkeit verschleiert, vor der eine soziologische Interpretation steht, die nur die eine Seite des Problems ins Auge faßt und das Problem der genetischen Disposition von Jungen vernachlässigt. Ein genetischer Mangel wird übersehen, und statt gerade an diesem Punkt mit einer verstärkten Erziehungsarbeit einzusetzen, um das genetische Defizit auszugleichen, wird – wie erwähnt – die Rücksichtslosigkeit von Buben als „Männlichkeit" interpretiert.

Menschenfrauen haben verlernt, was für Pavianweibchen absolut selbstverständlich ist: den Männchen soziales Lernen und soziale Anpassung abzufordern, bevor sie in die Gruppe integriert werden. Wegen dieser Anforderung sagt die Pavianforscherin: „Mir taten die Männchen leid!" Dieses Mitleid mit der unzulänglichen sozialen Begabung des männlichen Geschlechts ist völlig unangebracht. Menschenmänner machen es sich leicht. Sie lernen nicht. Frauen leisten die sozialen Aufgaben für sie, übernehmen die Beziehungsarbeit und tragen die Verantwortung für das soziale Geflecht in der Familie und im Freundeskreis. Die Frau stellt in der heutigen Gesellschaft „immer noch das Ordnungselement dar, sie strukturiert das direkte Lebensumfeld des Mannes und verschafft ihm das Heimgefühl." (Enders-Dragässer/Fuchs 1988, 49) Daher kommen Männer mit einem Defizit an sozialen Fähigkeiten einigermaßen durchs Leben.

Angesichts der „Normalität" dieses defizitären Verhaltens werden „Gefühlskälte, mangelnde Selbstdisziplin, fehlende Übersicht, Rechthaberei, Kommunikationsunfähigkeit und Gewalttätigkeit gegebenenfalls ins Positive gewendet und umdefiniert, sei es in ‚männliche Kämpfe', in ‚Unerschütterlichkeit und Unempfindlichkeit, Mut, Stärke und Gradlinigkeit'." (Enders-Dragässer/Fuchs 1988, 36 f.)

Die Herren Schnack und Neutzling diskutieren, es sei wahrlich kein „Zuckerschlecken, ständig Aufmerksamkeit einfordern zu müssen." Aber warum *müssen* Jungen auffallen und Aufmerksamkeit einfordern? Die Autoren fragen:

> „Was sind das für Kinder, die enttäuscht sind, wenn sie nicht doppelt so oft drangekommen sind wie andere? Wieviel Selbstzweifel verbirgt sich dahinter, wenn ein Kind wenigstens einmal am Tag absolut im Mittelpunkt stehen muß, und sei es durch einen ausgekippten Schul-Tornister oder eine rüde Zankerei? Wie unsicher müssen Jungen in der Konfrontation mit dem anderen Geschlecht sein, wenn sie es kaum ertragen können, daß nicht immer ‚ihre' Themen durchgenommen werden?" (Schnack/Neutzling 1991, 137)

Das sind Kinder, die nicht wissen, wer sie sind. Von klein auf durch unangemessene Erwartungen hochgezüchtet, verlieren sie das Gefühl für die Grenze des eigenen Ich. Durch unangemesse Freizügigkeit in der Erziehung erkennen sie keine Grenzen zum Du. Auf diese Weise werden kleine Jungen in eine Identitätskrise hineinmanövriert. Sie sind unfähig, Beziehungen untereinander herzustellen. Das schildern Schnack und Neutzling sehr eindrücklich an einem Beispiel: Sieben Jungen streiten miteinander um den Vorrang beim Erklettern eines Kirschbaumes. „Oben angekommen, wissen die sieben Jungen nichts miteinander anzufangen. Einfach nur zusammen spielen, sich etwas zeigen, etwas erzählen, haben wir ausschließlich bei Mädchen beobachten können." (Schnack/Neutzling 1991, 135)

Wenn die Schule das soziale Defizit der Schüler ausgleichen möchte, ist es vielleicht schon zu spät. Dale Spender führt in einer gemischtgeschlechtlichen Gruppe das folgende Experiment durch: Sie bittet je einen Schüler und eine Schülerin, unauffällig ein Tonband in die nächste Stunde mitzubringen, um den Verlauf einer Diskussion aufzuzeichnen, an der die beiden sich selbst auf keinen Fall beteiligen sollen.

Nach der Diskussion fragt sie die Jungen, ob sich jemand am Gespräch nicht beteiligt habe. Sieben der zehn Jungen ist völlig entgangen, daß einer ihrer Kameraden die ganze Zeit geschwiegen hat, drei nennen zwar verschiedene Jungen, die angeblich geschwiegen hätten; aber sie haben sich geirrt: Alle drei haben geredet, wie die Tonbandaufzeichnung ergab.

In der Mädchengruppe dagegen haben alle zutreffend angegeben, wer nicht gesprochen hat, sechs der acht Mädchen äußern darüber unaufgefordert ihre Anteilnahme. Sie sind besorgt, ob ihre Kameradin sich nicht gut fühle.

Der Schüler, der nicht geredet hat, bestätigt, daß von der Jungengruppe keine Aufforderungen an ihn ergangen seien, sich irgendwie zu äußern, während die stumme Schülerin von ihren Mitschülerinnen sowohl verbal als vor allem durch ermunternde Gesten zum Sprechen ermuntert worden ist. „Dieses Experiment bestätigt, daß es die Kommunikationsnetze zwischen Frauen sind, die die Grundlage für soziale Interaktion bilden." (Spender 1985, 202)

Eine solche Erkenntnis legt den Gedanken nahe, daß Männer ihre Identität finden könnten, wenn sie „ihre Weiblichkeit integrieren". Die Schule C.G. Jungs, die mit dem Eingeständnis aufwartet, daß „die Gefährdung der heutigen Menschheit zu einem Teil auf der einseitig-patriarchalen Bewußtseinsentwicklung des männlichen Geistes" beruhe, „welcher nicht mehr durch die matriarchale Welt der Psyche im Ausgleich gehalten" werde (Neumann 1956, 16), hat das feministische Denken beeinflußt. Frauen haben den Mann gefordert, der sich nicht zu weinen scheut, der Gefühle zeigt, kurz, sie haben den Mann gewollt, der seine „weibliche Seite" entfaltet.

Aber weder Frauen noch Männer sind mit dieser Entwicklung glücklicher geworden. Er betrachte diese Entwicklung als etwas recht Positives, meint Robert Bly, doch habe er das „Gefühl, daß etwas nicht stimmt." (Bly 1991, 16) „Da haben wir nun den sensiblen jungen Mann": Er ist seinem Vater im ökologischen Denken weit voraus; er will es der Mutter und seiner jungen Frau recht machen, „doch hat er selbst kaum Vitalität zu bieten." (Bly 1991, 17)

Wie könnte das anders sein, da doch patriarchal definierte „Weiblichkeit" jeder Vitalität entbehrt? Es ist nicht sinnvoll für Männer, patriarchale Weiblichkeit zu integrieren. Das trägt zu ihrer Identitätsfindung nichts bei – es sei denn, sie wollen am eigenen Leibe ausprobieren, wie es sich mit verformter patriarchaler Weiblichkeit lebt. Ebensowenig können Frauen ihre Individuation* oder ihre „menschliche Ganzheit" erfahren, wenn sie ihre angeblich unbewußte Männlichkeit integrieren. Männlichkeit, die im Patriarchat gezüchtet worden ist, erweist sich als Kunstprodukt. Sie hat mit Menschlichkeit so wenig zu tun wie patriarchale Weiblichkeit, der alle Flügel gestutzt sind. Daher ist es für die Identitätsfindung von Männern ebenso wenig hilfreich, wenn sie patriarchale Weiblichkeit in ihre Identität einbeziehen, wie es für Frauen hilfreich sein kann, patriarchale Männlichkeit zu integrieren.

Die Geschichte der Evolution und ein Blick auf die genetische Ausstattung von Frauen und Männern legen eine andere Antwort auf die Frage nahe, was Menschlichkeit zutiefst ist. Ein menschlicher Embryo entwikkelt sich zu einem Menschenkind, weil er die Gene von einer Menschenfrau und einem Menschenmann in sich vereinigt. Und sehen wir uns noch einmal die Chromosomensätze eines Mannes und einer Frau an: Sie gleichen sich. Würden sie das nicht tun, wären sie genetisch unverträglich, und es würde gar nicht zur Befruchtung kommen. Lediglich in einem kleinen Merkmal unterscheidet sich der männliche Chromosomensatz vom weiblichen: Er hat ein winziges Rest-Chromosom anstelle des voll ausgebildeten weiblichen X-Chromosoms.

Aufgrund von 44 Chromosomen, die zur einen Hälfte aus dem väterlichen, zur anderen aus dem mütterlichen Erbgut stammen, sind Frauen und Männer genetisch gleich. Sie sind Menschen. Und ohne die Kunstprodukte patriarchaler Geschlechtsdefinition käme niemand auf den Gedanken, ein Mann müsse „Weiblichkeit" und eine Frau „Männlichkeit" integrieren. Beide, Frau und Mann, finden ihre Identität, wenn sie sich auf Menschlichkeit besinnen. Menschlichkeit läßt sich weder als unterwürfige Weiblichkeit noch als machthaberische Männlichkeit definieren.

Aber Männer und Frauen unterscheiden sich durch ihre Geschlechtlichkeit, wobei das sogenannte Y-Chromosom in seiner Bedeutung oft überbewertet wird. Erstens verfügen sowohl die Frau wie der Mann im Gonosomenpaar* über das mütterliche Erbteil, das ihnen ein X-Chromosom beschert hat. Nur das zweite Chromosom unterscheidet sich: Der Mann vereinigt sein mütterliches Erbe mit einem Y-Chromosom, die Frau mit dem X-Chromosom der väterlichen Keimzelle. Zweitens spielen die Geschlechtshormone eine wichtige Rolle, die Weiblichkeit und Männlichkeit erst evident werden lassen. Dabei verfügt eine Frau über männliche Hormone, die sie dem y-programmierten Embryo zu gegebener Zeit zuschießt, damit sich ein Knabe entwickeln kann. Ein Übermaß männlicher Hormone bei der Frau kann dazu führen, daß ihr ein Vollbart wächst, während ein Mann, der über zuviel weibliche Hormone verfügt, einen schütteren Bartwuchs hat.

Im Patriarchat leben Männer an der Realität vorbei. Sie ignorieren, daß die Frauen von der Natur mit der größeren Widerstandkraft ausgestattet sind. Frauen sind Trägerinnen des Lebens. Deshalb greift ein Männchen in der Tierwelt niemals ein Weibchen an. Menschenmänner dagegen reden sich ein, sie dürften ein Mädchen oder eine Frau nicht schlagen, weil das weibliche Geschlecht das schwächere sei. Und so müssen Jungen, wenn sie ein Mädchen geschlagen haben, die verwirrende Maßregel zur Kenntnis nehmen, daß sie sich „an einer Schwächeren vergriffen" hätten, obwohl dies „der insgeheimen Wahrnehmung vieler Jungen völlig widerspricht." Die „Jungen haben es nötig", sich vorzugaukeln, sie seien „garantiert stärker als die Mädchen, weshalb sie großzügig auf Gewalt verzichten können." (Schnack/Neutzling 1991, 240)

Patriarchal erzogene Mädchen und Frauen haben darauf reagiert und sich schwach gestellt, um zu überleben. Sie haben sich mit vorgetäuschter Schwäche und mit gespielter Unwissenheit an den Rand der Gesellschaft drängen lassen und so versucht, keinen Zorn und keine Gewalttätigkeit auf sich zu ziehen. Aber ein Rezept, patriarchale Gewalt grundsätzlich zu verhindern, ist die Marginalisierung der Frau nicht. Das Spiel der Geschlechter mit umgekehrten Vorzeichen ist indessen die Lüge, auf die patriarchale Männer ihr gestörtes Identitätsbewußtsein stützen.

Die Stärke der Frau ist eine Realität, die im Patriarchat ständig überspielt wird. Mütter sind gegenüber ihren Söhnen stark, wenn sie mit ihnen schwanger gehen. Sie sind stark, wenn sie die Knaben nähren und ihnen seelische Lebenshilfe zuteil werden lassen. Männer suchen in ihren Frauen seelische Stütze und Heimat, die Fortsetzung ihrer Beziehung zur Mutter; aber das patriarchale Bewußtsein verleugnet diese Abhängigkeit. Nichts wird vom männlichen Bewußtsein so sehr verdrängt wie die Mutterprojektion auf die Partnerin. Die patriarchale Kultur verleugnet die Geburt als grundlegend schöpferische Tat. Die Welt des Mannes wird nicht geboren; sie wird vom Herrn der Welt gemacht.

Die patriarchale Gesellschaftspraxis hat aus dem kraftvollen Mann der matriarchalen Welt den brutalen Mann des Patriarchats gezüchtet. Aber zu keiner Zeit ist der patriarchale Mann glücklich gewesen, wenn er sich mit der Macht identifiziert hat. Er leidet nicht erst seit heute unter seiner selbstgeschaffenen brutalen Welt. Plutarch übersetzt den Isis-Mythos und sucht den griechischen Mythen voll brutaler Götterkämpfe ein friedliches Weltbild entgegenzusetzen. Mystiker und Religionsstifter suchen die Welt zu retten.

Diejenigen, die sich mit der Gewalt identifizieren, müssen sich alle Tage neu beweisen, daß nur Brutalität sie zu Männern macht; denn sie glauben es selbst nicht. Das Patriarchat hat eine Menschheitskrise ungeheuren Ausmaßes heraufbeschworen, und der moderne Mann, dem das Recht auf Macht-Haberei abgesprochen wird, ist nur scheinbar erst jüngst in eine Identitätskrise geraten.

Jungen müssen von klein auf soziale Verhaltensweisen lernen, statt immer und überall ihr Dominanzbedürfnis voranzustellen. Als Heranwachsende werden sie sich an ihrer Kraft freuen und nicht an ihrer Fähigkeit zu Brutalitäten. Macht-Haberei gesellschaftlich unlebbar zu machen, ist unsere Aufgabe. Väter sollten ihre Söhne lehren, andere Menschen neben sich gelten zu lassen, beiseite stehen zu können, wenn es angebracht erscheint. Sie sollten sie lehren, was Seins-Macht bedeutet: das Lustgefühl, etwas zu können, die Fähigkeit, unsere soziale Umwelt lebenswert zu gestalten, die Fähigkeit zu lieben, auf andere zuzugehen und Freundschaften zu schließen. Seins-Macht zu fördern, das heißt auch, Autoritäten anzuerkennen, die Seins-Macht besitzen, und Menschen abzulehnen, die ihre „Autorität“ auf Macht-Haberei, auf Geld oder Gewalt stützen. Frauen und Männer müssen lernen, das eine vom anderen genau zu unterscheiden.

„Männer brauchen spannende und lebbare Gegenentwürfe zum Konkurrenzprinzip. Männer und Jungen brauchen Freunde. Und sie brauchen männliche Solidarität.“ (Schnack/Neutzling 1991, 261) Das sei aber „nicht so einfach“ – es sei „verdammt schwierig“ (Schnack/Neutzling 1991, 261), meinen die Autoren etwas salopp. Und da sie zum Feminismus auf Konfrontationskurs gegangen sind, mögen sie von Frauen keine Lösungsvorschläge annehmen.

Männer können ihre Identität nur finden, wenn sie die Realität des Lebens wahrnehmen und akzeptieren. Und diese Realität besagt, daß Frauen und Männer gleich sind; aber sie unterscheiden sich durch ihre Sexualität voneinander. Frauen und Männer finden daher ihre Identität in einer gemeinsamen psychischen Grundausstattung. Aber hinsichtlich ihrer Sexualität sind sie auf Differenz angelegt und auf Ergänzung angewiesen.

Mütter müssen ihre Söhne lehren, Verantwortung für das Leben zu übernehmen. Sie setzen dem Machtanspruch der Söhne Grenzen, erziehen sie zu sozialer Leistung und fordern von ihren Söhnen, daß sie dem Frieden und der Liebe dienen und das Leben bewahren.

Das Männliche ist von der Evolution dazu geschaffen, dem Lebensprozeß zu dienen. Der Mann hat es nicht nötig, gewisse Verhaltensweisen von Säugetieren zu übernehmen, die auf Vernichtung der männlichen Artgenossen ausgerichtet sind, weil diese Rivalen in der Sexualität sind. „Es gibt eine selektive Prämie für ein umfangreiches Lernvermögen." (Mayr, 1985, 148), meint der Biologe Ernst Mayr. „Es gibt einen Selektionsvorteil für den Aufbau von Gehirnstrukturen, in denen ethische Verhaltensprinzipen gespeichert werden können. Sie steigern den Überlebenswert des betreffenden Individuums." (Mayr, 1985, 148) Das Problem ist, daß unser Gehirn sich keine Verhaltensprinzipien ausdenken kann, nur weil sie als ethisch erkannt werden, wenn das erwünschte Verhalten von der Evolution nicht angeboten wird. Zudem ist „Ethos nicht unbegrenzt tragfähig. Es bricht entzwei, wenn es überlastet wird." (Bonus 1983, 298)

Und es sieht so aus, als wolle sich der Mann mit matriarchalen Lebensformen, welche die Geschichte der Evolution kennt, nicht anfreunden. Kein Liebes-Ideal, kein Ethos der monogamen Ehe hat das Bedürfnis des patriarchalen Mannes nach einem möglichst großen „Harem" – und sei es auch nur als Phantasie von der eigenen Unwiderstehlichkeit – aus der Welt geschafft. Aber der „Harem" ist ein Kunstprodukt patriarchaler Phantasie und Gesellschaftspraxis.

Es gibt ihn, wie ich gezeigt habe, in der Tierwelt nicht. Die matriarchale Lebensform – die Mutter-Kind-Gruppe im Zentrum der Sozietät – steht auch bei Arten, welche überzählige Männchen ausmerzen, im Vordergrund. Für die Realität des Männlichen gibt es nur eine Alternative: die soziale Anpassung an weibliche Lebenszusammenhänge oder den Tod. Bei Tieren finden die Männchen den Tod bei Kämpfen, die sie gegeneinander meist am Rande der Gruppe ausfechten. Das Leben der Weibchengruppe bleibt davon unberührt. Der Menschenmann vernichtet in seinen Kriegen rücksichtlos Frauen und Kinder. Die Menschenart wird aussterben, wenn Männer noch länger die Macht über Frauen beanspruchen.

Der Selektionsdruck, der sich gegen patriarchale Macht richtet, muß aus allen Richtungen zugleich kommen; denn die sogenannte kulturelle Evolution, die wir vorantreiben wollen, hat wichtige Eigenschaften mit natürlichen Biosystemen gemeinsam: Gleich diesen ist sie ein Wirkungsgefüge von Lebewesen und deren unbelebter Umwelt, und sie ist gekennzeichnet durch komplexe, schwer durchschaubare Wechselwirkungen. Wir können daher den Weg nicht planen, der das Überleben der Menschheit sichert. Das Prinzip der zentralen Planung kommt in der biologischen Evolution nirgends vor. Die Natur zeigt uns, wie komplexe Großsysteme zu organisieren sind: mit Hilfe dezentraler Abläufe, die durch Wechselwirkungen miteinander koordiniert werden.

Matriarchale Völker, die heute in einsamen Rückzugsgebieten überlebt haben, brauchen drei Stunden am Tag für ihre Arbeit. Den Rest ihrer Zeit sind sie fröhlich und feiern. Ihr Leben ist nicht leistungs-, sondern „mußeorientiert" (Sbrzesny 1976, 9 und passim). Stünden ihnen die technischen Erleichterungen der Industriestaaten zur Verfügung, würden sie kaum zwei Stunden für ihre tägliche Arbeit benötigen. Sie sind „primitiv", weil sie von patriarchalen „Hochkulturen" ins Abseits gedrängt worden sind (Göttner-Abendroth 1991, passim). Nicht die Rückkehr ins Steinzeitalter ist die Lösung für die Menschheit, sondern die Rückkoppelung der technischen an soziale Intelligenz.

Ich habe bereits in der *Einleitung* erwähnt, daß die industrielle Gesellschaft gegenwärtig jährlich eine Billion Dollar in die Rüstung investiert (Bott 1986). An der Gegenwart orientiert, ist die Vorstellung einer Menschheit ohne Waffen, einer Menschheit, die ihre Intelligenz ausschließlich für sozialen Fortschritt einsetzt, unvorstellbar. An den Erfordernissen der Zukunft gemessen – wenn wir überleben wollen –, ist diese Vorstellung konkrete Utopie.

Jürgen Habermas gibt eine politische Direktive, die unmittelbar zu der notwendigen Gesellschaftsveränderung führen könnte:

> „Die Irrationalität der Herrschaft, die heute zu einer kollektiven Lebensgefahr geworden ist, könnte nur durch eine politische Willensbildung bezwungen werden, die sich an das Prinzip allgemeiner und herrschaftsfreier Diskussion bindet." (Habermas 1969, 119)

Seien wir also realistisch, und verlangen wir das Unmögliche.

Seins-Macht in der Mutter-Tochter-Beziehung

Im Mittelpunkt matriarchaler Gesellschaften steht das Frauenhaus, und die Weise Alte, die Mutter des Stammes, spricht das entscheidende Wort. Die Stamm-Mutter ist üblicherweise die älteste Frau in der Gruppe; sie hat die größte Familie und oft auch die meisten Töchter. Sie verdankt ihre Seins-Macht der Weisheit, die sie von ihren Müttern übernommen hat, und der hervorragenden Intelligenz, mit der sie Erfahrungen, die sie im Lauf ihres Lebens gewonnen hat, für das Wohl der Gruppe nutzbar macht. Ihre Töchter können alles von ihr lernen, was sie für das Leben brauchen. Oft wird wie selbstverständlich eine dieser Töchter das Amt der Mutter deshalb erben, weil sie deren Intelligenz geerbt hat. Sie, die Weise Alte, ist für die Töchter das Tor zur Welt.

Wie uns die Verhaltensforschung zeigt, ist das Gesellschaftsleben der Primaten dem der matriarchalen Lebensweise bei den Menschen fast vergleichbar. Jüngere männliche Babys werden von ihren älteren Schwestern rührend betreut, wie Jane Goodall in ihrer Studie geschildert hat (Goodall 1971, 88 ff.). Die kleinen Söhne sind in die Mutter-Tochter-Beziehung integriert. In vielen Primatenpopulationen verläßt das Männchen mit der Pubertät seine Herkunftsfamilie. Es wirbt um ein Weibchen und hängt ihm an, solange die Liebe währt. Zwischen Adoleszenz und Reife kehrt es noch gelegentlich zur Mutter zurück, um ihr beizustehen.

Die Mütter mit ihren Töchtern bilden den unveränderlichen Kern eines Trupps. Auch wenn in Primatenpopulationen ein junges Weibchen gelegentlich seine Herkunftsfamilie verläßt, bildet es in dem Trupp seiner Wahl mit seinen Jungen ein soziales Zentrum. Erwachsene Männchen pflegen manchmal lebenslange Freundschaften zu ihren Brüdern und Schwestern, wie ForscherInnen mitteilen, die das Verhalten einzelner Tiere von der Geburt bis weit in das Erwachsenenleben verfolgt haben. Manchmal leben zwei Brüder mit einem Weibchen einträchtig miteinander. Kein männliches dominiert über ein weibliches Tier. Es begleitet das Weibchen freundschaftlich und errichtet vielleicht sein Schlafnest in dessen Nähe. Die Freundschaft währt für einige Zeit, dann gehen die Tiere wieder getrennte Wege, wie Jane Goodall beobachtet hat. In seltenen Fällen gehen Geschwister eine Geschlechtsbeziehung ein, wie es zum Beispiel bei den Gibbons vorkommt.

Menschen-Söhne alter Kulturen distanzieren sich vom mütterlichen Clan durch frühe Knabenspiele, die – ebenso wie bei den Primaten – meist aggressivere und wildere Elemente aufweisen als die Spiele der Mädchen.

Die Trennung von den heranwachsenden Söhnen garantiert der Mutter-Tochter-Gruppe die weibliche Souveränität. Für den Knaben bedeutet die Trennung von der Mutter-Familie einen seelischen Einschnitt. Die Jünglinge schließen sich den erwachsenen Männern an und leben im Männerhaus. Ehen führen sie mit Frauen aus fremden Clans.

Das Gebot der Exogamie* fordert, daß Männer und Frauen aus dem gleichen Stamm keine Ehe eingehen dürfen. Um die Töchter aus dem Mutter-Clan können sich nur Männer bewerben, die aus fremden Stämmen kommen. Sie haben im Frauenhaus kein Wohnrecht und besuchen ihre Ehefrauen, um Arbeiten zu erledigen oder Feste mit ihnen zu feiern, bei denen sich traditionsgemäß mehrere Stämme aus der Region treffen. Die Mutter-Tochter-Beziehung bleibt ungestört. Die „Besuchsehe“ – auch be'ena-Ehe genannt – ist historisch gut belegt (Weiler 1989, 100, 130 u. öfter). Wie das Primatenmännchen soziale Anpassung durch ein Weibchen lernt, das ihn wählt, lernt auch der matriarchale Menschen-Sohn, sich sozialen Ordnungen anzupassen, die an weiblichen Lebenszusammenhängen orientiert sind.

Menschenfrauen haben der Männerherrschaft ein Einfallstor gewährt, als sie dem Mutter-Bruder ein Wohnrecht in den Frauenhäusern eingeräumt haben. Vielleicht ist der erste Mutter-Bruder ein jüngstes Kind gewesen, das Nesthäkchen, der Liebling seiner Schwestern und der Mutter. Als die Mutter stirbt, ist er noch klein, und seine Schwester ist nur wenig älter. Später ist die stabile Mutter-Tochter-Bindung, welche die Trennung des Sohnes von der Mutter-Gruppe stimuliert, vergessen und durch eine intensive Bindung des Bruders an die ältere Schwester ersetzt worden. Aber der Bruder bleibt kein Jüngling; er verschafft sich einen Platz in der Familie.

Ein Primatenmännchen, das lebenslang im Trupp seiner Schwester verbleibt, wird mit deren Kindern spielen. Auch der menschliche Mutterbruder, der im Haus seiner Schwester mit deren Kindern lebt, wird ihnen zunächst Mentor und seelischer Führer sein. Aber bald beansprucht er ein männliches Vorrecht und dominiert bei der Erziehung seiner Nichten und Neffen. Vor allem vertritt er seine Schwester in der Öffentlichkeit. Und selbst, wenn ihn die Schwester dazu delegiert, wird er – nicht die Mutter der Kinder – für die Heranwachsenden mehr und mehr zum Tor für die Welt. Das ist eine empfindliche Störung des sozialen Gefüges. Die gesellschaftliche Ordnung, die traditionellerweise von der Mutter-Töchter-Gruppe und den weiblichen Lebenszusammenhängen ausgeht, wird durch männliche Interessen unterlaufen. Immer weniger haben es Männer nötig, sich sozial der Lebensordnung der Mutter-Tochter-Gruppe anzupassen. Im Wohnrecht des Mutter-Bruders im Frauenhaus ist die Ursache für männliche Dominanz in der menschlichen Gesellschaft zu suchen. Die „Arbeitsteilung: Haus und Öffentlichkeit“ entsteht und bildet die Keimzelle des Patriarchats.

Seit der Ehemann sich ein Wohnrecht bei der Frau erobert hat, wird die matriarchale Seins-Macht, die von der Mutter-Töchter-Beziehung ausgeht, mehr und mehr durch Männermacht, durch Besitzansprüche und Macht-Haberei, verdrängt. Die patrilokale Wohnweise ist ein weiterer Schritt, um die Frau ihrer Mutter, ihrer Tradition und ihrer Heimat zu entfremden. Gegenüber der Öffentlichkeit wird die Patriarchatsfamilie ausschließlich durch den Mann vertreten, der sich selbst zu dieser Aufgabe berufen hat und durch keine Frau mehr delegiert wird. Er allein bestimmt das gesellschaftliche Leben, er wird zum Träger des Bewußtseins, sein

Wille wird zum Maßstab für Recht und Unrecht, seine männliche Welterfahrung begründet Religion, Philosophie und wissenschaftliche Lehrmeinungen. Die Frau wird aus der Öffentlichkeit verdrängt.

Allein die Wiederherstellung einer an der matriarchalen Mutter-Tochter-Beziehung orientierten Gesellschaft kann die Welt wieder in Ordnung bringen. Nur wenn Frauen im Zentrum stehen und alle politischen Entscheidungen von weiblichen Lebenszusammenhängen bestimmt werden, kann die Zukunft der Menschheit am Leben orientiert sein, statt an Gewalt, Macht und Krieg. *Unter allen Lebewesen auf der Erde leistet sich die Menschheit als einzige Spezies den Luxus, männlichen Interessen den Vorrang zu geben* – eine Sonderstellung, welche die Gattung Mensch in den Abgrund treibt.

Über eine lebenslange Bindung an die Mutter auch nur nachzudenken, weisen patriarchale Töchter patriarchaler Mütter weit von sich. Sie haben schlechte Erfahrungen mit ihren Müttern gemacht. Sie waren zu lange einer Müttermacht unterworfen, die keinen anderen Ort gehabt hat, sich auszuleben, als ihre Kinder; und die Töchter waren davon besonders betroffen. Die Söhne sollten eher lernen, sich durchzusetzen. Sie sollten „richtige Buben" sein, um „richtige Männer" zu werden. Der Solidarität unter Frauen, die ihre Wurzel in der vor-patriarchalen Mutter-Tochter-Beziehung hat, ist in der patriarchalen Gesellschaft die Basis entzogen worden. Das Patriarchat ist nicht denkbar ohne die Zerstörung der Solidarität unter Frauen. Zu analysieren, wie Frauensolidarität im Patriarchat systematisch zerstört worden ist und permanent weiter zerstört wird, leitet daher einen wichtigen Bewußtseinsprozeß auf dem Weg zu weiblicher Selbstfindung ein (Lerner 1992 passim).

Die Solidarität in der patriarchalen Frauengemeinschaft kann nicht die gleiche sein wie diejenige im matriarchalen Frauen-Clan. Im Patriarchat wird die Frau zur Solidarität mit dem Mann verpflichtet. Ihm hat sie zu dienen. Führt der Ehemann Sklavinnen und Dienerinnen in den patriarchalen Haushalt ein, verhindert das soziale Gefälle, das zwischen Sklavin und Herrin besteht, die Solidarität der Frauen untereinander. Zwischen der Herrin und der Magd, zwischen der Ehefrau und der Geliebten, der Hetäre oder der Prostituierten herrscht Rivalität. Der Verlust von Frauensolidarität ist der Stützpfeiler patriarchaler Herrschaft. Die Solidarität mit dem Mann ist eine der energischsten Forderungen, die das Patriarchat bis heute an die Frauen stellt – nicht nur privat. In der Politik verhindert Parteienkonformität die überparteiliche Frauensolidarität.

Der patriarchale Sohn identifiziert sich mit dem Vater, er internalisiert männliche Werte und hat Teil am mann-menschlichen Macht-Habertum.

Die Mutter, von der er sich unterscheidet, repräsentiert für ihn nicht mehr die Ordnung der Welt, sondern das Chaos, die Unordnung, die Welt der Gefühle, die Verwirrung einer frühen Zuneigung, die keine Erfüllung finden durfte. Patriarchale Männlichkeit geht auf Distanz zum Mütterlichen. Der patriarchale Mann fordert von der Frau, die er zu besitzen wünscht, die unbedingte Lösung von ihrer Herkunftsfamilie, nicht allein räumlich, sondern vor allem seelisch. Die Frau soll Mutter und Schwestern, Gespielinnen und Freundinnen verlassen, um dem Mann anzugehören. Obwohl patriarchale Frauen dieses Gebot internalisiert haben, wittert der patriarchale Mann in der Mutter-Tochter-Bindung noch immer eine Gefahr.

Die Beziehung der Tochter zur Mutter ist ein echtes Urbild, das vielleicht korrumpiert und neurotisiert, aber in seiner Bedeutung für das Leben nicht wirklich verloren gehen kann. Zu Recht fürchten Männer, daß Männerherrschaft durch die Mutter-Tochter-Beziehung unterlaufen werden könne. Die matriarchale Seins-Macht, in der die soziale Ordnung der Gruppe tradiert wird, verhindert die patriarchale Geschlechterbeziehung, bei der ein Mann Herrschaft über eine Frau ausüben könnte. Das Patriarchat muß die Urbeziehung zwischen Mutter und Tochter zerstören, um patriarchale Macht zu entfalten.

Deshalb verherrlicht das Patriarchat die Opferrolle der Frau, die in Hingabe und Selbstaufgabe gipfelt. In der Psychologie C.G. Jungs wird die „Anheimgabe des Weiblichen an das Männliche" zum „Archetyp des weiblichen Erlebens" überhaupt. Erst die Loslösung von der Urbeziehung zur Mutter schaffe die Möglichkeit einer gelungenen Mann-Frau-Beziehung. Der Jung-Schüler Erich Neumann fordert, daß sich das Weibliche „in der Abkehr von seiner Urbeziehung zur Mutter dem Männlich-Tötenden anheimzugeben" habe (Neumann 1953 II, 155). Der entscheidende Schritt der Loslösung einer Tochter von der Mutter bestehe darin, daß sie die matriarchale Welt zugunsten der Liebe zum Manne verlasse (Neumann 1953 II, 155).

Im Demeter-Mythos raubt Hades, der Fürst der Unterwelt, das Mädchen Kore und verschleppt sie ins Reich des Todes. Raub und Vergewaltigung betrachtet Erich Neumann als „die großen Motive dieses Mythos, welche die Trennung von Mutter und Tochter besiegeln." (Neumann 1974/1956, 288) Im Kampf der patriarchalen Tötungsgewalt gegen den weiblichen Eros sieht Neumann den Konflikt zwischen den „beiden archetypischen Gewalten, dem Mütterlichen und dem Männlichen", der stets den tragischen Hintergrund der „Todeshochzeit" bilde (Neumann 1953 II, 155). Der Mythos spiegelt den Kampf der Demeter um Kore. Solange Kore in der Unterwelt weilt, ist sie ihrem Vergewaltiger hilflos unterworfen.

In der Urbeziehung zur Mutter bliebe die Frau „kindlich und nicht erwachsen im Sinne der Bewußtseinsentwicklung“, kritisiert Erich Neumann. Die Tochter bliebe „in einer unreifen Form“ festgehalten (Neumann 1953 II, 9). Das Wesentliche dieser Selbstbewahrung in der Urbeziehung bestünde jedoch darin, „daß die Herrschaft des Mütterlichen die individuelle und vollständige Begegnung zwischen Männlichem und Weiblichem“ verhindere (Neumann 1953 II, 12).

Tatsächlich kann eine Frau auch im Patriarchat in der Urbeziehung zu ihrer Mutter verharren. Die Mutterliebe schirmt sie gegen die männlich-patriarchale Wertewelt ab. Sie fühlt sich noch nicht sich selbst entfremdet. Aber sie ist zugleich weltfremd. Sie kann im Haus der Mutter wohnen, Frau und Mutter werden und ihre Kinder zur Welt bringen, ohne sich mit der Realität des Patriarchats bewußt auseinanderzusetzen. Die patriarchale Ordnung wird sie unbewußt übernehmen. Kein äußerer Konflikt zwingt sie zum Nachdenken. Die Welt, wie sie ist, wird nicht hinterfragt. Insofern hemmt die innige Beziehung zur Mutter in der patriarchalen Umwelt die Entwicklung der Tochter. Sie verhindert, daß die Tochter dem Männlichen als souveräne Persönlichkeit gegenübertreten kann. Treten Konflikte auf, bleibt die junge Frau gegenüber der patriarchalen Denknorm wehrlos.

Die „vollständige“ Begegnung der Frau mit dem Mann ist aus männlicher Sicht die patriarchale Beziehung, welche die Unterwerfung der Frau unter den Mann fordert. In der Patriarchats-Ehe wiederholt eine Frau ihre Vater-Tochter-Beziehung. Die „Todeshochzeit“ macht keine gleichwertige Beziehung zwischen Frau und Mann möglich, sondern sie begründet das Herrschaftsverhältnis zwischen den Geschlechtern. Aus der patriarchalen Ehe ziehen Männer alle Vorteile, die ihre Männerherrschaft möglich machen. Sie delegieren alle Reproduktionsleistungen an die Frau, bürden ihr die Pflege alter Menschen und sogenannte ehrenamtliche Sozialleistungen auf und lassen sich in der Regel lebenslang von den Frauen bedienen. „In jeder ehelichen Partnerschaft gibt es zwei Ehen, seine und ihre. Und seine ist besser als ihre. (...) Trotz all der Witze über die Ehe, die die Männer reißen, trotz aller Beschwerden, die sie dagegen führen, ist sie einer der größten Vorteile für ihr Geschlecht.“ (Jessie Bernard 1972, zitiert bei: Spender 1985, 160) Die Unterordnung in der Patriarchatsehe „bewirkt so tiefgreifende Veränderungen im Leben der Frauen, daß von einem echten Gesundheitsrisiko gesprochen werden kann.“ (Spender 1985, 161)

Kein patriarchaler Vater strebt an, daß seine Tochter sich dessen bewußt werde. Sie soll dem Männlichen nicht gegenübertreten, sondern sich unterwerfen. Die Männer in den Familien – Väter ebenso wie Ehemänner –, aber auch die Staatsväter, die Väter der Wissenschaften, des

Rechts, der Medizin und die Väter der Religionen erwarten von der Frau, daß sie unbewußt bleibe und die Ungerechtigkeit der bestehenden Herrschaftsstrukturen als naturgegeben hinnehme. Frauen gehen immer wieder in die gleiche Falle: „Verschreckt durch Geschichten über alte Jungfern, geängstigt durch Märchen über mangelnde Erfüllung, verlockt durch Liebe und Leidenschaft, gehen wir optimistisch auf das Schicksal zu, das Männer für uns bestimmt haben." (Spender 1985, 152)

Es ist eine der grundlegenden Anstrengungen des Patriarchats, daß der Vater die Mutter-Tochter-Beziehung stört. Agamemnon entreißt der Mutter die Tochter Iphigenie, um sie für sein Kriegsglück zu opfern. Zeus verschluckt Metis, die Göttin der Weisheit, zur Zeit, da sie schwanger geht mit ihrer Tochter Athene. Nach althergebrachtem Mythos hat Metis ihre Tochter Athene am afrikanischen Tritonsee parthenogen* geboren. Im griechischen Mythos wird Zeus mit Athene schwanger durch den Mord an der Mutter. Zeus wird Vater und Mutter zugleich; er macht die Mutter überflüssig. Athene, die patriarchale Kopfgeburt, die von keiner Mutter mehr weiß, ist der Prototyp einer Vater-Tochter, die Männlichkeit stützt und fördert.

Im Patriarchat beansprucht der Vater das absolute Besitzrecht an der Tochter. In den Mythen sperren Väter ihre Töchter in Türme, damit kein Jüngling sich ihnen nähern könne. Der Jüngling nähert sich den Töchtern trotzdem: Gilgamesch wird von einem „Niemandssohn" gezeugt. Zeus schwingt sich auf einem Strahl von Gold zu seiner Geliebten und zeugt Perseus. Durch eine *flüchtige Begegnung* nimmt das Schicksal seinen Lauf. In Märchen stellen Väter den Jünglingen, die um ihre Töchter werben, unerfüllbare Aufgaben und treiben sie in den Tod. Unkritisch übersieht Erich Neumann, *daß die individuelle Begegnung zwischen Frau und Mann durch die Herrschaft des Vaters über die Tochter verhindert wird.* Ganz im Gegensatz zu seinen beschwörenden Worten, „daß die Herrschaft des Mütterlichen die individuelle und vollständige Begegnung zwischen Männlichem und Weiblichem" verhindere, mangelt es der *patriarchalen* Geschlechterbeziehung an individueller Zuwendung.

Männer wehren sich gegen die Einschränkungen einer weiblich geprägten sozialen Ordnung. Für William Irwin Thompson ist es

> „kein Wunder, daß eines der beherrschendsten Muster männlichen Verhaltens der Groll auf Frauen ist, verbunden mit der Sehnsucht, sich von ihnen und gesellschaftlicher Verantwortung lösen und abwenden zu können, um zurückzukehren zum Fließgleichgewicht der Eckkneipe, der Jagd, des Waldes." (Thompson 1985, 105)

„Eckkneipe, Jagd und Wald" sind metaphorische Orte, an denen Herrschaftsverhalten bis zur Tötungsgewalt produziert werden kann: In der

„Eckkneipe“ übertreffen Männer einander durch phantastische Erzählungen von Macht und Gewalt; bei der „Jagd“ wird das Töten an Tieren geübt; das Geheimnis des Waldes muß ergründet werden; „Wald“ gilt als unberührte Natur, die ebenso wie Jungfräulichkeit bezwungen werden muß.

Die Zerstörung der Mutter-Tochter-Beziehung scheint endgültig gelungen zu sein, wenn sich die patriarchale Tochter von der Mutter distanziert; denn so ohnmächtig wie sie möchte die Tochter nicht werden. Für die patriarchale Tochter ist der Vater das Tor zur Welt. Wenn sie gelernt hat zu begreifen, daß sie sich mit dem Vater nicht identifizieren kann, will sie von ihm anerkannt werden um ihres Selbstwertes willen. Doch in der patriarchalen Werteskala gibt es keinen Selbstwert für das Weibliche. Der Wert der Frau im Patriarchat ist auf „den Gebrauchswert für den Mann“ reduziert (Wöller 1991, 15): auf Mütterlichkeit, Reproduktionsfähigkeit und Sexualität. Da die Frau kraft der kollektiven Denknorm gar keine allgemein menschlichen Qualitäten hat, ist der patriarchale Vater auch nicht in der Lage, seine Tochter von *Mensch zu Mensch* zu lieben: Er lehnt sie ab, weil sie *nur* als Mädchen auf die Welt gekommen ist. Wenn er sich ihr trotzdem nähert, ist sie für ihn die kleine Eva, das Miniaturmodell der Verführerin. Er signalisiert ihr patriarchale Sexualität: Verachtung wegen ihres Geschlechts einerseits und eine Zuwendung andererseits, die auf das Geschlechtliche beschränkt bleibt. In dieser Double-Bind-Situation bleibt die Menschenwürde der Tochter auf der Strecke.

Eine solche Botschaft schädigt die Tochter für ihr weiteres Leben. Es liegt – wie erwähnt – im Interesse männlicher Machtentfaltung, die Mutter-Tochter-Beziehung zu stören, um Frauen abhängig vom Mann zu machen. Am nachhaltigsten greift der Vater in die Beziehung zwischen Tochter und Mutter ein, wenn er der Tochter Sexualität signalisiert. In ihrem Buch *Seelenmord* sagt Ursula Wirtz dazu:

> „Beim Inzest ist uns alles, was uns wertvoll war, genommen worden. Wir leben im eigenen Körper wie im Exil, wir haben die Identität verloren, die Unschuld, die Gefühle, den Glauben an eine Gerechtigkeit in dieser Welt. Vorzeitig ausgestoßen aus dem Kindheitsparadies, verurteilt zu Scham und Schuld, fühlen wir den Tod mitten im Leben.“ (Wirtz 1989, 215)

Meistens „haben die Väter keinerlei Unrechtsbewußtsein, wenn sie ihre Töchter sexuell mißbrauchen, weil sie glauben, einen göttlichen Anspruch auf sie zu haben.“ (Wöller 1991, 72) Hildegunde Wöller begründet diese Annahme mit dem Mißbrauchsrecht, das Gott durch den Mund Hesekiels an der Tochter Israel bekundet:

„Und du wuchsest heran und wurdest groß und kamst in die Jugendblüte. Deine Brüste wurden straff und dein Haar sproßte; doch du warst nackt und bloß. Da ging ich bei dir vorüber und siehe, deine Zeit war da, die Zeit der Liebe. Da breitete ich meinen Mantel über dich und bedeckte deine Blöße. Ich schwur dir und schloß einen Bund mit dir, spricht Gott, der Herr, und du wurdest mein." (Hes. 16, 7 b – 8)

Eindeutig beansprucht der göttliche Vater das sexuelle Besitzrecht an der Tochter, ein Mythologem, aus dem C.G.Jung den „Archetyp" patriarchaler Gewaltverhältnisse herleitet (Höfer 1993 passim). Das Unglück für die patriarchale Tochter bleibt zudem, daß der Vater den Bund mit ihr niemals hält. Er wird sie nicht lieben ihr Leben lang, sondern er wird sie von sich stoßen. Für die „Zumutung der Väter, die ihre Töchter sexuell mißbrauchen und sowohl ihre Duldung als auch ihr Schweigen erpressen" (Wöller 1991, 77), wirkt der folgende biblische Text wie eine Metapher: „... und ich will einen neuen Bund mit dir aufrichten, und du sollst erkennen, daß ich der Herr bin, damit du daran denkst und dich schämest und vor Scham den Mund nicht auftust, wenn ich alles vergebe, was du getan hast, spricht der Herr." (Hes. 16, 60 – 63) In der Bibel „finden wir die gleichen Muster, die auch in Mythen und Märchen anzutreffen sind." (Wöller 1991, 10) Es handelt sich um kollektive Muster des patriarchalen Herrschaftsanspruches.

Beim Liebespartner suchen patriarchale Töchter die menschliche Anerkennung, die ihnen die Väter versagt haben. Sie verstärken ihre Liebesbemühungen bis zur Selbstaufgabe, ohne je den Dank zu erfahren, den sie sich erhofft haben (Steinbrecher 1992, passim). Die Vater-Tochter

„kämpft um die Liebe, aber sie tut dies zu Lasten ihrer Würde und Achtung als Frau. ... in der Liebe hört die Emanzipation auf. In der Liebe lassen sich Frauen beleidigen, kränken, ignorieren und betrügen – und das alles in der Vorstellung, dafür geliebt zu werden." (Steinbrecher 1991, 112)

Vergebens warten sie darauf, daß der Mann ihre hingebungsvolle Liebe endlich erwidern möge.

„Würden die Frauen die Wartestunden in ihrem Leben zusammenzählen, ergäbe es ein Extraleben. Ungenutzte Zeit, die sie damit verbracht haben, Rechtfertigungen für das uninteressierte und lieblose Verhalten eines Mannes zu finden – genau wie beim Vater." (Steinbrecher 1991, 97)

Obwohl sie im Alltag ihrer Mutter Beweise dafür, „daß sich der romantische Traum nicht immer erfüllt, vor Augen haben, stellen sie fast immer die Frau in Frage und nicht den romantischen Traum." (Spender 1985, 168) Sie träumen davon, daß sie es besser machen werden als die Mutter; sie werden den Mann liebevoller umhegen, ihm alle Wünsche erfüllen, die Sexualität mit ihm attraktiver gestalten, und dann wird alles gut gehen, worin die Mutter versagt hat. Falls sie gelernt haben, ihren Wert *in sich selbst* zu finden, unabhängig von der Spiegelung im Mann, sind sie durch Leiden gegangen und haben Umwege auf sich genommen.

Christiane Olivier glaubt, daß Mütter gegenüber ihren Söhnen das Inzestverbot befolgten, weil sie ihre Kinder eigenverantwortlich erzögen, während die Väter diese Verantwortung nur deshalb vermissen ließen, weil sie sich der Erziehung fernhielten. Väter sollten sich an der Erziehung beteiligen und dabei kraft einer besseren Einsicht Distanz zum weiblichen Kind wahren:

> „Jeder Erwachsenenkörper, der mit einem Kind zu tun hat, stellt für das Kind eine gewisse libidinöse Kraft dar. Beide Eltern müßten wissen, daß der Körper des Kindes außer beim Windelwechseln und nach dem Wickelalter dem Kind allein gehört, ‚privat' ist und sexuell nicht berührt werden darf. Wenn Männer an der Erziehung teilhaben wollen, ist es wohl unumgänglich, daß sie die hier geltenden Gesetzmäßigkeiten begreifen." (Olivier 1991, 28 f.)

Der patriarchatsgeschichtliche Hintergrund zeigt, daß Christiane Olivier sich die Lösung des Problems allzu einfach vorstellt: Mit Postulaten wie *müßten, dürften, geltende Gesetzmäßigkeiten begreifen* – also allein über verstandesgemäße Regulierung – läßt sich eine derart verbreitete Verantwortungslosigkeit wie die allzu vieler Väter gegenüber ihren heranwachsenden Töchtern kaum ändern; denn „hinter der Fassade eines gutbürgerlichen Männerlebens sind Töchter dem Vater total ausgeliefert." (Steinbrecher 1991, 87)

Der Übergriff der Väter manifestiert sich nicht immer im drastisch-sexuellen Zugriff auf die Töchter, wie es beispielsweise Barbara Kavemann und Ingrid Lohstöter in ihrem wichtigen Buch *Väter als Täter* schildern, oder wie es die erschütternde Lebensgeschichte von Elly Danica zeigt (Danica 1989). Oft stimulieren Väter ihre Töchter lediglich sexuell und empfinden dabei erst recht kein Unrechtsbewußtsein. Doch bereits eine solche Annäherung verursacht empfindliche psychische Störungen bei den Töchtern, macht sie psychisch in ungesunder Weise von den Vätern abhängig und entfremdet sie den Müttern.

Christiane Olivier kritisiert, daß Mütter ihren Töchtern noch immer signalisierten, sie seien unfertige Wesen, Geschöpfe, deren Brüste noch wachsen müssen, deren Hymen durch einen Mann geöffnet werden müsse und deren gesamte Skala sexueller Empfindungen sich von der Klitoris auf die Vagina zu verlagern habe. Sie folgert, eine „Neue Tochter" könne sich nur entwickeln, wenn sie im Vater „von ihrer Geburt an ein angemessenes ‚Sexualobjekt' " vorfände (Olivier 1987, 71). Eine solche Auffassung, die an Freuds Ödipus-Theorie anknüpft, ist untauglich für die Befreiung der Tochter und der Frau aus dem Patriarchat; denn nach wie vor bliebe es der Vater, welcher der Tochter vermittelte, daß sie sexuell begehrenswert sei.

Da er, solange er ein patriarchaler Mann ist, gar nicht anders kann als *seine Sexualität* zum Maßstab zu setzen, wird er der Tochter – bewußt oder unbewußt – patriarchale Sexulität signalisieren: Sie bliebe das Geschöpf, dessen Brüste noch wachsen, dessen Hymen durch einen Mann geöffnet werden müsse und dessen sexuelle Empfindungen sich auf den Mann einzustellen hätten. Christiane Olivier übersieht, daß Mütter die Zerrbilder von der „unfertigen Weiblichkeit" durch die Repräsentanz des imaginären Vaters internalisiert haben.

Patriarchal erzogene Mütter, die einst selbst Vater-Töchter waren, wissen nur zu gut, daß sie die Annäherung ihres Mannes an die Tochter nicht merken sollen. Mütter verzichten auf die Liebe ihrer Töchter und liefern sie gleichsam dem Vater aus. Sie leisten die geforderte Verdrängungsarbeit schon im eigenen Interesse, weil sie sich um ihres Selbstwertgefühls nicht eingestehen wollen, daß der Ehemann sexuelles Interesse an der Tochter hat. Die Rivalität zwischen Frauen, durch welche das Patriarchat so nachhaltig gestützt wird, schwelt im Unbewußten. Mütter flüchten vor ihrer eigenen Verantwortung und kündigen ihrerseits die Solidarität mit der Tochter auf. Dadurch schaffen sie die Voraussetzung für eine Kultur, in der Männer die absolute Vorherrschaft haben. „Das Private ist politisch!" sagt die Frauenbewegung. Wie gerechtfertigt diese Erkenntnis ist, zeigt die Bedeutung der Vater-Tochter-Beziehung, welche die gesellschaftliche Wirklichkeit des Patriarchats begründet und immer wieder neu festigt.

„Die Vater-Tochter-Wunde ist nicht nur ein Ereignis, das im Leben von individuellen Frauen stattfindet; sie ist darüber hinaus ein Zustand unserer Kultur. Überall, wo eine patriarchalische autoritäre Haltung vorherrscht, die das Weibliche entwertet, indem sie es auf bestimmte Rollen oder Eigenschaften reduziert, die nicht aus der eigenen Erfahrung der Frau, sondern aus einer abstrakten Vorstellung von ihr kommen, findet eine Vergewaltigung der Tochter durch den kollektiven Vater statt, der ihr verwehrt, aus ihrem eigenen Wesen heraus schöpferisch zu wachsen." (Leonard, 1988, 31)

Frauensolidarität bleibt – wie ich gezeigt habe – überall auf der Strecke, wo Männer die Frauen auf ihren „Gebrauchswert für den Mann" verpflichten. Ob als „Herrin" gegenüber der Sklavin oder als Parteifrau, die Linientreue vor Frauensolidarität zu setzen hat, – überall zeigt der Mythos der kopfgeborenen Athene seine Wirkungsgeschichte. Rivalität unter Frauen macht Männermacht möglich. „In einer Welt voller Vater-Töchter ist es dann auch nicht zu verwundern, daß es nur wenig Solidarität unter Frauen gibt, daß Frauen von Frauen nichts halten." (Steinbrecher 1991, 119)

Vaterbilder spuken – mehr oder weniger – in den Köpfen aller Frauen. Weltweit fördern Frauen unter Einsatz all ihrer Kräfte die Interessen der Männer. Vaterautorität entspricht der patriarchalen „Vorstellung vom gesunden Menschenverstand, wenn nicht gar von Tugend und Heiligkeit" (Irigaray 1989, 30). Die Priorität, die wir dem Männlichen zugestehen, hindert uns, solidarisch miteinander zu sein.

Sigmund Freud hat selbständige Weiblichkeit mit den fürchterlichsten Prädikaten versehen: Da gibt es das phallische Weib und den weiblichen Drachen. In der selbständigen weiblichen Sexualität erfährt der patriarchale Mann die Vagina dentata, und er fürchtet die kastrierende Frau, die dem Mann wenn schon nicht den Penis, so doch die geistige Potenz abschneidet. Allzuweit haben sich Freuds Psychologismen nicht entfernt von der Phantasie der Inquisitoren, die behaupten, daß Hexen

> „bisweilen die männlichen Glieder in namhafter Menge, zwanzig bis dreißig Glieder auf einmal, in ein Vogelnest oder einen Schrank einschließen, wo sie sich wie lebende Glieder bewegen, Körner und Futter nehmen, wie es von Vielen gesehen ist. Es hat nämlich einer berichtet, daß, als er das Glied verloren, und er sich zur Wiedererlangung seiner Gesundheit an eine Hexe gewandt hatte, sie dem Kranken befahl, auf einen Baum zu steigen und ihm erlaubte, aus dem Neste, in welchem viele Glieder lagen, sich eines zu nehmen. Als er ein großes nehmen wollte, sagte die Hexe: ‚Nimm das nicht!' und sie fügte hinzu, es gehöre dem Weltgeistlichen." (Sprenger/Institoris, Bd. I, 85)

Auch die psychoanalytische Theorie Freuds verurteilt die Liebe zwischen Mutter und Tochter als unangemessen. So sehr Freud und Jung getrennte Wege gegangen sind – sie waren sich darin einig, daß die Liebe zwischen Mutter und Tochter aufgegeben werden müsse, „um in das Begehren des Vaters einzutreten". Die Frau wird damit

> „einer normativen Heterosexualität unterworfen, die in unserer Gesellschaft üblich, aber vollkommen pathogen und pathologisch ist. Weder das kleine Mädchen noch die Frau brauchen die Liebe zu ihrer Mutter aufzugeben. Das reißt sie aus ihrer Identität, ihrer Subjektivität Diese Liebe ist notwendig, damit wir nicht weiterhin Dienerinnen des Phallus-Kults oder Gebrauchs- und Tauschobjekte zwischen Männern bleiben, Objekte, die auf dem Markt konkurrieren – eine Situation, in die wir alle versetzt worden sind." (Irigaray 1989, 44)

Leider weisen auch Frauen, die psychotherapeutisch tätig sind, noch immer die Schuld an allen Schwierigkeiten einer Tochter deren Mutter zu. Sie fordern die Ablösung der Tochter aus der Mutter-Bindung.

Ursula Baumgardt hat den Traum einer 36jährigen Frau veröffentlicht, in dem diese von ihrer Mutter ins Kino geschickt wird. Daraus folgert die Therapeutin, daß die Tochter ihrer Mutter „noch ganz ausgeliefert ist. Sie kennt ihre eigenen Werte und Wünsche noch nicht, steckt noch ganz in den Wertmaßstäben der Mutter" (Baumgardt 1987, 82). Ein Traumbild von einer „brutalen anonymen Horde von Männern, welche die anwesenden Frauen zur Prostitution zwingt", mache deutlich, „wie sehr die Tochter noch die Bilder und Vorstellungen der Mutter in sich trägt" (Baumgardt 1987, 82).

Männergewalt ist gesellschaftliche Wirklichkeit und kein „Bild“, das eine böse Mutter ihrer unselbständigen Tochter vermittelt. Um das zu erfahren, muß eine Frau nur die täglichen Berichte über Krieg und Vergewaltigung in den Medien verfolgen. „Brutale Männlichkeit“ ist kein Phantom, das überwunden wird, wenn sich die Tochter von der Mutter löst, um mit einem Mann eine persönliche Beziehung einzugehen. Auch ein einzelner liebevoller Mann, „der sich aus dem Kollektiv löst“ (Baumgardt 1987, 82), wird die Gewalt nicht aus der Welt schaffen. Nur durch die völlige Abschaffung des Patriarchats können die Gewaltverhältnisse unter den Menschen überwunden werden.

Im nachfolgenden Traum sehe ich eine Grenzsituation aufleuchten, bei der die Patriarchatsbeziehung zwischen Mutter und Tochter überwunden wird und sich eine matriarchale Mutter-Tochter-Beziehung aufbaut. Durch diese matriarchale Mutter-Tochter-Beziehung wird die neue Kultur geschaffen, die eine behütete Sexualität, Verständigung zwischen den Geschlechtern und eine gewaltfreie Ordnung garantiert:

> Meine Mutter gibt mir ein Kinobillet. Ich weiß nicht, was für ein Film läuft. Es ist zuerst dunkel, dann hell. Eine Gruppe Männer kommt daher und zerrt gewisse Frauen aus dem Kino, auch mich. Die anderen Frauen sind von mir separiert worden, vielleicht für die Prostitution. Ein Mann, dem ich gefalle und der auch mir gefällt, rettet mich.
>
> Da kommt eine alte weise Frau auf mich zu, deren Aufgabe es ist, die Kultur zu vermitteln. Sie sagt mir, ich könne mit diesem Mann nicht zusammen sein, bevor ich von ihnen, den alten Frauen, Kultur gelernt hätte. Ich werde von der Frau in einen Raum geführt und bekomme dort Bücher zum Lesen, lerne Sprache und Bräuche und auch eine mir bisher fremde Sexualität. Sie wird „behütete“ Sexualität genannt; ich lerne Kräuter und Verhütung von Schwangerschaft kennen. Ich bin ganz geborgen und lerne und lerne (Baumgardt 1987, 82).

Der Traum macht die Gewaltverhältnisse, die eine patriarchale Liebesbeziehung begründen, bewußt. Frauen werden mit Gewalt aus der Mutter-Tochter-Beziehung gerissen und – so träumt die Tochter – zur „Prostitution“ gezwungen. „Prostitution“ ist eine Metapher für *jede* Geschlechterbeziehung, die Frauen auf Sexualität reduziert und in der Abhängigkeit des Mannes hält. Auch in der patriarchalen Ehe verdient der Mann das Geld und erwartet dafür alle Liebesdienste, die das Patriarchat von einer Frau fordert. Vor einem solchen Schicksal will ein Mann die Träumerin bewahren. Sie hat Vertrauen zu ihm. Aber die Alte Weise, macht der Tochter deutlich, daß sie erst „Kultur“ lernen muß. Bevor eine Frau mit einem vertrauenerweckenden Mann leben kann, muß sie erst zu sich selbst kommen, zur „Weisheit der Mütter“. Sie hat viel zu lernen, wenn sie aus dem patriarchalen Gefängnis ausbrechen will, das der Frau das Lernen, die Bewußtwerdung und die Erfahrung einer „behüteten“

Sexualität verweigert hat. Auch der geliebte Mann ihres Vertrauens kann ihr diese Erfahrungen nicht bieten. Und im Traum kommt er konsequenterweise zunächst nicht mehr vor. Zuerst hat die Frau zu lernen. Sie ist geborgen in der Beziehung zu einer „weisen Mutter", bei der sie für das Leben lernt: „Ich bin ganz geborgen und lerne und lerne."

Sie lernt Bräuche kennen, das heißt, sie erfährt die sozialen Ordnungen, unter denen gewaltfreies Leben möglich ist – denn aus dieser Gefahr ist sie im Traum gerettet worden. Sie lernt „Sprache", die eine Beziehung auf der höheren Ebene der geistig seelischen Verständigung möglich macht und die Funktionalität der Patriarchatsbeziehung überwindet. Sie lernt eine Sexualität kennen, die sie nicht bedingungslos an Mutterschaft ausliefert, sondern Verhütung praktiziert. Die Besinnung auf den ihr eigenen matriarchalen Eros macht eine behütete Sexualität möglich, in der sie sich geborgen fühlt.

Die gesunde Mutter-Tochter-Beziehung stellt eine Kraft dar, die der Tochter hilft, ihren Selbstwert zu erfahren, patriarchale Werte zu überwinden und einem Partner in gleichwertiger Beziehung gegenüberzutreten. Eine Mutter, die zu sich selbst erwacht ist, kann der Tochter diese *selbstbewußte Sexualität* signalisieren. Nur in der Beziehung zu einer selbstbewußten Mutter kann eine Tochter lernen, ihre Sexualität in einen umfassenden erotischen Kosmos einzubauen; nur durch die Mutter erfährt sie die spirituelle Dimension der Sexualität. Nur die Liebe der Mutter ermöglicht der Tochter, als erwachsene Frau die einseitige Funktionalität männlich-patriarchaler Sexualität durch die Komponente weiblicher Ganzheitserfahrung zu korrigieren. Nicht die väterliche, sondern allein die mütterliche Haltung kann der Tochter von Anfang an vermitteln, daß sie eine fertige kleine Frau ist, klitorisbegabt und in der Lage, ein tüchtiger Mensch mit einem selbstbestimmten energischen Sexualbedürfnis zu werden. Denn es ist „wichtig zu wissen, daß es für uns eine andere Beziehung zur Lust gibt als die, die nach dem phallischen Modell funktioniert." (Irigaray 1989, 45)

In der patriarchalen „Liebesbeziehung" herrscht eine tiefe Sprachlosigkeit. Die Frau versteht das einseitige Weltbild des Mannes nicht; und der patriarchale Mann – viele Männer haben diese Haltung bis heute nicht überwunden – zieht kaum in Erwägung, daß die Frau eine eigene weibliche Sicht von der Welt haben könne. Dabei ist es einzig und allein die Sprache, wodurch die Menschen in ihrer Entwicklung die Tiere hinter sich gelassen haben. Über die Sprache ist kulturelle Evolution möglich. In Rede und Gegenrede und durch Empathie – „das selbstbewußte Wahrnehmen des Bewußtseins des anderen" (Wispé 1968, 11) – geschieht die Erweiterung des menschlichen Bewußtseins. Sprache ist Frage und Antwort, und antworten heißt auch immer ver-antworten, den anderen ernst nehmen in seinem So-Sein. Die Austreibung der Männer-Herr-lichkeit aus den Köpfen der Frauen wird erst möglich werden, wenn die Allianz Mutter-Tochter zum „Fundament der Weiblichkeitserziehung“ (Steinbrecher 1991, 82) wird. Damit soll nicht alle Verantwortung den Müttern angelastet werden. Aber die Mutter-Tochter-Beziehung wird sich radikal verändern, wenn die Herrschaft des Vaters in jeder Hinsicht in Frage gestellt wird.

Weibliches Bewußtsein und weibliche Freiheit können nur auf dem Hintergrund einer stabilen Mutter-Tochter-Beziehung entstehen, einer Beziehung, die zugleich die soziale Ordnung, die öffentliche Meinung und das geltende Recht symbolisiert. Frauen, die zum Bewußtsein erwacht sind und das Patriarchat hinterfragen und durch ein weibliches Bewußtsein herausfordern, werden den Grund legen zu einer veränderten Mutter-Tochter-Beziehung und zu einer veränderten Welt.

Frauen müssen das gesamte traditionelle mann-menschliche Weltbild überwinden, wenn sich Weiblichkeit aus den Fangarmen des „Großen Vaters“ befreien soll. *Die Befreiung der Welt vom patriarchalen Wahn ist eine Aufgabe, die nur auf allen Gebieten zugleich und in alle Richtungen zugleich geleistet werden kann.*

- Frauen fordern eine Moral, in der sie als souveräne Subjekte ernst genommen werden. „Eine Moral, die die Identität von Personen respektiert, ist nicht eine bloße Moral unter anderen, sondern in der Tat das einzige, was letztlich als Moral gelten kann.“ (Fried 1978, 67)
- Mütter, die sich vom Patriarchat befreit haben, können Töchter erziehen, die es nicht nötig haben, die Anerkennung des Vaters um jeden Preis zu erringen; denn jede junge Frau wächst heran mit der Erfahrung, daß sie ein eigener Mensch ist. Sie braucht diese Anerkennung als erwachsene Frau weder von ihrem Partner zu erflehen, noch wird sie sich kollektivpsychologisch, um als Frau anerkannt zu werden, den Regeln männlicher Gesellschaftspraxis unterwerfen. Sie geht ihren eigenen Weg; sie entwickelt ihr Selbstbewußtsein aus sich selbst.
- Frauen werden die psychologischen Einflüsterungen zurückweisen, die ihnen weismachen wollen, eine Frau müsse die Mutter-Beziehung überwinden, damit sie eine „vollständige“ Beziehung zum Manne erreichen könne. Frauen erkennen, daß die patriarchale „Liebesbeziehung“ vollständig nur darin ist, daß sie vollständige Unterwerfung des Weiblichen unter den Primat des Männlichen einfordert.
- Frauen werden sich ihre Sexualität wieder aneignen, die im Patriarchat den Männerinteressen unterworfen ist.

- Frauen werden ihre selbstbestimmte Spiritualität reklamieren; sie dürfen nicht länger die Begabung unterdrücken, ihre innewohnende Weiblichkeit zu transzendieren und als Göttliches zu erfahren. Um ihnen ein angemessenes Selbstwertgefühl zu vermitteln, müssen Mütter in der Lage sein, das Bewußtsein ihrer Töchter von Anfang an in weiblicher Transzendenz zu verankern. Mit den allerersten Versen und Texten sollen unsere Töchter auf den Ursprung allen Lebens aus dem weiblichen Urgrund vertraut werden. Mythen und Märchen müssen von ihrem patriarchalen Überbau befreit werden, damit diese Zivilisationsmythen unsere Töchter nicht diskriminieren, bevor sie überhaupt angefangen haben zu leben. „Auf dem mühsamen Weg der Befreiung wird immer deutlicher, daß die Frage nach weiblicher Identität im Kern eine religiöse Frage ist." (Wöller 1991, 12)
- In einer gelungenen Mutter-Beziehung entwickeln Töchter politisches Bewußtsein. Sie erleben ihre Mütter ebenso wie ihre Väter als Tor zur Welt. Und sie sehen die Öffentlichkeit zunehmend als den Ort, an dem sie sich einmischen müssen. Sie werden eine Gesetzgebung einfordern, die sich an weiblichen Lebenszusammenhängen orientieren muß. Wenn wir als Spezies Menschheit überleben wollen, wird die Macht-Haberei, die Frauen im Patriarchat gedemütigt und unterworfen hat, einer matriarchalen Seins-Macht weichen müssen: Nicht Besitz und Haben baut Seins-Macht auf, sondern Leben und Dasein, Können und innewohnende Potenz. Das Leben hat Vorrang, und wir – die Frauen – sind das Leben.

Anhang

Danksagung

Ich danke allen Frauen, die mich darin bestärkt haben, die Evolution zur Beantwortung der Frage zu bemühen, was Weiblichkeit für das Leben auf der Erde bedeutet: den Teilnehmerinnen an Vortragsdiskussionen, Seminaren und Workshops. Denn es ist kein leichtes Unterfangen, immer wieder dic herrschende Denknorm in Frage zu stellen. Dazu bedarf es der Solidarität mit Frauen, die das patriarchale Weltbild überwinden wollen.

Viele Männer – und manche Frauen – leisten einen irrationalen Widerstand gegen die Vermutung, Gewaltverhalten könne in den männlichen Genen programmiert sein. Statt Problemlösungen zu suchen, sprechen sie von einem neuen, dem feministischen Biologismus, der nur eine Umkehrung des männlichen Biologismus sei, der die Frauenrolle aufgrund der sogenannten weiblichen Biologie definiert hat. Es geht mir aber gerade darum, jenseits der Rollenvorgabe von Macht-Haberei und Gewalt den Mann zu entdecken, mit dem Frauen eine befreite Beziehung leben können.

Ich danke vor allem meinen Freundinnen, Erdmuthe Idris und Gudrun Nositschka, die meine Arbeit von Anfang an begleitet haben. Erdmuthe hat mich mit ihrem Fachwissen als Ärztin unterstützt. Sie hat mir großzügig alle Bücher ihrer Bibliothek zur Verfügung gestellt, die mir hilfreich sein konnten; und sie hat mich immer wieder auf dem eingeschlagenen Denkweg bestärkt. Gudrun und Erdmuthe haben mir wichtige Veröffentlichungen zugänglich gemacht, Kopien für mich angefertigt und meine Texte auf Schreib- und Denkfehler durchgelesen. Mit kritischen Anmerkungen haben sie mich darauf aufmerksam gemacht, wenn meine Argumentation noch immer dem patriarchal verordneten Denkweg gefolgt ist. Ihnen beiden habe ich wichtige Lernschritte zu verdanken.

Nicht zuletzt bedanke ich mich für die gründliche und sensible Lektorinnenarbeit von Ulrike Helmer. Sie hat nicht nur die Fehler korrigiert, die in meinem Manuskript überlebt hatten, sondern auch manche schwer verständliche Textstelle lesbar gemacht.

Meinem Sohn Adrian bin ich sehr zu Dank verpflichtet, weil er aus meinem Manuskript das druckfertige Layout hergestellt hat.

Gerda Weiler
Breitnau, im Juni 1993

Glossar

ANACHORETEN, Klausner, Einsiedler, zurückgezogen lebende Männer

BAUSTEINE DES LEBENS, siehe: Nukleotid-„Buchstaben“

BEHAVIORISMUS, amerikanische sozialpsychologische Forschungsrichtung, die allein durch das Studium des Verhaltens einer Person deren seelische Merkmale zu erfassen sucht und dabei Erbfaktoren und biologische Grundlagen vernachlässigt.

CHROMOSOM, es besteht aus einem winzigen verknäuelten DNS-Molekül mit oft Tausenden von Genen und den Proteinen, die ihm Form geben. Für gewöhnlich lassen sich die Chromosomen im Mikroskop nicht darstellen. Erst bei der Zellteilung bündeln sie sich, so daß sie sichtbar werden.

COUVADE, Männerkindbett – eine Sitte südamerikanischer Indianer: Der Vater legt sich nach der Geburt des Kindes ins Wochenbett und läßt sich pflegen, während die junge Mutter sofort wieder ihrer Arbeit nachgeht.

DNA, englische Schreibweise der DNS: Desoxyribo-Nuklein-Säure = Desoxyribo-Nuclein-Acid

DNS, siehe Fortpflanzung

DOPPEL-HELIX, Helix = Spirale, spiralig Gewundenes. Nach James Watson ist die DNS in Form einer Doppel-Spirale aufgerollt. Jedes DNS-Molekül besteht aus Tausenden von Genen, die in jüngster Zeit künstlich synthetisiert werden können.

ENANTIOTROPIE, wechselseitige Überführbarkeit eines Stoffes von einer Zustandsform in eine andere

EPIGAM, geschlechtsreif, heiratsfähig

ETHOLOGIE, Verhaltensforschung, ethologisch, auf die Verhaltensforschung bezogen

EXOGAMIE, vorgeschriebene Heirat mit Angehörigen fremder Stämme

FORTPFLANZUNG, die Moleküle der Desoxyribonukleinsäure (DNS) bilden eine lange Kette. Jedes DNS-Molekül besteht aus Tausenden von Untereinheiten, den Genen. Bei den meisten Arten von Lebewesen kommt jedes Gen in zwei unterschiedlichen Exemplaren vor, die Allele genannt werden und je dem mütterlichen oder dem väterlichen Erbgut entstammen. Dadurch erhöht sich die genetische Vielfalt eines Individuums. Außerdem kann ein intaktes Gen eine defekte Erbinformation kompensieren. Das gilt nicht für das männliche 23. Chromosomenpaar, das sogenannte Geschlechts-Chromosom: Ein Y-Chromosom kann Defekte auf dem X-Chromosom nicht ausgleichen, während im weiblichen Geschlechts-Chromosom das zweite X-Chromosom den Schaden kompensiert. Eine Körperzelle ist diploid, das heißt, sie trägt einen doppelten Chromosomensatz. Die Keimzelle ist haploid; sie trägt jeweils nur einen Chromosomensatz. Nach der Verschmelzung der Keimzellen paaren sich die entsprechenden väterlichen und mütterlichen Chromosomen und bilden die erste Körperzelle des Embryo mit diploidem Chromosomensatz, die Zygote. Beim Menschen mit seinen 23 Chromosomenpaaren gibt es über acht Millionen unterschiedlicher Möglichkeiten, Chromosomen zu kombinieren.

GAMET, Fortpflanzungszelle mit haploidem Chromosomensatz, das weibliche Ei und die männliche Keimzelle, irreführend Spermium oder Samen genannt

GONOSOMEN, das 23. Chromosomenpaar in der menschlichen Körperzelle – das Geschlechts-Chromosomenpaar – bei der Frau = XX, beim Mann = XY

HAGIO-GRAPHIE, Hagia = Heilige, Graphik = Schreibkunst, Darstellung, Schrift, Zeichen. Die erste Machtverherrlichung der Welt ist die Verherrlichung der weiblichen Geschlechtsmerkmale (Stopczyk 1987a, 119).

INDIVIDUATION, psychologischer Reifungs- und Wandlungsprozeß des Selbst; bezeichnet bei C.G. Jung die Reife eines Menschen, der das gleichgeschlechtliche Unbewußte, den „Schatten", und das gegengeschlechtliche Unbewußte – Jung spricht von Animus und Anima – integriert hat.

LETAL, zum Tode führend, Letalfaktor = Sterblichkeitsfaktor

MARASMUS, allgemeiner, geistig-körperlicher Kräftezerfall

MATRIX, Quelle, Ursache, Muttertier, Gebärmutter, Keimschicht, Hülle der Chromosomen, geordnetes Schema von Werten, für das bestimmte Rechenregeln gelten

MORGEN, landwirtschaftliches Maß, ursprünglich das Ackerstück, welches an einem Vormittag umgepflügt werden kann, worüber aber die Vorstellungen weit auseinandergehen. In Preußen hat ein Morgen 25,53 Ar gleich 2 553 Quadratmeter, der bayerische Morgen hat 3 437 Quadratmeter, der badische 3 700. Die Engländer sind noch fleißiger und pflügen an einem Vormittag 4 047 Quadratmeter gleich 1 acre. Ein holländischer Morgen hat 2 acres gleich 8 094 Quadratmeter. Das Gelände der Arnheim-Kolonie mit zweieinhalb holländischen Morgen ist 20 235 Quadratmeter groß.

NUKLEOTID-„BUCHSTABEN", die Buchstaben A,T,C,G, nach den Basen Adenin, Thymin, Cytosin und Guanin genannt, sind die Bausteine des Lebens, aus denen alle Eiweißstoffe zusammengesetzt sind. Aus diesen vier Grundbausteinen besteht alles Leben vom Einzeller bis zum Menschen. Jeweils drei dieser Bausteine formen eine Informationseinheit, ein Codon. Die Vielfalt der „Wörter", die aus diesen „Buchstaben" gebildet werden können, ist unermeßlich.

ÖSTRUS, Brunst

OKTAVE, aus der Musik stammende Bezeichnung für das Verhältnis zweier Schwingungen: die Oktave, der „achte Ton", schwingt genau doppelt so schnell wie ihr Grundton. Während die menschliche Wahrnehmungsfähigkeit bei Schallwellen sich auf fast 10 Oktaven erstreckt, beschränkt sie sich im Bereich der elektromagnetischen Wellen auf eine einzige Oktave: das sichtbare Licht. Es ist üblich, insbesondere bei elekromagnetischen Wellen, Schwingungen nicht nur durch die Frequenz, die Zahl der Schwingungen pro Sekunde, sondern auch durch die Wellenlänge zu beschreiben. Je höher die Frequenz, desto kürzer die Wellenlänge. Bei einer Oktave hat die obere Schwingung genau die halbe Wellenlänge der Grundschwingung. Die Familie der elektromagnetischen Wellen reicht vom Wechselstrom „aus der Steckdose" mit mehreren Tausend Kilometern Wellenlänge, bis zu den Gammastrahlen mit weniger als einem Milliardstel Millimeter Wellenlänge. Dazwischen liegen die Radiowellen mit Wellenlängen im Bereich von Kilometern bis zu Zentimetern, die Mikrowellen und das infrarote Licht, an das sich bei 0,8µm (Millionstel Meter) Wellenlänge das für Menschen sichtbare Licht anschließt. Nur in der einen Oktave zwischen 0,8 µm und 0,4 µm können Menschen sehen.

Oberhalb der menschlichen Wahrnehmungsgrenze beginnen die Strahlen des ultravioletten Lichtes, darüber die Röntgen- und Gammastrahlen.

ONTOGENESE, Entwicklung des Einzelwesens

PANT-HOOTS, Serie von Schimpansenrufen, die laut und stimmhaft keuchend hervorgestoßen werden. Die Lautbildung läßt sich am besten mit o und u umschreiben, die in Serienfolge hervorgebracht werden. Die Rufserie ist außerordentlich variabel, sowohl was die Tonhöhe als auch die Dehnung der einzelnen Laute betrifft. In einer Serie kann die Intensität wechselnd ansteigen und abfallen. Einzelne Individuen bringen pant-hoots hervor, die für sie charakteristisch sind. Dadurch lassen sich die Tiere voneinander unterscheiden. Pant-hoots sind Distanzlaute; sie werden bei der Annäherung eines Neuankömmlings oder bei gegenseitiger Annäherung zweier Gruppen bereits auf größere Entfernung ausgestoßen, wobei die Gegenseite antwortend in die Rufe einfällt. Die pant-hoots sind auch Bestandteil des männlichen Imponiergehabes.

PARTHENOGENESE, Jungfernzeugung, Fortpflanzung durch unbefruchtete Keimzellen; in der Mythologie die Geburt aus einer Jungfrau oder die jungfräuliche Geburt einer Gottheit durch eine souveräne Göttin, die ohne Partnerschaft mit einem Gott schwanger geworden war; parthenogen, aus unbefruchteten Keimzellen entstanden

PELASGISCHER SCHÖPFUNGSMYTHOS, Ursprungsmythos der Pelasger, einer sagenhaften Urbevölkerung Griechenlands. Danach soll Eurynome dem Ophion die Zähne ausgeschlagen haben, weil dieser ihre schöpferische Potenz für sich beansprucht hat. Aus den Zähnen des Ophion ist der Sage nach das Volk der Pelasger entstanden.

PHÄNOTYPUS, Erscheinungsbild eines Organismus, im Gegensatz zum Genotypus, der durch seine genetischen Anlagen definiert ist

PHYLOGENESE, Entwicklung der Arten; phylogenetisch, auf die Entwicklung der Art bezogen

PHILO-SOPHIA, Philos = Freund, Genosse, Gatte, Liebhaber, Vertrauter; Sophia = Weisheit, bewußte Kunst, Klugheit, List, Einsicht (Stopczyk 1980, 5)

PORNO-GRAPHIE, Pornä = Hure, Graphik = Schreibkunst, Darstellung, Schrift, Zeichen. Pornographie heißt auf griechisch auch Darstellung der Abgötterei, Götzendienst treiben, den falschen Glauben haben (vergl. Stopzcyk 1987a, 119). Mit dem Schimpfwort Pornographie wird die Hagio-Graphie, die Darstellung des heiligen Geschlechts der Göttin, zurückgewiesen und verpönt.

PRIMATEN, alle Säugetiere, die perspektivisch sehen und Farben unterscheiden können; Klasse der sogenannten Herrentiere, von den Spitzhörnchen, die als Bindeglied zwischen Insektenfressern und Primaten angesehen werden, über Halbaffen, Altwelt- und Neuweltaffen, Menschenaffen und Menschen. Bei Menschenaffen und Menschen fehlt der Schwanz.

REALISATION/REALISIERUNG, eine bewußte Erklärung konstruieren, um damit die unbewußte Wirklichkeit zu verdrängen

SKROTUM, Hodensack

SYNDROM, wörtlich: das Zusammenlaufen; das Zusammengehören verschiedener Merkmale zu einem Bild. In der Graphologie spricht man von einem Syndrom von Merkmalen, welche die Aussage für einen Charakterzug rechtfertigt. Bei psychologischen Tests ergibt ein Syndrom mehrerer Merkmale ein Charakterbild. In der Medizin wird zwischen Merkmalen, die zufällig zusammen auftreten können, wie etwa Husten und Halsschmerzen, Übelkeit und Erbrechen, und feststehenden Merkmalen, die zum Syndrom einer bestimmten Krankheit zwingend gehören, unterschieden. Ein Syndrom von Verhaltensdispositionen ermöglicht, damit eine Art überleben kann.

ZYGOTE, die befruchtete Eizelle bildet nach der Verschmelzung mit der männlichen Keimzelle die erste Körperzelle des Embryos, die Zygote

ZYTOGEN, Zyto = Zelle, zytogen, von der Zelle gebildet, durch die Zelle verursacht

Literatur

ACKERMANN, Jakob Fidelis: Über die körperliche Verschiedenheit des Mannes vom Weibe ausser den Geschlechtstheilen, Mainz 1788

AHRENDT, Hannah: Elemente und Ursprünge totalter Herrschaft, München 1986

ALBERTZ, Heinrich, Hrsg.: Zehn Gebote – Gedanken und Texte, Stuttgart 1985

ALIC, Margaret: Hypatias Töchter – Der verleugnete Anteil der Frauen an der Wissenschaft, Zürich 1991

ARDREY, Robert: Adam kam aus Afrika, Wien/Molden 1967

— ders.: Adam und sein Revier – Der Mensch im Zwang des Territoriums, München 1972

— ders.: Der Gesellschaftsvertrag – Das Naturgesetz von der Ungleichheit der Menschen, Wien/München/Zürich 1971, Original: London 1970

— ders.: Der Wolf in uns – Die Jagd als Urmotiv menschlichen Verhaltens, Kiel 1984

AUFMUTH, Ulrich: Risikosport und Identitätsbegehren, in: Hortleder/Gebauer, Hrsg.: Sport – Eros – Tod, Frankfurt am Main 1986

AUTRUM, Hansjochen, und WOLF, Ulrich: Humanbiologie – Geschlechtsentwicklung beim Menschen als Modellbeispiel für einen Differenzierungsprozeß, Berlin/Heidelberg/New York/Tokio 1983

BADINTER, Elisabeth: Die Mutterliebe – Geschichte eines Gefühls vom 17. Jahrhundert bis heute, Zürich 1981

— dies.: Ich bin Du – Die neue Beziehung zwischen Mann und Frau oder die androgyne Revolution, München 1987

BARASH, David: Soziobiologie und Verhalten, Berlin/Hamburg 1980

— ders.: Das Flüstern in uns – Urprung und Entwicklung menschlichen Verhaltens, Frankfurt am Main 1981

BARNETT, S.A.: Über das Glücksspiel mit Analogien, in: MONTAGU, Ashley, Hrsg.: Mensch und Aggression – Der Krieg kommt nicht aus unseren Genen, Weinheim 1974

BARZ, Helmut: Männersache – Kritischer Beifall für den Feminismus, Zürich 1984

BAUDLER, Georg: Erlösung vom Stiergott, München 1989

— ders.: Gott und Frau – Die Geschichte von Gewalt, Sexualität und Religion, München 1991

BAUMANN, Hermann: Das doppelte Geschlecht, Berlin 1955

BAUMGARDT, Ursula: Wege zum Frausein heute – Träume und Bilder einer Analyse, Olten/Freiburg 1985

— dies.: König Drosselbart und C.G.Jungs Frauenbild – Kritische Gedanken zu Anima und Animus, Olten/Freiburg 1987

— dies.: Die Frau im Traum – Traumbild Frau, in: PFLÜGER, Peter Michael: Wendepunkte Erde Frau Gott – Am Anfang eines neuen Zeitalters, Olten/ Freiburg 1987

BEHRENDT, Joachim-Ernst: Das dritte Ohr – Vom Hören der Welt, Hamburg 1989

BETTELHEIM, Bruno: Die symbolischen Wunden, Frankfurt am Main 1982
BIEDERMANN, Hans: Die Großen Mütter – Die schöpferische Rolle der Frau in der Menschheitsgeschichte, Bern/München 1987
BISCHOF-KÖHLER, D., und BISCHOF, N.: Der Beitrag der Biologie zur Anthropologie der Frau, in: PISSAREK-HUDELIST, Herlinde, Hrsg.: Die Frau in der Sicht der Anthropologie und Theologie, Düsseldorf 1989
BITTER, Wilhelm, Hrsg.: Krisis und Zukunft der Frau – Psychotherapie, Religion, Gesellschaft, Stuttgart 1967
BLEIBTREU-EHRENBERG, Gisela: Vom Schmetterling zur Doppelaxt – Die Umwertung von Weiblichkeit in unserer Kultur, Frankfurt am Main 1990
BLAKESLEE, Thomas R.: Das rechte Gehirn – Das Unbewußte und seine schöpferischen Kräfte, Freiburg 1982
BLUM, Eva Maria, Hrsg.: Herrschaft, Anpassung, Widerstand – Ethnopsychoanalyse Bd. 2, Frankfurt am Main 1991
BLY, Robert: Eisenhans – Ein Buch über Männer, München 1991
BOADELLA, David: Befreite Lebensenergie, München 1991
— ders.: Die Wissenschaft von der Natur und die Natur der Wissenschaft, in: Energie und Charakter, Zeitschrift für Biosynthese und somatische Psychotherapie, Hrsg.: David Boadella, 23. Jahrgang, Juni 1992, 5
BOLK, Louis: Das Problem der Menschwerdung, Jena 1926
BONNET, Hans: Reallexikon der ägyptischen Religionsgeschichte, Berlin/New York 1971
BONUS, Holger: Ökologische Marktwirtschaft, in: Natur und Geschichte, München/Wien 1983
BOTT, Gerhard: Absage an den Weltuntergang – Die Hoffnung der neuen Optimisten, Film des NWR, 1986
BOULDING, Kenneth E.: Bin ich ein Mensch, eine Maus – oder beides? in: MONTAGU, Ashley, Hrsg.: Mensch und Aggression – Der Krieg kommt nicht aus unseren Genen, Weinheim 1974
BOYESEN, Gerda: Über den Körper die Seele heilen, München 1987
BRADISH, Paula, FEYERABEND, Erika u.a., Hrsg.: Frauen gegen Gen- und Reproduktionstechnologien – Beiträge vom 2. Bundesweiten Kongreß, Frankfurt, 28.-30.10.1988, München 1989
BRAUN, Christina von: Nicht Ich – Lüge, Logik, Libido, zweite veränderte Auflage, Frankfurt am Main 1988 (zuerst 1985)
— dies.: Die schamlose Schönheit des Vergangenen – Zum Verhältnis von Geschlecht und Geschichte, Frankfurt am Main 1989
BRAUN, Rüdiger: Das tierische Rätsel – Tierbewußtsein, in: Intelligenz und Bewußtsein, GEO-WISSEN, Nr. 3 (1992), Hamburg
BRENGELMANN, Johannes C.: Maskulinität und Feminität – Verhaltenseffektivität und Lebensqualität, in: PISSAREK-HUDELIST, Herlinde, Hrsg.: Die Frau in der Sicht der Anthropologie und Theologie, Düsseldorf 1989

BROLL, Christine: Human-Genetik – Das Kreuz mit dem Erbe, in: GEO-WISSEN, Nr. 1 (1989), Hamburg

BURKERT, W.: Homo Necans – Interpretationen altgriechischer Opferriten und Mythen, New York 1972

CAMERON, Deborah, und FRAZER, Elizabeth: Lust am Töten, Berlin 1990

CARRIGHAR, Sally: Der Krieg kommt nicht aus unseren Genen, in: MONTAGU, Ashley, Hrsg.: Mensch und Aggression – Der Krieg kommt nicht aus unseren Genen, Weinheim 1974

CARRINGTON, Richard: Elefanten – Ein kurzer biologischer, entwicklungsgeschichtlicher und kulturhistorischer Überblick, Konstanz 1962

CHICAGO, Judy: The Dinner Party, München 1987

CHILDE, Gordon: Man Makes Himself, London 1966

CHODOROW, Nancy: Das Erbe der Mütter – Psychoanalyse und Soziologie der Geschlechter, München 1985

COLMAN, A.M., Hrsg.: Cooperation and Competition in Humans and Animals, Wokingham 1982

CROOK, John Hurrell: Wesen und Funktion der territorialen Aggression, in: MONTAGU, Ashley, Hrsg.: Mensch und Aggression – Der Krieg kommt nicht aus unseren Genen, Weinheim 1974

DANICA, Elly: Nicht!, München 1989

DAUTHENDEY, Max: Ultra-Violett – Gedichte 1893

DAWKINS, R. : Das egoistische Gen, Heidelberg/New York 1978

DARWIN, Charles: Die Abstammung des Menschen, Stuttgart 1982

DEHNEN, Heinz: Der Endknall, in: bild der wissenschaft, Nr.1 (1992), Stuttgart

DELORIA Jr., Vine: Gott ist rot – Eine indianische Provokation, München 1984

DELUMEAU, Jean: Angst im Abendland – Die Geschichte kollektiver Ängste im Europa des 14. bis 18. Jahrhunderts, Reinbek 1985, Original: La Peur en Occident (XIV. – XVIII siècle) Une cité assiégée, Paris 1978

DETHLEFSEN, Thorwald, und DAHLKE, Rüdiger: Krankheit als Weg – Deutung und Bedeutung der Krankheitsbilder, München 1983

DICKMANN, Mildred: Female Infanticide, Reproductive Strategies and Social Stratifications – A Preliminary Modell, North Scituate (Mass.) 1979, in: CHAGNON, Napoleon, and IRONS, William: Evolutionary Biology and Human Social Behavior – An Anthropological Perspective

DIERICHS, Helga, und MITSCHERLICH, Margarete: Männer – Zehn exemplarische Geschichten, Frankfurt am Main 1980

DIOTIMA, Philosophinnengruppe aus Verona: Der Mensch ist zwei – Das Denken der Geschlechterdifferenz, Wien 1989

DREWERMANN, Eugen: Strukturen des Bösen, Paderborner Theologische Studien, München/Paderborn 1982 – 1983

DUERR, Hans Peter: Sedna oder die Liebe zum Leben, Frankfurt am Main 1984

DUNKERT, Werner: Unehrliche Leute, Bern/München 1963

EBERZ, Otfried: Sophia und Logos oder die Philosophie der Wiederherstellung, München 1983[3]

— ders.: Vom Aufgang und Niedergang des männlichen Weltalters – Gedanken über das Zweigeschlechterwesen, Breslau 1931

EFROIMSON, Wladimir: Das ethische Erbteil des Menschen, in: bild der wissenschaft, Nr. 4 (1969), Stuttgart

EHRENBERG, Margaret: Die Frau in der Vorgeschichte, München 1992

EIBL-EIBESFELDT, Irenäus: Grundriß der vergleichenden Verhaltensforschung, München 1977

EICKSTEDT, Egon von: Die Forschung am Menschen – Geschichte und Methoden der Anthropologie, Stuttgart 1940

EICHENBAUM, Luise, und ORBACH, Susie: Ganz Frau und wirklich frei, Düsseldorf/Wien 1984

— dies.: Feministische Psychotherapie – Auf der Suche anch einem neuen Selbstverständnis der Frau, München 1984

EISLER, Riane: Von der Herrschaft zur Partnerschaft – Weibliches und männliches Prinzip in der Geschichte, München 1989

ELIADE, Mircea: Die Sehnsucht nach dem Ursprung, Frankfurt am Main 1976

— ders.: Geschichte der religiösen Ideen, Freiburg/Basel/Wien 1981

ENDERS-DRAGÄSSER, Uta, und FUCHS, Claudia: Jungensozialisation in der Schule – Eine Expertise, Darmstadt 1988

— dies.: Interaktionen der Geschlechter, Sexismusstrukturen in der Schule – Eine Untersuchung an hessischen Schulen im Auftrag des Hessischen Instituts für Bildungsplanung und Schulentwicklung, Weinheim/München 1989

ENGEL, Andreas: Vorstoß zu den Quellen der Intelligenz, in: Intelligenz und Bewußtsein, GEO-WISSEN, Nr. 3 (1992), Hamburg

ERNST, Cécile, und LUCKNER, Nikolaus von: Stellt die Frühkindheit die Weichen? Eine Kritik an der Lehre von der schicksalhaften Bedeutung erster Erlebnisse, Stuttgart 1987

ESER, Albin: Ökologisches Recht, in: Natur und Geschichte, München/Wien 1983

FEDERSPIEL, Jürg: Geographie der Lust, Frankfurt am Main 1989

FELDENKRAIS, Moshe: Bewußtheit durch Bewegung, Frankfurt am Main 1982

FEMINISTISCHE STUDIEN – Extra: Frauen für eine neue Verfassung, 9. Jahrgang, Weinheim 1991

FINK, Eugen: Alles und Nichts – Ein Umweg zur Philosophie, Den Haag 1957

— ders.: Nachdenkliches zur Ontologischen Frühgeschichte von Raum – Zeit – Bewegung, Den Haag 1957

— ders.: Oase des Glücks – Gedanken zur Ontologie des Spiels, Freiburg/München 1957

— ders.: Spiel als Weltsymbol, Stuttgart 1960

— ders.: Metaphysik und Tod, Stuttgart 1969

— ders.: Mode – ein verführerisches Spiel, Basel/Stuttgart 1969

— ders.: Traktat über die Gewalt des Menschen, Frankfurt am Main 1974
— ders.: Grundfragen der antiken Philosophie, Würzburg 1985
FISCHER, Ina: Wunschkind – Der Traum vom eigenen Baby, in: GEO-Wissen, Nr. 1 (1989), Hamburg
FOSSEY, Dian: Gorillas im Nebel – Mein Leben mit den sanften Riesen, München 1989
FRANZ, Marie-Louise von: Der ewige Jüngling – Der puer aeternus und der kreative Genius im Erwachsenen, München 1987
FRASER, Julius T.: Die Zeit – Auf den Spuren eines vertrauten und doch fremden Phänomens, Basel/Berlin 1981
FRAZER, James George: The Worship of Nature, London 1926
— ders.: Der Goldene Zweig, Frankfurt am Main 1977
FREEDMAN, David: The aggressive Egg, Los Angeles 1992, in: Discover – the new magazine of science, Nr. 6
FRENCH, Marilyn: Jenseits der Macht – Frauen, Männer und Moral, Reinbek 1985
— dies.: Der Krieg gegen die Frauen, München 1992
FREUD, Sigmund: Totem und Tabu – Einige Übereinstimmungen im Seelenleben der Wilden und der Neurotiker, ungekürzte Taschenbuchausgabe, Frankfurt am Main/ Hamburg 1940
FRICKE, Hans: Der Quastenflosser – Ein lebendes Fossil im indischen Ozean, Filmdokumentation, Max-Planck-Institut für Verhaltensforschung, Seewiesen 1986
— ders.: Im Reich der lebenden Fossilien, in: GEO Nr. 10, (1987), Hamburg
— ders.: Eine Tauchfahrt in die Vergangenheit – Filmdokumentation über Quastenflosser im indischen Ozean, Max-Planck-Institut für Verhaltensforschung, Seewiesen 1987
— ders.: Das Geheimnis der Höhlen von Grande Comore, in: GEO Nr. 9 (1990), Hamburg
— ders. und SCHAUER, Jürgen, HISSMANN, Karen, KASANG, Lutz, PLANTE, Raphael: Coelacanth Latimeria chalumnae aggregates in caves: First observations on their resting habitat and social behavior, in: Environmental Biology of Fishes 30, Kluwer Academic Publishers, Netherlands, 1991
— ders. and FRAHM, J.: Evidence for Lecithotrophic Viviparity in the Living Coelacanth, in: Naturwissenschaften, Heft 11 (1992),
FRIED, C.: Biology and Ethics – Normative Implications, in: STENT, Gunther S., Hrsg.: Morality as an Biological Phenomenon, Berlin 1978
FREEDMAN, David: The aggressive Egg, in: Discover – The New Magazine of Science, Nr. 6 (1992) Los Angeles
GEHLEN, Rolf, und WOLF, Bernd, Hrsg.: Der gläserne Zaun – Aufsätze zu Hans Peter Duerrs „Traumzeit", Frankfurt am Main 1983
GERHARD, Ute, JANSEN, Mechthild u.a., Hrsg.: Differenz und Gleichheit – Menschenrechte haben (k)ein Geschlecht, Frankfurt am Main 1990

GERSTENBERGER, Eduard S.: Jahwe – ein patriarchaler Gott? Traditionelles Gottesbild in feministischer Theologie, Stuttgart 1988

GILLIGAN, Carol: Die andere Stimme – Lebenskonflikte und Moral der Frau, München/Zürich 1984

GIRARD, R.: Das Ende der Gewalt – Analyse des Menschheitsverhängnisses, Freiburg im Br. 1983

— ders.: Ein Weg aus der Gewalt, Zürich 1988

GÖTTNER-ABENDROTH, Heide: Die Göttin und ihr Heros, München 1980

— dies.: Das Matriarchat II,1, Stuttgart 1991

GOODALL, Jane van LAWICK: Wilde Schimpansen – Zehn Jahre Verhaltensforschung am Gombe-Strom, Reinbek 1971, Original: In the Shadow of Man, London 1971

— dies.: Erstmals beobachtet – Bandenkrieg unter Schimpansen, in: bild der wissenschaft, Nr. 8 (1985), Stuttgart

— dies.: The Chimpanzees of Gombe – Patterns and Behavior, Cambridge, MA 1986

— dies.: Infant Killing and Cannibalism in Free-Living Chimpanzees, in: Folia primatologica 28, (1977),

GOODFIELD, June: An Imagined World, New York 1981

GORER, Geoffrey: Der Mensch hat keinen Tötungsinstinkt, in: MONTAGU, Ashley, Hrsg.: Mensch und Aggression – Der Krieg kommt nicht aus unseren Genen, Weinheim 1974

GRABRUCKER, Marianne: Typisch Mädchen, Frankfurt am Main 1985

GRUEN, Arno: Der Wahnsinn der Normalität – Realismus als Krankheit: eine grundlegende Theorie zur menschlichen Destruktivität, München 1992[4]

GRZIMEK, Bernhard, SCHALLER, George B., und FOSSEY, Dian: Gorillas, München 1988, in: Grzimeks Enzyklopädie der Säugetiere, Bd. II

GUTTING, Ernst: Offensive gegen den Patriarchalismus – Für eine menschlichere Welt, Freiburg 1987

HAAF, Günter: Früh krümmt sich, was zum Menschen werden soll, in: GEO-Wissen, Nr. 1 (1989), Hamburg

HABER, Heinz: Gefangen in Raum und Zeit, Stuttgart 1975

HABERKORN, Rita: Prinzessin, Monster, Astronaut, Reinbek 1988

HABERMAS, Jürgen: Protestbewegung und Hochschulreform, Frankfurt am Main 1969

HAGEMANN-WHITE, Carol: Frauenbewegung und Psychoanalyse, Frankfurt am Main 1979

— dies.: Sozialisation weiblich-männlich?, Opladen 1984

HAGEN, Rose-Marie: Artemisia, die entehrte Malerin, in: art-Kunstmagazin, Nr. 8 (1988) Hamburg

HALL, K.R.L.: Observational learning in monkeys and apes, in: British Journal Psychol. 64, (1963)

HANMER, Jalna: Meine Gebärmutter gehört mir, in: GERHARD, Ute, JANSEN, Mechthild, u.a., Hrsg.: Differenz und Gleichheit – Menschenrechte haben (k)ein Geschlecht, Frankfurt am Main 1990

HARDING, Esther: Der Weg der Frau, Zürich 1962, zuerst 1938

HATZOLD, Otfried: Wunschkind Sohn oder Tochter – Eine natürliche Methode zur Geschlechterbestimmung durch Empfängnisregelung, München 1970

— ders.: Die Sexualproportion der Geborenen und ihre Schwankungen als präkonzeptionelles Wahrscheinlichkkeitsproblem, Akademie-Veröffentlichungen, Reihe B, Studie 5, Deutsche Akademie für Bevölkerungswissenschaft, in: Selecta, Fortbildung für den Arzt, Nr. 43, S. 3476 (1969), Planegg

HAYS, Hoffmann, R.: Mythos Frau – Das gefährliche Geschlecht, Frankfurt am Main 1978

HEEMSTRA, P.C. and GREENWOOD, P.H.: New observations on the visceral anatomy of the late-term fetuses of the living coelacanth fish and the oophagy controversy, J.L.B. Smith-Institute of Ichthyology, Private Bag 1015, Grahamstown/ South Africa 1992

HEINRICHS, Jürgen, Hrsg.: Vergewaltigung – Die Täter und die Opfer, Braunschweig 1986

HEITSCH, Ernst: Parmenides – Die Fragmente, München 1974

HERBIG, Jost: Die Magie der Bilder und Zeichen – Wie die Kunst zum evolutionären Erfolg des Menschen beitrug, mit Bildern von Jean Vertut, in: bild der wissenschaft, Nr. 6 (1985),Stuttgart

— ders.: Am Anfang war das Wort – Die Evolution des Menschlichen, München/Wien 1984

— ders.: Nahrung für die Götter – Die kulturelle Neuerschaffung der Welt durch den Menschen, München/Wien 1988

HERODOT: Sämtliche Werke, Deutsch von Thassilo von Scheffer, Wien 1936

HESS, Dieter: Fahrplan der Gene – Erbfaktoren steuern die Entwicklung, Stuttgart 1972

— ders.: Genetik – Grundlagen – Erkenntnisse – Entwicklungen der modernen Vererbungsforschung, Freiburg 1978[7]

HINDE, R.A.: Das Verhalten der Tiere – Eine Synthese aus Ethologie und vergleichender Psychologie, Frankfurt am Main 1972

HÖFER, Renate: Die Hiobsbotschaft C.G.Jungs,Lüneburg 1993

HOLLER, Johannes: Das neue Gehirn – Ganzheitliche Gehirnforschung und neuzeitliche Medizin, Südergellersen 1991[2]

HOLLOWAY, Ralph: Territorialismus und Aggression beim Menschen, in: MONTAGU, Ashley, Hrsg.: Mensch und Aggression – Der Krieg kommt nicht aus unseren Genen, Weinheim 1974

— ders.: Tier und Gott – Mythik, Mantik und Magie der südafrikanischen Urjäger, Basel 1965

HONEGGER, Claudia: Die Ordnung der Geschlechter – Die Wissenschaft vom Menschen und das Weib, Frankfurt am Main 1991

HORN, Klaus: Ohnmacht der Aggressionsforschung, Hamburg 1973, in: bild der wissenschaft, Nr.4

HORNEY, Karen: Der neurotische Mensch unserer Zeit, München 1974

HORTLEDER, Gerd, und GEBAUER, Gunter, Hrsg.: Sport – Eros – Tod, Frankfurt am Main 1986

HOWELL, F. Clarc: Der Mensch der Vorzeit, Reinbek 1975,

HRDY, Sarah Blaffer: Male-male competition and infanticide among the langurs of Rajasthan, in: Folia primatologica 22, (1974)

— dies.: The Woman That Never Evolved, Cambridge/MA 1981

— dies.: Sex-biased parental investment among primates and other mammals – A critical evaluation of the Trivers-Willard hypothesis, in: GELLES, R. und LANCASTER, J., Hrsg.: Child Abuse and Neglect – Biosocial Dimensions, New York 1987

HÜLSEBUSCH, Bernhard: Ein tragisches Mißverständnis – Der Vatikan rehabilitiert Galileo Galilei nach 359 Jahren, in: Badische Zeitung vom 2.11.1992

HUXLEY, Aldous: Schöne Neue Welt, Zürich 1950

INDEPENDENT, engl. Tageszeitung, Juli 1991: zum Gesetz „Human Fertilisation and Embryology Act" (menschliche Befruchtung und der Umgang mit Embryonen)

IRIGARAY, Luce: Zur Geschlechterdifferenz – Interviews und Vorträge, Wien 1987

— dies.: Genealogie der Geschlechter, Freiburg 1989

— dies.: Die Zeit der Differenz – Für eine friedliche Revolution, Frankfurt am Main 1991

JACOBS, Jane: Stadt im Untergang, Berlin 1970

JAMES, Edwin Oliver: Religionen der Vorzeit, Köln 1960 – Originalausgabe: Prehistoric Religion, London 1957

JANEWAY, Elizabeth: Über weibliche Sexualität, in: HAGEMANN-WHITE, Carol: Frauenbewegung und Psychoanalyse, Frankfurt am Main 1979

JONAS, Doris F., und JONAS, David: Die Außerirdischen – Leben und Intelligenz auf fremden Sternen, Frankfurt am Main 1979, Original: Other Senses, Other Worlds, London 1976

JONAS, Doris F., FESTER, Richard, und JONAS, David: Kinder der Höhle – Die steinzeitliche Prägung des Menschen, mit einem Vorwort von Herbert KÜHN, München 1980

JONAS, Doris F., und JONAS, David: Signale der Urzeit – Archaische Mechanismen in Medizin und Psychologie, Stuttgart 1977

— dies.: Das erste Wort – Wie die Menschen sprechen lernten, Berlin/Wien 1982

JONAS, Doris F.: Der überschätzte Mann – Die Mär von der männlichen Überlegenheit, Stuttgart 1981

JUNG, Carl Gustav: Die Beziehungen zwischen dem Ich und dem Unbewußten – Wirkungen des Unbewußten auf das Bewußtsein – Die Individuation, Olten 1971, Gesammelte Werke Bd. 7, Olten 1964, erstmals 1928

— ders.: Seelenprobleme der Gegenwart, Olten/Freiburg 1973

JUNG, Emma: Animus und Anima, Zürich 1967
KARCHER, Helmut L.: Gen-Diagnose – Auf der Suche nach den ererbten Fehlern, in: bild der wissenschaft, Nr. 3 (1986), Hamburg
KAVEMANN, Barbara, und LOHSTÖTER, Ingrid: Väter als Täter, Sexuelle Gewalt gegen Mädchen, Reinbek 1984
— dies.: Sexualität – Unterdrückung statt Entfaltung, Opladen 1985
KELEMANN, Stanley: Dein Körper formt dein Selbst, München 1980
KELLER, Evelyn Fox: Liebe, Macht, Erkenntnis – Männliche oder weibliche Wissenschaft, München/Wien 1986
KIRSCH/MORGNER/WOLF: Geschlechtertausch – Drei Geschichten über die Umwandlung der Verhältnisse, Darmstadt 1980
KNAPP, Wolfram: Der Jüngste Tag, in: bild der wissenschaft, Nr. 1 (1992), Stuttgart
KNUSSMANN, Rainer: Vergleichende Biologie des Menschen, Stuttgart 1980
— ders.: Der Mann – Ein Fehlgriff der Natur, Hamburg 1982
— ders. und MARTIN, Rudolf: Anthropologie, Stuttgart/New York 1988
KÖHLER, Wolfgang: Intelligenzprüfungen an Menschenaffen, Berlin 1921
KRATTIGER, Ursa: Die perlmutterne Mönchin – Reise in eine weibliche Spiritualität, Stuttgart 1983
KUHN, Thomas Samuel: Die Struktur wissenschaftlicher Revolutionen, Frankfurt am Main 1973
LAING, Ronald D.: Die Tatsachen des Lebens, Köln 1978
LANGE, K.: Fremdling zwischen Mensch und Gott – dem Menschen auf der Spur, Gütersloh 1959
LEACH, Edmund: Sag bitte nicht „Buuh“ zu einer Gans, in: MONTAGU, Ashley, Hrsg.: Mensch und Aggression – Der Krieg kommt nicht aus unseren Genen, Weinheim 1974
LEAKEY, R.E., und LEWIN, R.: People of the Lake, Garden City 1978
LEONARD, Linda: Töchter und Väter – Heilung und Chancen einer verletzten Beziehung, München 1988
LEPENSKI VIR – Menschenbilder einer frühen europäischen Kultur, Ausstellungskatalog des National-Museums in Belgrad in Zusammenarbeit mit dem Römisch-Germanischen Museum in Köln und der Prähistorischen Staatssammlung, Museum für Vor- und Frühgeschichte in München und Mainz 1981
LERNER, Gerda: Die Entstehung des Patriarchats, Frankfurt am Main 1991
LEROI-GOURHAN, André: Préhistoire de l'art occidentale, Paris 1911
— ders.: Hand und Wort – Die Evolution von Technik, Sprache und Kunst, Frankfurt am Main 1980, Original in zwei Bänden, Paris 1964 und 1965
LIEDLOFF, Jean: Auf der Suche nach dem verlorenen Glück – Gegen die Zerstörung unserer Glücksfähigkeit in der frühen Kindheit, München 1984
LINDEN, Eugène: Die Kolonie der sprechenden Schimpansen, München 1980
LIUNGMAN, Carl G.: Der Intelligenztest – Eine Kritik des Intelligenzbegriffs und der IQ-Messung, Reinbek 1973

LORENZ, Konrad: Das sogenannte Böse – Zur Naturgeschichte der Aggression, Wien 1963
— ders.: So kam der Mensch auf den Hund, Wien 1966
— ders.: Die acht Todsünden der zivilisierten Menschheit, München 1973
LOWEN, Alexander: Körperausdruck und Persönlichkeit, München 1981
MACCOBY, E.E., und JACKLIN, C.N.: Sex Differences in Aggression – A Rejoinder and Reprise, 1980, in: Child Development 51, 964 – 980
MACKIE, J.L.: Cooperation, Competition and Moral Philosophy, in: Colman, A.M., Hrsg.: Cooperation and Competition in Humans and Animals, Wokingham 1982
MALER-SIEBER, Gisela: Völkerkunde, die uns angeht – Aktuelles Wissen, Gütersloh 1978
MALINOWSKI, Bronislaw: Argonauten des westlichen Pazifik, Frankfurt am Main 1979
MALLET, C.H.: Am Anfang war nicht Adam, München 1990
MARKL, Hubert: Aggression und Altruismus – Coevolution der Gegensätze im Sozialverhalten der Tiere, Konstanz 1976
— ders.: Wie unfrei ist der Mensch, in: Natur und Geschichte, München, Wien 1983
— ders.: Die Dynamik des Lebens, in: Natur und Geschichte, München, Wien 1983
— ders., Hrsg.: Natur und Geschichte, München/Wien 1983
— ders.: Evolution, Genetik und menschliches Verhalten, München/Zürich 1986
MARSHAK, A.: Some Implications of the Palaeolithic Symbolic Evidence for the Origin of Language, in: Current Anthropology 17, Nr. 2
MARTINS, Nick S.: Denn sie wissen nicht, was sie tun, in: Intelligenz und Bewußtsein, GEO-WISSEN, Nr. 3 (1992), Hamburg
MATURANA, Humberto R.: Erkennen – Die Organisation und Verkörperung von Wirklichkeit, ausgewählte Arbeiten zur biologischen Epistemologie, Braunschweig/Wiesbaden 1982
MAYR, Ernst: Der Biologe Ernst Mayr provoziert die Philosophen, in: bild der wissenschaft, Nr. 12 (1985), Stuttgart
MEAD, Margaret: Jugend und Sexualität in primitiven Gesellschaften, Bd. 3, München 1974
MECHSNER, Wolfgang: Wo das Chaos sinnvoll waltet – Konnektionismus, in: Intelligenz und Bewußtsein, GEO-WISSEN, Nr. 3 (1992), Hamburg
MEIER-SEETHALER, Carola: Ursprünge und Befreiungen – Eine dissidente Kulturtheorie, Zürich 1988
MESSNER, Reinhold: Die Herausforderung, München/Bern/Wien 1976
— ders.: Everest – Expedition zum Endpunkt, Köln 1978
— ders.: Alleingang – Nanga Parbat, München 1979
MEZGER, Peter G.: Kosmologie, Pflichtfach für Astronomen, in: bild der wissenschaft, Nr. 1 (1992), Stuttgart
MICHAL, Wolfgang: Der (un)heimliche Erguß, in: GEO-Wissen, Nr. 1 (1989), Hamburg

MILL, John Stuart/TAYLOR MILL, Harriet/TAYLOR, Helen: Die Hörigkeit der Frau, Frankfurt am Main 1991

MILLER, Alice: Du sollst nicht merken – Variationen über das Paradies-Thema, Frankfurt am Main 1983

MITSCHERLICH, Margarete: Müssen wir hassen? – Über den Konflikt zwischen innerer und äußerer Realität, München 1972

MITSCHERLICH-NIELSEN, Margarete, NADIG, Maja, ROHDE-DACHSER, Christa, TOROK, Maria /RAND, Nicholas, CREMERIUS, Johannes: Was will das Weib in mir? Hrsg.: BREDE, Karola, Freiburg 1989

MOELLER, Michael Lukas: Der Krieg, die Lust, der Frieden, die Macht, Reinbek 1992

MOHR, Hans: Über die Bedeutung der Naturwissenschaft für die Kultur unserer Zeit, Halle/Saale 1973, in: Nova acta Leopoldina – Abhandlungen der deutschen Akademie der Naturforscher Leopoldina, Nr. 209, Bd. 37/2

— ders.: Biologische Erkenntnis – Ihre Entstehung und Bedeutung, Stuttgart 1981

— ders.: Biologische Wurzeln der Ethik, Heidelberg 1983

— ders.: Ordnung und Chaos in der Evolution, in: 2. Kommunikationsveranstaltung des Freundeskreises des Boehringer-Ingelheim-Fonds, Stuttgart 1987

— ders.: Vom Gen zur Erkenntnistheorie – Die Spannweite moderner Biologie, in: Jahresversammlung des Stifterverbandes für die deutsche Wissenschaft 1987

MOLTMANN-WENDEL, Elisabeth, Hrsg.: Frau und Mann, Alte Rollen – Neue Werte, Düsseldorf 1991

MONOD, J.: Zufall und Notwendigkeit, München 1971

MONTAGU, Ashley: The Natural Superiority of Women, New York 1974

— ders., Hrsg.: Mensch und Aggression – Der Krieg kommt nicht aus unseren Genen, Weinheim 1974

MONTGOMERY, Sy: Unternehmen Orang-Utan, in: GEO, Nr. 5 (1992) Hamburg

MORGAN, Elaine: Der Mythos vom schwachen Geschlecht, Düsseldorf/Wien, 1972

MORRIS, Desmond: Der nackte Affe, München 1971

MULACK, Christa: Natürlich weiblich – Die Heimatlosigkeit der Frau im Patriarchat, Stuttgart 1990

MYADI, Denzaburo: Die Weitergabe neuer Gewohnheiten in verschiedenen Gruppen japanischer Makaken, Hamburg 1973, in: WICKLER, Wolfgang, und SEIBT, Ute: Vergleichende Verhaltensforschung

NAKOTT, Jürgen: Am Anfang war... Die Schöpfungsmythen der Menschheit, in: bild der wissenschaft, Nr.1 (1991), Stuttgart

NEFFE, Jürgen: Die unbeherrschte Macht, in: GEO-Wissen, Nr. 1 (1989), Hamburg

— ders.: Die Erfindung des Mannes, in: GEO-Wissen, Nr. 1 (1989), Hamburg

NISHIDA, Toshisada/HIRAIWA-HASEGAWA, Mariko, u.a.: Groop extinction and female transfer in wild chimpanzees in the Mahale Mountains National Park, in: Zeitschrift für Tierpsychologie 67, 1985

NESTLE, Wilhelm: Die Vorsokratiker, Düsseldorf/Köln 1978

NEUMANN, Erich: Zu Mozarts Zauberflöte, in: Zur Psychologie des Weiblichen, Zürich 1953

— ders.: Die Große Mutter, Olten/Freiburg 1974[2]

NILSSON, Lennart: Ein Kind entsteht – Bilddokumentation über die Entwicklung des Lebens im Mutterleib, Fotos: Lennart Nilsson, Text: Lars Hamberger, Stockholm/ München 1990

NÜSSLEIN-VOLHARD, Christiane: Vom Ei zum Organismus – Wie das Leben Gestalt annimmt, in: bild der wissenschaft, Nr. 9 (1992), Stuttgart

OLIVIER, Christiane: Jokastes Kinder – Die Psyche der Frau im Schatten der Mutter, Düsseldorf 1987

— dies.: F wie Frau – Psychoanalyse und Sexualität, Düsseldorf/Wien 1991

OTTO, R.: Das Heilige – Über das Irrationale in der Idee des Göttlichen, München 1971

PACKARD, Vance: Die große Versuchung – Eingriff in Körper und Seele, Düsseldorf/ Wien 1978

PATTERSON, F. G.: An Account of the Visual Mode: Man versus Ape, in: Linguistic Capabilities of a Young Lowland Gorilla – Symposium of the American Association for the Advancement of Science, Hamburg 1987

PATZIG, Günther: Ökologische Ethik, in: Natur und Geschichte, München/Wien 1983

PAUL, Andreas/THOMMEN, Dieter: Differenzieller Reproduktionserfolg und Reproduktionsstrategien bei Berberaffen, Anthropologischer Anzeiger 42, 1984

PAULSEN, Susanne: Nicht auf Kosten von Goethe – Lehrer drängen begabte Schüler, ihren Verstand auch außerhalb der Spezialfächer zu erproben, in: Intelligenz und Bewußtsein, GEO-WISSEN, Nr. 3 (1992), Hamburg

PERROT, Jean: The Cultural Processes Leading to the Origins of Agriculture in the Ancient Near East, in: REED, Charles A., Hrsg.: Origins of Agriculture, The Hague 1977

PIEL, Edgar: ...wichtig ist, was von oben kommt – Eine Umfrage belegt, wie stark Intelligenz mit Erfolg verknüpft wird, in: Intelligenz und Bewußtsein, GEO-WISSEN, Nr. 3 (1992), Hamburg

PIETROPINTO, Anthony/SIMENAUER, Jacqueline: Abschied vom Mythos Mann – Report über das männliche Sexualverhalten, Frankfurt am Main 1978

PISSAREK-HUDELIST, Herlinde, Hrsg.: Die Frau in der Sicht der Anthropologie und Theologie, Düsseldorf 1989

PLATON, Jubiläumsausgabe sämtlicher Werke, Bd. III: Meisterdialoge Phaidon, übersetzt von Rudolf Rufener, München 1974

POPPER, Karl: Das Elend des Historizismus, Tübingen 1965

— ders.: Logik der Forschung, Tübingen 1966

— ders.: Objektive Erkenntnis, Hamburg 1973

— ders. und ECCLES, J.: Das Ich und sein Gehirn, München 1982

PREMACK, Ann J., und PREMACK, David: Sprachunterricht für einen Affen, Hamburg 1973, in: WICKLER, Wolfgang und SEIBT, Uta, Hrsg.: Vergleichende Verhaltensforschung

PREUSCHOFT, Holger: Kleine Menschenaffen oder Gibbons, in: Grzimeks Enzyklopädie der Säugetiere, Bd. II, München 1988

PUSCH, Luise F.: Die Substantivierung von Verben mit Satzkomplementen im Englischen und im Deutschen, Frankfurt am Main, 1972

— dies.: Das Deutsche als Männersprache, Frankfurt am Main 1984

— dies., Hrsg.: Schwestern berühmter Männer, Frankfurt am Main 1985

— dies.: Alle Menschen werden Schwestern – feministische Sprachkritik, Frankfurt am Main 1990

QUAAS, Ludwig: Möglichkeiten und Grenzen des ärztlichen Handelns in der Geburtshilfe, in: Pflegen, trösten, heilen – Blätter aus dem Freiburger Diakonie-Krankenhaus, Freiburg 1992

RAFFAY, Anita von: Abschied vom Helden – Das Ende einer Faszination, Olten/Freiburg 1989

RANKE-GRAVES, Robert von: Griechische Mythologie – Quellen und Deutung, Reinbek 1960

REED, Evelyn: Woman's evolution from matriarchal clan to patriarchal family, New York/Toronto, 1974

REICHEL-DOLMATOFF, Gerardo: Amazonian Cosmos, Chicago 1971

RENGGLI, Franz: Angst und Geborgenheit – Soziokulturelle Folgen der Mutter-Kind-Beziehung im ersten Lebensjahr – Ergebnisse aus Verhaltensforschung, Psychoanalyse und Ethnologie, Reinbek 1974

RICH, Adrienne: On Lies, Secrets and Silence, New York 1979

RIEGER, Eva, Hrsg.: Frau und Musik – Frühe Texte, Frankfurt am Main 1980

— dies.: Frau, Musik und Männerherrschaft – Zum Ausschluß der Frau aus der deutschen Musikpädagogik, Musikwissenschaft und Musikausübung, Frankfurt am Main/Berlin/Wien 1981

RIEZLER, Kurt: Parmenides – Text, Übersetzung, Einführung und Interpretation, Frankfurt am Main 1970

RINGEL, Erwin: Die österreichische Seele – Zehn Reden über Medizin, Politik, Kunst und Religion, Wien/Köln 1984

RITZERT, Barbara: Gen-Therapie – Kur für kranke Moleküle, in: GEO-Wissen, Nr. 1 (1989), Hamburg

ROSE, Horst: Die Kuriere der Sexualität, in: GEO-Wissen, Nr. 1 (1989), Hamburg

ROSE, Lotte: Körper ohne Raum – Zur Vernachlässigung weiblicher Bewegungs- und Sportwelten in der feministischen Körperdebatte, in: Feministische Studien, 10. Jahrgang, Nr. 1 (1992), Weinheim

ROSS, Anne, und ROBINS, Don: Der Tod des Druidenfürsten – Die Geschichte einer archäologischen Sensation, Köln 1990

ROUSSEL, Aline: Der Ursprung der Keuschheit, Stuttgart 1989

RUSTERHOLTZ, Ingrid, PITTNER, Ulrike, u.a.: A(e)chtung Mädchen – Nur Change oder auch Chance – Für ein sexismusfreies Bildungswesen, Basel 1990

SBRZESNY, Heide: Die Spiele der !Ko-Buschleute, München 1976

SCHACHTEL, Ernest: Metamorphosis, New York 1959

SCHALLER, George B.: Unsere nächsten Verwandten, München 1965

SCHAUP, Susanne: Wandel des Weiblichen, Freiburg 1988

SCHMAUCH, Ulrike: Anatomie und Schicksal – Zur Psychologie der frühen Geschlechtersozialisation, Frankfurt am Main 1987

SCHMÖKEL, Hartmut: Das Gilgamesch-Epos, Stuttgart 1989

SCHNACK, Dieter, und NEUTZLING, Rainer: Kleine Helden in Not – Jungen auf der Suche nach Männlichkeit, Reinbek 1990

SCHNEIRLA, T.C.: Instinkt und Aggression, in: MONTAGU, Ashley, Hrsg.: Mensch und Aggression – Der Krieg kommt nicht aus unseren Genen, Weinheim 1974

SCHOTT, Albert: Das Gilgamesch-Epos, Stuttgart 1958

SCHRADER, Christopher: Der falsch vermessene Verstand – Intelligenztests, in: Intelligenz und Bewußtsein, GEO-WISSEN, Nr. 3 (1992), Hamburg

SCHÜNGEL-STRAUMANN, Helen: Die Frau am Anfang – Eva und die Folgen, Freiburg/Basel/Wien 1989

SCHULZE, Claudia: Versprechungen,Grenzen und Tendenzen der vorgeburtlichen Chromosomenuntersuchung – oder: Sind Wissenschaft und Forschung „Sonderformen der normalen menschlichen Neugier"? in: Feministische Studien, 11. Jahrgang, Mai 1993

SCHWABE, Julius: Archetyp und Tierkreis, Basel 1951

SCHWENK, Theodor: Das sensible Chaos – Strömendes Formenschaffen in Wasser und Luft, Stuttgart 1976

SCOTT, J.P.: Diese uralte Aggression, in: MONTAGU, Ashley, Hrsg.: Mensch und Aggression – Der Krieg kommt nicht aus unseren Genen, Weinheim 1974

SERRES, Michel: Die Hexe, in: Magazin der Basler Zeitung Nr. 43 vom 26.10.1991

SHELDRAKE, Rupert: Das schöpferische Universum – Die Theorien des morphogenetischen Feldes, München 1983

— ders.: Das Gedächtnis der Natur – Das Geheimnis der Entstehung der Formen in der Natur, Bern/München 1990

SHERFEY, Mary Jane: Die Potenz der Frau – Wesen und Evolution der weiblichen Sexualität, Köln 1974

SICHTERMANN, Barbara: Weiblichkeit – Zur Politik des Privaten, Berlin 1983

— dies.: Lysistrata – Die Komödie des Aristophanes, neu übersetzt von Erich Fried, kommentiert von Barbara Sichtermann, Berlin 1985

— dies. Wer ist wie? Berlin 1987

SKINNINGSRUD, Tone: Mädchen im Klassenzimmer; warum sie nicht sprechen, Berlin 1984, in: Frauen und Schule, Zeitschrift für Mädchen- und Frauenbildung, Nr. 8

SOMMER, Norbert, Hrsg.: Nennt uns nicht Brüder – Frauen in der Kirche durchbrechen das Schweigen, Stuttgart 1985

SOMMER, Volker: Du sollst nicht töten – Das Töten von Artgenossen, in: Albertz, Heinrich, Hrsg.: Zehn Gebote, Stuttgart 1985

— ders.: Die Affen – Unsere wilde Verwandtschaft, Hamburg 1989

— ders.: Pakte, die der Paarung dienen, in: GEO-Wissen, Nr. 1 (1989), Hamburg

SORGE, Elga: Religion und Frau – Weibliche Spiritualität im Christentum, Stuttgart 1987

SPRENGER, Jacob, und INSTITORIS, Heinrich: Der Hexenhammer – aus dem Lateinischen übertragen und eingeleitet von J.W.R. Schmidt, München 1982

STALMANN, Franziska: Die Schule macht die Mädchen dumm – Die Probleme mit der Koedukation, München 1991

STANEK, Milan: Geschichten der Kopfjäger – Mythos und Kultur der Iatmul auf Papua-Neuguinea, Köln 1982

STEINBRECHER, Sigrid: Die Vaterfalle – Die Macht der Väter über die Gefühle der Töchter, Reinbek bei Hamburg 1991

STENT, Gunther S., Hrsg.: Morality as a Biological Phenomenon, Berlin 1978

STOLZENWALD, Susanna: Artemisia Gentileschi – Bindung und Befreiung im Werk einer Malerin, Stuttgart/Zürich 1991

STONE, Merlin: Als Gott eine Frau war – Die Geschichte der Ur-Religionen unserer Kulturen, München 1989

STOPCZYK, Annegret: Was Philosophen über Frauen denken, München 1980

— dies.: Denken im Matriarchat und Patriarchalisierung des Denkens, oder: Matristische Erkenntnisformen und Patriarchalisierung der Erkenntnisfähigkeit, Selbstdruck 1986, auszugsweise in: Monatsheft der anthroposophischen Hochschule in Witten-Herdecke, Sommer 1986

— dies.: Leibphilosophie und Pornographie – Für die „Frauen nach Tschernobyl", in: BENDKOWSKI, Halina und ROTALSKY, Irene, Hrsg.: Die alltägliche Wut – Gewalt, Pornographie, Feminismus, Berlin 1987

— dies.: Daß wir so sehr am Leben hängen, ist ein Problem für die Herrschenden, in: Tarantel – Frauenzeitung aus Bielefeld, März/April 1987

— dies.: Aus der Traum, Frau Philosophin, in: TAZ v. 9.3.1989

— dies.: Verfolgte Mütter, entführte Kinder – und wie der Staat die Väter schützt, in: ERLER, Gisela und WEINGARTZ, Dorothee, Hrsg.: Mütter an die Macht, Reinbek 1989

— dies.: Tschernobyl hat unser Leben verändert – Vom Ausstieg aus der maskulinen Zivilisation, Reinbek 1990

— dies.: Sophia – Weiblicher Abschied von der Philosophie des Patriarchats, unveröffentliches Manuskript, Berlin 1993

STRAUB, Dieter: Eine Geschichte des Glasperlenspiels – Irreversibilität in der Physik: Irritationen und Folgen, Basel 1990

STRUCHTEMEIER, Thea A.: So nimm denn meine Hände – Weibliche Trauerarbeit bei Grubenunglücken, in: SCHLANGENBRUT Nr. 38, (1992) Münster

STRUM, Shirley: Leben unter Pavianen, Wien/Darmstadt 1989

THEWELEIT, Klaus: Männerphantasien – Frauen, Fluten, Körper, Geschichte, Frankfurt am Main 1977

THOMPSON, William Irwin: Der Fall in die Zeit – Mythologie, Sexualität und der Ursprung der Kultur, Stuttgart 1985

TIGER, Lionel, und FOX, Robin: Das Herrentier – Steinzeitjäger im Spätkapitalismus, mit einem Vorwort von Konrad Lorenz, München/Gütersloh/Wien 1971

TILLICH, Paul: Systematische Theologie, Bd. 2, Stuttgart 1958

TRAITLER, Reinhild: Briefe an die Unglücklichen, Zürich 1988

— dies.: In den Gärten der Freiheit, Zürich 1990

— dies.: Vergiftete Sprache, lebendige Sprache – Vortrag, Frauen-Sommer-Akademie Boldern vom 11. bis 18.8.1991

TRBUHOVIĆ-GJURIĆ, Desanka: Im Schatten Albert Einsteins – Das tragische Leben der Mileva Einstein-Marić, Bern/Stuttgart 1985

TRÖMEL-PLÖTZ, Senta: Frauensprache – Sprache der Veränderung, Frankfurt am Main 1982

— dies. Hrsg.: Gewalt durch Sprache – Vergewaltigung von Frauen in Gesprächen, Frankfurt am Main 1984

VÖGELE, Thomas: Sport als Vorwand, in: Badische Zeitung Nr. 183, v. 10.8.1992

VOGEL, Christian: Primatenforschung – Beiträge zum Selbstverständnis des Menschen, Göttingen 1977

— ders.: Der Hanuman-Langur – ein Paradebeispiel für die theoretischen Konzepte der Soziobiologie? Berlin 1979, in: Verhandlungen der Deutschen Zoologischen Gesellschaft

— ders.: Die biologische Evolution menschlicher Kulturfähigkeit, in: Natur und Geschichte, Hrsg.: Hubert Markl, München 1983

— ders.: Die biologische Evolution menschlicher Kulturfähigkeit, in: Natur und Geschichte, München/Wien 1983

— ders.: Vom Töten zum Mord – Das wirklich Böse in der Evolutionsgeschichte, München/Wien 1989

VOLLMER, G.: Evolutionäre Erkenntnistheorie, Stuttgart 1975

WAAL, Frans de: Unsere haarigen Vettern, München 1983

— ders.: Wilde Diplomaten – Versöhnungs- und Entspannungspolitik bei Affen und Menschen, München/Wien 1991

WALDECK, Ruth: Kassandra – oder die Lust der Frauen am Krieg der Männer, in: BLUM, Eva Maria, Hrsg.: Herrschaft, Anpassung, Widerstand – Ethnopsychoanalyse Bd. 2, Frankfurt am Main 1991

WARD, Lester F.: Reine Soziologie- eine Abhandlung über den Ursprung und die spontane Entwicklung der Gesellschaft, Innsbruck 1909

WATSON, James D.: Die Doppel-Helix – Ein persönlicher Bericht über die Entdekkung der DNS-Struktur, Reinbek 1980

WATSON, John Broadus: Behaviorism, New York 1914

WEHRLI, Beatrice: Du wirst meiner Liebe nicht entgehen – Ein Schlaglicht auf den bürgerlichen Liebesbegriff, Vortrag, Frauen-Sommer-Akademie Boldern vom 11. bis 18.8.1991

WEIDKUHN, Peter: Die Rechtfertigung des Mannes aus der Frau bei den Ituri-Pygmäen, in: Anthropos, Bd. 68, 1973

WEILER, Gerda: Der enteignete Mythos – Eine feministische Revision der Archetypenlehre C.G.Jungs und Erich Neumanns, München 1985, neu aufgelegt: Frankfurt am Main/New York 1991

— dies.: Das Matriarchat im Alten Israel, Stuttgart 1989

— dies.: Ich brauche die Göttin – Zur Kulturgeschichte eines Symbols, Basel 1990

WEINERT, Hans: Der geistige Aufstieg der Menschheit vom Ursprung bis zur Gegenwart, Stuttgart 1940

WEININGER, Otto: Geschlecht und Charakter – Wien/Leipzig 1909, erstmals 1903

WEISSWEILER, Eva: Komponistinnen aus 500 Jahren – Eine Kultur- und Wirkungsgeschichte in Biographien und Werkbeispielen, Frankfurt am Main 1981

— dies.: Clara Schumann – eine Biographie, Hamburg 1991

WEIZSÄCKER, Ernst Ulrich von: Morgen weht ein anderer Wind, in: GEO 1, (1990) Hamburg

WENDNAGEL, Wera: Mama Moneta oder die Frauenfolge, Frankfurt am Main 1990

WENDT, Herbert: Ich suchte Adam, Hamm 1955[3]

— ders.: Auf Noahs Spuren – Die Entdeckung der Tiere, Hamm 1956

WEISCHEDEL, Wilhelm: Die philosophische Hintertreppe, München 1973[3]

WENDT, Gerhardt und KEUTEL, Jürgen: Chromosomendiagnostik, in: bild der wissenschaft, Nr. 10 (1969), Hamburg

WEX, Marianne: Parthenogenese heute – Von der Urkraft der Frau, aus sich selbst zu gebären, ohne Beteiligung eines zweiten Geschlechts, Wiesbaden 1992

WICKLER, Wolfgang: Stammesgeschichte und Ritualisierung – Zur Entstehung tierischer und menschlicher Verhaltensmuster, München 1970

— ders.: Antworten der Verhaltensforschung, München 1970

— ders.: Biologie der zehn Gebote, München 1971

— ders., und SEIBT, Uta: Das Prinzip Eigennutz, Hamburg 1977

— dieselben: Vergleichende Verhaltensforschung, Hamburg 1973

WINTER, Urs: Frau und Göttin – Exegetische und ikonographische Studien zum weiblichen Gottesbild im Alten Israel und in dessen Umwelt, Fribourg 1983

WIRTZ, Ursula: Seelenmord – Inzest und Therapie, Zürich 1989

WISPÉ, L., Hrsg.: Altruism, Sympathy and Helping, New York 1968

WISSELINCK, Erika: Frauen denken anders, Straßlach 1984

— dies.: Hexen – Warum wir so wenig von ihrer Geschichte erfahren und was davon auch noch falsch ist, München 1986

WITHEHOUSE, D., u. R.: Lübbes archäologischer Welt-Atlas, Bergisch-Gladbach 1976

WITKOWSKI, Regine: Wörterbuch der genetischen Familienberatung, Bd. I, Berlin 1991

WÖLLER, Hildegunde: Vom Vater verwundet – Töchter der Bibel, Stuttgart 1991

WOLF, Christa: Der höchste Grad der Arzney ist die Liebe, in: Wochenendpost, Nr. 52 (16.12.1992), Berlin

WOLF, Ulrich, und BAITSCH, Helmut: Geschlechtschromosomen und Evolution, in: bild der wissenschaft, Nr. 11 (1967), Stuttgart

WOOLGER, Jennifer Barker/WOOLGER, Roger: Göttinnen – Urbilder für eine Psychologie der Frau, Hamburg 1991

ZAPPERI, Roberto: Der schwangere Mann, München 1984

ZELL, Rolf Andreas: Gen-Therapie – Menschen ohne Makel, in: bild der wissenschaft, Nr. 3 (1986), Stuttgart

ZILBOORG, Gregory: Männlich und weiblich – Biologische und kulturelle Aspekte, Frankfurt am Main 1979, zuerst in: Psychiatry 1944, Nr. 7, deutsch in: HAGEMANN-WHITE, Carol: Frauenbewegung und Psychoanalyse

Bildnachweis

S.26: Weiblicher und männlicher Chromosomensatz, aus: Gerhardt Wendt/Jürgen Keutel: Chromosomendiagnostik, in: bild der wissenschaft 1969, Heft 10, S. 950

S.27: Karyogramm, nach der Größe geordneter Chromosomensatz, in: bild der wissenschaft 1969, Heft 10, S. 948

S.246: Stark vergrößertes einzelnes Chromosom, aus: Helmut L. Karcher: Auf der Suche nach den ererbten Fehlern, in: bild der wissenschaft 1986, Heft 3, S. 75

Register

A

Abhängigkeit des Weiblichen 108
Absatzmärkte 267
Abschaffung des Patriarchats 303
Abstammung des Mannes vom Mann 12
Abtreibung 260 ff.
Ackermann, Jakob Fidelis 52
Adam 23, 46, 156, 158, 169, 231
Adams gebärfreudige Rippe 238
Agamemnon 297
Aggression, nach innen gerichtete 237
Aggressionsbereitschaft 255
Aggressionsforschung 271
Aggressionsvermeidung 274
Alchimisten 187
Allmachtsgefühl 19
Allmachtsphantasien 177
Allmachtswahn 259
Alpha-Männchen 18, 123
Alte Weise 303
Alternativen zum Krieg 35
Amöben 62
Anaximander 166 f.
androgyn 20
Angebote der Evolution 244
Angst vor Frauen 133 f., 137
Anima 175 f.
Animus 175 f., 179
Anpassung der Gruppe an ihr Habitat 216
Anpassung, soziale 135, 273
Apollon 166
Arafat, Yassir 208
Arapesh 261
Arbeit, unbezahlte 138
Arbeitsteilung: Haus und Öffentlichkeit 293
Archaikum des Lebens 128
Archetyp des weiblichen Erlebens 295
Archetypen 178
Archetypen des patriarchalen Herrschaftsanspruches 299
Arier 193
Aristoteles 59, 76, 127, 167 f., 234, 277
Arnheim-Zoo 89 ff., 106, 121 f.
Artemisia Gentileschi 229
Aruru, Göttin 279
Ärztinnen 258
Aspasia 170, 258
Assuan-Museum 229
Athene 46, 297
Aton 161
Atum 47, 161
Aufklärung 52, 160, 173
Aufmerksamkeit, distributive 223
Aufrechterhaltung der traditionellen Lehrmeinungen 118
Augustinus 163, 170
Ausdünnung der Materie 72
Ausgewogenheit der Kräfte 96
Ausgrenzungsstrategien 224
Australopithekus 12
Autonomie 195
Autonomie der Frau 178, 235
Autonomie, weibliche 262
Autosom 26 f.

B

Babylon 156, 158
Babymord 82, 109
Bachofen, Johann Jacob 173
Bacon, Francis 187
Balance-Rituale 96
Bandenkriege 120
Bausteine des Lebens 275
be'ena-Ehe 293
Begegnung zwischen Männlichem und Weiblichem 296
Berggorillas 97
Bergsteigen 145, 147
Berliner Mahnmal 126
Besitzansprüche 293
Besitzansprüche gegen die Frau 134
Besitzgier 144
Bestattungsritual 67
Besuchsehe 292
Betreuungsimpulse 213
Beutetiere 204
Bevölkerungsdichte 274
Bevölkerungsexplosion 266, 269, 276
Bevölkerungswachstum 33, 132

Bevormundung der Frau 262
Bewußtsein der Frau 177
Bewußtsein vom Tod 67
Bewußtsein, matriarchales 36, 238
Bewußtsein, patriarchales 231, 288
Bewußtsein, politisches 306
Beziehungsschwäche 257
Beziehungsunfähigkeit 172
Bienen 25, 68, 128
Bilder der Geburt 161
Biogramm 253
Biologismus 11, 234, 246
Blattläuse 21
Blütenstaub 21
Blutmagie 205
Blutrache 122
Bonobos 92
Brusttrommeln 99, 103 f.
Brutgeschäft 133
Brutpflege 28, 31, 135
Buntkeramik 75

C

Cheopspyramide 56
Chlorophyll 20
Chromosmen-Anomalien 275
Chromosom 26 f., 53, 246 f., 249 f., 253
Chumbaba 280
Clan aus Müttern, heranwachsenden Söhnen und den Töchtern 116
Computer als Modell mit menschlichem Verstand 57
Computergehirne 45
Couvade 277
Cro-Magnon-Menschen 12

D

Darbringung des Schlachtopfers 125
Darwin 17
Daseinsmacht, weibliche 91
David der Bibel 137
Definitionsmacht, männliche 11
Defizit an sozialen Fähigkeiten 256
Defizit an sozialer Begabung 184
Defizit, emotionales 244
Demeter-Mythos 295
Demutsgebärde 212
Dialektik 170
Differenz der Geschlechter 231
Dike 164 f.
Dionysos 281
Diotima 258
Disposition, archaische 257
Distanz zum Mütterlichen 295
Distanz, kritische, zur Männerwelt 150
Distanzbedürfnis 259
DNA 27, 53, 250
DNS siehe DNA
Dohm, Hedwig 55 f.
Doppelhelix 53
Drachenfliegen 147
Durchhaltewettbewerb 151
Durchsetzungsfähigkeit 253

E

Echnaton 161
Eckkneipe, Jagd und Wald 297
Ehe 33, 174, 183, 252, 264, 290, 296, 303
Ehe, monogame 131
Eid der Doktoranden 52
Eierstock, Entdeckung 202
Einsiedler-Gorilla 279
Einstein-Marić 56
Einverständnis mit den von Männern inszenierten Toden 126
Einwanderer, indo-europäische 130
Ejakulation 22
Elefanten 112
Elektrizität 64
Emanzipation 174, 181, 191 f.
Empedokles 166
Empfängnisverhütung 260, 263
Enkidu 279
Enteignung der künstlerischen Aussage 126
Entschlüsselung des menschlichen Erbgutes 276
Entstehung der Arten 64
Erbinformationen 27
Erbsünde 173
Erdkrümmung 72
Erinnerungsfähigkeit, primitive 37

Eros 156, 176 ff., 228, 230, 252, 258, 295, 304
Ersatzdienst 262
Ersatzmütter 277
Eskimos 33
Ethik, religiöse und soziale 18
Eurynome 46, 161
Eva 46, 158 f., 169, 192, 210, 231, 298
Evolution, kulturelle 42, 123, 212 f.
ewiger Jüngling 259

F

Familie, matrilineare 115
Familien-Clan 103
Familienverband 94
Fangheuschrecken 128
Faszination von der Tötungsgewalt 143
Faustkeil 2
Fehlanpassung, streßbedingte 83
Feindbilder 214
Feindseligkeit 258
Feldforschungen 12
Felix und Anneli 284
Fernsehen 213, 272
Feuerbach, Ludwig 173
Figurinen aus der Frühzeit des Landes Israel 229
Flachlandgorillas 97
Flexibilität der Weibchen 213
Formgeber neuen Lebens 248
Forschung als Mittel des Machtgewinns 187
Fortpflanzung 20, 109, 265
Fossey, Dian 153
Fossil, lebendes, in unseren Köpfen 141
Franklin, Rosalind 53
Frauen als Mörderinnen 125
Frauen als negative Bezugsgruppe 150
Frauen, das andere Geschlecht 237
Frauen-Clan 131
Frauen-Öffentlichkeit, autonome 258
Frauenberufe 255
Frauenfeindlichkeit 136, 160, 170, 172
Frauengräber, vernachlässigte 75
Frauengruppe 256
Frauenraub 141
Frauensolidarität 301
Frauensport 149
Frauenüberschuß 131
Frauenwahrheiten 189
Frauenwissen, marginalisiertes 239
Freiheit, weibliche 305
Freiheitswahn 46
Freispruch, kollektiver 177
Freud 105
Friedensforscher 271
Fruchtknoten 21
Führerin der Gruppe 91
Führungsposition 96
Furchtbare Mutter 134
Fußball 145

G

Galaxien 72 f.
Galileo Galiliei 196
Gameten 28
Gazellen 116
Geburtenüberschuß zur Durchsetzung von Männermacht 142
Gedächtnis der Natur 68
Gegensatzspannung zwischen den Geschlechtern 239
Gehirn 62, 64, 70
Gehirn als Kühlapparat für das Blut 59
Gehirnteile, archaische 219
Geist, männlicher 17
Gen 21, 27, 29 f., 33, 63, 86, 93, 109 f., 131 f., 213, 219, 247, 251, 258, 275 f., 287
Gen-Forschung 266, 275, 277
Gen-Manipulation 193
Gen-Manipulationen 281
Gen-Technik im Strafprozeß 273
Gen-Technologie 42, 53
Gendurchsetzungtheorie 110
Gene 22
Genealogie 19, 141
Genealogie der Patriarchen 112
Genealogie, männliche 28
Generationsfolge 21
Genetik 52
genetische Kapazität des Weiblichen 250
genetische Machbarkeit 213

Genius der Menschlichkeit 228
Geschlechterbeziehungen 92
Geschlechterdifferenz 239, 241 f.
Geschlechterkampf 83
Geschlechts-Chromosom 22, 26
Geschlechtshormone 255, 288
Geschlechtsrollenstereotyp 224
Gesellschaften, matriarchale 291
Gesetzesänderungen 238
Gesetzgebung, an weiblichen Lebenszusammenhängen orientiert 306
Gesetzlichkeit 252
Gestaltungskraft 253
Gewalt 34, 122, 124, 129, 135 ff., 140, 143 f., 153, 177, 187, 192, 194, 203, 206, 258, 270, 272, 274, 288
Gewalt als ultima ratio für Konfliktlösung 272
Gewalt im Fernsehen 274
Gewalt, strukturelle 278
Gewaltverbrecher 272
Gewinnmaximierung 194
Gibbon 31 ff. 95, 264, 292
Gilgamesch 279, 297
Gipfelgefühl unumschränkter Macht 152
Gleichberechtigung 184
Gleichgewicht der Kräfte 89, 95
Gleichgewicht zwischen Populationsdichte und Habitat 110
Gleichgewicht, soziales 101
Gleichheit oder Differenz 11
Golfkrieg 143
Gonosom 26 f.
Gorilla 95, 152 f.
Götterkampf 258
Gottesanbeterin 128
Gottesidee, abstrakte 166
Grammatik, maskuline 233
Grenzen der Produktion 40
Grenzen des Bevölkerungswachstums 40
Große Mutter 176
Größenunterschied zwischen den Geschlechtern 97
Großhirn 36 f., 39, 60, 64
Großhirnrinde 219
Grundbausteine weiblichen Denkens 234
Gruppendynamik 106
Gruppenordnung 89
Gruppensolidarität 87
Gruppenstabilität 89

H

Hades 295
Hagio-Graphie 2
Hampelmann 232
Harem 88, 90, 97, 99 ff., 104, 109, 111, 120, 128, 131, 173, 290
Haremshalter 81 f., 88, 90, 97 ff., 101, 117
Hathor 46, 161
Hegel, Georg Wilhelm Friedrich 169 f.
Heilige Hochzeit 138, 178
Heilmethoden der Hebammen 258
Heimatlosigkeit 114
Heldentode, romantisch verklärte 127
Helios 166
Hepat 46
Heraklit 162
Hermaphroditismus 25
Herrschaft des Mütterlichen 296
Herrschaftsverhältnis zwischen den Geschlechtern 296
Hesiod 161, 164
Heterosexualität 302
Hexe 159, 210, 302
Hexen 196
Hexenhammer 158, 160
Hexenpogrome 143, 187, 193
Hierarchie der Geschlechter 158
Hierarchie von unten nach oben 36
Himmelsgöttin 46 f.
Hirngewicht 202
Hochleistungssport 147
Hochleistungssport für Frauen 148
Hochleistungssport und Fronterlebnis 147
Horus 258
Hosea 264
Hospitalismus 217
Hottentotten 130
Humor 227
Hurerei 264

Hussein von Jordanien 208

I

Iatmul 129 f.
Identitätskrise 278
Identitätskrise der Männer 114
Imponiergehabe 86, 88, 91, 96, 103, 114, 230, 270, 282
Impulse, auslösende 220
In-Vitro-Fertilisation 275 f.
Individuation 176
Indo-Arier 75
Industriegesellschaft 174
industriell-militärischer Komplex 151
Infantizid 214
Informationen, archaische 37, 38
Informationen, genetische 22, 68
Initiationsriten 278, 281
Inquisition 196
Instinkt 64, 93, 110, 156, 195, 211, 215 f. 218 ff., 268, 281
Institutionen der Macht 278
Intelligenz des Weibchens 66
Intelligenz, künstliche 45
Intelligenz, soziale 12, 138, 144, 150, 186, 189, 196
Intelligenz, technische 12, 186, 189
Intelligenz-Quotient 43
Intelligenzgrad weiblicher Tiere 223
Inzest 90, 116, 298
Inzucht 116, 132
Iphigenie 297
Isis 46, 161, 289
Islam 168

J

Jagderfolg 204
Janitscharen der türkischen Sultane 274
Jesus Sirach 158
Jodhpur 120
Juden 193
Julius Cäsar 131
Jung-Hegelianer 173
Jungfernzeugung 21
Junggesellenbanden 81
Junggesellengruppe 102, 120, 125, 131, 256

K

Kaiserpinguine 31
Kammer der Königin 56
Kampf um Fortpflanzung 137
Kampf um Nahrungsquellen 141
Kant, Immanuel 171
Kant,Immanuel 171
Karyogramm 27
Kastrationslust 133
Keilschrift 2
Kelten 130
Kepler, Johannes 163
Kernschleifen 26
Kernwaffen 213
Kierkegaard 171
Kierkegaard, Søren 171
Kindchen-Schema 214
Kinderaufzucht 262
Kindesmißbrauch 177
Kindestötung 261 f.
Kleinhirn 36
Kleinprimaten 34
Kluft zwischen Tier und Mensch 17
Klytaimnästra 136
Knechtung der Frau 135
Knochenfische 22
Koalitionssystem 207
Koedukation 181, 184 ff.
Körper als „launisches Weib“ 146
Körperbewußtsein 252
Körperzellen 26
kollektive Muster von Männlichkeit 283
Kollwitz, Käthe 126
Kolonialismus 43
Kommunikationsnetze zwischen Frauen 286
Kompetenz, soziale 252
Kompetenzen, soziale 117
Komponistinnen 228
Konfliktlösungen 114
Konkurrenz 256, 258
Konkurrenz, konstruktive 144, 153
Konkurrenz, verbissen-tödliche 155
Konkurrenzdruck, sexueller 120
Konkurrenzkampf 194

Konsensusprinzip in der Wissenschaft 118
Konzentrationslager 214
Kopfgeburt, patriarchale 297
Kopfjäger 122, 129 f., 256
Kore 295
Korintherbrief 158
Korrektiv für männliches Verhalten 236
Korrektur am „heiligen Weltbild“ 50
Krallenaffen 34
Kreativität 253
Kreativität, weibliche 252
Krieg als unabänderliches Schicksal 140
Krieg als „Operation“ 143
Krieg der Schimpansen 84 f.
Kriege der Menschenmänner 13
Kriegsberichterstattung 40
Kriegsgeschichte 258
Kriegsgeschichte als Menschheitsgeschichte 137
Kriegsrausch 147
Kriminalität 194
Kultur im Dienst des Eros 258
Kulturleistung, männliche 17
Kulturpsychologie 173, 180
Kulturzusammenhänge, weibliche 233
Kumpanei der Männer 177
Kurgangräber 75

L

Languren 81
Lebensform, matriarchale 290
Lebensschutz 94
Lebenszweck der Frau 56
Lehrzuchtverfahren 183
Leibhaftiger 168
Leistungstests 226
Lepenski Vir 2
Lernen, soziales 258
Lernfähigkeit 219
Lernfähigkeit der Männchen 86
Lernprozeß 117
Lernverstärkung 241
Lesefibel 181
Licht als matriarchales Urbild des Lebens 75
Licht als präexistenter Archetyp von Gott 75
Liebe als Lebensaufgabe 228
Liebe im Patriarchat 151
Liebe unter Männern 279
Liebesbemühungen bis zur Selbstaufgabe 299
Liebesentzug 235
Little Bee 85
Logos 162 f. 172, 176 f. 194
logos spermaticus 179
Lumen Gentium 125
Lustgefühl, etwas zu können 289
Lustprinzip 136

M

Ma’at 46, 162 ff., 260
Macht der Weibchen 91
Macht über Schwächere 86
Macht, magische 203
Macht, patriarchale 290
Macht-Euphorie der Gen-Forschung 278
Macht-Haberei 14, 117, 125, 127, 150 ff., 192, 194, 258, 278, 282 f., 289, 293, 306
Machttrieb 124, 144
Machttrieb, männlicher 55
Machtverzicht 34
Madam Bee 84
Mächte der Finsternis 258
Mächte des Lichtes 258
Männchen, diplomatische 207
Männer-Öffentlichkeit 256 f.
Männerberufe 241
Männerbund 137
Männerbündelei 258
Männerfreundschaft 279
Männerkoalitionen 95
Männerüberschuß 34
Männerwahrheiten 189
männliche Dominanz im Tierreich 87
Männlichkeit, machthaberische 287
Märchen über mangelnde Erfüllung 297
Märchen vom wilden Mann 279
Magnetismus 64
Makaken 81
Manipulation der Umwelt 211

Mann ein Fehlgriff der Natur 22
Mann, schutzbietender 112
Mannweiber 186
marginale Funktion des Befruchters 25
Marias Teilhabe am Erlösungswerk ihres Sohnes 126
Marx, Karl 173
Massentierhaltung 193
Massentod von Grubenarbeitern 126
Massentötungen 141
Mathematik 56, 163, 190
Mathematik als Wissen um Beziehungen 56
Matriarchat 94, 205, 233
Matriarchinnen in der Tierwelt 109
Matrix 37, 59, 75 f.
Maximierung des Reproduktionserfolges 109
McClintock, Barbara 52 f.
Meerkatzen 81
Mensch, der eigentliche 23
Menschenaffen 67
Menschenopfer 131
Menschentötung, rituelle 130
Menschentyp, kulturell erwünschter 245
Menschheitsgehirn 68
Mesopotamien 158
Messner, Reinhold 148
Metis 46, 164, 260, 297
Michal 278
Militärdienst 257
Minnegesang 20
Mißachtung des eigenen Lebens 145
Mißbrauch, biologistischen 17
Mißhandlung der Frauen 121
Mithras 158, 166
Mitleid mit den Männchen 114
Modelle für den Kosmos 72
Monogamie 33
Monogamie als Methode des Überlebens 31
Moral, höhere 210
Mord am Ur-Vater 173
Mordphantasien 213
morphogenetisches Feld 63 f. 68
Moses 41
Mut, Göttin 260
Mutter-Bruder 293
Mutter-Kind-Ähnlichkeit 248
Mutter-Kind-Gruppe 290
Mutter-Kleinkind-Bindung 95
Mutter-Tochter-Beziehung 14, 94 f., 292, 295, 297 f., 304
Mutter-Töchter-Gruppe 292 f.
Mutterbindung 94
Mutterliebe 67, 217, 261, 296
Muttermord 176 f.
Mutterprojektion auf die Partnerin 288
Mutterschaft 17, 56
Mutterzellen 132
Mystik 20
Mythos, matriarchaler 20
Mythos, patriarchaler 20

N

Nahrungsknappheit 88
Namen 156
Napoleon 55
Nationalismus, radikaler 142
Natur als Gegenüber 53
Naturphilosophen 165
Neandertaler 12
Neith 46, 161
Nigeria 267
Noether, Emmy 56
Nukleinsäure 20
Nukleotid-Buchstaben 27
Nukleotidsequenz 27
Nut 46, 161
Nutzung des Sonnenlichtes 21

O

Ödipus 41
Öffentlichkeit 293, 306
Östrus 89 f. 99, 110, 214, 260
Ohn-Macht der Aggressionsforschung 278
Opritschniki Iwans des Schrecklichen 274
Orang-Utan 95, 121
Ordnung, innewohnende 109
Ordnung, matriarchale 138
Ordnung, natürliche 139
Ordnung, soziale 18, 117, 121

Orest 136
Osiris 258
Ovulationshemmer 269

P

pant-hoots 88
Pantheismus 169
Parmenides 36, 164 ff.
parthenogen 20
Parthenogenese 20
Parzival 160
Pascha-Ehe 131
Pastoralbriefe 158
Paulus 158, 231
Perikles 170, 258
Pflege alter Menschen 296
Pflegetrieb 216
Phaidon 167
Philo-Sophia 161
Pietà 126
Platon 20, 75, 163, 167
Plutarch 48, 50 f., 289
Polizeigewalt als Mittel gegen Kriminalität 153
Polizeimacht 274
Pollensäcke 21
Polyandrie 33 f.
Polygamie 131
Porno-Graphie 2
Potenzmuster 253
Potenzprotzerei 81
prähistorische Küchenabfälle 204
Praktiken, magische 43 f.
Primaten 25, 67, 79, 81, 83, 87, 116, 201, 217, 292
Prinzip der zentralen Planung 291
Prinzip, weibliches 210
Priorität des männlichen Geistes 234
Produktivität der Weibchen 109
Profitorientierung 267
Projektion des Bösen 159
Prostitution 303
Prozesse, vernetzte 62
Psychoanalyse 173 f.
Psychologie, peri-natale 37
Ptah 46, 161
Pythagoras 163 f., 210

Q

Quantenmechanik 72
Quantenrevolution 105
Quastenflosser 23 f.

R

Randgruppen 206, 256 f.
Randgruppendasein 259
Rangniedere 107
rangniedere Männchen 115
Rangordnung 107, 114
Rapunzel 297
Re 163
Realitätsverlust 224, 288
Regenwald 152
Relativitätstheorie 57, 72
Repräsentanz des imaginären Vaters 301
Reproduktion 35, 112, 195
Reproduktions-Ressource Frau 141
Reproduktionsfähigkeit 298
Reproduktionsleistung 296
Reproduktionsressource Frau 109
Reproduktionstechniken 276 f.
Riesengehirn 68
rinnendes Blut 205
Risse im patriachalen Weltbild 206
Rivalitäskämpfe, natürliche 13
Rolle, dienende 237
Rollen-Ungleichgewicht 35
Rollenzwang 235
Romantik 20
Rousseau 169
Routineaufgaben 60
Ruanda 152 f.
Rückkehr in die Steinzeit 291
Rückkoppelung der technischen an soziale Intelligenz 291
Rücksichtnahme 100, 118
Rücksichtslosigkeit 284
Rüstungsausgaben 13
Rüstungsspirale 280

S

Säugetiergehirn 36, 60 f., 271
Säuglingssterblichkeit der Knaben 11
Samasch 158

Sappho 258
Sargon 41
Saurier 23
Schädelverletzungen 103
Schaltplan des Schimpansengehirns 18
Schicksal des Männlichen nach der Zeugung 128
Scholastik 168
Schopenhauer 172, 174, 234
Schöpfung durch „Selbstbefriedigung“ 47
Schöpfungsvorstellungen 161
Schreckgespenst für Feministinnen 80
Schrittmacher 51, 105
Schulleistungen der Knaben 226
Schulmedizin 258
Schulzensuren 226
Schutzmechanismus 70
Schwangerschaft 25
Schwangerschaft, männliche 248, 277
Schwangerschaftsberatung 262
Schwarzer September 208
Schweizer Verfassung 232
Schwerkraft 64
Seepferdchen 31
Seins-Macht 117, 125, 127, 150, 258, 282, 289, 293, 295, 306
Selbständigkeit der Weibchen 99
Selbstmord, politischer 207
Selektion, kulturelle 144
Selektionsdruck 42, 257, 290
Serienproduktion von Männern 277
Seth 258
Sexismus in der Schule 182
Sexualität, behütete 303 f.
Sexualität, weibliche 80, 89 f.
Sexualobjekt 173
Signale aus dem Unbewußten 252
Signale aus der Urzeit 40, 213, 253
Silberrücken 97 ff., 101 f., 104
Simmias 167
Sinnfragen 191
Skala sexueller Empfindungen 300
Skalp 278
Skalpsammler 122
Skarabäus 47 f., 50
Sklaverei 75, 139
Sohn im Schutz der Mutter 94
Sokrates 46, 165, 167, 176, 258
Solidarität der Frauen 294
Solidarität mit der Tochter 301
Solidarität mit Frauen 124
Sophia 161
Souveränität, weibliche 292
Sozial-Evolution 211
Sozialstruktur der Tiere 117
Sozialverhalten 94
Sozialverhalten, tierisches 108
Spiegelkabinett 278
Spiel und Wettkampf 148
Spinnen 128, 133
Spiritualität, weibliche 238, 306
Spitzhörnchen 25
Sprache als Antwort und Ver-Antwortung 305
Sprache und Schrift 68
Sprache, geschlechtsspezifische 82
Sprache, patriarchale 278
Sprachmuster, unbewußt wirkende 232
Stammbaum des Mannes 112
Stammesfehden 141
Stammhirn 36, 39, 60
Störanfälligkeit der Männer 223
Stoffwechsel 36
Streben nach Macht und Status 230
Streberinnen 186
Strichmännchen 232
Struktur des Lebendigen 188
Strukturen der patriarchalen Gesellschaft 254
Systemtheorie 105

T

Tabu 130
Tabu-Schwelle 119
Täuschung 66, 97
Täuschung als Funktionen der Intelligenz 66
Täuschung als Überlebensstrategie 70
Täuschung, optische 70
Tana-Land 62
Tasaday 269
Taubstummensprache 67
Taufe 156

Tauglichkeits-Maximierung 128
Tauschmärkte 142
Territorialtrieb 142
Tertullian 158
Testosteron 256
Teufelskult 139
Thales 162
Themis 164
Thomas von Aquin 158, 168 f.
Tiefseeanglerfische 22
Tochterzellen 132
Todesangst 134, 136
Todeshochzeit 295 f.
Todessehnsucht 42
Todestrieb 127, 130, 136, 143
Todeswunsch 136
Tötung neugeborener Kinder 125, 260
Tötung von Artgenossen 122
Tötungsbereitschaft 127
Tötungsgewalt gegen Frauen 136
Tötungshemmung, innerartliche 119
Tötungsimpuls 110
Tötungslust 42, 119, 141
Tötungstrieb 119, 143, 212
Tor zur Welt 292 f., 298
Totalsequentierung des Genoms 276
Totemtier 129
Transposition, genetische 53
Traumexperimente mit Tieren 68
Trennung von Mutter und Tochter 295
Triebverzicht 110, 135
Tritonsee 297
typisch männlich 255
typisch weiblich 255

U

Überbewertung der Kriegsgeschichte 137
Übergriff des Vaters 300
Überlebensstrategie 86
Überlebenstrieb 127
Überlebenswillen angesichts des Todes 147
Überlegenheit der Mädchen 225
Überpopulation 267 f.
ultravioletten Strahlung 20
Umweltreize 220
Un-Ordnung, patriarchale 140
Unbewußtheit des Aggressions- und Todestriebes 137
Unfug männlicher Herrschaft 261
Universalrechner fürs Überleben 73
Unrechtsbewußtsein 298, 300
Unterwerfung der Frau 280, 296
Urbeziehung zur Mutter 296
Urbeziehung zwischen Mutter und Tochter 295
Urbild des Mütterlichen 179
Urbild von Weiblichkeit 12
Urgöttin 164
Urhorde 203
Urkirche 156
Urknall 72
Urmenschen 116
Urmutter 46
Ursache-Wirkungsketten 62
Ursprung allen Lebens aus dem weiblichen Urgrund 306
Ursprung des Fußballspiels 146
Ursprungsmythen der Menschheit 46
Ursprungsweisheit 161
Utopien, lebensfeindliche 259

V

Vater, gebärender 161
Vater-Tochter-Beziehung 296, 301
Vatermord 173
Vergewaltigung 281
Vergewaltigung der Tochter 301
Verhalten, konkurrierendes 254
Verhaltensangebote der Evolution 116
Verhaltensmuster, archaisches 125
Verhaltensrepertoire höherer Tiere 243
Verhaltensweisen, kulturelle 39
Verherrlichung des Todes 135
Verknüpfung von Disposition und Lernerfolg 272
Vernetzung der Ursachen mit Nebenwirkungen 62
Vernichtungskriege 140
Vernichtungskriege unter Affen 12
Verschwendung der Natur 21, 263
Versklavung der Frauen 281
Versöhnungsritual 207

Vielfalt menschlicher Verhaltensmöglichkeiten 246
Vielmännchen-Gruppen 111
Völker, matriarchale 34
Voraussagen auf das Verhalten anderswo lebender Tiere 116
Vorhäute der Philister 278
Vorrecht, sexuelles 279, 281
Vorsokratiker 165, 168
Vulva 2, 165

W

Wachstum um jeden Preis 265 f.
Wachstumswahn 42
Waffenschmiederei 75
Waffentechnik 12, 259, 291
Ward, Lester 25, 121, 132, 134 f., 202
Wehrpflicht 278
Weibchen im Mittelpunkt der Forschung 102
Weibchen töten Babys 110
Weibchengruppe 88, 116 f.
Weiberraub 104
Weiblichkeit, autonome 12, 235, 246
Weiblichkeit, unfertige 301
Weiblichkeit, unterwürfige 287
Weise Alte 291
Weisheit der Mütter 260
Weisheitsgöttinnen 76
Welt ohne Waffen 262
Weltall der ewigen Expansion 72
Weltbild, androzentrisches 108
Weltbild, kopernikanisches 201
Weltbild, mann-menschliches 19
Weltbild, matriarchales 161
Weltbild, patriarchales 17
Weltdeutung, matriarchale 76
Weltraumflüge 151
Weltreligion 39
Werkzeuge 65, 68
Wettbewerbe, gefährliche 145
Wildbeuter 261
Wildwassersport 147
Wirklichkeit: das, was auf uns wirkt 45
Wirtschaftswachstum 265 f.
Wissenschaft, sexistische 79, 105
Wissenschaftssprache 29
Wunschtraum vom Frieden 211
Wurzeln des Krieges 141

X

X-Chromosom 25 f., 250
XYY-Träger 273

Y

Y-Chromosom 22, 25 f., 250, 288
Yoni-Zeichen 2

Z

Zebraherde 106
Zeichen von Männlichkeit 184
Zeit der Verzweiflung 258
Zeus 46, 161, 164, 281, 297
Zivilisationsmythen 41, 180, 306
Zugang zur Zeugung 117
Zwischenhirn 36, 68

Gerda Weiler

Der aufrechte Gang der Menschenfrau

Eine feministische Anthropologie II

ISBN 3-927164-19-4
Erscheinungstermin: 1994

DER KULTURELLEN EVOLUTION widmet sich Gerda Weiler im zweiten Band ihrer Anthropologie. Mit der Entwicklung der Menschen seit ihrer Bewußtwerdung entsteht Transzendenz – die Fähigkeit, die gegebene Ordnung zu überschreiten. Im Mittelpunkt dieses materialreichen Ganges durch die Evolutionsgeschichte stehen die grundlegenden Beiträge der Frauen für die Entwicklung des Menschengeschlechts.

Aus dem Inhalt:

I. Ausgesetzt in der Wildnis
Die Frau in der Urzeit – Wie Transzendenz entsteht – Sprache und Schrift der Frauenkultur

II. Geborgen in der Sakralkultur der Altsteinzeit
Höhlen, Tempel der Göttin – Kalenderkunde – Mondmythologie

III. Geheiligt durch die Liebeskultur der Hirtenvölker
Das Goldene Zeitalter

IV. Gedemütigt durch Gewalt
Die neolithische Revolution fand nicht statt – Das Janus-Gesicht des kulturellen Aufstiegs – Die Unterwerfung der Großen Göttin

IIV. Gewaltlos befreit
Der aufrechte Gang der Menschenfrau – konkrete Utopien

ULRIKE HELMER VERLAG
Fichardstraße 24-28 • D-60322 Frankfurt
